Bice Mortara Garavelli
Manuale di retorica

TASCABILI
BOMPIANI

ISBN 88-452-4750-3

© 1988/2000 RCS Libri S.p.A.
Via Mecenate 91 - Milano

V edizione Tascabili Bompiani dicembre 2000

INDICE

PRELIMINARI

È del 1958 il *Traité de l'argumentation* di Perelman e Olbrechts-Tyteca, opera decisiva per la rinascita della retorica. Su questa disciplina antica erano piovute, a più riprese, condanne capitali nell'Ottocento e nel Novecento (ma le sentenze non furono mai veramente eseguite). Si voleva colpire la parte deleteria della dottrina e delle pratiche retoriche: una precettistica di cui sfuggivano le ragioni, la ripetizione acritica di schemi e modelli vulgati e volgari, la vuotaggine eretta a sistema; un coacervo di incrostazioni su un monumento reso irriconoscibile.

Decenni di studi neoretorici esimono da giustificazioni preventive della materia. Le cui teorie oggi largamente diffuse interessano le ricerche filosofiche, giuridiche, linguistiche, letterarie, semiotiche, pragmatiche, gli studi sulle tecniche dell'informazione e delle comunicazioni di massa. Il fastello è disordinatamente corposo, ma gli manca ancora parecchio per essere completo.

Con questo trionfale rigoglio e con la dignità scientifica e istituzionale che la retorica ha conquistato stabilmente, coabita, immutato, il senso peggiorativo che la parola si trascina addosso, come effetto di pratiche degradate, nel tempo, a tumorale casistica classificatoria; a precettistica pedantesca e proterva, superata dall'esercizio autentico del parlare e dello scrivere appropriati; a sfoggio di vaniloquio reboante, nella piazza, in tribunale, nei palazzi del potere politico, nelle chiese. *Retorica* come declamazione, freddezza, eccesso; ostentazione e menzogna; degenerazione dello stile.

Strano destino delle parole: mentre *stile* (*tout court*, senza aggiunte) ha una carica positiva ('avere stile' significa possedere un'eleganza particolare, forse innata, di comportamento), *retorica* e derivati ('sprofondare nella retorica', 'un discorso retorico', 'esprimersi retoricamente') manifestano di solito giudizi negativi. Così, figure nobilissime come l'iperbole e l'enfasi sono nominate, senza qualifiche, per significare solo i loro aspetti peggiori, gli usi deteriorati: esagerazione e gonfiezza.

Il primo dizionario che registra l'impiego, già consolidato, del nostro termine in senso deteriore è il Tommaseo-Bellini, nella seconda metà dell'Ottocento. Manzoni, com'era nella migliore tradizione, aveva assimilato 'retorica' a 'arte (tecnica, artificio e ornamento) dell'esprimersi' – occasione, come ogni altra attività, di eccellenza o di goffaggine – quando scriveva a proposito del "dilavato e graffiato autografo" della sua storia: "a tutti que' passi insomma che richiedono bensì un po' di rettorica, ma rettorica discreta, fine, di buon gusto, costui [il supposto autore secentista] non manca mai di metterci di quella sua così fatta del proemio".

Sull'onda delle condanne romantiche si arriva a parlare dell'antica scienza del discorso – poetica e oratoria insieme, raccolta di dottrine e di precetti – solo per denunciarne le degenerazioni e gli abusi: *retorica* diventa sinonimo di *cattiva retorica*, "contagio del secolo". Ma la crisi della disciplina, come hanno dimostrato a sufficienza gli studiosi che ne hanno ripercorso la storia, aveva avuto origini più antiche: nella scissione, in epoca rinascimentale, fra teoria e tecniche dell'argomentazione, da una parte, e normativa dello stile, degli 'ornamenti' del discorso, dall'altra. E nella contrapposizione fra scienza e *humanae litterae*, nella dissociazione fra le 'due culture'. Bisognerà arrivare a Leopardi, ma la sua sarà una posizione isolata, per sentir affermare la necessità della convivenza di intelletto (pensiero razionale, scienza) e immaginazione; ove la retorica, come teoria letteraria, ha un ruolo fondante. Il razionalismo settecentesco e in tempi più recenti la moderna filosofia della scienza escludono la retorica, perché alle 'verità' della ragione e all'evidenza delle dimostrazioni scientifiche non occorrono le tecniche della persuasione. Diversa nei moventi, ma concorde nel rifiuto, fu l'insofferenza per la retorica da parte della letteratura, sia che questa si rifugiasse nei miti della spontaneità, sia che si liberasse eversivamente dalla "schiavitù delle belle parole", o coltivasse l'impegno, tipico dei vari naturalismi e realismi, a riprodurre 'fedelmente' la realtà fisica e psichica.

Il terreno di coltura propizio, in Italia, per la crescita del senso peggiorativo di *retorica* e dintorni, si trovava proprio entro la tradizione linguistico-letteraria: nell'"eccessiva preoccupazione della forma", che Ascoli, il fondatore della dialettologia italiana, denunciava (era il 1873) come uno degli inciampi alla diffusione di una lingua e di una civiltà unitarie. Così, egli poteva ascrivere a merito sommo di Manzoni l'essere riuscito "con l'infinita potenza di una mano che non pare aver nervi, a estirpar dalle lettere italiane [...] l'antichissimo cancro della retorica".

Quando si dice "retorica" si parla di due cose dipendenti sì l'una dall'altra, ma ben distinte. L'una è pratica e tecnica comunicativa, e insieme il modo in cui ci si esprime (persuasivo, appropriato, elegante, adorno...; e, degenerando, falso, ridondante, vuoto, esibizionistico ecc.): ciò di cui parlano, l'abbiamo appena visto, con intenti e accenti diversi Manzoni e Ascoli. L'altra cosa chiamata retorica è una disciplina e perciò un complesso di dottrine: è la scienza del discorso (luogo di teorie filosofiche), l'insieme delle regole che ne descrivono il (buon) funzionamento. I retori, dall'antichità all'Ottocento e oltre, hanno organizzato questa disciplina come una *precettistica*: la precettistica del "parlar bene", cioè dell'eloquenza; accanto, lo vedremo, alla grammatica come normativa del "parlare corretto".

Retorica, dunque, vuol dire "pratica" e "teoria"; eloquenza e sistema di norme da seguire per essere 'eloquente'. C'è una retorica 'interna' al comunicare, ed è un insieme di pratiche discorsive, oggetto di studio sistematico da parte della retorica 'esterna'. È alla prima nozione che si riferisce un noto artista, Fausto Melotti, quando scrive:

> La retorica, subito riconoscibile nelle opere letterarie e nella musica scritta per la piazza, nelle opere plastiche si palesa nella pigrizia dei passatisti, nelle fatue cornette dell'avanguardia [...]. La retorica in fondo è ostentazione. E non è detto che una bella donna, ostentandosi sia meno bella. Ma il gioco non è per le vecchie impiastricciate. Detto per i passatisti. Né per le ragazze strabiche. Detto per le cornette.
>
> (*Linee*, 58)

È della seconda che parla Baudelaire:

> il est évident que les rhétoriques et les prosodies ne sont pas des tyrannies inventées arbitrairement, mais une collection de règles réclamées par l'organisation même de l'être spirituel. Et jamais les prosodies et les rhétoriques n'ont empêché l'originalité de se produire distinctement. Le contraire, à savoir qu'elles ont aidé l'éclosion de l'originalité, serait infiniment plus vrai.
>
> (*Salon de 1859*, 1043)

Le due (l'esercizio e la teoria) possono essere intese insieme, con un uso bivalente del termine. Ancora Melotti:

> Vi è anche una retorica fine: vive di compiacenza per le parole non ancora dette.
>
> (*Linee*, 28)

9

Due sensi, dunque, e un ventaglio di accezioni e di giudizi differenti in una sola parola. Che a un certo punto della sua storia si è trovata a designare il 'cancro', cioè il male per eccellenza di tutte le letterature, di tutti i modi di parlare, che si riducano a gusci vuoti e si votino all'insignificanza. È ben vero che questo male ha ben poco in comune – soltanto il nome – con l'antica arte del discorso persuasivo. Ovvero, con ciò che a tutti capita di fare: "di indagare su qualche tesi e di sostenerla, di difendersi e di accusare". Se ciò si fa con un metodo preciso, è perché ci si avvale della "facoltà di scoprire in ogni argomento ciò che è in grado di persuadere": della retorica, appunto, come fu definita da Aristotele.

Aristotele, a cui Perelman si richiama, aveva orientato sull'uditorio le tecniche della persuasione. Il rapporto con gli altri implica conoscenza; il trovare il modo più adatto per farsi capire implica partecipazione, l'adeguamento del discorso al destinatario (tema su cui Perelman ha indagato infaticabilmente) richiede simpatia umana, capacità di mettersi dal punto di vista dell'altro, di sentire il polso della situazione. Richiede anche la capacità di tacere. Nell'odierna civiltà di parole, scritte e pronunciate, di messaggi iconici a cui il discorso fornisce le tracce e i supporti, la comunicazione può essere menzogna e sortilegio. Oggi come agli albori della civiltà. Oggi come allora può pure essere garanzia di libero scambio delle idee, di rispetto per gli altri, che non si vogliono 'costringere' ma persuadere (o anche convincere) con la forza del ragionamento: il contrario dell'autoritarismo che non spiega le sue ragioni. In ogni caso è un agire. Tanto meglio se le regole saranno esplicite.

Scoprire e spiegare le regole del gioco comunicativo: questa è la funzione conoscitiva e sociale della retorica. Per l'interprete dei messaggi di ogni provenienza e fine è una funzione difensiva, contro le insidie della persuasione occulta; immunizzante, contro l'influenza di "strumenti del comunicare" che (occorre richiamare McLuhan?) creano le condizioni stesse della loro fruizione.

Oggi l'incremento degli studi retorici ha dato vita ad alleanze stimolanti: innanzi tutto con gli studi giuridici, sulla linea della vocazione più antica della disciplina; poi con la poetica e la stilistica, compartecipi, sia pure con forme e statuti differenti nel tempo, delle fortune e delle sfortune della retorica; con le analisi pragmatiche del discorso, con gli indirizzi più recenti della linguistica testuale, con l'ermeneutica, con le varie semiotiche. Rimane da stabilire, di volta in volta, la zona delle pertinenze: dalla visione totalizzante di chi rivendica alla retorica tutto ciò che appartiene alla facoltà di comunicare (il rischio è la perdita di identità, in un universo praticamente senza confini), alla riduzione della disciplina a un ruolo ancillare rispetto a quelle a cui si aggrega. Fra gli estremi c'è ancora spazio per la secolare divisione tra le due anime: quella filosofico-giuridica e quella letteraria, scisse, nelle sistemazioni teoriche, a partire dal Cinquecento; mentre la manualistica e la precettistica didattiche hanno continuato ininterrottamente, fino ai primi del Novecento, sul tracciato di Quintiliano e dei retori medievali, a dare ragguagli complessivi di *tutte* le parti dell'"arte del parlar bene".

Già, la manualistica. Come dire, il genere a cui il presente libro appartiene: con l'intento di fornire uno strumento di informazione a chi desideri notizie sui principali temi della retorica classica e sulle loro reviviscenze attuali. Si è cercato di dire che cosa e come fu la retorica, e come si presenta ora, ma limitando lo sguardo sull'attualità ad alcuni episodi che sono sembrati indicativi a vario titolo. Quest'ultimo settore, specialmente, soffre di parzialità, comunque la si voglia intendere: di sviluppo e di vedute.

Le tre parti del manuale appaiono sproporzionate l'una rispetto all'altra; lo sono anche al loro interno. Si è fatto questo di proposito, o seguendo le esigenze della materia; il che fa lo stesso. La prima parte, se avesse dovuto dare un profilo storico attendibile, e niente di più che un profilo, avrebbe occupato tutto il volume. È stata perciò ridotta alle poche notizie sulla retorica antica che bisognava avere sotto mano per situare in una cornice sia pure sommaria la descrizione del patrimonio classico. È stata aggiunta qualche nota, poco più che un indice, su episodi che hanno caratterizzato la disciplina nelle epoche successive; e si sono scelti quelli che in qualche misura si collegavano ad argomenti dei capitoli successivi. Fino ad arrivare alla teoria dell'argomentazione di Perelman e Olbrechts-Tyteca: la teoria che prima e più d'ogni altra ha dato impulso all'attuale rinascita della retorica.

La seconda parte è la più protratta. Risponde all'intento principale del lavoro e alla preoccupazione maggiore di chi l'ha fatto: dare conto di ciò che è stata la retorica classica e di ciò che ne sopravvive oggi. Per questo alla descrizione del *corpus* delle nozioni tradizionali sono intercalati riscontri con la situazione odierna. Si è cercato specialmente di mostrare, quando se ne presentava l'occasione, quali siano i temi che, un tempo trattati dalla retorica, oggi sono oggetto di altre discipline, giuridiche o linguistiche. Abnorme rispetto alle rimanenti sezioni del secondo capitolo è lo spazio occupato dalle 'figure del discorso' (tropi e figure di parola e di pensiero). Ma un manuale di consultazione deve funzionare anche un po' come un dizionario, e le figure sono tante (troppe), ma ricorrono nelle odierne analisi di testi di ogni specie (e non solo linguistici). Alcune ricorrono solo eccezionalmente, ma proprio perché sono meno consuete, e perciò meno conosciute, devono trovare posto in una rassegna informativa.

Gli esempi: colti a volo nella conversazione di ogni giorno, in trasmissioni radiofoniche o televisive (pochi), scovati nei messaggi pubblicitari, ripescati nella memoria quando si trattava di frasi fatte, tratti da testi di vario tipo, documentano in netta prevalenza la lingua scritta. Questo malgrado le convinzioni e i propositi iniziali di chi li ha raccolti, che aveva ben viva la consapevolezza dell'universalità dei fatti retorico-linguistici, che attraversano i vari registri della lingua 'comune' e non sono soltanto oggetti di lusso, non appartengono solo alla letteratura. Tuttavia il fascino del lusso ha prevalso: perché nei testi letterari era comodo trovare esempi di migliore fattura; e non ci vuol molto a giudicare se un manuale, nel suo volare basso, non avesse bisogno di qualche boccata d'aria, per farsi leggere senza una pena ininterrotta. Modesto rimedio, si dirà, contare su frammenti d'autore per dare respiro a un lavoro. Ma tant'è: non si è voluto, né potuto, fare meglio.

La scelta degli esempi è stata quasi casuale: in un paesaggio linguistico-letterario percorso senza alcuna sistematicità o premeditazione, in zone limitate, dando la preferenza alla modernità ma facendo incursioni anche nel passato vicino e lontano, la rete per le farfalle ha catturato frammenti di discorso insigni e meno noti, di età e qualità diverse. La cattura rispecchia certamente delle preferenze; ma qualche autore, benché, e forse perché, prediletto, è stato risparmiato. La casualità della scelta, da un lato, e dall'altro il numero relativamente ristretto degli autori e dei tipi di testo a cui si è attinto vogliono dare un'idea, rispettivamente, dell'ampiezza dispersiva e della densità dei fatti retorici. Sono talmente diffusi che basta aprire a caso un libro o prestare attenzione al parlare della gente per trovarne qualcuno. Sono talmente frequenti che bastano pochi testi (ne basterebbe uno soltanto, purché ben scelto) per ricavare quanti esempi si vogliano.

La terza parte, come già detto, è un notiziario parziale delle attuali tendenze. Si tratta di campioni certamente rappresentativi, ma limitati a episodi nell'ambito variegato degli studi retorici.

La *captatio benevolentiae* non è raccomandabile in un'occasione come questa, né servirebbero allo scopo le scuse per le limitazioni imposte al lavoro: va da sé che le esigenze editoriali, la destinazione (a studenti e a non-specialisti), e perciò gli intenti didattico-informativi del libro, ne hanno determinato le misure. È molto (si spera almeno che non sia troppo) ciò che ne è rimasto fuori, per necessità e forse anche per assuefazione di chi lo ha scritto, ritrovandosi, suo malgrado, nel ritratto che Voltaire fece di un tale, alla cui mancanza d'*esprit* "l'esprit d'autrui par supplément servait":

il entassait adage sur adage, / il compilait, compilait, compilait; / on le voyait sans cesse écrire, écrire / ce qu'il avait jadis entendu dire.

La numerazione delle parti (1 - 2 - 3), dei capitoli all'interno di queste e dei relativi paragrafi e sottoparagrafi, rigidamente progressiva per economia di cifre nei rimandi all'interno del testo, non rivela le gerarchie degli argomenti. Questo è particolarmente imbarazzante per la parte 2, dove una numerazione che manifestasse i rapporti di inclusione dei paragrafi nei capitoli e delle varie partizioni entro i singoli paragrafi, darebbe, nell'unico modo corretto, una percezione immediata dei rapporti tra le parti della materia trattata (ma si sarebbe dovuto accettare, per es., numerando con II la seconda parte, con II, 3 l'*elocutio*, con II, 3.2.3 l'*ornatus*, con II, 3.2.3.3 le *figure di parola*, e infine con II, 3.2.3.3.3 le *figure di parola per ordine*, di indicare con un 'treno merci' di questa sorta l'*adiunctio*, poniamo: II, 3.2.3.3.3:[28] (b): il che avrebbe finito per annullare il vantaggio della numerazione 'gerarchizzante'). Come rimedio preliminare ai difetti della numerazione che è stata adottata, si propone qui – e solo per la parte 2 – uno schema delle varie sezioni incluse l'una nell'altra:

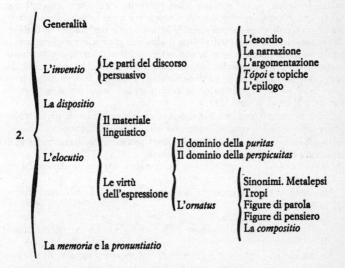

2.
- Generalità
- L'*inventio*
  - Le parti del discorso persuasivo
    - L'esordio
    - La narrazione
    - L'argomentazione
    - *Tópoi* e topiche
    - L'epilogo
- La *dispositio*
- L'*elocutio*
  - Il materiale linguistico
  - Le virtù dell'espressione
    - Il dominio della *puritas*
    - Il dominio della *perspicuitas*
    - L'*ornatus*
      - Sinonimi. Metalepsi
      - Tropi
      - Figure di parola
      - Figure di pensiero
      - La *compositio*
- La *memoria* e la *pronuntiatio*

È segnato l'accento tonico sulle forme italiane di ciascun termine tecnico quando questo compare per la prima volta come oggetto di definizione (ed è stampato in grassetto). Per le parole latine è indicata la *quantità* della penultima sillaba – col segno della *lunga* (ˉ) su vocale lunga e col segno della *breve* (˘) su vocale breve –, perché si possano dedurre indicazioni relative all'accento tonico delle parole. Quest'ultimo, in latino, com'è noto, dipende dalla quantità della penultima sillaba: se questa è breve non può portare l'accento tonico (per es. *metonymĭa* sarà accentato sulla *y*, *metonýmĭa*, perché la *i* che qui si trova nella penultima posizione è breve). In greco, invece, la sede dell'accento tonico dipende dalla lunghezza dell'*ultima* sillaba: quando questa è lunga, l'accento (che, comunque, nel lessico greco è sempre indicato) non può risalire, nella parola, oltre la penultima; un termine come *metonymía*, dove la vocale finale (-*a*) è lunga, sarà accentato sulla penultima sillaba. La differenza nella collocazione dell'accento tonico in greco e in latino provoca, com'è noto, oscillazioni nella pronunzia italiana dei grecismi (non solo del lessico retorico), che generalmente sono arrivati all'italiano attraverso il latino. L'uso ha consolidato ora l'accentazione latina ora l'accentazione che riproduce direttamente quella greca (per es., il vocabolo greco *philosophía*, quando fu traslitterato in latino fu accentato sulla -*o*- della terzultima sillaba, poiché la -*i*- della penultima era breve, e letto: *philosòphĭa*; l'italiano, però, ha serbato l'accentazione greca).

Nel traslitterare in italiano i termini greci si sono seguite le norme correnti; l'accento dei dittonghi, che in greco è sempre collocato sul secondo elemento nei dittonghi discendenti, qui è stato collocato sul primo, per evitare confusioni nella pronuncia. Si noti che il suono trascritto con la lettera *g* è sempre velare, in greco; perciò vocaboli greci trascritti come *génos, aitiología* ecc. vanno letti come si leggerebbero se si trovassero nelle forme: *ghenos, aitiologhia*. Non si è ritenuto corretto usare la lettera *h* nella traslitterazione della velare sonora (la "gutturale media" delle tradizionali grammatiche scolastiche; la velare sorda, trascritta con la *k*, non pone problemi), perché convenzionalmente la *h* serve a trascrivere le cosiddette "aspirate" greche (*ph, ch, th*); del resto, la traslitterazione del greco corrisponde a quella che ne diedero i latini (per i quali, occorre aggiungerlo?, le lettere *c* e *g* indicavano suoni velari anche davanti alle vocali palatali *i, e*).

Si è adoperato il corsivo (oltre che per i titoli di volumi e riviste, in bibliografia, e per i titoli di componimenti poetici, nell'esemplificazione):
(a) negli esempi, per mettere in evidenza i fenomeni analizzati; nelle parti esplicative del testo, per sottolineare nozioni;
(b) nelle menzioni, cioè quando si fa riferimento a una parola (per es.: "il termine *metabole*...").

Le virgolette doppie (oltre che per i titoli di articoli, in bibliografia) sono state impiegate:
(a) per racchiudere le citazioni;
(b) per fare riferimento ai significati delle parole (per es.: il termine *metabole* significa "mutamento").

Le virgolette semplici o apici avvertono invece che il termine in esse racchiuso va inteso in un'accezione particolare, con riserva ecc.; equivalgono a: "per così dire..."; per convenzione tipografica possono valere come virgolette doppie all'interno di citazioni, e all'identico scopo si è usato, ma raramente, il corsivo. In alcuni casi le virgolette semplici sono state usate al posto del corsivo, nelle menzioni di espressioni composte da più di una parola.

Il grassetto (o neretto) ha lo scopo, ovvio, di mettere in evidenza le designazioni (generalmente si tratta di termini tecnici) di argomenti allo studio, la prima volta che questi compaiono come oggetto di trattazione particolare.

1.
NOTIZIE STORICHE

Questo primo capitolo è una cursoria rassegna di notizie elementari su alcune tappe di un cammino lungo due millenni e mezzo. Non si è tentato di tracciare un sia pure sommario profilo storico della retorica: non si poteva, in poche pagine, delineare aspetti e movimenti in parallelo e in correlazione con gli sviluppi della filosofia e in particolare della dialettica, con le vicende dell'eloquenza politica e forense, e ancora, negli ambiti filosofico e letterario, con le elaborazioni dell'estetica, della poetica e delle teorie della letteratura.[1] È sembrato opportuno, però, richiamare qualche indispensabile informazione preliminare sulla retorica greca e latina, e specialmente sulla sistemazione aristotelica, rimasta il fondamento principale della trattatistica posteriore. Su questa abbiamo scattato poche istantanee: appunti su antefatti a cui riferire sia la descrizione del *corpus* classico e le occasionali postille sulle neoretoriche contenuti nel secondo capitolo, sia i temi del terzo capitolo.

1.1 LA RETORICA ANTICA. LE ORIGINI

Nascita retorica antica in seguito a confische

Siracusa, primi decenni del V secolo a.C. Due tiranni, Gelone e il suo successore Gerone I, fanno espropri massicci di terreni per distribuire lotti ai soldati mercenari. Quando, nel 467 a.C., un'insurrezione abbatte la tirannide, si apre una lunga serie di processi per la rivendicazione delle proprietà confiscate. Inclini per natura ai cavilli e alle contese giudiziarie (*cum esset acuta illa gens et controversiae nata*, scriverà Cicerone quattrocento anni dopo),[2] i litiganti sapevano attaccare e difendersi con efficacia e precisione istintive. Bisognava solo provvederli di un metodo e di una tecnica codificati, ed è quanto avrebbero fatto Corace, attivo già al tempo dei tiranni, e il suo allievo Tisia, considerati perciò, secondo una tradizione largamente diffusa, come i fondatori della retorica. La loro precettistica poggiava sul seguente principio: il *sembrare vero* conta più dell'*essere vero*; donde la ricerca sistematica delle prove e lo studio

1/" Tradizionalmente fondato si della retorica

17

delle tecniche atte a dimostrare la verosimiglianza di una tesi.

Elementari opposizioni scandiscono i primi passi della retorica: unita e contrapposta, come sistema di teorie, tecniche e precetti, all'eloquenza come virtù spontanea, essa si regge, al suo interno, sul confronto-contrasto tra *l'essere* e *l'essere creduto* vero.

Contemporaneamente, e sempre in Sicilia, prosperava un altro genere di retorica, detta *psicagogica*, cioè "trascinatrice degli animi", che affondava le sue radici nei cosiddetti discorsi pitagorici, risalenti al periodo del primo pitagorismo. Essa mirava a convincere non col dimostrare in modo tecnicamente ineccepibile che un dato argomento era verosimile (*eikós*), ma sfruttando l'attrattiva che la parola sapientemente manipolata poteva esercitare sugli ascoltatori. L'effetto a cui puntare era la reazione emotiva, non l'adesione razionale; aspetti qualificanti di questa specie di magia della parola, il ragionamento per **antitesi**, collegato alla teoria pitagorica degli opposti, e la **politropìa**, o capacità di trovare tipi diversi di discorso per i diversi tipi di ascoltatori (giovanetti, donne, magistrati, efebi...). Si stabilivano analogie con la medicina, dove la politropia consisteva nel trovare rimedi adatti alle svariate condizioni e predisposizioni dei pazienti; con la musica, a cui i pitagorici assegnavano un valore terapeutico; e con la magia, parente dell'una e dell'altra. **Empedocle di Agrigento**, filosofo in fama di mago, era ritenuto il vero fondatore della retorica, da una tradizione a cui darà credito lo stesso Aristotele.

Fu Aristotele ad attribuire all'ambiente pitagorico la definizione del concetto retorico di "opportuno" (*kairós*) in termini di proporzioni numeriche. L'idea dell'opportunità di un discorso secondo le circostanze e gli interlocutori era pur sempre connessa alla nozione di politropia e aveva implicazioni educative e sociali ricche di avvenire.

Nella Magna Grecia del V secolo a.C. dovrebbero ricercarsi dunque le origini della retorica occidentale. Se dalla precettistica, dai prontuari giuridici, dalle teorizzazioni dei mezzi e dei fini si passa all'eloquenza come 'capacità naturale' e come pratica, la questione delle origini si dilata a comprendere testimonianze antichissime: la presunta retorica dei consiglieri e maestri di bel parlare degli eroi omerici; l'obbligo, stabilito da Solone (VII-VI secolo a.C.) per tutti gli imputati, di perorare davanti ai giudici la propria causa, e l'incremento, che ne seguì, dell'attività dei **logografi** (gli incaricati di redigere i discorsi giudiziari per chi non sapesse comporli da sé).

Certamente l'affermarsi della retorica come arte e tecnica del discorso persuasivo, nel mondo greco, è collegata allo sviluppo della *pólis* e al costituirsi della democrazia: quando le contese politiche, la volontà di conquistare il favore delle assemblee per essere eletti alle cariche pubbliche, i dibattiti su questioni di comune interesse impongono che si sappia difendere le proprie tesi e demolire quelle degli avversari. All'esercizio autoritario del potere si contrappone dunque la retorica come espressione della libertà di parola.

La nascita della retorica si connette pure alla scoperta e al riconoscimento del valore conoscitivo ed educativo che ha la riflessione sulla lingua. Sia che si aderisse alla concezione, di ascendenza pitagorica, dell'arbitrarietà dei segni linguistici (i nomi sono assegnati 'per convenzione' alle cose), sia che si pensasse a un legame 'per natura' fra i nomi e le entità designate, si riteneva che per conoscere la realtà fosse essenziale conoscere i segni linguistici che la esprimevano. Di qui l'aspetto, precocemente palese, della retorica come scienza, oltre che come pratica, del linguaggio: l'aspetto che caratterizza il pensiero e l'attività di Protagora e di Gorgia.

1.2 LA RETORICA DEI SOFISTI

Dalla Sicilia ad Atene: metà del V secolo a.C., età di Pericle. A fare da tramite all'insegnamento dei leggendari Corace e Tisia e alle dottrine retoriche maturate nell'ambiente pitagorico sono i maestri della sofistica. Avverso a interpretare in senso moralistico, come facevano invece i pitagorici, ciò che sia "opportuno" in un discorso, **Protagora di Abdera** dà al *kairós* un'applicazione formalistica: opportuna può essere, secondo i casi, la concisione o l'abbondanza, e una stessa materia può diventare oggetto di un discorso stringato o di uno amplissimo. Formalistica, cioè stilistica, è pure la sua idea dell'*orthoépeia* come proprietà di espressione: la dote in cui egli gareggiava con Pericle. L'efficacia dimostrativa ottenuta con l'eccellenza del dire poteva così riuscire a "rendere più potente il discorso più debole".

Protagora sviluppò originalmente e con grande successo la dottrina dell'antitesi quale idea-forza di un'argomentazione, mostrando come uno stesso argomento potesse essere trattato da punti di vista opposti.

Era la tecnica del contraddire, o *antilogía*: l'apporto più scandalosamente innovativo della retorica sofistica.

Numerose le testimonianze letterarie, da Euripide ad Aristofane

19

a Platone, sugli "agoni retorici", gare di virtuosismo eristico,[3] condotte applicando la tecnica antilogica insegnata da Protagora. Nel relativismo spregiudicato che la ispirava e che tanto indignò i nemici dei sofisti (Platone, in prima fila, che riprovava nell'*Eutidemo* proprio la pratica dell'antilogia) sono da vedersi però intuizioni sorprendenti sia sull'organizzazione formale del discorso sia sulla facoltà probatoria, opposta a presunte verità assolute. Qualcosa che richiama, sia pure alla lontana, la moderna nozione del relativismo scientifico e, applicato alle vicende umane, vorrebbe semplicemente dire che, per i fatti opinabili (non piccola misura nell'insieme del reale e del possibile), ciò che conta è trovare la ragione più probante.

La retorica appare fusa inestricabilmente con la poetica nel primo autore (filosofo e retore) di cui possediamo una trattazione esplicita di temi retorici: **Gorgia da Lentini**, l'altro grande sofista, allievo di Empedocle e intriso di pitagorismo; venuto dalla Sicilia ad Atene nel 427 a.C., l'anno della nascita di Platone. Nell'*Encomio di Elena*, uno dei due discorsi rimastici di Gorgia, è esaltata la potenza psicagogica della persuasione (*peithō*). Questa agisce attraverso l'"inganno" (*apátē*), illusione o fascinazione poetica, che il *lógos* (la parola, il discorso) è capace di provocare: "accostandosi all'opinione dell'anima, il suo potere incantatore la affascina, la persuade, la travia e modifica con magica illusione".[4]

Per primo Gorgia distinse tipi di discorso: i *lógoi* dei filosofi naturalisti, l'oratoria giudiziaria e la dialettica filosofica. È pure di Gorgia una prima individuazione di 'figure': accorgimenti formali come l'isocolo (corrispondenza fra i membri di un periodo, dovuta al numero e alla disposizione delle parole) e l'omoteleuto (terminazione uguale di parole nelle varie parti dell'isocolo), ingredienti della prosa poetica, del "comporre alla maniera di Gorgia" (*gorgiázein*), e soprattutto l'antitesi, base della dialettica.

Cinque secoli più tardi Plutarco scriverà la definizione più complessa della retorica gorgiana, attribuendole anticipazioni di sviluppi futuri: "La retorica è l'arte del parlare, che ha la sua forza nell'essere artefice di persuasione nei discorsi politici intorno ad ogni soggetto; che è creatrice di convincimento e non di insegnamento; i suoi argomenti propri sono soprattutto intorno al giusto e all'ingiusto, al bene e al male, al bello e al brutto".[5]

1.3 Contro i retori-sofisti: Platone

Enorme fu il successo dei retori-sofisti; Socrate stesso fu ritenuto uno di questi, tanto rappresentativo da poter essere messo in caricatura, come maestro di sofistica, nelle *Nuvole* di Aristofane.

Evidentemente Socrate era esperto di una sua specialissima *téchnē rhētorikē*, se al suo discepolo ed esegeta Platone si presentò subito il problema del rapporto fra retorica e filosofia. Il risultato fu una condanna severissima della retorica praticata dai sofisti e l'affermazione della sua controparte filosofica: la dialettica. Alla prima, intesa – e respinta – come esercizio meramente formale della persuasione, indifferente ai temi a cui si applicava, volta a "distrarre" la moltitudine seducendola con eleganze incantatrici e vuote sonorità, Platone opponeva la dialettica come arte del discutere modellata sui propri contenuti specifici e diretta ad analizzare gli argomenti dei discorsi, a scomporli in elementi primi per riportarli a poche categorie essenziali.

Con Platone l'*epistēmē* (la scienza) prevale sulla *dóxa* (l'opinione), la certezza della verità sulla mutevolezza dell'opinabile. È un rovesciamento di posizione rispetto ai sofisti. Nell'*Eutidemo*, uno dei dialoghi platonici del periodo giovanile o socratico, alla retorica, che appartiene al dominio della *dóxa*, è negato non solo il carattere di scienza, com'era ovvio anche per i sofisti, ma quello pure di *téchnē*, di "arte" o tecnica, che i sofisti le attribuivano. Come nell'*Eutidemo* così nel *Gorgia*, il dialogo giovanile in cui Platone sviluppa a fondo il problema dell'essenza della retorica, questa è definita come abilità empirica: "poiché non ha nessuna razionale comprensione della natura delle cose cui si riferisce [...]: ecco perché non sa di ciascuna cosa indicare la causa" (*Gorgia*, 465a).

Fra i dialoghi platonici, il *Gorgia* è il più violentemente antiretorico e antisofistico: come la sofistica è contraffazione dell'attività legislativa, così la retorica è contraffazione dell'arte di rendere giustizia; queste pseudotecniche appartengono entrambe a un'unica specie di abilità, l'adulazione (*kolakéia*) capace di persuadere.

La persuasione retorica è indifferente alla materia del contendere: "non c'è nessun bisogno che la retorica conosca i contenuti; le basta avere scoperto una certa qual tecnica di persuasione, sì da potere apparire ai non competenti di saperne di più dei competenti" (*Gorgia*, 459b-c). Ma tale affermazione non corrispondeva ai principi enunciati dal sofista Gorgia, che nella sua tipologia dei discorsi postulava per il retore una sicura conoscenza di argomenti sia "meteorologici" (cioè di scienze naturali), sia giudiziari, sia filosofici.

Nel *Fedro*, il dialogo che appartiene al periodo della maturità e dell'influenza pitagorica, Platone torna a occuparsi della retorica. Non per condannarla in blocco, ma per distinguere la vera dalla falsa retorica, in base all'antitesi tra l'essere e il sembrare. Falsa è la retorica che ostenta un'apparenza di verità, che segue e blandisce l'opinione di chi deve giudicare e non cerca di "apprendere ciò che è effettivamente giusto". Vera è quella "specie di arte per dirigere le anime attraverso le parole, e non solo nei tribunali e nelle altre riunioni pubbliche, ma anche in conversazioni private [...] tanto nelle questioni minime come in quelle grandi" (*Fedro* 261), che è "capace di condurre l'ascoltatore alla verità e di rendere la verità operante nell'ascoltatore" (Garin 1970:100). La componente psicagogica della retorica "vera" dovrebbe far sì che alla conoscenza delle "idee" corrisponda la conoscenza degli animi:

> scoperte le rigorose corrispondenze, l'opinabile si dissiperebbe, e con esso le scelte, le probabilità, il contingente. Il proprio della retorica, ossia "l'ombra del vero", non può non essere dissipato dalla luce del vero; e lo sarà, nella tesi di Platone, non appena una psicologia scientifica avrà cacciato il verosimile dall'ultimo rifugio. La "vera" retorica non è che la conoscenza del mondo ideale *più* la scienza delle anime.
>
> (Garin 1970:101)

Un discorso persuasivo così fondato ha un metodo preciso, quello della dialettica. Senza la dialettica (risultato di una *sintesi*, che trae la definizione dell'argomento dalla rassegna delle varie nozioni riguardanti un'idea, e di una analisi, che scompone l'idea nei suoi elementi costitutivi) non può esistere alcun tipo di discorso che non sia futile, o riprovevole.[6]

L'atteggiamento antisofistico di Platone, irrigidito, come sempre accade, nelle sue punte più appariscenti, ha agito in profondità in ogni denigrazione successiva della retorica, nella sfiducia verso le teorie e la prassi dell'arte del dire, che ha informato una parte cospicua dei pregiudizi sedimentati nel corso dei secoli successivi: le 'idee ricevute' su cui si fondano le accezioni negative del termine *retorica*. Eccone un provvisorio catalogo: la retorica non è arte vera, ma insieme di artifici (di fallacie, di forme vuote), un imbroglio, dunque, l'opposto della spontaneità e della sincerità; la persuasione, manipolazione del consenso da parte di chi è più astuto e sa raggirare gli ingenui, si esercita su materie di dubbia consistenza, sulle quali l'accordo non è generale, e gioca spesso su effetti illusionistici; la folla ne è il naturale destinatario, mentre per la ricerca della verità e della conoscenza occorre uno scambio dialettico fra interlocutori; perciò la retorica è attività sterile dal punto di vista conoscitivo.

1.4 L'ARTE DELLA PROSA

Attica, IV secolo a.C., secolo della filosofia e dell'eloquenza. La forma letteraria dominante è la prosa. Platone, filosofo artista, ne dà prove insuperate; i grandi oratori politici (Isocrate, Demostene, Eschine) danno incremento all'eloquenza, a cui la retorica, soprattutto per opera di Gorgia, aveva fissato schemi per le tecniche argomentative e regole per l'espressione, tali da costituire una 'prosa d'arte' in grado di gareggiare con la poesia nell'armoniosa disposizione delle parti, nei ritmi e nelle sonorità.

Fra gli oratori, chi tenne scuola di eloquenza – una scuola famosa, frequentatissima – fu Isocrate, che era stato allievo di Gorgia e aveva seguito anche gli insegnamenti di Socrate. Isocrate conciliava l'addestramento al parlare forbito e persuasivo con l'educazione al vivere civile: la ricerca, teorica e pratica, della squisitezza formale e dell'efficacia dimostrativa con le istanze morali e filosofiche su cui fondare la direzione delle coscienze e della condotta sociale. Platone, di cui Isocrate era rivale nella formazione dei giovani, gli fu ostile; e gli fu critico severo anche Aristotele, che gli rimproverò di occuparsi esclusivamente di forme vuote.

Benché interessata a problemi di etica e di 'cultura generale', come si direbbe oggi (il buon oratore, secondo Isocrate, doveva avere eccellente reputazione e vasta cultura), la retorica isocratea non produceva filosofia; ma in compenso veniva rafforzando il bagaglio strumentale necessario alla teoria e alla pratica del discorso. Secondo un'opinione abbastanza diffusa, sarebbe stata proprio la concorrenza di un tale studio di accorgimenti stilistici a far sì che il maggior teorico della disciplina, Aristotele, dedicasse una parte della sua riflessione (il terzo libro della *Retorica*) alla *léxis*, cioè al 'modo di esprimersi'.

1.5 LA RETORICA ARISTOTELICA

La grande sistemazione aristotelica della retorica comprende: "una teoria dell'argomentazione, che ne costituisce l'asse principale e che fornisce, al tempo stesso, il nodo della sua articolazione con la logica dimostrativa e con la filosofia [...], una teoria dell'elocuzione e una teoria della composizione del discorso".[7]

Scrive Aristotele dando inizio al suo trattato:

> La retorica è analoga alla dialettica: entrambe riguardano oggetti che, in certo modo, è proprio di tutti gli uomini conoscere e non di una scienza specifica.
>
> (*Ret.*, I, 1, 1354a)

La sua funzione "non è il persuadere, ma il vedere i mezzi di persuasione che vi sono intorno a ciascun argomento". Compito del teorico è occuparsi degli argomenti probanti, o probatori (*písteis*): non di quelli extratecnici (*átechnoi*), che si utilizzano come dati già pronti in partenza e sono le testimonianze, le confessioni estorte con la tortura, i documenti scritti ecc. (cfr. più avanti, 2.6), ma di quelli tecnici (*éntechnoi*), che bisogna trovare applicando un metodo. Una *pístis* è una dimostrazione, di cui esistono due tipi: l'esempio e l'entimema. Dialettica e retorica vengono messe in parallelo: ciò che nella prima è l'*induzione*, nella seconda è l'**esempio**:

> il dimostrare partendo da molti casi simili che una cosa sta in un dato modo
>
> (*Ret.*, I, 2, 1356b)

ciò che nella prima è il *sillogismo*, nella seconda è l'**entimema**:

> quando, date certe premesse, risulta per mezzo di esse qualcosa di altro e di ulteriore per il fatto che esse sono tali o universalmente o per lo più
>
> (*ivi*)

Con la differenza che il sillogismo logico dà una verità inconfutabile, mentre l'entimema arriva a conclusioni probabili e confutabili.

Gli esempi possono essere o storici, o inventati (quelli che si chiamano ancor oggi, con denominazione latina, *exempla ficta*). Di questi ultimi Aristotele distingue due specie: le parabole:

> Sono parabole i discorsi socratici. Ad esempio, se uno dice che non bisogna estrarre a sorte i magistrati; sarebbe infatti come se si estraessero a sorte gli atleti, cioè si nominassero atleti non quelli che sanno concorrere alle gare, ma quelli che la sorte designa
>
> (*Ret.*, II, 20, 1393b)

e le favole (come quelle esopiche), che vanno però composte come le parabole, in modo da rendere evidenti le analogie.

Agli esempi si deve ricorrere solo se si è a corto di entimemi. Ecco un entimema aristotelico:

> se neppure gli dei sanno tutte le cose, ancor più difficilmente le sapranno gli uomini
>
> (*Ret.*, II, 23, 1397b)

basato sul luogo comune "del più e del meno":

se non si può attribuire un predicato alla cosa a cui più apparterrebbe, è evidente che non lo si può attribuire alla cosa a cui meno apparterrebbe

(*ivi*)

dove una delle premesse è sottintesa, e cioè che gli dei sappiano più cose degli uomini.

L'espressione "concisa e sintetica" è il tratto stilistico che Aristotele assegna all'entimema; ed è uno dei tratti che caratterizzano le moderne tecniche della persuasione, quelle pubblicitarie in primo luogo, che abbondano di argomentazioni basate su premesse implicite. Omettere una premessa significa dare per scontato ciò che in essa si asserisce, e quindi non sottoporlo a dubbio o a discussione, col risultato di influire in maniera diretta e incisiva sulle decisioni dei destinatari. Molti messaggi pubblicitari potrebbero essere fatti corrispondere a ciò che Aristotele intendeva per "entimemi apparenti", analoghi alle argomentazioni dialettiche che sembrano sillogismi, ma non lo sono. Ecco un caso appartenente a uno dei nove tipi elencati dal filosofo:

Dionigi è un ladro, perché è malvagio

che mostra l'assenza di sillogismo, perché "non ogni uomo malvagio è ladro, bensì ogni ladro è uomo malvagio" (*Ret.*, II, 24, 1401b).

Un moderno smascheramento del falso sillogismo su cui è stato costruito un messaggio pubblicitario si trova in un articolo di Eco (1976:3). Una parte del messaggio in questione recitava: "Vuoi sapere come si distingue la Bic Cristal con 'sferadiamante' dalle comuni penne con sfera in lega di ferro? La penna con sfera di ferro si attacca alla calamita. Bic Cristal non si attacca perché il diamante non viene attratto dalla calamita". Premessa del ragionamento: "solo Bic ha la punta di diamante" (e perciò scrive meglio). Eco argomenta:

Per provare le premesse si suggerisce una prova induttiva, e cioè la verifica sulla calamita. Bene, la Bic non è attirata dalla calamita (e sono disposto a crederlo). A questo punto però viene presentata una deduzione implicita di questo tipo: "I diamanti non sono calamitabili – Bic non è calamitabile – dunque Bic è diamante" che è manifestamente falso, primo perché non si deduce nessuna affermativa da due negative, e poi perché il fatto che i diamanti non siano calamitabili non esclude che ci siano altre cose non calamitabili, come i conigli, le pere, i laureati in giurisprudenza, Gina Lollobrigida [...].

Le premesse dei sillogismi, dialettici e retorici, si traggono dai *tópoi*, "luoghi" (cfr. pure quanto si dirà più avanti, in 2.6), che sono di due specie: *comuni* e *propri*. Un esempio dei primi è il già ricordato luogo "del più e del meno":

infatti da esso sarà possibile sillogizzare o formulare un entimema indifferentemente intorno alla giustizia non più che intorno alla fisica o intorno a qualsiasi argomento: eppure questi argomenti differiscono per specie.

(*Ret.*, I, 2, 1358a)

25

Le quali specie hanno i loro *luoghi propri*; conoscerli e saperli usare sarà prerogativa degli esperti nelle singole discipline.

Preliminare alla trattazione delle premesse da cui trarre gli entimemi è la descrizione dei generi del discorso persuasivo. Dei tre elementi di cui questo consta – chi parla, ciò di cui egli parla e colui al quale si rivolge – è il terzo quello che determina la classificazione (si noti che tale criterio manifesta di per sé il carattere pragmatico della tipologia che ne deriva). Poiché tre sono i tipi di ascoltatore (individuati secondo la prassi ateniese dell'epoca), altrettanti sono i tipi del discorso persuasivo, cioè i generi della retorica. Le prime due classi di ascoltatori hanno una prerogativa in comune: il loro giudizio è tale da mutare una situazione. Essi devono pronunciarsi o su azioni future o su azioni passate. L'ascoltatore che decide riguardo al futuro è il membro di un'assemblea politica; quello che decide riguardo al passato è il giudice nei processi. La terza classe è costituita dagli spettatori. Essi non influiscono sulla situazione, i cui mutamenti si danno come già avvenuti. Ciò su cui lo spettatore dà un giudizio è unicamente il talento dell'oratore. Al primo tipo di ascoltatore corrisponde il **genere deliberativo**; al secondo il **genere giudiziario**; al terzo il **genere epidittico** (o dimostrativo: da *epidéik-nymi*, "mostro, faccio vedere, presento"). Nel discorso deliberativo l'oratore consiglia ciò che è utile e sconsiglia ciò che è nocivo. Il discorso giudiziale, di accusa e di difesa, verte sul giusto e sull'ingiusto. Il discorso epidittico, di lode e di biasimo, è centrato essenzialmente su ciò che è bello o, all'opposto, turpe.

La tripartizione dei generi retorici era già stata proposta da Anassimene di Lampsaco, nello stesso secolo, il IV a.C., ma fu Aristotele a organizzarla in sistema e a corredarla di una casistica che fu presa a modello dalla precettistica posteriore. Così l'esame del genere deliberativo è una sintetica trattazione degli argomenti sui quali un'assemblea deve decidere (redditi, guerra e pace, difesa del territorio, importazione ed esportazione, legislazione), degli scopi (il bene privato e pubblico) e dei molteplici mezzi per conseguirli, delle cause che producono i beni, dell'utile in ogni suo aspetto e gradazione e infine delle varie forme di governo. Il genere epidittico è illustrato da un sommario di etica, in cui si analizza che cosa sia e come si manifesti la virtù, oggetto di lode in quanto buona, e perciò anche bella. L'esame del genere giudiziario occupa una minuziosa rassegna psicologica sia dei motivi per cui si agisce e di ciò che soprattutto spinge l'uomo ad agire, cioè il provar piacere, sia dei tipi di uomini che sono inclini a delinquere e di quelli che sono propensi a essere vittime. Vi è poi un compendio di giurisprudenza, che distingue tra diritto naturale e diritto positivo, e di procedura oratoria riguardante l'uno e l'altro.

L'insegnamento retorico, nei secoli che seguirono, si concentrò ben presto sul genere giudiziario: chi sapeva dominare una situazione processuale sarebbe stato certamente in grado di destreggiarsi in qualsiasi altra occasione. Il deliberativo, come del resto il giudiziario, quando divenne esercizio scolastico, destituito, col tempo, anche del carattere propedeutico a una politica militante e ridotto a scopi di mera esibizione oratoria, si trovò a partecipare del carattere fittizio – di finzione letteraria – proprio del genere epidittico. La 'retorica insegnata' inglobava in quest'ultimo tutti i possibili discorsi, segnando vistosamente il progresso di quella "restrizione generalizzata" in cui consisterebbe, secondo Genette (1976), la storia della retorica da Corace a oggi. La trasposizione della nozione di 'bello' (coincidente con quella di 'buono') dall'oggetto del discorso al discorso stesso finì per assimilare il genere epidittico alla letteratura. Il risultato ultimo fu la cosiddetta letterarizzazione della retorica: di una retorica ormai disgregata, col genere deliberativo annesso alla riflessione filosofica e il giudiziario inglobato nella dialettica.

Il secondo libro della *Retorica* di Aristotele sistema concetti destinati ad alimentare la didattica e la pratica della disciplina nei secoli posteriori: l'*éthos*, cioè le doti di carattere, il modo di comportarsi nella professione e nella vita, quindi la moralità, dell'oratore;[8] e il *páthos*, cioè l'insieme delle passioni da suscitare, la vita emotiva, che diviene oggetto di analisi e motivo dell'argomentare. Tale sviluppo psicologico della retorica ("poiché la retorica esiste in vista di un giudizio [...] è necessario non soltanto badare che il discorso sia dimostrativo e convincente, ma anche mostrare se stessi in un dato modo e porre il giudice in una data disposizione", sia nelle deliberazioni sia nei processi) parte dalle qualità che rendono credibile, e perciò persuasivo, l'oratore (la saggezza, la virtù e la benevolenza) e fornisce all'autore l'occasione per un trattatello delle passioni (l'ira e il suo opposto, cioè la mitezza; l'amore e l'odio; il timore, la vergogna e l'impudenza, il favore e la riconoscenza, la pietà, l'indignazione, l'invidia, l'emulazione), con uno schizzo dei "caratteri" conseguenti all'età e ai beni di fortuna. L'aspetto psicagogico che aveva caratterizzato ben determinate manifestazioni dell'arte del dire fin dai primordi ha così un posto nel sistema aristotelico.

Ne ha uno ancora più importante per gli sviluppi futuri l'indagine su forme e artifici dell'espressione (sulla *léxis*), che occupa il

27

terzo libro della *Retorica*, insieme con l'esame delle altre fasi di elaborazione del discorso oratorio: la "disposizione" delle parti (*oikonomía*), strettamente connessa alla ricerca degli argomenti (*héuresis*) e illustrata in relazione ai tre generi retorici; e infine la "declamazione", *hypokritikē* [téchnē]: il modo di esporre e di gestire (i valori fonici, mimici e gestuali, dunque) che il filosofo aveva già trattato nella *Poetica*, nella sezione riguardante la recitazione teatrale (*hypókrisis*). Nella trattatistica posteriore le parti del discorso oratorio divennero cinque, con l'aggiunta della "memoria", importante per la buona riuscita del parlare in pubblico.

La teoria della *léxis* distingue l'espressione poetica (della poesia come della prosa), oggetto di studio nei libri della *Poetica*, dall'espressione discorsivo-oratoria. Di quest'ultima il teorico si occupa quasi venendo a patti con se stesso, cioè col logico e col dialettico delle "argomentazioni tecniche". Se ne occupa

> non perché ciò sia giusto, ma perché è necessario [...] Giusto sarebbe dibattere in base ai soli fatti, sì che le altre cose che sono estranee alla dimostrazione vengano considerate superflue.
>
> (*Ret.*, III, 1, 1404a)

Ma poiché queste "cose estranee" fanno presa sugli ascoltatori – sugli arbitri della situazione – che non sono degli esperti, è opportuno curarle, per le stesse ragioni per cui anche nella tecnica della dimostrazione, semplificando nell'entimema il procedimento sillogistico, si tiene conto dell'opportunità di non annoiare il pubblico e di non richiedergli operazioni mentali troppo complesse e astruse per i più.

Ad Aristotele si rifaranno le successive precettistiche riguardo alle 'virtù dell'elocuzione', di cui il filosofo cataloga le seguenti: la chiarezza, l'essere conveniente, cioè appropriata e adeguata alla situazione nella stringatezza come nell'abbondanza, la naturalezza e, condizione preliminare a tutte, la correttezza. A proposito della quale è delineato un prontuario grammaticale di ciò che occorre per esprimersi in buona lingua, e in modo che "ciò che si scrive" risulti "facile a leggersi e facile a pronunziarsi" (*Ret.*, III, 5, 1407b). Debitrice di Aristotele sarà pure tutta la trattatistica riguardante la metafora, la similitudine e parecchi altri elementi dell'*ornatus* (la coordinazione, l'antitesi, la parisosi o isocolo, l'omoteleuto, le arguzie...). Alla metafora Aristotele assegna un posto centrale: addirittura la facoltà di conferire chiarezza all'elocuzione, oltre che piacevolezza ed eleganza, poiché la sua funzione principale sta nel cogliere i nessi di somiglianza (le analogie) tra cose distanti. L'abilità metaforizzante è comune al retore e al poeta. è qui che poetica e retorica si incontrano, come anche nella considerazione del metro, nella poesia, e del ritmo, nella prosa.

La capacità di stabilire collegamenti imprevisti (molla del parlare metaforico), di abbreviare l'espressione elidendone alcuni passaggi (meccanismo dell'entimema), di intessere paradossi e indovinelli, di giocare sui doppi sensi sono ingredienti dell'arguzia. Per esempio, era costruita sul doppio senso della parola greca *archḗ* ("dominio" e "principio") la "frase spiritosa" di Isocrate, quando diceva agli Ateniesi di badare che il dominio [*archḗ*] del mare non diventasse principio [*archḗ*] dei mali (cfr. *Ret.*, III, 11, 1412b). Nella teoria aristotelica del comico si avverte una risonanza del pensiero di Gorgia:

> la maggior parte delle frasi spiritose derivano dalla metafora e dal sorprendere ingannando.

> (*Ret.*, III, 11, 1412a)

Per "sorprendere ingannando", e produrre comicità, la *léxis* dispone pure di accorgimenti formali: oltre all'arguta formazione di parole composte, l'omonimia e l'omofonia, che generano effetti paronomastici (cfr. qui 2.17:[8]):

> la sostituzione di una lettera in una parola può toglierle il suo significato originario e conferirle quello della parola che ne risulta

> (*Ret.*, III, 11, 1412a)

Questo è uno dei dispositivi caratteristici del motto di spirito, e infatti sarà attentamente analizzato da Freud.

Aristotele accenna appena ai connotati del comico; ma, anche in questo caso, egli ha prospettato uno degli sviluppi che diventeranno d'obbligo nei trattati posteriori dell'arte oratoria. Ed è interessante che il tema del "comico del discorso" sia stato ripreso, ai giorni nostri, anche dalla Olbrechts-Tyteca (1977), collaboratrice di Perelman nella costruzione della neoretorica di ascendenza aristotelica.

Il continuatore diretto di Aristotele nell'elaborare singoli aspetti della dottrina retorica fu **Teofrasto**, tra gli ultimi decenni del IV e i primi del III secolo a.C. Teofrasto, la cui opera è andata perduta (ne abbiamo notizia da citazioni frammentarie e specialmente dai commenti e dalle parafrasi di Cicerone), introdusse la divisione fra i tre stili (sublime, medio, umile), che ebbe enorme diffusione nelle età successive, ed era uno sviluppo del precetto aristotelico di attenersi al 'conveniente' (*prépon*), cioè di trovare per ogni materia e situazione (circostanze, destinatari) il modo di esprimersi più appropriato.

Nella scuola platonica si ha uno spostamento di prospettiva rispetto alla retorica. La **Nuova Accademia**, sostituendo al principio del vero quello del *pithanón* ("persuasivo"), si sposta verso l'ambito della *dóxa*. Un ragionamento persuasivo è tanto più credibile quante più sono le contraddizioni che esso riesce a superare. In questo clima si formeranno le concezioni epistemologiche di Cicerone.[9]

1.6 DAGLI STOICI ALL'ESAURIMENTO DELLA RETORICA IN GRECIA

Sul finire del IV secolo a.C. Zenone, il fondatore della scuola stoica, si interroga a sua volta sul rapporto fra dialettica e retorica. La sua risposta, affidata a un gesto, è conforme alla stringatezza estrema a cui gli stoici miravano (chi vuole imparare a star zitto vada a scuola dagli stoici, commenterà più tardi Cicerone): chiudendo il pugno Zenone indicava il carattere serrato e conciso della dialettica; con la palma aperta e le dita distese, i modi spiegati e diffusi della retorica. Ancora (come in Platone e in Aristotele) contrapposizione di brachilogia e di macrologia, con la sostanziale differenza, rispetto a Platone, che la retorica veniva considerata non già un'empiria, ma una parte della logica (l'altra parte era la dialettica), e si vedeva attribuita la funzione di regolare l'esposizione del discorso scientifico mediante un tecnicismo rigoroso.

Nel solco della tradizione stoica, ma con elementi ricavati dalle altre dottrine a questa contemporanee e in particolare dall'eclettismo dell'Accademia, si impose, alla metà del II secolo a.C., il sistema retorico di **Ermagora di Temno**; ed ebbe grande risonanza, specialmente sotto il profilo giuridico.

Ermagora divise il campo di competenza della retorica fra *théseis* ("tesi"), questioni generali, e *hypothéseis* ("ipotesi"), controversie su casi particolari. I latini, che furono pronti ad accogliere l'innovazione terminologica ermagorea, tradussero il primo termine con *genus infinitum* (o *quaestio infinita / communis / generalis*; o anche *propositum*), "questione indefinita / generale", riferita a classi di individui, a situazioni tipiche; e il secondo termine con *genus definitum* (o *quaestio finita / specialis*; o anche *causa*), "questione delimitata", cioè relativa a persone, circostanze, luoghi e momenti. Un esempio di *quaestio communis* nei tre generi oratori aristotelici: giudiziale: "Se è giusto che una madre uxoricida sia uccisa dal figlio"; deliberativo: "Se estrarre a sorte i magistrati"; epidittico: "Perché le belle arti sono di pubblica utilità".

La bipartizione di "tesi" e "ipotesi" corrispondeva alla distinzione aristotelica fra luoghi comuni e luoghi propri o specifici; ed era destinata a riaccendere il dibattito tra filosofi e retori, dal momento che questi ultimi venivano a impegnarsi in argomenti di ambito generale, considerati dai filosofi come appannaggio esclusivo della loro speculazione.

Un'altra innovazione di Ermagora fu una classificazione dei discorsi che interessò particolarmente il campo giudiziario, in quanto era basata sulla nozione di *stásis* (in latino, *status causae*: determinazione della questione su cui verte una causa). Una prima divisione era tracciata fra **genere razionale** (dipendente dal senso comune) e **genere legale** (dipendente dalla legislazione in materia), entrambi così suddivisi:

a) il genere razionale nei tipi:

1. **congetturale**: chi è l'autore dell'azione incriminata?
2. **definitivo** (cioè relativo alla definizione del fatto): l'azione data è o non è delittuosa?
3. **qualitativo**: con quali intenzioni si è agito?
4. **traslativo**: questo giudice è o non è competente a trattare questo caso?

b) il genere legale nei tipi riguardanti:

1. **la lettera e lo spirito della legge**, quando questi sembrano in contrasto reciproco;
2. **le leggi contrarie**, quando una legge ne contraddica un'altra;
3. **l'ambiguità**, quando siano possibili più interpretazioni di una norma;
4. **il sillogismo**, quando si vogliano inferire, da leggi esistenti, norme per casi non esplicitamente previsti.

La classificazione di Ermagora poté convivere, nella retorica greca e latina, con la tripartizione aristotelica dei generi, da cui differiva radicalmente nei criteri tipologici; poté affiancarsi a questa e inglobarla, ma non soppiantarla, rimanendo legata, col tecnicismo rigoroso della sua casistica, agli ambiti degli studi giuridici e della pratica giudiziaria.

Dagli inizi del I secolo a.C. la retorica è attestata anche a Roma, come precettistica di eloquenza e di stile.

Nel mondo greco, intanto, le due maniere alternative del parlare, l'ampiezza e la brevità, a cui si inframmise precocemente l'ampiezza moderata, erano state incanalate in indirizzi ben definiti, che presero il nome dalle rispettive scuole. Lo stile **asiano**, esuberante nella magniloquenza, si era affermato fin dal III secolo a.C., prodotto tipico e vivace dell'ellenizzazione dell'Oriente. Lo stile **rodio** (o rodiese), più temperato, caratterizzò la celebre scuola di eloquenza di cui era stato iniziatore Eschine, l'avversario di Demostene. Lo stile **attico**, della concisione lineare e schiva, nacque dalla reazione all'asianesimo, come controproposta puristica e conservatrice, verso la fine del periodo ellenistico, nel I secolo a.C. Nella precettistica e nella pratica oratoria si dilata sempre più il versante stilistico della retorica, e diventano anche più visibili i suoi rapporti con la grammatica.

Il purismo linguistico dell'atticismo coniuga il principio dell'imitazione degli autori canonici (indicati in un elenco o *canone*), depositari della "buona lingua", col principio della "regolarità" dello scrivere, e si conforma alla teoria grammaticale dell'*analogia* (la lingua si sviluppa e si organizza secondo regole rigorosamente definite), opposta alla dottrina dell'*anomalia* (il mutamento incessante del sistema dipende dall'imprevedibilità degli usi) a cui si rifacevano i seguaci dell'asianesimo, assertori, sul piano stilistico e letterario, della "originalità" (cioè del comporre secondo l'impulso della passione), in polemica col criterio atticista dell'imitazione. Due maestri di retorica greca, **Cecilio di Calatte** (Sicilia) e **Dionisio di Alicarnasso** (Asia Minore), attivi a Roma al tempo di Augusto, si impegnavano in puntigliose stesure di norme grammaticali e stilistiche: tali furono gli studi di Dionisio (che fu famoso anche come storiografo) sullo stile di Demostene e di Tucidide. Lo stesso Dionisio ci ha lasciato un'opera, di straordinario interesse, sull'ordine delle parole nel discorso.

All'analisi e alla precettistica dell'elocuzione faceva riscontro, sempre sul fronte atticista, un irrigidimento tecnicistico della struttura argomentativa: il precettore di Augusto, **Apollodoro di Pergamo**, escludeva ogni elemento emotivo dalle dimostrazioni, che voleva condotte sui nudi fatti. Dal dibattito che sorse intorno a tali questioni scaturì l'ultima, in ordine di tempo, fra le opere più importanti della retorica greca: l'anonimo *Perì hýpsous* ("Sul sublime", collocato, dopo lunga controversia, nella prima metà del I secolo d.C.), "l'unico trattato di retorica compatibile con l'insegnamento di Platone" (Barilli 1979:29).

Ha scritto Harold Bloom:

> a rigor di termini, il Sublime o *hypsos* del titolo dovrebbe essere tradotto con
> "grandezza" o "punto più alto" o persino "alta scrittura", oppure, come direi
> io, "poesia forte".

(Bloom 1987:145)

L'"eroe" di quest'opera, cioè l'incarnazione esemplare dell'idea
che la ispira, è infatti Omero, "l'Omero dell'*Iliade*, perché qui la
potenza del poeta non conosce cedimenti" (*ivi*, 146). I caratteri
della grandezza formale rientrano nell'idea del "sublime", ma non
ne costituiscono l'essenza: che è data invece dalla grandezza inte-
riore, riflessa nei tratti dei personaggi, nel linguaggio, nell'azione;
un modo d'essere, o di comportarsi, prima che uno stile di scrittura:

> il sublime è l'eco di una grande anima. Donde talvolta un pensiero spoglio,
> privo di voce, è ammirato per se stesso, proprio per la sua grandezza: tale è il
> grande silenzio di Aiace nella *Nekya*,[10] più sublime di qualunque discorso.

(*Il Sublime*, 9, 2)

È la retorica del silenzio, che alimenterà i grandi momenti della
creazione artistica: la poesia dell'ineffabile e la forza evocativa di un
tacere che esprime assai più cose del parlare ("quel giorno più non
vi leggemmo avante").[11]

L'attitudine a concepire pensieri grandi è la prima e la più importante delle "fonti" del sublime. È una qualità congenita, come la seconda, che è "il pathos trascinante e ispirato". Le rimanenti tre si
ottengono invece con l'arte. E sono: la particolare composizione
delle figure (di pensiero e di parola), la potenza espressiva nella
scelta delle parole e dei traslati e infine, "quinta causa di grandezza
e compendio di tutte quelle che la precedono", il decoro e l'eleva-
tezza della composizione (della *sýnthesis*, cioè dei procedimenti rit-
mico-eufonici e della sintassi poetica, come armonia e concordanza
di ogni elemento dello stile).

Ciò che accomuna la poesia all'oratoria è il *páthos*, ma mentre la
poesia ha come scopo lo straniamento, la prosa mira alla chiarezza
e all'evidenza. Entrambe sono alimentate dalla fantasia, di cui è
detto, suggestivamente:

> si definisce comunemente fantasia tutto ciò che dà luogo a un'idea da cui nasca
> un discorso, ma ormai il nome si è imposto per quei discorsi nei quali le cose
> che dici nell'entusiasmo della passione sembri proprio vederle e le metti sotto
> gli occhi degli ascoltatori.

(*Il Sublime*, 15, 1)

33

L'analisi delle figure retoriche e, in genere, degli accorgimenti dello stile, fatta con la consapevolezza vigile di che cosa divida l'artificio dall'arte, sembra smentire in anticipo i furori antiretorici di epoche posteriori (si pensi al Romanticismo) in nome del prorompere della passione e dell'urgenza della fantasia:

> Propriamente, l'accortezza delle figure è sospetta e genera il dubbio di un agguato, di un'insidia, di un raggiro [...]. Eccellente pertanto riesce la figura che sa nascondere d'essere quella che è. Ora, proprio il sublime e il pathos costituiscono un rimedio e un aiuto meraviglioso contro i pregiudizi sul linguaggio figurato: e l'abilità tecnica, circondata dalla bellezza e dalla grandezza, pervade tutto il resto e si sottrae ad ogni sospetto.
>
> (*Il Sublime*, 17, 1-2)

1.7 ORATORIA E RETORICA A ROMA. I PRIMI TRATTATI IN LATINO

La retorica romana, nelle sue principali produzioni (dalla *Rhetorica ad Herennium* a Quintiliano), è una rielaborazione della retorica greca, in particolare delle teorie aristoteliche e postaristoteliche. Originali sono la disposizione della materia, le interpretazioni giuridiche e le proposte procedurali, il ruolo educativo (di formazione culturale e morale, oltreché tecnico-specialistica) assegnato allo studio e alla pratica dell'eloquenza e la sistematicità delle relative formulazioni didattiche.

Un profilo dell'oratoria latina pre-ciceroniana si trova nel *Brutus* di Cicerone. Gli oratori ivi elencati solevano pubblicare i loro discorsi, con fini di propaganda politica e morale. Così aveva fatto, agli inizi del II secolo a.C., **Catone il Censore**, le cui *Orationes*, che non ci sono pervenute, dovevano dissimulare ogni traccia di studio per apparire quanto più possibile 'naturali' e aliene da qualsiasi compromissione con la tecnica retorica – e quindi con la cultura – greca. L'oratore, secondo un famoso precetto di Catone, doveva essere uomo probo e retto, abile nel parlare (*vir bonus dicendi peritus*); una simile abilità derivava dal possesso della materia (*rem tene, verba sequentur*).

Nella lunga rassegna che Cicerone fa dei suoi predecessori (quasi tutti i principali uomini politici della Roma repubblicana erano stati valenti oratori) spiccano Scipione Emiliano, Gaio Lelio, Servio Sulpicio Galba, Cecilio Metello Macedonico, Tiberio e Caio Gracco; poi Marco Antonio e Licinio Crasso, che saranno i principali interlocutori del ciceroniano *De Oratore*, e Caio Aurelio Cotta e il grande Ortensio. Un'oratoria fiorente, che conosciamo solo per via indiretta.

Gli oratori romani avevano conosciuto la *téchnē rhētorikḗ* dei

Greci frequentandone le scuole più celebrate, specialmente l'asiana e la rodia; ma bisogna risalire al secondo decennio del I secolo (fra l'86 e l'82 a.C.), e non prima, per trovare un'opera retorica scritta in latino: la *Rhetorica ad Herennium*, attribuita ormai con forti ragioni a un retore di nome **Cornificio**, e non più a Cicerone, come aveva fatto erroneamente una tradizione tardiva. È un ampio manuale, in quattro libri, che alla tipologia aristotelica dei discorsi e alla divisione di questi in parti annette la classificazione di Ermagora e, nella descrizione delle figure, risente delle dottrine asianoellenistiche. La trattazione tecnica è ancorata a una preliminare definizione dei "doveri dell'oratore": dell'impegno morale e civile della sua attività.

La *Rhetorica ad Herennium* ha assolto un compito importante: l'istituzione della nomenclatura retorica latina mediante traduzioni o calchi dal greco; minime saranno le varianti apportate dalla tradizione successiva. Notevole è pure l'aggiunta della *memoria* alle quattro parti organizzative dei discorsi (*inventio* o ritrovamento degli argomenti; *dispositio* o disposizione degli stessi; *elocutio* o espressione; *pronuntiatio* o declamazione e modo di porgere). La *memoria* è la capacità di ricordare, ottenuta e rinforzata con particolari accorgimenti tecnici, di cui l'autore del trattato dà una minuziosa casistica, antesignana delle mnemoniche medievali e rinascimentali.

Un lavoro giovanile di Cicerone, contemporaneo alla *Rhetorica ad Herennium*, a cui è molto simile nella trattazione dei temi in comune, è il *De inventione*, in due libri (cfr., più avanti, 2.2). Insieme, queste opere ebbero la ventura di essere gli unici e incontrastati veicoli di trasmissione della retorica antica al Medioevo.[12]

1.8 CICERONE: IL TRIONFO DELL'ARTE ORATORIA

Dalla precettistica alla disputa filosofica: è il salto di qualità che la retorica romana compie con le opere di Cicerone nel periodo della maturità: il dialogo *De Oratore* in tre libri, il capolavoro della retorica ciceroniana; il *Brutus*, elegante profilo dell'oratoria latina; l'*Orator*, importante per la teoria della prosa e del ritmo; oltre ai trattati minori: *De optimo genere oratorum*; *Partitiones oratoriae*, chiara sintesi manualistica a domande e risposte; *Topici*, riformulazione dei *Topici* di Aristotele a profitto della prassi giuridica.

Nella secolare polemica, rinverdita dagli stoici, sul dominio della retorica rispetto alla filosofia, c'era chi svalutava la prima come nociva all'amministrazione dello stato e inutile alla stessa oratoria. L'eloquenza autentica, si sosteneva, non ha bisogno di precetti e di artifici a freddo, né questi abilitano alla conoscenza e alla pratica giuridiche; empiria o tecnica che dir si voglia, la retorica va confinata in un ambito specialistico ristretto, poiché non può pretendere di occuparsi di questioni teoriche, riservate all'indagine filosofica. Contro tali affermazioni Cicerone mise in atto una difesa vigorosa della retorica come "arte" (*ars*) storicamente determinata, cioè mutevole nel tempo e nei diversi luoghi, complementare alla filosofia, in particolare alla logica e alla dialettica.

Il dibattito inscenato nel *De Oratore* (interlocutori principali L. Licinio Crasso e M. Antonio, i dominatori del foro nella generazione antecedente a Cicerone) contrappone la tesi dell'interconnessione di scienza ed eloquenza (di *sapĕre* e *dicĕre*) alla pretesa di restringere le competenze dell'oratore al possesso e al maneggio dell'arte verbale. Crasso, portavoce di Cicerone, sostiene (nel primo e nel terzo libro) che l'oratore deve avere una preparazione enciclopedica, deve conoscere i fondamenti dottrinari delle principali arti (ma non sono comprese nel numero le discipline tecnico-scientifiche), se vuole davvero incidere sulla realtà del suo tempo. La separazione tra *res* (cose, fatti, argomenti, cioè "contenuti") e *verba* (parole, "espressione") non si addice a una retorica che si prefigga compiti pratici: non esercitazioni scolastiche ma battaglie processuali vere e responsabile azione politica.

Nel secondo libro è affidata a M. Antonio l'esposizione dell'*inventio*, della *dispositio* e della *memoria*. In conformità con l'indole di Antonio è assegnato all'*ingenium* (la disposizione nativa) e alla *diligentia* (l'attenzione scrupolosa alla causa e alle circostanze annesse) un peso prevalente rispetto all'applicazione meccanica dei precetti manualistici. Insegnare, commuovere, piacere (*docĕre, movĕre, delectare*) sono gli scopi l'uno dall'altro indissolubili che vanno perseguiti coerentemente in ogni parte dell'orazione (esordio, proposizione o narrazione, argomentazione, conclusione). Intercalata al monologo di Antonio, una disquisizione sul comico, per bocca di Cesare Vopisco, riprende i temi e le tecniche di cui aveva trattato Aristotele: a conferma dell'importanza che ha una teoria del comico nell'analisi dei meccanismi discorsuali.

Tocca a Crasso, nel terzo libro del *De Oratore*, trattare dell'*elocutio* e della *pronuntiatio*. La disquisizione tecnico-precettistica è però introdotta da un'energica ripresa del tema iniziale dell'opera: non si può separare il contenuto (*res*) dall'espressione (*verba*), come non si può scindere la 'cultura generale', il sapere nella sua globalità, dalla

parola che lo manifesta e dall'arte del com.nicare. La rassegna ciceroniana delle proprietà dell'elocuzione, degli elementi costitutivi
dell'*ornatus* (tropi e figure) e delle qualità richieste al perfetto oratore ("l'acume del dialettico, la profondità dei filosofi, l'abilità verbale dei poeti, la memoria dei giureconsulti, la voce dei tragici, il
gesto dei migliori attori", *De Oratore*, I, 48) resterà fondamentale
per gli sviluppi della retorica classica e per il costituirsi del modello
educativo trasmesso dall'antichità al Medioevo, con la retorica al
centro delle prime tre arti liberali (fra la grammatica e la dialettica).

1.9 LA DISPUTA SULLA DECADENZA DELL'ORATORIA. LA PEDAGOGIA RETORICA DI QUINTILIANO

Con la caduta della repubblica e il consolidarsi dell'assolutismo
imperiale l'eloquenza, anche a Roma, si ritira nelle scuole: nell'esibizione artefatta delle **declamazioni** l'esercizio dei precetti retorici
si allaccia al disimpegno politico e civile.

L'interesse per le declamazioni caratterizza il periodo compreso
tra la prima metà del I secolo d.C. e il V, che va sotto il nome di Seconda Sofistica. La *declamatio*, esercizio scolastico di composizione
e recitazione, comprendeva due specie: la *suasoria*, appartenente al
genere deliberativo, era ritenuta la più semplice e perciò veniva per
prima nel curriculum; la *controversia*, più impegnativa, era esercizio
di oratoria forense nel genere giudiziale. **Lucio Anneo Seneca il
Vecchio**, nel primo quarto del I secolo d.C., pubblicò dieci libri di
controversie e uno di suasorie, dando un ricco campionario di argomenti e di metodi con cui trattarli.

Il disimpegno politico, le sue origini e le sue conseguenze sono
temi di un'opera attribuita a **Tacito** trentenne, il *Dialogus de oratori-
bus*, in cui sono discusse le seguenti questioni: se sia meglio dedi-
carsi all'oratoria o alla poesia; se sia superiore l'oratoria antica o la
moderna; risolta la *querelle* in favore della prima, quali siano le
cause della decadenza della seconda. I tre interlocutori del dialogo
danno voce a tesi diverse. La difesa della modernità si appoggia a
una dilatazione cronologica dei suoi confini (il campione degli antichi, Cicerone, potrebbe, in realtà, essere stato ascoltato da persone
ancora vive al momento della disputa); all'elogio della stringatezza
atticista (contrapposta alle frange ampollose dello stile ciceroniano), per quanto riguarda lo stile; e ai benefici dell'*otium* lettera-

rio che consegue all'esclusione dall'esercizio attivo del potere politico (vantaggi dello studio tranquillo sulle turbolenze della lotta politica; del vivere nella quiete della campagna, nella solitudine meditativa, sull'essere frastornato dalla confusione rumorosa e competitiva della città). La preminenza degli antichi sui moderni (chi la sostiene è il portavoce dell'autore), stabilita in base a valori etici, ideologici e stilistici, induce a considerare come responsabili della decadenza attuale le deficienze del sistema educativo, la vuotaggine delle declamazioni scolastiche e, causa scatenante delle precedenti, la scomparsa della libertà politica.

Sul piano teorico, è importante la concezione dell'*eloquentia* (o "capacità di esprimersi") come comprendente tutti i generi di discorso, prosastico e poetico. Rinnovata nella forma e nei fondamenti concettuali, ritorna la teoria del sofista Gorgia, secondo cui la poesia e la prosa erano entrambe *lógos: émmetros* la prima, "sottoposta alle leggi della metrica", *ámetros* la seconda, "priva di metro". Secondo Tacito, l'*utilitas* e perciò gli scopi sociali distinguono l'oratoria dalla poesia, che ha come caratteristiche la *voluptas*, cioè il "piacere", il bello disinteressato, e il carattere individuale connesso alla sua qualità di operazione fantastica.

Contemporaneo a quest'opera, nel pieno del I secolo d.C., il grande trattato di **Quintiliano**, l'*Institutio oratoria* in 12 libri, compendia in forma didascalica, invidiabilmente chiara, tutte le principali tesi che hanno segnato lo sviluppo della retorica antica. Non una nuova teoria, dunque, ma una *summa* delle dottrine precedenti, pedagogicamente rielaborate e messe a confronto con precisione sistematica e col fondamentale intento di documentare i vari punti di vista, e di conciliarli, anche, ma senza che venga meno una vigile consapevolezza critica.

Col rinforzo di osservazioni psicologiche assai acute, Quintiliano espone nei particolari tutto ciò che coopera, sin dall'infanzia, alla formazione dell'oratore: la scelta delle persone che si occuperanno di lui nei primi anni, dalla nutrice al precettore (esaminando il pro e il contro di una istruzione domestica, impartita privatamente, rispetto alla scuola pubblica); l'attenzione alle disposizioni naturali del ragazzo; i metodi per insegnargli i rudimenti grammaticali, le nozioni di cultura generale, la pronuncia e il modo di gestire. Si passa poi alla vera e propria istruzione retorica (lettura e commento di oratori e storici, composizione e correzione, studio a memoria e declamazione). Poiché è indispensabile conoscere i precetti dell'arte, gli ultimi capitoli del II libro ne intraprendono la descrizione sistematica, a cominciare dalla delimitazione del campo e dalle partizioni. Nel III libro, dopo ragguagli storici sul nascere della disciplina e sui suoi cultori, sono trattati i generi, gli "stati" delle cause, le parti di queste, la questione, la ragione e il nodo della causa: elementi di procedura civile e penale, la cui esposizione prosegue nei quattro libri successivi. Il IV, il V e il VI trattano dell'*inventio*, descritta secondo le sezioni del discorso persuasivo (esordio, narrazione, argomentazione ecc.; cfr. qui 2.2-7) in cui la materia viene ripartita, con particolare riguardo alle specie e all'uso delle prove e ai tipi di ragionamento; nel VII, con quelle che attualmente il codice civile chiama "disposizioni sulla legge in generale", viene esaminata la *dispositio* (cfr. qui 2.8). I libri VIII e IX sono dedicati all'*elocutio*: tropi, figure e *compositio* (cfr. qui 2.9-20). Il libro X (forse il più noto, col I e il XII) contiene una rassegna di poeti e prosatori greci e latini la cui lettura Quintiliano raccomanda al futuro oratore. Su ognuno sono dati giudizi sintetici, interessanti non solo oggettivamente, ma soprattutto perché sono una spia efficace della mentalità e della formazione culturale che li ha prodotti: ci mostrano in che consiste il "punto di vista retorico" nella valutazione di autori e testi letterari. Segue la descrizione degli esercizi, fondati sull'imitazione dei modelli: ma è un'imitazione attiva, volta al superamento attraverso l'emulazione, la gara coi predecessori illustri; solo così potrà prendere corpo la figura dell'oratore perfetto (del *vir bonus dicendi peritus*, di catoniana e ciceroniana memoria) che Quintiliano delinea nell'ultimo libro, dopo avere trattato, nell'XI, delle rimanenti due parti dell'oratoria: la memorizzazione dei discorsi e la loro recitazione.

La trattatistica posteriore, dall'Umanesimo in poi, dovrà riconoscersi nel modello quintilianeo, che godrà di un prestigio straordinario e impronterà, nel bene e nel male, ciò che si definisce come 'retorica classica': nella perspicuità e nelle incoerenze delle partizioni, nel dominio equilibrato di materiali diversi (sofistici, aristotelici, ermagorei ecc.) e nella debolezza del pensiero, per es. riguardo alla questione (dottrinale e deontologica) del comportamento dell'oratore quando si trova a difendere il falso; ancora, nella visione globale della cultura e nella concezione, pericolosamente riduttiva, della retorica come "scienza del parlar bene".

1.10 DALL'ANTICHITÀ AL MEDIOEVO

Il Medioevo eredita in blocco i sistemi delle retoriche e delle poetiche greco-romane, senza avvertire stacchi, e tanto meno la fine di un'epoca, nell'ininterrotta trasmissione della cultura antica.

All'interno della cultura classica aveva preso corpo, a partire dal II secolo dell'era volgare, l'opposizione fra la tradizione pagana e la nascente teologia del cristianesimo. Principali motivi di rilievo: 1) sui piani giuridico e dialettico, l'eloquenza combattiva degli apologisti; 2) sul piano della comunicazione, l'antiretorica del *sermo humilis* evangelico.

1) Compito dei Padri apologisti, la difesa della religione cristiana dalle accuse e dalle incomprensioni dei pagani; genere retorico naturalmente consono all'apologetica, il genere giudiziario. L'*Apologeticum* di **Tertulliano**, scrittore fertile, di agguerrita preparazione retorica e giuridica, presenta, sul finire del II secolo, la più poderosa e appassionata requisitoria contro i metodi di inquisizione che conducono a persecuzioni inique e ripugnano al diritto sia naturale sia positivo, perché danno corso ad accuse stolte e assurde (di infanticidio, cannibalismo, pratiche incestuose ecc.) senza alcuna prova né fondamento. Le argomentazioni in difesa dei perseguitati sono rinforzate dalla confutazione dei principi e delle pratiche rituali del paganesimo: da queste, notava Tertulliano, la migliore tradizione filosofica greca e romana si era pure discostata, senza però venir meno all'ossequio formale e opportunistico verso le tradizionali credenze religiose.

Accanto alle posizioni più intransigenti dell'apologetica oltranzista, si delineavano atteggiamenti più conciliativi nei confronti dei pensatori precristiani: è la linea moderata che si dirama da **Minucio Felice**, avvocato in Roma, contemporaneo di Tertulliano, ciceroniano nella scrittura e nello stile delle argomentazioni filosofiche, a **Lattanzio** ("il Cicerone cristiano"). Testimone dell'ultima persecuzione dioclezianea (303-311) e dell'editto costantiniano di conciliazione (313), Lattanzio mira a un reciproco potenziamento di sapienza umana e fede. Tra il IV e il V secolo le culture classica e cristiana fioriscono senza escludersi a vicenda.

2) Nella trasmissione del messaggio cristiano, la parola della verità manifestata dalle Sacre Scritture viene contrapposta nella sua nuda efficacia ai tecnicismi dell'antica arte del dire cresciuta al di fuori della rivelazione divina e perciò non illuminata dal Vero. Sull'opposto fronte, la maggior parte dei pagani colti (si cita dall'autorevolissimo Auerbach 1983[2]:48-49)

> considerava ridicola, confusa e scostante la produzione cristiana primitiva nelle sue forme greche e soprattutto nelle sue prime forme latine. Non soltanto il contenuto appariva loro come una superstizione puerile e assurda, ma anche la forma era un'offesa per il loro gusto: lessico e sintassi erano maldestri, popolari a un basso livello e per giunta infarciti spesso di ebraismi; parecchi elementi sembravano addirittura buffoneschi e grotteschi. Alcuni passi che innegabilmente trascinavano per la loro forza apparivano come una mescolanza torbida, come il prodotto di una semicultura fanatica e settaria. Essi reagivano quindi con decisione, disprezzo e disgustato rifiuto. Sembrava loro inconcepibile e intollerabile che in scritti di quel genere fossero trattati i problemi più profondi, che in essi fossero contenuti l'illuminazione e il riscatto degli uomini.

Alla reazione della mentalità e del gusto classici e delle relative abitudini retoriche non corrispose da parte cristiana alcun tentativo di 'correggere' la lingua e lo stile biblici secondo le forme letterarie colte, greche o latine, tanto forti erano l'autorità e l'efficacia formativa dei testi sacri.

Esemplare a tale riguardo, come ha insegnato Auerbach, è la testimonianza di **Agostino** (354-430). Uomo di alta cultura e retore di professione (come lo furono Cipriano, Arnobio e Lattanzio), prima della conversione aveva provato una repulsione totale per lo stile delle Scritture; in seguito, sotto l'influenza di Ambrogio, egli comprende che l'umiltà dello stile biblico ha lo scopo di far capire a tutti la parola di Dio, mentre la profondità dei contenuti e dei sensi reconditi è tale da "mettere alla prova il vigore intellettuale di coloro che non sono superficiali".[13]

La dialettica di "umile" e "sublime" nel rapporto tra forme e contenuti, tra stile e sensi del messaggio, scaturisce dall'essenza stessa della rivelazione: l'incarnazione del Verbo divino come grado estremo di sublimità nell'umiltà.

Formatisi alle teorie e alla pratica dell'arte retorica classica, i Padri della Chiesa assorbono per intero gli ingredienti biblico-cristiani dell'espressione: la nuova "vivente retorica", la vitale oratoria del *sermo humilis* che via via si afferma, può così vedere nella Bibbia l'archetipo di tutte le retoriche pagane. Nella sostanza permeerà dei contenuti nuovi e della nuova loro organizzazione ed espressione linguistica tutta la cultura che ne seguirà, vivificando forme in via di esaurimento nel mondo classico.

Nello scritto *De doctrina christiana*, Agostino si chiede come possa essere impiegata nella predica la retorica di scuola, dal momento che non è giusto lasciare i difensori della verità privi delle munizioni oratorie più efficaci ai fini della persuasione educativa e dell'esortazione al bene. Seguendo Cicerone nel concepire tre livelli di stile, Agostino raccomanda lo stile umile, disadorno ma non incolto, per l'esegesi di testi biblici e in genere per la spiegazione della dottrina cristiana (scopo: *docēre*); il medio, ornato di figure, per il discorso epidittico (scopo: *vituperare sive laudare*; esempio: l'elogio della verginità); l'elevato, per indurre gli animi all'azione (scopo: *flectĕre*) con o senza il supporto di figure, ma sempre con un'alta tensione emotiva. I tre livelli devono avvicendarsi nella stessa predica (già Quintiliano aveva raccomandato l'alternanza degli stili nella stessa orazione), ma il tono elevato non deve prevaricare sugli altri, anzi è il *sermo humilis* quello che deve improntare sia l'andamento didascalico, sia la vivacità drammatica che mima l'uso quotidiano della lingua, mette davanti agli occhi degli ascoltatori l'oggetto del discorso, simula l'azione; e da cui la predica acquista nerbo e potere cattivante e persuasivo.

Ciò che riguarda la partizione degli stili non vale per gli argomenti: le gradazioni pagane di questi ultimi non possono essere applicate ai contenuti della catechesi: "l'oggetto dell'oratore cristiano è sempre la rivelazione cristiana, e questa non è mai un oggetto di grado medio o umile" (Auerbach 1983:50). Tutti gli argomenti sono grandi, quando, come avviene nella predicazione, si tratta della salvezza eterna degli uomini, e a tutti si addice lo stile elevato; viceversa, "i più alti misteri della fede possono essere espressi con le semplici parole dello stile umile, accessibili ad ogni intelligenza" (ivi). È un sovvertimento del principio in forza del quale si prescriveva la consonanza degli stili alla natura dei vari tipi di argomenti; principio vivo in tutta la tradizione retorica e poetica della classicità e destinato a persistere durante il Medioevo per rinverdire poi nel classicismo rinascimentale. Per Agostino, invece, la gradazione stilistica si accorda unicamente agli scopi (insegnare, lodare o biasimare, piegare all'azione): va mantenuta per il suo valore pedagogico, ma esclusivamente in rapporto all'espressione.

Una visione schematica della retorica in questo periodo fa registrare l'ormai cronico distacco tra l'arte oratoria come insieme dei mezzi coi quali si può persuadere all'azione e la precettistica dell'esprimersi. Quest'ultima non fa ancora posto a poetiche autonome: ingloba in sé la poetica come arte del comporre in prosa e in poesia, e contemporaneamente invade il campo della grammatica, o si lascia parzialmente assorbire da questa, secondo le circostanze pedagogiche e il prestigio dei vari cultori.[14]

Nel IV secolo l'*Ars grammatica* del principe di questa disciplina, **Elio Donato**, riserva una sezione (il terzo libro, noto come *Barbarismus*, dalla sua parola iniziale) alle figure retoriche: come dire che la normativa dello scrivere corretto comprende anche i precetti del parlare e dello scrivere ornato. L'*Ars grammatica* costituisce l'*Ars maior*, occupata, nella parte rimanente, da un approfondimento delle otto parti grammaticali del discorso, mentre l'*Ars minor*, un manualetto dal titolo *De partibus orationis*, ne contiene una descrizione elementare; questa divenne così popolare che il termine *Donatus*, o *Donet*, fu il sinonimo medievale di "primo libro di testo". Quintiliano aveva separato le competenze del grammatico da quelle del retore; Donato inserisce l'analisi delle figure nel programma di formazione linguistico-grammaticale, "come un mezzo per assuefare l'intelligenza dello studente alle sottigliezze del linguaggio" (Murphy 1983:42).

Nei primi decenni del V secolo il trattato allegorico *De nuptiis Philologiae et Mercurii* di **Marziano Capella** segna l'introduzione delle sette arti liberali nel Medioevo.

Sebbene i *Disciplinarum libri novem* di Varrone,[15] assegnassero nove discipline al curriculum completo dei Romani, la medicina e l'architettura erano state lasciate cadere a partire dal V secolo, mentre furono conservate sette discipline, che Capella presenta nell'ordine seguente: grammatica, dialettica, retorica, geometria, aritmetica, astronomia, musica.[16] Le enciclopedie di Isidoro e di Cassiodoro confermano questa successione generale nel secolo seguente, stabilizzando, così, saldamente il modello tipico del *trivium* e del *quadrivium*. Le prime tre discipline concernono le parole, e le ultime quattro i concetti matematici, cosicché tutte insieme possono essere considerate come un curriculum completo.

(Murphy 1983:52)

Nel *De nuptiis...*, il III libro è dedicato alla grammatica ("che insegna a leggere e a scrivere"), il IV alla dialettica e il V alla retorica, raffigurata come

una donna di eccelsa statura e di grande portamento, con il volto contornato di luminoso splendore. Cinta di un elmo e incoronata con maestà regale, avendo in mano le armi con le quali è solita difendersi o ferire gli avversari, risplendeva con bagliori simili a fulmini. La veste che portava sotto l'armatura era ricoperta, secondo la foggia romana, da un peplo avvolto intorno alle spalle, che brillava variamente delle luci di tutte le *figurae* e di tutti gli *schemata*

(*De nuptiis*, V, 425; trad. Murphy 1983:53)

L'opera, un prontuario enciclopedico delle nozioni basilari delle sette arti liberali, ebbe diffusione e fama grandi nel Medioevo; ma il compendio di retorica (derivato per la parte giuridica da Cicerone e per la teoria dell'*ornatus* da Aquila Romano),[17] del tutto privo di originalità, non ha alcun peso dottrinale.

Il sincretismo nozionistico nell'elaborazione del sapere classico trionfa nell'attività enciclopedica di **Boezio** (480-524). Le sue traduzioni dell'*Organon* aristotelico costituirono la cosiddetta *logica vetus* (affiancata poi, nel XIII secolo, dalla *logica nova*). I quattro libri di commento al *Topica* di Cicerone ebbero una straordinaria diffusione in tutto il Medioevo, col nome di *Topica Boetii*. Il quarto libro affronta le differenze tra la dialettica, che si occupa della *thesis* ("una questione senza circostanze"), e la retorica, che verte sull'*hypothesis* ("una questione che include una grande quantità di circostanze"). La prima ha un andamento dialogico, per domanda e risposta, si serve di sillogismi perfetti, si propone di battere, col ragionamento, l'interlocutore-avversario; la seconda produce discorsi distesi e ininterrotti, si contenta di entimemi, cioè di sillogismi abbreviati, e ha lo scopo di commuovere uno o più giudici. La trattazione boeziana dell'*ars rhetorica* comprende principalmente la dottrina degli *status causae* e cenni sommari ai generi e alle partizioni del discorso; non tratta né dell'*elocutio*, né della *memoria* e della *pronuntiatio*.

Cassiodoro (480-575), "il primo enciclopedista cristiano", attinge, per la dialettica, a Boezio e ad Aristotele; per la retorica a Fortunaziano e a Vittorino,[18] oltre che a Cicerone; per la grammatica a Donato. La poderosa opera che ne risulta, le *Institutiones divinarum et secularium litterarum*, destinata all'educazione dei monaci, ebbe larga influenza sugli autori posteriori, in particolare su Isidoro e Rabano Mauro.

Contemporaneo di Boezio e di Cassiodoro fu il grammatico **Prisciano**, il cui nome divenne l'equivalente dell'istruzione (grammaticale) superiore, come Donato lo era dell'istruzione elementare. Enorme risonanza ebbe la sua *Institutio de arte grammatica*, e altrettanta influenza esercitarono le sue esemplificazioni metriche da Terenzio, da Plauto e da altri poeti latini e greci, la traduzione latina di una parte dei *Progymnasmata* di Ermogene[19] e infine l'analisi di dodici versi virgiliani, che contribuì alla conoscenza e al culto di Virgilio nel Medioevo.

Un secolo dopo, il vescovo **Isidoro di Siviglia** (570-636) componeva l'ultimo compendio enciclopedico dell'età della patristica: le *Origines*, ben presto denominate *Etymologiae* per il puntiglioso lavorio etimologico che le distingueva. L'opera presenta, *in nuce*, l'impostazione del curriculum degli studi universitari medievali, ponendo le sette arti liberali (nel seguente ordine: grammatica, retorica, dialettica; aritmetica, musica, geometria e astronomia) come propedeutiche a ogni studio approfondito di argomenti sia profani sia religiosi. Fonti principali: per la grammatica e la retorica, Donato (con spunti dalla *Rhetorica ad Herennium* e da Quintiliano, ed esempi da Cicerone e da Virgilio); per la dialettica, Cassiodoro. Per concludere con un'osservazione di Murphy (1983:89).

le *Etymologiae* sono [...] un punto di riferimento nel passaggio dal pensiero antico a quello medievale in relazione alle arti del discorso. Anzitutto, esse conservano la struttura dell'antica tradizione. Sotto questo riguardo, si trovano associate alle *Institutiones* di Cassiodoro e al *De nuptiis* di Marziano, ma furono di gran lunga più popolari nel Medioevo [...], e [...] esercitarono un più grande o più largo influsso.

1.11 QUALCHE ANNOTAZIONE SULLE VICENDE SUCCESSIVE

Le frammentarie notizie messe insieme nei paragrafi precedenti avevano una loro giustificazione utilitaristica: si trattava di dire (sommariamente, per attenerci all'economia del presente volume) donde provenissero gli elementi fondanti dell'impalcatura che tenteremo di descrivere per sommi capi nel capitolo 2. Ma per le vicende della retorica dal Medioevo in poi non avrebbe senso né utilità pratica persistere su un tracciato simile.

Per le età greca e romana, incluso il periodo della patristica, lo sfoltimento dei problemi e l'impoverimento del quadro generale potevano illudere di lasciar filtrare notizie essenziali alla presentazione analitica successiva di quel *corpus* imponente di analisi del discorso che va sotto il nome di retorica classica. La giustificazione – o l'illusione – non reggerebbe più per un eventuale racconto schematico di vicende sviluppatesi nei secoli che videro l'attestarsi di tale *corpus* su posizioni dipendenti (ma questo era vero anche per la retorica antica) dall'universo della cultura coeva. La giustificazione non reggerebbe se non altro perché dal Medioevo in poi abbiamo a che fare con un insieme ormai definito nella sua consistenza materiale; le cui eventuali fluttuazioni interessano ambiti e problemi particolari (i generi e la relativa collocazione dei testi), attribuzioni e sottrazioni di competenze: dall'inclusione della retorica entro la grammatica generale nel Medioevo, alla spaccatura rinascimentale tra le prime due e le ultime tre parti dell'arte del parlare fino alle moderne "restrizioni" della retorica nel quadro della teoria della letteratura. Come si dirà per sommi capi nelle tre seguenti sezioni.

(i) **Rapporti fra le discipline del** *trivium*. Nel XIII secolo la retorica si cristallizza nelle varie *artes*: della versificazione (*ars poetriae*), dell'epistolografia (*ars dictaminis*), della predicazione (*ars praedicandi*). Fondamento di ogni altra diviene l'*ars grammatica*: non più subordinata, come *ars recte loquendi* ("arte di parlare correttamente") e con funzione propedeutica, all'oratoria (*ars bene loquendi*), ma a questa sovraordinata in quanto sede di ogni dottrina riguardante il linguaggio e i modi di servirsene. In posizione di preminenza assoluta, la grammatica ha il monopolio dell'arte verbale, e in particolare dello studio delle *exornationes*, dette anche *flores*, o *colores rhetorici*, cioè delle figure, mentre conserva le sue antiche incombenze, fra cui il classico esercizio della *enarratio poetarum* (analisi e interpretazione delle opere letterarie). Nel *Doctrinale* (1199) di Alessandro di Villedieu la grammatica è definita

> *logicae ministra, rhetoricae magistra, theologiae interpres, medicinae refrigerium et totius quadrivii laudabile fundamentum.*[20]

La classica controparte della retorica, la dialettica, a cominciare dal XII secolo fino a tutto il XIV ebbe uno sviluppo rigoglioso, autonomo rispetto alla logica: fu la tecnica della discussione, diretta a raggiungere non la verità, ma una conclusione su posizioni contrastanti ed entrambe plausibili. Un impulso decisivo alla dialettica venne dalla traduzione, a opera di Jacopo di Venezia (1128), delle quattro opere aristoteliche che costituirono la "Nuova Logica": *Analytica priora*, *Analytica posteriora*, *Topica* e *De sophisticis elenchis*. Nel terzo libro del suo *Metalogicon* (1159) Giovanni di Salisbury intesse l'elogio dei *Topica*: "Senza quest'opera si discute non secondo l'arte, ma a caso".

Antecedente della *disputatio* scolastica nel XII secolo può essere considerata la *declamatio* delle scuole romane di retorica (a sua volta preceduta dalle tecniche pedagogiche di Protagora, di Isocrate e dalle dispute documentate nei dialoghi di Platone). La didattica oratoria della *controversia*, appartenente al genere giudiziale, e lo studio del metodo dialettico di Aristotele influirono sul sorgere e sull'affermarsi del genere *disputatio*, la cui struttura fu formalizzata rigorosamente: 1. problema; 2. proposta di soluzione; 3. obiezioni alla proposta; 4. soluzione del maestro; 5. risposte alle eventuali obiezioni.

La tecnica della *disputatio* imperò nelle scuole medievali: nell'interpretazione dei testi, nelle dimostrazioni di tesi, nelle prove di esame degli studenti. Trasferita nella trattatistica scritta, improntò non solo le argomentazioni tecniche, ma anche testi poetici: diede origine, fra il XIII e il XIV secolo, al genere letterario romanzo della *disputatio* o *débat* o contrasto (cfr. Corti 1973).

(ii) **Ruolo umanistico della retorica. La scissione cinquecentesca fra argomentazione ed espressione e le frammentazioni sette-ottocentesche.** Nel periodo umanistico la retorica, per il suo carattere pragmatico, "scavalca" la dialettica (cfr. Orvieto 1981:100): Lorenzo Valla caratterizza il sillogismo retorico rispetto a quello dialettico in quanto applicabile, il primo, alle situazioni pratiche e attraente nell'aspetto ("adornato di porpora e gemme"). Il ricco epistolario di Coluccio Salutati informa sulle principali ragioni che hanno determinato il fiorire della retorica alla fine del Trecento; come nota Orvieto (1981:103):

il vero bene dell'uomo è la verità; la verità non consiste in una serie di dogmi e di precetti imposti dall'alto, ma in una faticosa conquista personale; tale conquista implica in primo luogo il dominio dell'eloquenza e, più ancora, la riconquista della poesia [...] Solo attraverso la rivalutazione dell'*elocutio*, la rilettura dei testi e la riappropriazione della grande tradizione poetica, si ricostituirà per l'uomo il disciolto nesso tra *res* e *verba*.

Nel programma educativo dei più famosi pedagoghi quattrocenteschi (Pier Paolo Vergerio, Guarino Veronese, Vittorino da Feltre) la retorica rappresenta il compimento della formazione integrale dell'uomo:

dall'etica noi impariamo quello che conviene fare, mentre dalla storia si traggono gli esempi che dobbiamo seguire. L'una espone i doveri di tutti gli uomini, e quanto convenga fare a ciascuno; l'altra, narrandoci quello che è stato detto e fatto, c'insegna quello che dovremo fare e dire nelle varie occasioni. A queste due discipline, una terza tiene dietro, l'eloquenza, ch'è parte anch'essa della scienza civile

(Vergerio, in Garin 1976:120)

La formazione integrale dell'uomo era l'ideale della sintesi tra arti, scienze naturali e filosofia perseguita dall'Alberti (i cui tre libri della *Famiglia* sono una prova esemplare di "retorica civile", compenetrazione di teoria e pratica).

Una data importante per la storia della retorica è il 1416, l'anno in cui l'umanista Poggio Bracciolini scopre in un monastero di San Gallo, in Svizzera, una copia completa della *Institutio oratoria* di Quintiliano. L'opera, subito ricopiata e diffusa, divenne un punto di riferimento vitale per l'educazione umanistica, da parte di quegli studiosi, ed erano i più, che avevano abbattuto "la parete divisoria fra retorica e logica, fra retorica e speculazione scientifica o filosofica" e restaurato la "centralità dell'*inventio*" e la "dignità delle forme" (Orvieto 1981:105)

Sarà il "recupero della dialettica" da parte di altri umanisti (notevole il *De inventione dialectica* di Rodolfo Agricola, nella seconda metà del Quattrocento) ad anticipare nei suoi punti essenziali il ramismo del secolo successivo. Per Pierre de la Ramée (Petrus Ramus, 1515-1572) le *artes logicae* comprendono la *dialectica* (o logica) e la *rhetorica*. Parti della dialettica sono l'*inventio* e la *dispositio*; parti della retorica, l'*elocutio* e la *pronuntiatio*;

alla *memoria* spetta, secondo Ramo, un compito preciso: essa costituisce un indispensabile *strumento per introdurre ordine* nella conoscenza e nel discorso. Come tale essa non può essere omessa o trascurata.

(Rossi 1960:139)

La scissione compiuta da Ramo fra dialettica e retorica spaccava in due il classico dominio della seconda. Era la prima grande 'restrizione' della retorica a teoria dell'elocuzione, sottratto all'antica arte del discorso il possesso e il controllo dell'argomentazione. La retorica si avviava così a frantumarsi specializzandosi ossessivamente nella normativa del linguaggio figurato.

Divenuta, la retorica di scuola, studio e culto delle forme e dei modelli letterari, l'attenzione si concentrò sull'*elocutio*, sulla 'forma dell'espressione' (trascurando le 'forme del contenuto', l'organizzazione dei nuclei tematici e delle strutture narrative, che la più recente narratologia riconoscerà come componenti di una moderna *dispositio*) per concentrarsi sulle figure. I grandi retori, da Du Marsais (1730) a Fontanier (1827-30) specialmente,[21] inseguono il miraggio di imbrigliare la varietà fenomenica del discorso, classificandone gli aspetti più svariati e minuziosamente sottili con puntigliose distinzioni e suddivisioni. La finezza delle analisi (si pensi a Fontanier) non rimedia all'assenza di basi teoriche attendibili.

Il discredito in cui cadde nel secolo scorso l'antica arte del persuadere ridotta a cosmesi e ad alchimia è un fatto che ha segnato la comune percezione dei fatti qualificati come *retorici*. Contribuirono certo a seppellire le tecniche retoriche, e la loro didattica, sotto cumuli di riprovazioni le poetiche del Romanticismo, le illusioni della 'spontaneità' creativa, del pathos che non tollera costrizioni (interpretazione ottocentesca del *Sublime*), del 'genio sregolato' e via discorrendo. Il motto di Victor Hugo "Guerra alla retorica e pace alla sintassi!" aveva proclamato, in piena febbre romantica, una netta separazione tra le leggi del parlare e le leggi del 'parlare ornato'. Le regole della grammatica erano accettate come necessarie al buon funzionamento (all'uso corretto) della lingua; ai canoni della retorica era negata ogni legittimità, come a vincoli imposti per forza di sopruso alla libertà espressiva. In nome della "naturalezza", "le teorie, le poetiche e i sistemi" erano messi al bando: "Basta con le regole e i modelli!".

Ma il rifiuto della precettistica, che col tempo doveva dirigersi anche alla grammatica (alla grammatica dei puristi) nel suo aspetto normativo, impediva di discernere il valore descrittivo degli schemi di una codificazione adibita, da secoli, ai fini della persuasione palese e occulta. Retorica divenne "sinonimo di artificio, d'insincerità, di decadenza" (si cita da Marrou 1950:82), quando ai moderni non rimase che un'immagine travisata dell'antica scienza del discorso. L'immagine di "futilità", di "formalismo" oscurò il carattere, ben più sostanziale, di "denominatore comune di tutti gli spiriti della nostra civiltà"; che permette di "paragonare la retorica a sistemi convenzionali conosciuti da altre arti in altri periodi classici [...]; alle leggi della prospettiva nella pittura, a quelle dell'armonia nella musica [...] e anche a quelle della versificazione". Il che equivale a riconoscere il ruolo storico ricoperto, nel formarsi dell'intera cultura occidentale, dalla retorica come codice ideologico e metalinguistico (cfr. Barthes 1972): magazzino di nozioni ermeneutiche ed elaboratissimo 'discorso sul discorso'.

Nonostante i furori antiretorici di fine Ottocento, (*prend l'éloquence et tordlui le cou*) e le obiettive constatazioni del formalismo e della futilità (per riprendere i termini usati da Marrou nella sua apologia), risultati di un'eloquenza degenerata, la retorica, anche quando ne fu soppresso l'insegnamento ufficiale, non scomparve mai del tutto dalla manualistica letteraria, ove sopravvisse come catalogo di figure, accoppiata o assimilata alla stilistica. E fu un bene, se essa riuscì a funzionare come, sia pure modesto e occasionale, antidoto alle degustazioni impressionistiche dei testi letterari, al culto di una pretesa ineffabilità dell'emozione "estetica": come strumento per un'analisi di meccanismi discorsivi.

(iii) **La *rhétorique restreinte* del nostro tempo.** "Retorica ristretta" è la definizione polemica che Genette (1976 [1972]) ha dato della disciplina quale si presentava (e a grandi linee si presenta tuttora) all'inizio degli anni Settanta, con la pubblicazione di studi che si fregiavano di etichette di senso opposto; in primo luogo, per importanza, la *Rhétorique générale* del Gruppo μ di Liegi (1970) [cfr. 3.2], poi due studi che applicavano la qualifica di *généralisée* rispettivamente a una teoria della "figura" e alla metafora. Dalla retorica alla figura alla metafora:

> ecco profilarsi nelle sue tappe principali il percorso (approssimativamente) storico di una disciplina che, nel corso dei secoli, non ha mai smesso di vedere restringersi (come la pelle di zigrino) il campo della sua competenza, o almeno della sua azione.
>
> (Genette 1976:17)

Pare di essere all'ultimo stadio di uno slittamento progressivo, dopo la dissociazione rinascimentale dell'*elocutio* dall'*inventio*, aggregate la prima alla poetica e la seconda alla dialettica. Nel Settecento, in Francia, la dottrina dell'elocuzione si concentra sulle figure. Con Fontanier, nella prima metà dell'Ottocento, l'analisi degli effetti figurali ha come fulcro i tropi: la retorica diventa una tropologia; solo in un secondo momento, e per simmetria, Fontanier completa il suo trattato con la classificazione e lo studio delle "figure diverse dai tropi".[22]

Come teoria letteraria, la retorica recente è diventata una 'metaforica'. Secondo Genette, la restrizione estrema è rappresentata dall'operazione jakobsoniana che riduce al "polo metonimico" le figure di relazione (sineddochi e metonimie, per cui cfr. qui 2.16.[2], in particolare gli ultimi capoversi) e al "polo metaforico" le figure d'analogia (metafora; varie specie di paragone: motivato e immotivato, l'uno e l'altro rispettivamente senza primo o secondo termine; "identificazione" motivata e immotivata, del tipo: "Il mio amore è una fiamma ardente" – "Il mio amore è una fiamma", con o senza primo termine: e in quest'ultimo caso abbiamo a che fare con una metafora: "La mia fiamma").

Metafora, secondo Genette (1976:30), è "uno dei rari termini che sopravvivono al grande naufragio della retorica". Certamente per effetto della costituzionale metaforicità del linguaggio poetico, ma anche per l'inflazione del termine *immagine* nel lessico della critica letteraria, "per designare non solo le figure di somiglianza, ma ogni tipo di figura o di anomalia semantica"; e infine per lo spostamento riduttivo del senso di *simbolo* (a proposito del quale si rinvia, oltre che alle pagine di Genette, a Todorov 1984).

Al *desiderium* di una neoretorica che fosse una "semiotica del discorso, di *tutti* i discorsi" con cui Genette concludeva il suo saggio hanno corrisposto, sia pure parzialmente, gli studi successivi, in particolare quelli di impostazione pragmatica.

1.12 LA RETORICA COME TEORIA GENERALE DELL'ARGOMENTAZIONE

Si semplifica la questione, ma non si sbaglia, affermando che, se fu la preminenza assegnata all'*elocutio* (e alla teoria dell'*ornatus*) a determinare lo scadimento dell'antica arte del parlare, fu il ritorno alla concezione della retorica come teoria del discorso persuasivo, che ha nell'argomentazione il suo fulcro e la sua ragion d'essere, a determinare la grande rinascita della disciplina alla metà del Novecento. Sentiamo Preti:

> Gli studi di Perelman hanno profondamente rinnovato nella cultura contemporanea l'antico e da tempo screditato concetto di 'retorica', cercando di coglierne, al di là delle degenerazioni e dello scadimento di tono che questa nobile arte ha subìto per secoli, il profondo significato culturale, la funzione, determinando le strutture del discorso retorico e indagandone i rapporti con il discorso logico (in senso stretto).
>
> (Preti 1974:148)

La *nouvelle rhétorique* di Perelman e Olbrechts-Tyteca, autori del *Traité de l'argumentation*, Parigi, P.U.F., 1958 (qui citato nell'edizione italiana del 1966, con la sigla TA), è un moderno ritorno (sotto il segno della derivazione, ma anche di una consapevole e ben visibile distanza: tale è il senso dell'attributo *nouvelle*) alle teorie classiche, e alla loro matrice aristotelica, per costruire una teoria del discorso "non-dimostrativo", organizzando in sistema schemi argomentativi di antica origine.

Da Cartesio in poi (con una decisa accentuazione da quando la logica "è stata limitata alla logica formale, cioè allo studio dei mezzi di prova utilizzati nelle scienze matematiche", TA 4) si è ritenuto che tutto ciò che sfugge allo studio delle prove dette da Aristotele *analitiche* esuli dal campo delle dimostrazioni "razionali". Il *verosimile* verrebbe, così, inteso come falso o come non verificabile. Mentre Aristotele

> aveva analizzato le prove dialettiche a lato delle analitiche, quelle concernenti il verosimile a lato delle necessarie, quelle utilizzate nella deliberazione e argomentazione a lato delle dimostrative, la concezione post-cartesiana della ragione ci obbliga a far intervenire degli elementi irrazionali ogni volta che l'oggetto della conoscenza non sia evidente.
>
> (TA 5)

E questo non corrisponde al reale procedere della mente umana.[23] Oggetto di studio saranno dunque le "tecniche discorsive atte a provocare o accrescere l'adesione delle menti alle tesi che vengono presentate al loro assenso" (TA 6). Questa teoria è una dialettica, perché analizza le prove *dialettiche*, trattate da Aristotele nei *Topici* e descritte, nelle loro applicazioni, nella *Retorica*. Come nella retorica di Aristotele, il fulcro è l'uditorio, la cui conoscenza (il più possibile realistica e precisa, sul fondamento, soprattutto, di nozioni di psicologia sociale) è condizione preliminare alla buona riuscita dell'argomentazione.[24]

Il problema dell'uditorio è legato sia a quello del suo "condizionamento" sia a quello dell'"adattamento" del discorso (come già Vico aveva sottolineato) alle opinioni degli ascoltatori e al loro grado di cultura. Un pragmatico riguardo alle circostanze del parlare, agli elementi e ai fattori della situazione comunicativa: è un buon motivo per assegnare agli studi perelmaniani un posto di tutto rilievo nelle odierne analisi del discorso.

In funzione di una tipologia dell'uditorio (universale: scelto o specialistico, ma considerato 'universale' da parte di chi, specialista, si rivolge ai suoi pari / interlocutore unico / il parlante come interlocutore di se stesso) viene ripresa e discussa la tradizionale distinzione fra *persuadere* e *convincere*. Kant aveva distinto le due azioni opponendo il giudizio soggettivo, su cui si fonda la persuasione come opinione personale, alla verità oggettiva delle credenze 'razionali' che possono essere considerate convinzioni. Perelman e Olbrechts-Tyteca si rifiutano di attribuire alla persuasione una validità puramente soggettiva; non accettano di fondare i criteri per distinguere i due concetti "su una decisione che pretende di isolare da un insieme — insieme di procedimenti, insieme di facoltà — alcuni elementi che si considerano razionali". Essi chiamano

> *persuasiva* una argomentazione che pretende di valere soltanto per un uditorio particolare e [...] *convincente* quella che si ritiene possa ottenere l'adesione di qualunque essere ragionevole.
>
> (TA 30)

Come si vede, è l'orientamento sull'uditorio quello che determina i criteri di giudizio. La "base dell'argomentazione", che occupa la seconda parte del trattato, comprende i temi dell'accordo, della scelta dei dati, della loro presentazione e perciò della "forma del discorso". Oggetti dell'accordo sono: i fatti e le verità, da un lato, e le presunzioni, dall'altro; i valori, le gerarchie e i "luoghi". La nozione di *fatto* è relativa alle situazioni. I fatti ammessi in un'argomentazione possono essere o osservabili, o supposti, o convenuti, possibili o probabili. Le *verità* sono sistemi più complessi, relativi a legami tra i fatti, si tratti di teorie scientifiche o di concezioni filosofiche o religiose che trascendono l'esperienza.

(TA 73)

Le *presunzioni* particolari (per es., "la presunzione che la qualità di un atto manifesti quella della persona che l'ha compiuto"; la presunzione di innocenza finché non sia stata accertata la colpevolezza ecc.) sono legate a "ciò che è normale e verosimile". Ritenere che esista tale connessione (tra presunzioni e normalità) costituisce "una presunzione generale ammessa da tutti gli uditorî". Più generale di tutte è la presunzione che esistano fatti o comportamenti da considerare 'normali' e da prendere come base di riferimento per valutare gli altri fatti o comportamenti. La concezione dei *valori* quali oggetti di accordo che non possono pretendere l'adesione universale è stata fonte di discussioni (filosofiche, giuridiche, moralistiche in genere) e di chiarimenti (cfr. da ultimo, per una comoda messa a punto sintetica della nozione, Perelman 1981 [1977]; ma per alcuni motivi del dibattito si vedano almeno Preti 1968 e Gianformaggio 1981). Importante la distinzione tra valori astratti (per es., la giustizia e la sincerità) e valori concreti (per es., la Francia o la Chiesa). Il valore concreto (quello che si attribuisce a un individuo, gruppo, istituzione o oggetto considerato nella sua "unicità") è connesso al riconoscimento dell'unicità:

rivelare il carattere unico di una cosa significa valorizzarla.

(TA 82)

Legate concettualmente ai valori sono le *gerarchie*, astratte (la superiorità del giusto sull'utile) e concrete (la persona è più importante della cosa); la valutazione delle seconde dipende generalmente dalle prime. Per stabilire valori e gerarchie ci si basa su premesse molto generali: i *luoghi* (*tópoi, loci*; per cui si rimanda alle indicazioni che daremo in 2.6:[4]).

La scelta, l'interpretazione e la presentazione dei dati pongono problemi di grande interesse non solo per gli scopi della teoria perelmaniana, ma in genere per le analisi testuali di qualsiasi provenienza e fine (interessanti i rimandi, per quanto riguarda l'interpretazione, a Richards [1936] e a Paulhan [1949], per i quali, in prospettiva diversa da quella di Perelman, la retorica "dovrebbe essere lo studio del malinteso e dei modi di porvi rimedio", TA 131). Rientra in questi capitoli la trattazione delle figure, di cui si dà notizia qui, sparsamente, nel capitolo 2 (e in particolare in 2.19).

La terza parte del trattato è occupata dalle "tecniche argomenta-

51

tive" (cfr. qui 2.6:[6] e, per l'ordine degli argomenti, 2.8). Riguardo agli argomenti basati sulla *dissociazione delle nozioni* (di cui non si dà un sommario in 2.6:[6], dove si riassumono solo gli argomenti che si valgono di legami "associativi"), l'ampia trattazione verte sulle coppie che costituiscono l'oggetto proprio delle ricerche filosofiche. Quale prototipo della dissociazione nozionale viene scelta la coppia 'apparenza-realtà'. Essa "esprime una visione del mondo, stabilisce delle gerarchie, di cui si sforza di fornire i criteri, il che non avviene senza il concorso di altri settori del pensiero" (TA 442). Ecco allora discusse altre coppie, quali 'mezzo-fine', 'atto-persona', 'individuo-gruppo', 'atto-essenza', 'simbolo-cosa', 'particolare-generale', che, "con le loro varianti e connessioni, ci forniscono i termini dei legami più abituali, che sono alla base dei legami di solidarietà argomentativa" (TA 445). Le dissociazioni riguardano anche il discorso stesso: sulla coppia 'espediente-realtà' si è giocata, per esempio, la svalutazione della retorica, quando l'artificiale è stato opposto al naturale (la forma al fondamento), il verbale al reale. I miti dello spontaneismo in letteratura, della passione dirompente che trascina alla creazione artistica, dell'oratore e del poeta in preda all'ispirazione che "detta" argomenti e parole, hanno confuso l'inadeguatezza del discorso all'oggetto e alla situazione con l'artificio:

> tale visione romantica traduce per mezzo di un *cliché* ormai trito ciò che i maestri dello stile e i grandi oratori, dallo pseudo-Longino [l'autore del *Sublime*] al Bossuet, hanno sempre sottolineato: l'eloquenza più efficace è quella che sembra conseguenza normale di una situazione.
>
> (TA 472)

La dissociazione 'espediente-realtà' nel campo delle congetture permette di spiegare l'antichissima tecnica argomentativa detta *corax* (dal nome del retore greco di Siracusa, Corace), classificata da Aristotele fra gli entimemi apparenti. In TA 479 essa è illustrata dal seguente esempio:

> Un corrispondente [del "New York Herald Tribune", nel 1948] aveva scritto al giornale una lettera, di intonazione filofascista, insultante nei confronti degli Stati Uniti. Parecchi lettori la commentarono, e uno di loro vi vide una sottile forma di propaganda comunista. Ma, si domandano altri lettori, non potrebbe essere un fascista che scrive una lettera che spera venga attribuita alla propaganda comunista per eccitare l'opinione contro di essa?

Quando si pratica ciò che oggi si chiama 'dietrologia', capita spesso di veder muovere le pedine del gioco interpretativo secondo le regole del *corax*.

Per concludere richiamando spunti già intravisti ci serviremo di due osservazioni tolte dalla prefazione di Bobbio all'edizione italiana del *Trattato* (la nostra sarà una 'petizione di autorità'; e l'ultima frase di Bobbio sarà un bell'esempio di *epifonema*):

> Il *Trattato* si muove entro la tendenza che mira ad attenuare la separazione, di cui ogni forma di irrazionalismo si è sempre fatta forte, tra sfera dell'essere e sfera del dover essere, tra giudizi di fatto e giudizi di valore. [...]
> La teoria dell'argomentazione rifiuta le antitesi troppo nette: mostra che tra la verità assoluta e la non-verità c'è posto per le verità da sottoporsi a continua revisione mercé la tecnica dell'addurre ragioni pro e contro. Sa che quando gli uomini cessano di credere alle buone ragioni, comincia la violenza.

2.
L'EREDITÀ DELLA RETORICA CLASSICA

2.1 GENERALITÀ

Retorica *classica* è la 'vecchia' retorica, risultato di una tradizione bimillenaria, contrapposta alle 'neoretoriche' affermatesi a partire dalla metà del nostro secolo. Nucleo del *corpus* classico è la retorica antica, greca e romana, ove si trovano non solo i fondamenti dottrinari e le strutture portanti dell'intera costruzione, ma anche una parte considerevolissima dei materiali in questa adibiti. Le età successive non hanno fatto altro che riprendere, più o meno criticamente, le dottrine antiche, per rielaborarle adattandole a contenuti nuovi e, sempre, sviluppandone singoli aspetti a scapito di altri. La storia della retorica classica, come si è visto nel veloce *excursus* del capitolo precedente, è storia degli ampliamenti parziali e delle riduzioni, degli acquisti e delle perdite, ridistribuite le parti e mutati i rapporti di forza, nell'immane congegno impiantato dai greci, passato poi ai romani e modellato esemplarmente, nel suo ultimo assetto antico, dalla *summa* quintilianea.

Nel presente capitolo si cercherà di dare un resoconto descrittivo di ciò che si intende per retorica classica, considerata, quale essa è, come il prodotto della sedimentazione di apporti di età diverse. L'intento descrittivo non escluderà riferimenti di carattere storico; tuttavia, per principio, si assumerà l'oggetto della ricognizione come un blocco, variegato sì, ma da ritrarre nella sua generalità, anche a costo di sfocare arbitrariamente qualche contorno e di appiattire in un'ideale contemporaneità fasi cronologicamente distinte.

Tale punto di vista (non riprovevole, in una dichiarata semplificazione manualistica) è implicito nell'intestazione di questo capitolo. L'eredità di cui si tratta, trasmessa attraverso innumerevoli passaggi di proprietà, induce a riflettere sulla composizione del capitale accumulato e a contrapporre al valore nominale il valore reale dei titoli di cui è composto; a chiedersi quali di questi abbiano ancora corso, quali siano stati sostituiti, o abbiano cambiato sede e consistenza; a interrogarsi, infine, su che cosa resti oggi di una ricchezza di volta in volta messa a frutto, dissipata, rifiutata.

La terminologia della tradizione retorica ha attraversato secoli di cultura filosofica, giuridica, linguistica. Le etichette, applicate a procedure argomentative, all'organizzazione del discorso e ai suoi componenti su vari livelli (tematico, stilistico, sintattico, prosodico ecc.), hanno resistito in misura considerevole all'indebolimento e perfino alla caduta delle impalcature su cui poggiava l'intero sistema classificatorio. Evidentemente tali etichette servono ancora a designare fatti che oggi si analizzano con strumenti del tutto diversi da quelli che un tempo erano serviti per la costruzione delle impalcature. È accaduto alla nomenclatura retorica qualcosa di simile a ciò che è avvenuto nel campo della grammatica: dove i nomi delle tradizionali 'parti del discorso' (nome, verbo, aggettivo, preposizione, avverbio...) e di categorie come genere, numero, caso, tempo, aspetto, modo, persona sono entrati nel dizionario dei simboli delle teorie più recenti e sofisticate. I nomi, non le definizioni. Ma il bagaglio concettuale che le denominazioni portano con sé non può essere semplicemente rimosso: bisogna conoscerlo, per poterne prendere le necessarie distanze.

Nel corso del primo capitolo si è già accennato occasionalmente ad alcune delle nozioni di cui si darà conto ora con qualche particolare in più, ricalcando i disegni della manualistica che, in prima istanza, si è rifatta – oltre che ad Aristotele – al *De inventione* ciceroniano, alla *Rhetorica ad Herennium* e alla quintilianea *Institutio oratoria*, segnatamente per ciò che compete alla retorica come regolamentazione dell'attività di discorso, come teoria precettiva dei modi di comunicazione, in particolare per quanto riguarda i generi deliberativo e giudiziario (cfr. 1.5), e come sistemazione di tecniche dimostrative e di tematiche giuridiche. In quanto al genere epidittico, il suo incremento, come sappiamo, indusse a occuparsi soprattutto delle 'forme', alimentando l'interesse per questioni di poetica e di stilistica. Ne conseguì, di riflesso, la cosiddetta letterarizzazione della retorica, col prevalere, sulle altre, della terza fra le parti canoniche, cioè dell'*elocutio*, che finì per occupare un posto esorbitante nella trattatistica, a partire dal Medioevo. Questa situazione sarà riprodotta, e in modo massiccio, nel nostro manuale, che contrarrà in registrazioni sommarie i temi che oggi spettano a discipline diverse dalle attuali retoriche, per diffondersi nell'esemplificazione delle 'figure del discorso'. In fondo, è questo ciò che si cerca in un manuale/prontuario onestamente divulgativo: che dia conto della tradizione e dei suoi agganci col presente; e il presente della retorica è, appunto, ancora gremito di schemi: sia pure per ridistribuire con maggiore semplicità e coerenza un materiale patologicamente triturato dalla "gran machina" delle passate classificazioni.

Le cinque sezioni dell'arte del dire sono elencate, nella *Rhetorica ad Herennium*, come altrettante "abilità" richieste all'oratore:

> Le qualità che non devono mancare in un oratore sono la capacità d'invenzione, di disposizione, di eloquio, di memoria e di dizione.
> L'invenzione [*inventio*] è la capacità di trovare argomenti veri o verosimili che rendano la causa convincente.
> La disposizione [*dispositio*] è l'ordinamento e la distribuzione degli argomenti; essa indica il luogo che ciascuno di essi deve occupare.
> L'eloquio [*elocutio*] è l'uso delle parole e delle frasi opportune in modo da adattarsi all'invenzione.
> La memoria [*memoria*] è la tenace presenza nel pensiero degli argomenti, delle parole e della loro disposizione.
> La dizione [*pronuntiatio*] è la capacità di regolare in modo gradito la voce, l'aspetto, il gesto.
>
> (*Rhet. Her.*, I, 2, 3)

Pochi anni prima, nel *De inventione*, Cicerone le aveva considerate come le "parti" della retorica e le aveva definite in termini quasi identici a quelli della *Rhetorica ad Herennium*. Che si tratti di "parti della disciplina", corrispondenti a quelle di cui consta ogni genere di eloquenza, è ribadito da Quintiliano, che distingue i compiti dell'oratore (trovare argomenti, disporli, esprimersi e via dicendo) dalla loro sistemazione (la teoria dell'invenzione, della disposizione, dell'espressione ecc.):

> giacché parlar bene è dell'oratore, e tuttavia la scienza del parlar bene è la retorica [...], proprio dell'oratore l'inventare e il disporre, proprie della retorica l'invenzione e la disposizione.
>
> (*Inst. orat.*, III, 3, 12)

Se si tiene presente che "ogni trattazione consta di argomenti e di parole", si osserverà che

> per gli argomenti occorre aver di mira l'invenzione, per le parole l'elocuzione, per entrambi la collocazione; entrambi sono ritenuti dalla memoria e fatti valere dal modo di porgere.
>
> (*ivi*, VIII, *Prooemium*, 6, trad. nostra)

Le prime tre parti sono state, per tradizione durevole, le più soggette a elaborazioni sistematiche. In termini attuali si dirà che le prime due vertono sulla progettazione del discorso e sulla sua organizzazione sul piano del contenuto, senza tuttavia prescindere dal piano dell'espressione che compete, naturalmente, all'*elocutio*.

L'*inventio* si sviluppò prevalentemente sul terreno giuridico; ed è qui che se ne ritrovano le odierne propaggini: come oggetti della teoria generale del diritto, o del diritto sostanziale e processuale; o come riformulazioni, in ambito filosofico, di dottrine e tecniche argomentative. Separati da questi, gli sviluppi delle tematiche letterarie dei *tópoi* o luoghi comuni, dal Medioevo in poi.

La *dispositio*, di volta in volta rinnovata e rinnovabile secondo i tipi e i generi della comunicazione, letteraria e non letteraria, orale e scritta, è sembrata prestarsi soprattutto a trattazioni didattiche, specialmente nel passato. Ma ora ha ripreso nuovo ardire, mutati i nomi e l'instrumentario, nelle precettistiche dello scrivere (dai 'corsi di scrittura creativa' alle normative della 'scrittura funzionale' ecc.). In campo scientifico, certi fenomeni della *dispositio* (le partizioni del discorso, per esempio) che i trattatisti antichi illustrarono, come vedremo, sviluppando la dottrina dell'*inventio*, sono indagati ora a diverso titolo da teorie della letteratura e da descrizioni delle forme letterarie, cioè negli ambiti della poetica e della semiotica letteraria e filologica; altri ancora rientrano nel generale dominio dello studio della comunicazione, quali oggetti delle analisi pragmatiche del discorso.

Lo studio dell'*elocutio*, scisso dal troncone speculativo originario e non più finalizzato all'esercizio dell'eloquenza politica e giudiziaria, ai discorsi encomiastici (e, con l'affermarsi del cristianesimo, alla predicazione), intrattenne legami sempre più stretti con la poetica, estendendo la sua giurisdizione a tutti i tipi di discorso, in prosa e in poesia. Il binomio 'retorica e poetica', ancor oggi praticato, esibisce nel primo dei suoi costituenti una vera e propria sineddoche, nominando il tutto (*retorica*) per significare una parte (*teoria dell'elocuzione*). Ma è la parte che ha finito per prevalere identificandosi, nell'uso e nella coscienza comuni, con la disciplina tutta intera; se si vuole, è un esempio di antonomasia: ciò che è / era materia dell'*elocutio* è, per eccellenza, materia della retorica.

La quarta e la quinta delle operazioni retoriche (la *memoria* e la *pronuntiatio / actio*) riguardano l'esecuzione orale di discorsi scritti per essere recitati (memorizzati o anche letti). Trascurate nelle trattazioni dedicate alla composizione scritta, esse sono riprese nella varia manualistica dell'arte di parlare in pubblico e della recitazione in genere. Gli sviluppi più interessanti, fuori del dominio propriamente retorico, alimentano le pratiche della memoria artificiale o mnemotecniche e, per quanto riguarda la gestualità, gli studi semiotici sulla comunicazione non verbale: in particolare la cinesica o scienza dei movimenti (significativi e comunicativi) del corpo.

2.2 L'INVENTIO

Héuresis in greco, in latino *inventio*, non è, nell'uso retorico, "invenzione": è "ricerca e ritrovamento" degli argomenti idonei a rendere attendibile una tesi.[1] Il suo dominio, nella trattatistica antica, fu molto vasto, essenziale nell'economia dell'intero sistema. E si capisce perché. La funzione che Aristotele assegnava alla retorica ("vedere i mezzi di persuasione riguardo a ciascun argomento") e i compiti che ne conseguivano per il teorico si attuavano principalmente con ciò che costituisce materia dell'*inventio* nella tradizione classica; e, oggi, della perelmaniana 'teoria dell'argomentazione'.

La trattazione della prima parte dell'arte oratoria impegna ben tre libri (dal IV al VI) nella *Institutio* quintilianea, di fronte ai due (VIII e IX) che hanno come tema l'*elocutio*, ed è preceduta dall'esame di questioni fondamentali per il diritto romano (per es., lo *status causae*, per cui cfr. qui 1.6). Non poteva essere altrimenti, in un'opera dedicata alla formazione dell'oratore, per la quale era indispensabile che fossero raccolte e chiarite sistematicamente le cognizioni di dottrina e tecnica giuridiche necessarie all'esercizio della professione forense.

Com'è noto, Quintiliano, quando espone teorie, è largamente debitore verso le opere di Cicerone, da cui egli trae spunti che sviluppa, con mirabile nitidezza, apponendovi i risultati di discussioni o di dottrine diverse messe criticamente a confronto. Già si è accennato (cfr. qui 1.7) all'importanza che ebbero nel Medioevo i due libri *De inventione*, composti da Cicerone a diciannove anni, come prima sezione di un'opera (che non fui mai compiuta) sulle cinque parti della retorica. L'argomento, che corrisponde in parallelo a quello dei primi tre libri della *Rhetorica ad Herennium*, è svolto con l'asciutto tecnicismo di una trattazione scolastica nell'ambito del diritto romano. Più discorsiva, la redazione quintilianea è corredata, secondo l'uso antico, di esempi attinti al patrimonio letterario classico. Per illustrare questioni di diritto penale in relazione a fatti delittuosi, si ricorreva volentieri a situazioni e personaggi delle tragedie greche (tipico il caso di Oreste uccisore della madre Clitennestra colpevole di uxoricidio), che appartenevano alla memoria collettiva, all'insieme delle conoscenze condivise in quanto elementi dell'enciclopedia, come si suol dire, cioè di una 'conoscenza del mondo', largamente diffusa e destinata a stabilizzarsi, nei secoli a venire, entro i codici culturali del classicismo.

Le trattazioni latine dell'*inventio* in relazione al genere giudiziale interessano oggi prevalentemente le istituzioni e la storia del diritto romano. In parte (per es., quando si parla della *quaestio*, "questione", cioè del caso specifico su cui verte la causa; della *ratio*, "ragione", o giustificazione del fatto commesso; delle *probationes*, "argomenti probanti", e in particolare delle *probationes inartificiales*, che sono le prove dirette; della *allegatio*, "allegazione" o presentazione del fatto) ci troviamo di fronte a problemi attualmente trattati dal diritto processuale penale o civile, in quanto riguardano la definizione dell'azione giudiziaria, i vari tipi di cause, il regime delle prove, in genere l'instaurazione e la conduzione di un processo. Altri aspetti (per es. il "nodo della causa": è giusto che una madre, benché colpevole, sia uccisa dal figlio?) appartengono al diritto sostanziale, penale (come nel caso appena citato) o civile, in quanto concernono il rapporto del fatto che è oggetto del processo con le norme che rendono il fatto stesso lecito o illecito.

Qui basterà dare una visione sommaria delle partizioni essenziali, evitando di approfondire argomenti che oggi sono di pertinenza delle discipline giuridiche o della ricerca filosofica. L'esposizione sarà prevalentemente una rassegna di temi in diacronia, con particolare attenzione ai loro riflessi o ritorni nelle eventuali riformulazioni odierne.

2.3 LE PARTI DEL DISCORSO PERSUASIVO

Il modello per l'organizzazione del discorso venne cercato nel genere giudiziale, i cui principi compositivi furono ritenuti applicabili anche ai generi deliberativo ed epidittico, sia pure con difficoltà e a prezzo di evidenti forzature.

Secondo la divisione che registra la maggioranza dei consensi presso gli autori antichi e medievali,[2] il discorso si articola in quattro parti principali, alcune suddivisibili a loro volta in sezioni, come mostra il seguente schema sinottico delle denominazioni greche, latine e italiane:

1. proóimion	1. exordium/prooemium/ principium	1. esordio/proemio/ inizio
2. (diégēsis)*	2. narratio	2. narrazione/esposizione dei fatti
2a. parékbasis	2a. digressio/egressus	2a. digressione
2b. próthesis*	2b. propositio/expositio	2b. proposizione
	2c. partitio/enumeratio	2c. partizione
3. pístis	3. argumentatio	3. argomentazione
3a. kataskeué	3a. confirmatio/probatio	3a. conferma/dimostrazione/ prova
3b. anaskeué	3b. refutatio/confutatio/repre- hensio	3b. confutazione
4. epílogos	4. epilogus/peroratio/conclusio	4. epilogo/perorazione/con- clusione

* NB La gerarchia delle parti indicate in 2 e 2b è capovolta, nella retorica greca, ove *próthesis* designa il 'genere', cioè la partizione più generale (ed è la parte che segue immediatamente il proemio), mentre *diégēsis* è il nome della specie.

Come fa notare Perelman (TA 518), al discorso scientifico del tipo espositivo-dimostrativo, com'è quello dei trattati di geometria, bastano l'enunciazione della tesi e la sua dimostrazione. Quando invece si argomenta per persuadere un uditorio su questioni controverse o sulle quali non è possibile raggiungere l'evidenza "matematica", la struttura del discorso si fa più complessa.[3] Platone poteva ironizzare (nel *Fedro*) sulle parti del discorso stabilite dai sofisti, perché per lui la dialettica "vera" doveva muoversi nel campo dell'*epistēmē* non in quello della *dóxa* (cfr. qui 1.3). Aristotele, pur criticando le partizioni sofistiche, non rinunciò a soffermarsi proprio sulla parte che sembrerebbe meno necessaria, l'esordio. La nomenclatura si arricchì, per i generi letterari della poesia, includendo, all'inizio della tragedia, il *prólogos*.

La materia giuridica che l'oratore doveva conoscere per poter *trovare* argomenti in sostegno della propria causa fu descritta dai retori latini secondo il conformarsi della materia stessa nelle diverse sezioni del discorso nelle quali l'oratore doveva discuterne. È per questo che nei principali trattati latini le ripartizioni del discorso sono analizzate nell'ambito dell'*inventio*, benché esse siano fenomeni della *dispositio*; come tali infatti le aveva esaminate Aristotele.

2.4 L'ESORDIO

È l'inizio del discorso. La parola greca *proóimion* (proemio), osserva Quintiliano, mostra meglio della latina *exordium* (che significa soltanto "inizio") che "questa parte è collocata prima del passaggio all'argomento vero e proprio di cui si deve trattare",[4] sia che si colleghi il termine con *óimē* ("canto") e ci si riferisca agli accordi che i suonatori di cetra intonano prima dell'esecuzione del brano, sia che il riferimento si faccia a *ôimos* ("via, percorso"), e allora il proemio è ciò che si può dire prima di 'avviarsi' in un argomento. Qualcosa di analogo alla parola italiana **preambolo**.

Aristotele aveva distinto gli inizi di vari generi compositivi (prosa, poesia, musica) stabilendo analogie tra l'uno e l'altro:

> Il *proemio* è dunque all'inizio del discorso, così come nella poesia lo è il *prologo* e nella flautistica il *preludio*. Tutti questi sono inizi, e sono come un avviamento al percorso dell'orazione. Il preludio è simile al proemio delle orazioni epidittiche. Infatti i flautisti, per eseguire ciò che hanno da suonare bene, prendono l'intonazione dopo aver preludiato; e così pure bisogna scrivere nella prosa epidittica [...]. Per quanto riguarda i proemi dello stile giudiziario, bisogna pensare che essi hanno la stessa efficacia che i prologhi dei drammi e i proemi dei poemi epici [...]. Nei poemi epici vi è l'*esposizione dell'argomento*, affinché l'ascoltatore possa prevedere ciò di cui tratta il discorso [...]
>
> (*Ret.*, III, 14, 1414b-1415a)

L'"esposizione dell'argomento" è la **pròtasi** (in greco *prótasis*). È noto che il proemio, con la protasi e l'invocazione (alla Musa, ai Celesti, eventualmente al committente o al dedicatario dell'opera), è modulo fisso nei poemi epici, eroici, cavallereschi, eroicomici, da Omero ai tempi moderni. Il prologo, cioè la scena introduttiva di un'opera teatrale, si conforma, in ogni epoca, agli scopi che i vari generi drammatici gli assegnano: per esempio, nelle tragedie che obbedivano all'unità di tempo, di luogo e di azione, il prologo aveva principalmente la funzione di narrare gli antefatti. *Prologo* è il ruolo stesso del personaggio ("Io sono il prologo...") che recita il monologo introduttivo.

Nell'oratoria giudiziaria e politica ed eventualmente anche in quella encomiastica (come nella predicazione religiosa delle epoche postclassiche), scopo dell'esordio era rendere il giudice, o il pubblico, **benevolo, attento, arrendevole** (*benevolum, attentum, docilem*). A questo proposito i trattatisti si dilungano in casistiche interessanti dei modi svariati di ingraziarsi l'uditorio secondo le circostanze del dibattito o l'occasione del discorso, i motivi che hanno spinto l'oratore a parlare, l'autorità di chi parla, l'argomento, le opinioni diffuse al riguardo, le persone coinvolte, il tipo di avversario (in un processo, in un dibattito politico ecc.). I precetti variavano secondo il genere delle cause, di cui vigeva una codificazione precisa.[5]

Se la questione di cui si doveva trattare era imbarazzante, 'vergognosa' (apparteneva al *genus turpe*), oppure l'avversario era persona da destare pietà e simpatia, e chi parlava correva il rischio di apparire sgradevole o odioso, l'esordio prendeva la forma dell'*insinuatio* ("insinuazione"). Perciò si distinguevano, nell'esordio, due varianti: l'inizio (*principium*), ove la qualità della questione permetteva di chiedere esplicitamente all'uditorio di essere "benevolo e attento"; e l'insinuazione (*insinuatio*), con cui l'oratore cercava di "introdursi insensibilmente" nell'animo degli ascoltatori, sorvolando sulle apparenze a lui meno favorevoli per spostare l'attenzione sui punti deboli della tesi avversa. Al contrario, poteva capitare che il preambolo fosse usato come divagazione, come "parlar d'altro", da chi non aveva interesse a venire subito al dunque:

> e fanno proemi coloro che trattano una causa che è o sembra infamante per loro: ad essi infatti è meglio intrattenersi su ogni altro punto piuttosto che sulla causa; per questo gli schiavi non rispondono ciò di cui li si è interrogati, bensì intorno a ciò e fanno proemi [leggi: preamboli].
>
> (*Ret.*, III, 14, 1415b)

Il proemio poteva anche mancare, quando il discorso fosse breve, o l'urgenza della situazione spingesse l'oratore a un attacco improvviso, lo inducesse a entrare senza indugio *in medias res*. Secondo Aristotele, di fronte ad ascoltatori competenti del tema non c'è bisogno di proemio

> se non per esporre sommariamente l'argomento, affinché il corpo del discorso, per così dire, abbia un capo.
>
> (*Ret.*, III, 14, 1415b)

La precettistica degli esordi conteneva minuziose elencazioni degli accorgimenti da adottare per attrarre l'attenzione dell'uditorio, per indurlo a seguire i ragionamenti nelle loro pieghe più riposte e a essere benevolo verso l'oratore.[6] Erano pure indicati con puntiglio i pregi da ottenere e i difetti da evitare; si insegnava a sfruttare le opportunità che la condizione stessa di chi parlava, i suoi meriti, la sua fama ecc. potevano offrire. A un oratore prestigioso si proponeva, per esempio, di confessare la propria inadeguatezza, di dichiararsi "incapace, inesperto, impari per ingegno ai patroni della parte avversa" (*Inst. orat.*, IV, 1, 8). È il *tópos* (cfr. qui appresso 2.6) dell'affettazione di modestia, diffusissimo in tutte le letterature e ritenuto psicologicamente efficace, nell'oratoria, perché "c'è un moto naturale di simpatia per chi si trovi in difficoltà", come Quintiliano ricordava (e come sanno oggi gli esperti di comunicazioni audiovisive, che parlano di "identificazione" di una certa parte del pubblico con il personaggio non troppo sicuro di sé, di fronte alle telecamere).

La dichiarazione di inadeguatezza poteva avere luogo non al principio, ma nel pieno di un discorso, o meglio ancora alla fine, nel 'punto caldo' della mozione degli affetti. Un mirabile esempio letterario è la conclusione del discorso di Antonio nel *Giulio Cesare* di Shakespeare:

> Io non sono venuto, cari amici, con la pretesa di rapirvi il cuore. Non sono un buon oratore come Bruto, io; sono quale mi conoscete tutti, un tipo semplice e naturale che adorava il suo amico: e lo sanno benissimo quelli che mi hanno dato il loro beneplacito a parlare, pubblicamente, di lui. Io non ho né l'acume, né la parola, né il talento, né il gesto, né l'eloquio che scalda il cuore di chi ascolta; io parlo come viene, e dico cose che voi stessi sapete...
>
> (atto III, scena II)

Si discuteva pure sull'opportunità di esordire con un'*apostrofe* (cfr. qui 2.18:[32]), intesa come 'discorso non rivolto al suo naturale destinatario'; famoso l'attacco ciceroniano della prima Catilinaria (*Quousque tandem abutēre, Catilina, patientia nostra?*), rivolto non al senato, davanti al quale l'oratore parlava, anzi tuonava, ma 'stornato', deviato, per colpire direttamente l'oggetto dell'accusa, Catilina.

La normativa degli esordi nell'arte oratoria (che del resto ha dato luogo a osservazioni finissime, ancora interessanti dai punti di vista psicologico e pragmatico) non deve mai essere stata considerata vincolante, se già Quintiliano osservava (ma con disappunto):

> ai giorni nostri si crede sia un proemio tutto ciò con cui si comincia; e qualunque cosa venga in mente, specie se è un pensiero che suona bene, si reputa un esordio.
>
> (*Inst. orat.*, IV, I, 53; trad. nostra)

Ciò che Quintiliano disapprovava, oggi sembrerebbe normale. Più ancora lo sembrerebbe, e non da oggi soltanto, fare a meno di preamboli. La loro esistenza dipende in parte dal tipo di testo, e in parte maggiore dall'economia del testo stesso e dalle personali preferenze dell'autore. Un'eventuale esemplificazione sarebbe perciò indicativa di casi individuali, non di generi e di classi. Si veda il seguente attacco di una prolusione accademica:

Non si allarmino i miei ascoltatori se incominci) da Adamo ed Eva: da Eva in particolare, la prima creatura che nel racconto della *Genesi* fa uso della parola...

(Terracini, VLLV)

che gioca argutamente su un'allusione ("incominciare da Adamo ed Eva" nel senso di "prenderla alla lontana"), mentre in realtà intende prendere le mosse dal mito biblico dell'origine del linguaggio.

Oggi una possibile 'retorica degli inizi' avrebbe l'aspetto e i metodi della semiotica letteraria che studia il farsi del testo, dalla fase pretestuale (o avantestuale), di progettazione e di abbozzo dell'opera, all'attuazione di questa, nelle sue varie stesure. L'avvio coincide con un progressivo "calo di libertà dell'autore", perché "dal momento in cui inizia l'esecuzione del testo la libertà di chi scrive è sempre più condizionata dalla struttura generativa del testo" (Corti 1976:51). Lo studio degli inizi, come quello delle conclusioni, gli uni e le altre "in ogni epoca abbastanza codificati", è ingrediente di una tipologia dei testi, per il valore caratterizzante che hanno i modi

di presentare e, rispettivamente, concludere il mondo immaginario istituito nel testo stesso, già indicando in partenza il tipo di sviluppo che è lecito attendersi, e viceversa sottolineando, sul finire, la tonalità con cui si vuole che sia rimeditato tutto lo sviluppo testuale.

(Segre 1985:37-38)

Quali problemi ponga a un autore incominciare a comporre e quali effetti abbiano sul lettore le prime battute di un testo, come possano queste influenzare il proseguimento della lettura ecc., sono temi appassionanti e oggi di attualità, per critici e scrittori,[7] dopo quella 'poesia e poetica degli inizi' in forma di metacomunicazione che è il romanzo di Calvino *Se una notte d'inverno un viaggiatore*, dove si affiancano continui *incipit* di racconti non scritti.

Una problematica complessa e complementare a quella degli inizi presenta lo statuto delle premesse (introduzioni, prefazioni ecc.) d'autore. Talvolta esse sono elementi "paratestuali" (che accompagnano il testo rimanendone al di fuori)[8] al pari delle analoghe produzioni non di mano dell'autore dell'opera; altre volte sono parte costitutiva del testo, sono il vero e proprio inizio di questo. In tal caso la loro morfologia è molto varia: possono essere elementi della cornice di un racconto, la sede della narrazione di antefatti ecc. In genere si può dire che lo statuto della 'premessa' dipende da quello dell'autore dell'opera: se 'chi parla' rimane fuori dal racconto pur intervenendovi, ma sempre dall'esterno, come fa il Manzoni nei *Promessi sposi*, o se è interno al racconto stesso, come narratore o come personaggio o come l'uno e l'altro, insieme o alternativamente (ed è questo il caso di Svevo nel romanzo *La coscienza di Zeno*); o se risponde a uno degli altri requisiti contemplati dalla complessa tipologia delle "istanze narrative" (per cui si veda Segre 1985:276-277): per es., quando autore (implicito) e narratore non coincidono, in un romanzo ove il compito di narrare le vicende sia affidato a un personaggio, e la premessa sia data invece come 'discorso dell'autore', come nel *Nome della rosa* di Eco. Esempi canonici di preliminari del testo dallo statuto incerto sono, nella *Vita nuova*, il primo capitolo, brevissimo, che Dante considera come proemio del libro; e nei *Promessi sposi* l'*Introduzione* ("L'Historia si può veramente diffinire..."), che è ingrediente essenziale della finzione narrativa (ne scaturiscono l'intreccio e il punto di vista assunto dal narratore) ed elemento importante e caratteristico della storia narrata (il saggio di concettismo barocco come aspetto della cultura del Seicento).

Dall'invenzione della stampa in poi, le parti premesse a un'opera, scritte dall'autore (che giustifica e spiega le sue scelte, scopre o cela abilmente le sue carte, polemizza con avversari, si difende da detrattori ecc.) o composte da altri, contemporanei o posteri (analoghe possono essere le finalità delle moderne postfazioni), hanno avuto funzioni svariate, e di notevole importanza per la storia delle idee. Come osserva Folena (1988), le premesse servono a mettere in rapporto il testo con la tradizione (generi, correnti culturali, tematiche, fonti ecc.) e col pubblico (lettori, committente, dedicatario; nell'ultimo caso, i preliminari del testo comprendono le lettere di dedica). È sempre Folena a rammentare l'interesse che possono avere per la teoria della traduzione le prefazioni dei traduttori (memorabile quella di Walter Benjamin alla traduzione dei *Tableaux parisiens* di Baudelaire), e il ruolo che hanno avuto, nella teoria e nella critica letterarie otto-novecentesche, introduzioni famose: per es., il ruolo di "manifesto del decadentismo europeo" che ebbe la prefazione di Théophile Gautier all'edizione postuma (1868) delle *Fleurs du mal* di Baudelaire.

2.5 LA NARRAZIONE O ESPOSIZIONE DEI FATTI

All'esordio segue l'esposizione dei fatti. Nel genere giudiziario questa era la parte riservata a esporre i termini della questione sulla quale il giudice doveva pronunciarsi. Donde le classiche definizioni della *narratio* come "racconto, persuasivo, di un'azione come è stata o come si suppone che sia stata fatta [...]; discorso che informa l'ascoltatore sul tema della controversia".[9]

Dei tre modi in cui si attua la persuasione retorica (informare, commuovere, piacere), fondamentale e caratterizzante per la narrazione dei fatti è l'**informare** (*docēre*); che, per essere efficace e raggiungere il suo scopo, deve **piacere** (*delectare*), cioè farsi ascoltare volentieri, essere interessante, non annoiare, non stancare chi segue il discorso ecc. Il tutto compendiato nelle tre qualità (*virtutes*) riconosciute come necessarie alla *narratio*: essere **breve** (*brevis*), **chiara** (*dilucida / aperta / perspicua*), **verosimile** (*verisimilis / probabilis*).[10]

L'ideale della brevità consiste nel non esserci nulla da togliere e nulla da aggiungere (il pregio che Cicerone riconobbe ai *Commentari* di Giulio Cesare). Il 'giusto mezzo' tra i due opposti eccessi (cfr. qui 2.11), che sono il dire troppo o troppo poco, si otterrà dunque con l'esporre "quanto bisogna" (*quantum opus est*) e "quanto basta" (*quantum satis est*): il "necessario" e il "sufficiente".

La chiarezza richiesta a una buona esposizione è materia non solo dell'*inventio*, ma anche delle rimanenti parti dell'eloquenza. La qualità dell'essere verosimile e attendibile fa leva, oltre che sull'intento di informare e di piacere, anche sul proposito di suscitare partecipazione emotiva (*movēre*). Fondamento della verosimiglianza nell'esposizione dei fatti dovrebbe essere la verità dei medesimi. Ma un cattivo oratore (e in generale un mediocre narratore) può far sembrare poco credibili anche fatti veri. Viceversa, un buon espositore può procurare credibilità anche a fatti non veri o opinabili. È evidente che qui sono in questione valori morali, nei discorsi politici, assembleari ecc.; problemi deontologici, per quanto riguarda le convinzioni dell'oratore e la coerenza delle medesime con le opinioni sostenute, nei discorsi giudiziari; considerazioni di natura estetica nella narrativa di finzione, dipendenti unicamente da scelte di poetica: si pensi, per esempio, alle poetiche dei vari realismi e neorealismi; al genere 'romanzo storico' e, d'altro lato, al racconto fantastico. In ognuno di questi casi l'attendibilità della narrazione ha esigenze e vincoli di volta in volta del tutto differenti.

Nel loro insieme, le qualità fondamentali richieste alla *narratio* (brevità o essenzialità, chiarezza, verosimiglianza, con le commistioni e le varianti che la tradizione retorica distinse e analizzò minuziosamente)[11] sono divenute così familiari, in secoli di pedagogia e di pratica, da sembrare nozioni perfino ovvie, come quelle che presiedono ai precetti di elementare buon senso e di decente comportamento. Ma ciò non sminuisce la loro importanza, e in ogni caso non significa che fosse ovvia la loro formulazione. Come non lo è, oggi, ciò che si teorizza, nel campo della pragmatica, riguardo alla comunicazione e alle regole che la governano. Basterà qui accennare alle ormai famose (e discusse) 'massime della conversazione' del logico H. Paul Grice, che non vogliono essere una sorta di galateo linguistico, ma tentano di *descrivere* i requisiti (ideali) di un uso efficace della lingua negli scambi comunicativi e nell'insieme esprimono un "principio di cooperazione" generale (cfr. più avanti, al cap. 3, la nota 11). È facile notare, passando in rassegna le massime catalogate sotto quattro categorie, come vi si ritrovino le nozioni proposte dalla retorica classica come "virtù" (requisiti di un'esposizione efficace; cfr. qui 2.12 e 2.13).

La prima categoria, della *quantità*,

riguarda la quantità di informazione da fornire, e sotto a essa cadono le massime seguenti: 1) Dà un contributo tanto informativo quanto è richiesto (per gli scopi accettati dello scambio linguistico in corso). 2) Non dare un contributo più informativo di quanto è richiesto.

(Grice 1978:204)

È l'equivalente del *quantum opus est* e del *quantum satis est*.

La seconda categoria, della *qualità*, comprende una supermassima:

"Tenta di dare un contributo che sia vero" – e due massime più specifiche: 1) Non dire ciò che credi essere falso. 2) Non dire ciò per cui non hai prove adeguate.

(*ivi*, 205)

Qui le analogie con la verosimiglianza che rende attendibile un discorso sono limitate alla seconda delle due massime specifiche. Inoltre, mentre Grice parla della 'verità' dell'informazione e dunque di un carattere inerente all'effettivo stato dei fatti, i retori antichi si riferivano all'"apparenza di verità', con tutte le possibili illazioni riguardo alla buonafede o alla malafede dell'oratore, a cui si richiedeva di far sembrare veri i fatti narrati o, se effettivamente veri, di narrarli in modo che essi risultassero credibili. Più che analogie, insomma, qui si vedono differenze, e sono prima di tutto differenze di impostazione dei problemi.

La terza categoria, della *relazione*, contiene una massima sola:

Sii pertinente.

La retorica classica sviluppò tale nozione nelle casistiche relative non solo alla narrazione (non bisogna divagare, né inserire elementi superflui, non pertinenti al tema, nelle pur ammesse digressioni), ma anche all'argomentazione.

Nella quarta categoria, del *modo*, riferita "a come si dice ciò che viene detto", è inclusa la supermassima:

"Sii perspicuo" e varie massime come: 1) Evita l'oscurità di espressione. 2) Evita l'ambiguità. 3) Sii breve (evita la prolissità non necessaria). 4) Sii ordinato nell'esposizione – e quante altre potrebbero risultare necessarie.

(*ivi*, 205)

È naturale che in questa quarta categoria si trovino le maggiori possibilità di accostamenti con la precettistica classica, dal momento che sono in gioco procedure, modi di ordinare la materia e di esprimersi. Si vedrà infatti che la perspicuità era considerata una delle virtù dell'elocuzione (e l'oscurità il vizio corrispondente), che la concisione (*brevitas*) era codificata, come figura di pensiero, sotto l'*ornatus*, altra virtù dell'espressione, e che sull'ambiguità gli antichi retori discussero parecchio, applicandosi, per tale via, a problemi del significato. Superfluo avvertire che, quando si richiamano argomenti e ipotesi delle odierne scienze del linguaggio, non si intende affatto indicarne gli antecedenti nella retorica classica; si vuole semplicemente mostrare come gli stessi temi, o temi per qualche aspetto simili, vengano oggi sviluppati da discipline che non si dicono più 'retoriche': il che porterebbe semmai a circoscrivere per approssimazione il campo della retorica moderna.

La trattatistica medievale ricavò dal *De inventione* ciceroniano un elenco di elementi e fattori della narrazione detti "circostanze" (di cui era considerato inventore il greco Ermagora), codificate nelle due serie degli attributi (ricavati dai *loci*; cfr., più avanti, 2.6) e delle domande relative a questi: una specie di memorandum per verificare la presenza delle condizioni necessarie alla compiutezza dell'esposizione:

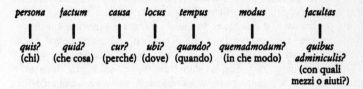

persona	*factum*	*causa*	*locus*	*tempus*	*modus*	*facultas*
quis? (chi)	quid? (che cosa)	cur? (perché)	ubi? (dove)	quando? (quando)	quemadmodum? (in che modo)	quibus adminiculis? (con quali mezzi o aiuti?)

Se si pone mente alle attuali precettistiche del comporre e alle analisi di testi a fini didattici si noteranno, se non persistenze, almeno somiglianze fra la pratica antica e la moderna. Si ricordi, in particolare, la 'regola delle cinque w', proposta per la cronaca giornalistica e compendiata, in inglese, dagli interrogativi, *who, what, when, where, why*, che corrispondono ai primi cinque latini.

Come mostra un importante studio dedicato alla "disciplina ed etica della parola" nel Medioevo, le "circostanze" ebbero grande fortuna nella cultura medievale:

> appartengono infatti contemporaneamente al dominio della retorica, dell'etica, dell'esegesi e della letteratura penitenziale [...]. [Esse] saranno sempre considerate un aspetto fondamentale della tecnica dell'argomentazione retorica.
>
> (Casagrande/Vecchio 1987:75)

Nella trattatistica religiosa, dai tempi di Ambrogio, Gregorio Magno, Gerolamo, fino al XII secolo con Ugo di San Vittore (che trasforma le circostanze in una *disciplina in locutione*, "insieme articolato di regole da seguire, parte integrante di una più generale disciplina del comportamento", *ivi*, 78) e alle *artes praedicandi* del XIII secolo, le circostanze servirono per la formazione di monaci e predicatori. Fu il giudice Albertano da Brescia (XIII sec.) ad adibirle all'oratoria civile, all'educazione dei laici. Albertano le compendia nel verso:

Quis, quid, cui dicas, cur, quomodo, quando requiras

dove è specificato anche il destinatario del discorso – l'interlocutore singolo o il pubblico (*cui dicas*) – e imposta su queste sei parti il suo trattato (*Ars loquendi et tacendi*, 1245). L'"arte di parlare e di tacere" contiene indicazioni in positivo e divieti (per es., riguardo al *quid*: dire il vero e non il falso, l'utile e non il vano, le cose chiare e non le ambigue ecc.; riguardo a *cui*: non si deve parlare ai loquaci, ai mordaci, agli ubriachi, alle donne di malaffare ecc.), rivolti a uomini di lettere, giudici, avvocati, consiglieri: "figure professionali emergenti che provengono da un ceto cittadino colto che va sempre più prendendo coscienza del proprio ruolo sociale" e per cui la parola è "veicolo culturale e strumento professionale" (Casagrande/Vecchio 1987:95).[12]

Tra le suddivisioni della *narratio* (cfr. lo schema in 2.3) era facoltativa la **digressione**: occasionale deviazione, o meglio "uscita" provvisoria, dall'argomento principale per trattare temi aggiuntivi ma pertinenti alla questione in esame. Poteva essere lunga o breve, ma sempre si raccomandava che il ritorno al ragionamento interrotto fosse appropriato e privo di discordanze e di asprezze.

La *parékbasis* non era, evidentemente, appannaggio della sola narrazione, in quanto poteva insinuarsi in tutte le sezioni del discorso, a cominciare dal proemio. Riferendosi in particolare al genere giudiziale, Quintiliano asserisce che tutto ciò che compare in un discorso oltre le parti in cui questo è suddiviso (cinque, per Quintiliano, che enumera separatamente la *confirmatio* e la *confutatio* anziché considerarle come sottosezioni dell'*argumentatio*) è digressione. Lo sono dunque

> l'invettiva, il patetico [*miseratio*], il giudizio ostile, l'ingiuriare, lo scusarsi, il cattivarsi la benevolenza dell'uditorio [*conciliatio*], il confutare contumelie
>
> (*Inst. orat.*, IV, 3, 15)

In sostanza, ogni inserzione di elementi nuovi, *non narrativi*: ogni atto linguistico, potremmo aggiungere, che interrompa il corso dell'esposizione mirando agli innumerevoli effetti diversi dall'informare, ai quali l'informazione stessa deve una parte della sua efficacia; tali sono, per es., il rinfrancare, l'ammonire, il rendere ben disposto, il pregare, il blandire l'uditorio.

La **proposizione**, o 'allegazione dei fatti', per alcuni è il nucleo concettuale della narrazione; per altri, fra cui Quintiliano, è l'inizio della *confirmatio*: è la presentazione dei termini essenziali del fatto che viene esposto. Anche il proemio, come già accennato, può comprendere una *propositio*.

La **partizione** è l'enumerazione dei punti da trattare. È procedimento comune in tutti i tipi del discorso espositivo. I punti enumerati sono altrettante 'proposizioni' o allegazioni in cui chi parla espone le proprie idee e, nelle controversie, anche quelle dell'avversario. La partizione contribuisce alla chiarezza del discorso, ma la sua presenza non è essenziale; anzi, talvolta può ridurre, nell'ascoltatore, l'interesse per ciò che vien detto. Sentiamo Quintiliano, su alcuni dei motivi per i quali "non sempre bisogna fare uso della partizione", nell'eloquenza forense:

> perché generalmente le cose riescono più gradite, se danno l'impressione di essere improvvisate e non portate da casa propria, ma nate lì per lì nel corso dell'orazione: per cui non sgradite sono figure come "per poco non mi sfuggiva" e "mi era caduto di mente" e "giustamente mi ricordi"; ché, una volta allegate le prove, si toglie loro tutta la piacevolezza che potrebbe in seguito nascere dalla novità [...] Talora l'allegazione è poco gradevole, e il giudice, se l'ha prevista, la teme anzitempo, non diversamente da chi ha osservato i ferri del medico prima di subirne l'intervento.

> (*Inst. orat.*, IV, 5, 4-5)

Una prima osservazione, riguardante la pratica del parlare e dello scrivere. Il modo in cui la retorica classica ha trattato l'atto linguistico del narrare, inteso essenzialmente come esposizione di fatti, è rimasto alla base delle comuni idee sull'argomento, si tratti di svolgimenti di temi scolastici, di monografie scientifiche, di racconti di avvenimenti, qualunque sia lo scopo e la destinazione. Le indicazioni (non diciamo più 'le norme'), le analisi del contenuto e dello stile (rese più elastiche le partizioni troppo rigidamente codificate), le descrizioni di qualità positive e negative, di che cosa sia adatto e di che cosa sia fuori posto, le domande (formulate nelle "circostanze") per una soddisfacente completezza nella resa dei fatti ecc., conservano una validità che le moderne riformulazioni sembrano confermare, fatte le debite, ma non sostanziali, differenze.

Una seconda nota riguarda ciò che pare una legittima filiazione della retorica, cioè le **tipologie dei testi** che assumono la narrazione e l'esposizione fra le categorie descrittive di generi testuali (altre categorie generalmente ammesse sono la descrizione, la prescrizione, l'argomentazione, con possibilità di ridurne il numero o di aggiungerne altre).[13] Naturalmente, i parametri variano secondo che si tratti di tassonomie di generi (romanzo, biografia, novella ecc. per i testi narrativi; lettera, saggio critico, conferenza ecc. per i testi espositivi, con vistose intersezioni fra i due raggruppamenti) o di tipologie di forme compositive (all'interno di uno stesso testo, metti un romanzo, si avranno passi narrativi, espositivi, descrittivi ecc.). Alla base di tutte queste classificazioni stanno criteri strutturali, relativi alla costituzione del testo, al mezzo (orale/scritto), al canale di trasmissione ecc., integrati da considerazioni pragmatiche sui ruoli discorsivi (narratore/narratario ecc.), sulla situazione, gli scopi, gli effetti e via dicendo.

Per quanto riguarda la teoria dei generi letterari, è stata fondamentale l'opposizione di **mimesi** (in greco *mímēsis*: "imitazione", "rappresentazione") e **diegesi** (in greco *diēgēsis*: "racconto"), sulla quale Platone aveva fondato la sua tripartizione dei generi: mimetico o drammatico, diegetico o narrativo (o espositivo) e misto (l'epopea, che mescola la rappresentazione di personaggi dialoganti – riportandone le parole in forma di discorso diretto – e la narrazione di eventi, azioni, pensieri e parole riportate nella forma indiretta). Tale distinzione, basata, come osserva Segre (1985:235), "sul variare del rapporto tra letteratura e realtà, misurato col concetto basilare di *mímēsis*", fu ripresa da Aristotele. La definizione che egli diede del narrare contiene il nucleo di ogni successiva analisi delle istanze narrative:

> il poeta può [...] imitare in due modi diversi: e cioè, o *in forma narrativa, – e in questo caso egli può assumere personalità diverse, come fa Omero, o può narrare in persona propria, rimanendo sempre lo stesso senza alcuna trasposizione*; – o in forma drammatica: e allora sono gli attori che rappresentano direttamente tutta intiera l'azione come se ne fossero essi medesimi i personaggi viventi e operanti.
>
> (*Poet.*, 1448a, 21-24; corsivo nostro)

Gli studi sulla narratività occupano una parte considerevole delle attuali ricerche di teoria della letteratura e di narratologia.[14] Studi sull'**intreccio** nella narrativa popolare hanno dimostrato (Eco 1971) che il canovaccio dei romanzi o racconti 'di consumo' risponde all'aristotelica teoria dell'intreccio drammatico, che applica i criteri della *dispositio* retorica (cfr. qui 2.8):

> Nel prevedere questa ricetta Aristotele [...] sapeva bene che il parametro della accettabilità o della inaccettabilità di un intreccio non risiede nell'intreccio stesso, ma anche nel sistema di opinioni che regolano la vita sociale. L'intreccio deve dunque essere, per risultare accettabile, verosimile, e il verosimile altro non è che l'aderenza a un sistema di aspettative condiviso abitualmente dall'udienza.
>
> (Eco 1971:5)

L'autore di testi narrativi 'popolari' (tra gli esempi meglio studiati, Carolina Invernizio; e si può aggiungere, nel campo delle opere cinematografiche, il filone più tradizionale del western americano) si rivolge al lettore o allo spettatore come se fosse

> una grande giuria da avvincere, coinvolgere, persuadere e stimolare emotivamente, e questo fin dalle prime battute, perché una volta abboccato all'amo, seguirà fedelmente i fatti, le prove, gli argomenti, i segni, esposti nella *narratio*, fino al naturale e completo scioglimento della tensione narrativa nell'epilogo.
>
> (Orvieto 1981:86)

E lo farà se avrà avuto l'impressione (confermata dalla soluzione delle vicende) che il sistema di valori esposto nel racconto coincida col proprio sistema di valori. Nello schematismo etico e comportamentale dei prodotti (para)letterari di consumo (altro esempio tipico, le *telenovelas*), i caratteri dei personaggi e i loro modi di agire sono tratteggiati secondo opposizioni elementari di tipi (buono/cattivo; giusto/ingiusto), funzionali alla trama, che, proprio come nell'oratoria forense, vede fronteggiarsi danneggiati e danneggiatori; il fine positivo (ostacolato dalle manovre e poi dalla difesa del malvagio) sarà quello di ristabilire l'ordine violato, punire il colpevole, risarcire il danno.

Prendendo come termine di confronto la narrativa d'appendice, vivente applicazione dei *luoghi* e degli schemi retorici, si intuisce, *a contrario*, la complessità del mondo istituito dalla coeva letteratura 'alta'. Rapportati a questa, i codici retorici hanno l'aspetto di una rete non più sovrapponibile a una realtà non prevista, quando è mutata anche la struttura di base dei generi. Come una carta geografica di paesi scomparsi, l'*inventio* e la *dispositio* applicate alle tecniche narrative disegnano confini di terre e di mari, ma altre sono le terre, altri i mari del paesaggio letterario attuale.

2.6 L'ARGOMENTAZIONE. *TÓPOI* E TOPICHE

L'argomentazione è il cuore del discorso persuasivo. In essa si adducono le prove (nella *confirmatio* o *probatio*) e si confutano le tesi dell'avversario (nella *confutatio* o *reprehensio*). Secondo la sistemazione aristotelica, su cui si è modellata, come sappiamo, l'oratoria giudiziaria romana, le **prove** sono di due tipi: tecniche (in greco, *éntechnoi*; in latino, *artificiales*), cioè prodotte mediante l'applicazione dell'arte retorica, e non-tecniche (*átechnoi*; *inartificiales*), cioè prese dall'esterno, indipendenti dall'arte.

Si veda il seguente indice schematico:

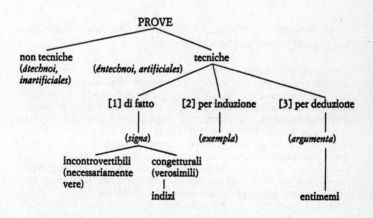

Alle prove non-tecniche si ascrivono: la giurisprudenza sui fatti in questione, dicerie e voce pubblica (notizie di fonte incerta e opinioni diffuse), confessioni estorte con la tortura, denunce scritte, giuramento, testimonianze.

Le prove tecniche sono di tre specie: prove di fatto (*signa*), esempi (*exempla*), prove di ragionamento o argomenti probanti (*argumenta*) (cfr. qui 1.5).

[1] Le prove di fatto possono essere "necessarie" o "non necessarie". Le prime sono prove incontrovertibili (che i greci chiamarono *tekmḗria*) perché necessariamente vere:

> ad esempio, è necessario che colei che ha partorito si sia unita ad un uomo [...], che ci siano i flutti quando il vento imperversa sul mare [...] Né può succedere che ci sia messe dove non si è seminato, o che uno sia contemporaneamente a Roma e ad Atene.
>
> (*Inst. orat.*, V, 9, 5)

Prove di fatto "non necessarie", che furono dette dai greci *eikóta* ("verosimiglianze"), sono gli indizi o tracce (in greco *sēmêia*):

> ad esempio, per mezzo del sangue si capisce che c'è stata uccisione. Ma ad insanguinare un abito può essere stato il sangue sprizzato da una vittima o uscito dal naso: non necessariamente chi si sarà macchiato l'abito di sangue avrà commesso un assassinio.
>
> (*Inst. orat.*, V, 9, 9)

Tali circostanze, quando siano suffragate da altre prove sicure, possono trasformare un sospetto in certezza.

Occorre appena notare che le partizioni ora indicate (cfr. pure 1.5) sono temi delle odierne teorie del segno, e in particolare degli studi sull'abduzione che si rifanno alla semiotica di C.S. Peirce.[15] Si rimanda in particolare alla descrizione della teoria aristotelica del segno e dei meccanismi logici basati sul *tekmḗrion* e sui *sēmêia*, e alla trattazione dei procedimenti indiziari nella retorica latina, in Manetti 1987:114-125 e 201-225.

Secondo i sistemi giuridici moderni, le prove sono mezzi tecnici attraverso i quali si giunge all'accertamento dei fatti che sono oggetto di un giudizio: nelle cause civili si deve accertare se sia fondata la pretesa di una delle parti; nei procedimenti penali, se si sia verificata un'azione prevista dalla legge come reato. Per i giuristi le prove rientrano in due grandi categorie:
1) prove rappresentative, o storiche, o dirette (corpo del reato, fotografie, documenti ecc.): oggetti che riproducono immediatamente il fatto investigato;
2) prove critiche o logiche o indiziarie: strumenti attraverso i quali si raggiunge la certezza (o l'elevata probabilità) del fatto, attraverso un procedimento inferenziale; che si avvale delle regole della logica, delle massime di

esperienza (cfr. più avanti), di verifiche tecnico-scientifiche. Un esempio dell'ultimo tipo: si desume la velocità di un veicolo dalla lunghezza della traccia di frenata.

[2] Mentre l'entimema è un ragionamento deduttivo (o abduttivo; cfr. Manetti 1987), con l'**esempio** (in greco *parádeigma*, in latino *exemplum*) si procede per induzione (cfr. il parallelo aristotelico di retorica e dialettica, in *Ret.*, I, 2, 1356b, cit. qui agli inizi di 1.5): si ricorre a un fatto particolare, reale o fittizio (purché verosimile), che può essere generalizzato.

Perelman e Olbrechts-Tyteca trattano l'esempio come uno dei tre tipi di argomenti (TA 370-392) basati sul "caso particolare"; gli altri due sono l'illustrazione e il modello. La descrizione di un fenomeno o la narrazione di un avvenimento inserite in un'argomentazione costituiscono un **esempio** quando servono a dare un fondamento a una regola – e per assolvere tale funzione devono essere incontestabili –; sono un'**illustrazione** quando rafforzano "l'adesione a una regola conosciuta e ammessa, fornendo dei casi particolari che chiariscono l'enunciato generale" (TA 377); ciò che si richiede loro non è tanto un'evidenza indiscutibile quanto la capacità di "colpire vivamente l'immaginazione per imporsi all'attenzione" (TA 378). Ecco un caso di illustrazione di un principio ("l'isterismo delle masse non è proprio soltanto degli esseri umani"):

> L'isterismo delle masse non è un fenomeno che si manifesti soltanto negli esseri umani, ma può essere osservato in qualsiasi specie gregaria. *Un branco di elefanti, alla vista di un aeroplano, fu preso da un folle terrore collettivo. Ogni singolo elefante era terrorizzato e il suo terrore si comunicava agli altri, creando una vasta moltiplicazione del panico.* Tuttavia, dal momento che tra loro non si trovavano giornalisti, il panico si spense quando l'aereo sparì allontanandosi nel cielo.
>
> (Russell, RDP)

Il **modello** (il cui equivalente negativo è l'antimodello) corrisponde all'esempio e all'illustrazione nell'ambito dell'agire pratico: è l'insieme dei comportamenti (o degli attributi di un ente qualsiasi) su cui si può fondare o coi quali si può illustrare una regola generale di condotta.

Tradizionalmente, ciò che Perelman intende per *caso particolare* è stato chiamato *esempio*, a cui si sono attribuite, appunto, le tre funzioni ora descritte. In tipi del discorso non scientifico (nell'oratoria religiosa e politica, per esempio, e in genere in ogni sorta di propaganda, compresa la pubblicità commerciale) il passaggio dalla 'fondazione' di una norma alla sua 'illustrazione' è spesso insensi-

75

bile; ed entrambe le funzioni possono essere subordinate al proposito di fornire modelli di comportamento.

Miniere di esempi, nella forma del racconto (breve) di un episodio citato a conferma di ciò di cui si sta parlando, sono le raccolte classiche (e postclassiche) di fatti memorabili, sfruttate nell'oratoria laica e religiosa di tutte le epoche. Per il moralista cristiano l'*exemplum* è strumento di edificazione. Il 'modello', per eccellenza, da imitare è Cristo; i Santi sono paradigmi di comportamento da seguire nell'imitazione del Modello divino. In prospettiva analoga si collocano i simboli e le allegorie (cfr. 2.18:[24]). L'agiografia trabocca di aneddoti edificanti; le casistiche per i confessori si appoggiano alle 'illustrazioni' dei peccati. La predicazione presenta come veridici i racconti di episodi che devono "convincere l'uditorio mediante una lezione salutare" (Le Goff 1988:118). Nella catechesi del XIII secolo l'*exemplum* conosce una fioritura eccezionale, inserendosi nella moda della *narratio brevis* accanto al *lai*, al *fabliau*, al *conte* (cfr. Brémond *et al.* 1982).[16]

L'argomentazione per mezzo dell'esempio, in ogni genere oratorio come in ogni tipo di testo non scientifico, usa talvolta il procedimento induttivo della generalizzazione per arrivare a conclusioni che hanno una validità solo particolare; è la cosiddetta "argomentazione dal particolare al particolare" (simile o identica al ragionamento per analogia). Da una situazione concreta presa come esempio si desume una regola da applicarsi a un'altra situazione particolare: "ho impiegato mezz'ora per andare in auto da casa alla stazione ferroviaria alle nove del mattino; dovrò calcolare più di mezz'ora (al posto dei prevedibili dieci minuti) in un percorso cittadino, fatto alla stessa ora, se questo include la stessa strada che si percorre da casa mia alla stazione".

In campo scientifico i "casi particolari" possono essere trattati (secondo la terminologia di Perelman)

> sia come *esempi* destinati a condurre alla formulazione di una legge o alla determinazione di una struttura, sia come campioni che costituiscono un'*illustrazione* di una legge o di una struttura riconosciute. In diritto invocare il *precedente* vuol dire trattarlo come esempio che fonda una regola, nuova almeno sotto alcuni dei suoi aspetti. D'altra parte una disposizione giuridica è spesso considerata come un *esempio di principî generali*, riconoscibili a partire da quella disposizione.
>
> (TA 371)

Per problemi quali il tipo di generalizzazione che si può trarre dall'esempio, l'*exemplum contrarium*, cioè il caso che invalida una tesi, il concetto giuridico di eccezione, l'assimilazione di casi diversi sotto uno stesso concetto o regola con l'effetto di fondare norme non previste dalla legislazione vigente, si rinvia alla trattazione di Perelman e Olbrechts-Tyteca (TA 374-377).

Per quanto riguarda il **precedente**, citiamo: le sentenze che, nell'attuale assenza di una regolamentazione giuridica della "famiglia di fatto", hanno riconosciuto i diritti delle persone conviventi; le prime sentenze che hanno dichiarato non costituire il reato di atti osceni "l'esposizione del seno femminile nudo in luoghi pubblici".

Un'altra specie di ragionamento che si appoggia a fatti, circostanze, detti ecc. ritenuti "esemplari" è l'**argomento d'autorità**, per cui si attribuisce valore probante all'opinione di un esperto, di un maestro ("*ipse dixit*"), di un personaggio illustre. Le **citazioni** sono i veicoli dell'argomento d'autorità, quando chi ne fa uso le adduce come garanti delle proprie opinioni. Più sfumata, ma non dissimile, è la funzione dell'*exergo* (per cui si rimanda a Meneghetti 1986).

[3] Se l'argomentazione è la parte centrale del discorso persuasivo, le prove di ragionamento (o argomenti probatori) sono il *clou* delle prove che si adducono argomentando, e sono dunque l'oggetto per eccellenza dell'*inventio* (se ne veda qui la definizione, in 2.2). Esse constano degli **entimemi** (cfr. qui 1.5); epicheremi (*epicheirḗmata*) e dimostrazioni (*apodéixeis*) possono essere considerati come analoghi agli entimemi.

L'**entimema**, come fu definito da Aristotele, è un sillogismo le cui premesse sono 'verosimili' (e non necessariamente 'vere'). L'adeguamento all'uditorio, che vuole essere attratto e non annoiato, suggerì l'opportunità di abbreviare il ragionamento sillogistico omettendo una delle due premesse; di qui la definizione di entimema come sillogismo ellittico. La premessa può essere taciuta perché ovvia (pleonastica, in apparenza):

Anche tu puoi sbagliare, perché sei un essere umano.

Non occorre esplicitare la premessa maggiore ("Tutti gli esseri umani possono sbagliare") implicita nelle prerogative riconosciute per comune consenso agli esseri umani. Ma spesso si tace una premessa della cui evidenza non si è affatto sicuri. Ricaviamo da Reboul (1986²:70), come esempio di entimema (ellittico e dalla premessa verosimile), lo slogan francese del 1939:

Nous vaincrons parce que nous sommes les plus forts ("Vinceremo perché siamo i più forti").

Lasciando sottintesa la premessa maggiore ("i più forti vincono sempre") si evitava il dubbio che essa poteva ingenerare, col pericolo di invalidare la conclusione, e si lasciava in ombra un'affermazione poco coerente con gli ideali democratici di cui la Francia si è sempre fatta un vanto. La premessa minore non può aspirare che alla verosimiglianza, poiché non era affatto provato che gli alleati fossero i più forti.

La stessa impostazione hanno le propagande commerciali del tipo:

È il migliore, perché gli ingredienti che contiene hanno questi e questi effetti...

[4] Le premesse degli entimemi si cercano in idee generali atte a formare la base di ragionamenti. Queste idee sono come depositate nella memoria collettiva e per rintracciarle si deve ricorrere alle 'sedi' in cui esse si trovano: ai *tópoi*.

Il termine *tópos* (che in greco significa "luogo"), introdotto come tecnicismo della dialettica da Aristotele, si incontra per la prima volta, nell'accezione in cui circolerà anche nella retorica, alla fine del primo libro dei *Topici*, il trattato delle argomentazioni dialettiche, delle tecniche per ragionare problematicamente, che trasse il suo nome appunto da *tópos*. C'è chi ha preferito tradurre, in italiano, questo termine con la parola *schema*, ritenendola, con ragione, più aderente al senso che Aristotele dà a *tópos*.[17] Noi continueremo tuttavia a usare il termine *luogo*, consolidato nella tradizione degli studi filosofici, giuridici e letterari per effetto della denominazione latina *locus*.

I **luoghi** sono di due tipi: **comuni** o generali, **propri** o specifici. I luoghi comuni sono punti di vista generalmente accettabili, rispondenti a opinioni diffuse, i quali si possono applicare ad argomenti diversi (giuridici, fisici, politici ecc.) e utilizzare in qualsiasi campo del sapere. I luoghi propri o specifici sono tali in relazione alle singole discipline e a ciascun genere oratorio (cfr. 1.5).

Nel secondo libro della *Retorica* Aristotele ha dato un elenco di luoghi comuni da cui trarre le premesse per i sillogismi retorici: diciotto per gli entimemi reali e nove per gli entimemi apparenti. Eccone alcune applicazioni in entimemi del primo gruppo:

dal luogo dei *contrari*:

> essere temperanti è cosa buona, poiché l'essere intemperanti è dannoso;

dal luogo dei *rapporti reciproci*:

> se per voi non è turpe il vendere, neppure per noi lo è l'acquistare;

da quello dei *rapporti proporzionali fra i termini*:

> se si considerano uomini i ragazzi grandi, si dovrà decretare che sono ragazzi gli uomini piccoli.

Per il luogo *del più e del meno* si veda l'entimema qui in 1.5.

La classificazione che troviamo nei *Topici* raggruppa i luoghi secondo le categorie dell'*accidente*, del *genere*, della *proprietà*, della *definizione*, dell'*identità*.

Secondo Perelman e Olbrechts-Tyteca,

> i luoghi comuni dei nostri giorni [...] non sono che un'applicazione ad argomenti particolari dei luoghi comuni in senso aristotelico. Ma, poiché tale applicazione riguarda un soggetto spesso trattato, si svolge in un certo ordine, con connessioni prevedute, non si pensa più che alla sua banalità, disconoscendo il suo valore argomentativo. Si tende così a dimenticare che i luoghi costituiscono un arsenale indispensabile al quale chi vuole persuadere altri dovrà per forza attingere.

> (TA 89)

Perelman e Olbrechts-Tyteca ne trattano esaminando le "basi dell'argomentazione" e restringono il dominio dei luoghi alle premesse generali "che permettono di dare un fondamento ai valori e alle gerarchie e che Aristotele studia fra i luoghi dell'accidente" (TA 90). Su tali premesse, che spesso rimangono implicite, noi giustifichiamo la maggior parte delle nostre scelte. Un gruppo sociale può essere caratterizzato anche dalla preferenza accordata a determinati luoghi: alle idee ricevute su cui si fonda l'adesione a certi valori piuttosto che ad altri, tipici di mentalità opposte (per es., "se vuoi la pace educa alla pace", contrapposto a: "se vuoi la pace, sii preparato alla guerra").

Sarebbe impresa irrealizzabile elencare tutti i possibili luoghi, e sarebbe in ogni caso difficilissimo dare un censimento completo di quelli già utilizzati. Si può però raggruppare "sotto qualche titolo molto generale" il complesso dei luoghi di cui "tutti gli uditorî, qualunque sia la loro natura, sono condotti a tener conto" (TA 90).

Ecco i titoli dei sei raggruppamenti proposti (TA 91-104): luoghi della quantità, della qualità, dell'ordine, dell'esistente, dell'essenza, della persona.

I luoghi della *quantità* affermano che "una cosa vale più di un'altra per ragioni quantitative". Questa è la premessa sottintesa ad argomentazioni svariate nei campi più diversi. Per esempio, l'idea che l'opinione della maggioranza sia quella da seguire vale sia in certe concezioni della democrazia, sia negli appelli al 'senso comune' per dirimere questioni, sia nello stabilire dove stia la 'normalità', sia nel concetto di norma statistica ecc.

I luoghi della *qualità* si oppongono nella loro forma più brillante ai precedenti. Essi stanno alla base delle idee di chi combatte l'opinione della maggioranza; di chi afferma che la quantità va a scapito della qualità (*omnia preclara rara*: quanto più una cosa è eccellente tanto più è rara); di chi esalta l'*unico* come incomparabile. Di qui l'assimilazione dell'unicità alla verità e del molteplice all'opinabile o anche al falso ("*un solo* Dio è *il* vero Dio; i *molti* dei sono falsi dei" è il 'luogo' che sta alla base delle religioni monoteistiche; "l'uomo onesto dà *una sola* parola e la mantiene", il disonesto e il mentitore fanno l'opposto). "Il valore dell'unico", spiegano Perelman e Olbrechts-Tyteca sulla scorta di Aristotele, "si può esprimere contrapponendolo al comune, al banale, al volgare [...]. L'unico è originale, si distingue ed è per questo degno di nota e piace anche alla moltitudine". Tutti abbiamo presenti certi slogan pubblicitari che giocano sull'effetto paradossale dell'unicità proposta come modello ai molti: "Entrate anche voi a far parte di quella ristretta cerchia di persone che...". Le varie manifestazioni letterarie, comportamentali, spettacolari ecc. dell'effimero si possono connettere al *tópos* della precarietà, che in TA è definita come il valore qualitativo opposto al valore quantitativo della durata. Il *carpe diem* oraziano, il quattrocentesco "di doman non c'è certezza", la fragilità della rosa come simbolo di bellezza, preziosa perché effimera, lo stesso sentimento del tempo che fugge ecc. si caricano di valori positivi impersonando l'unicità, l'irripetibile, rispetto alla stabilità di ciò che dura, alla monotonia di ciò che può ricorrere sempre identico a se stesso. Viceversa il luogo della quantità come durata nel tempo è inteso positivamente come forza, capacità di resistenza, inalterabilità ecc.: una giovinezza protratta col passare degli anni è certamente un bene; la persistenza dei valori estetici di un'opera si misura anche in termini quantitativi, come accade per il successo e il perdurare della fama negli anni ecc.

I luoghi dell'*ordine* concernono la superiorità del prima rispetto al dopo, dei principi rispetto alle applicazioni concrete, delle leggi rispetto ai fatti, delle cause sugli effetti ecc. Un esempio potrebbe essere l'idea del primato: dell'arrivare *prima* degli altri a capire qualcosa, a fare scoperte, a superare un limite; anche la nozione di precedenza come segno di rispetto è fondata sul luogo dell'ordine.

I luoghi dell'*esistente* propongono la preminenza del reale sul possibile, dell'attuale sul virtuale. Si va dalla banalità del proverbio "meglio un uovo oggi che una gallina domani" alla ragionevole preferenza per un risultato osservabile piuttosto che per un progetto non attuato. Dal punto di vista filosofico, si tratterebbe di una giustificazione dell'empirismo.

Per luogo dell'*essenza* si intende un riconoscimento di eccellenza agli individui che presentano tutte le caratteristiche richieste dal 'tipo' da loro impersonato: Tersite come classico campione di bruttezza, Jago di malvagità; Lord Brummel come prototipo di eleganza; una diva del cinema (Greta Garbo, Marylin Monroe, Brigitte Bardot...) come incarnazione della donna fatale, come *sex symbol* ecc.; il superuomo nietzscheano; il *superman* cinematografico e fumettistico e via discorrendo.

Sul luogo della *persona* si appoggiano i valori della dignità del merito, dell'autosufficienza; citando Aristotele: "ciò che non può esserci fornito dall'esterno è preferibile a ciò che possiamo procurarci anche dall'esterno"; e in tal senso è un *tópos* l'affermazione dell'eccellenza retorica delle argomentazioni sulle prove materiali.

La caratterizzazione (proposta in TA 101-104) delle mentalità classica e romantica a partire dai luoghi prescelti dai rappresentanti dell'una e dell'altra parte è in linea con la grande tradizione di storia delle idee che riconosce il valore esplicativo ed ermeneutico dei *tópoi* riguardo ai modelli culturali dei vari periodi storici (si pensi all'attuale *tópos* del "postmoderno").

Aristotele aveva elaborato una teoria dei *tópoi* conforme alle categorie della propria metafisica e tale da fornire un modello e una base alle topiche posteriori. Ma per gli sviluppi successivi, nella retorica di scuola, doveva risultare più efficace, perché di più facile accesso, l'opera omonima di Cicerone. Semplificando la formulazione della materia dialettica di Aristotele e rielaborandola in prospettiva giuridica, Cicerone compose un prontuario di spunti argomentativi e di consigli teorico-pratici, una sorta di vademecum a uso dei giuristi: nel complesso, un saggio sulla problematica dell'*inventio*.

I luoghi sono aree concettuali in cui cercare le premesse per le *probationes*. Come queste ultime, essi possono essere o "intrinseci", cioè inerenti per la loro stessa natura alla materia di cui si tratta, o "estrinseci", in quanto addotti da circostanze esterne (cfr. qui, all'inizio del paragrafo, i due tipi di prove, tecniche e non-tecniche). I luoghi estrinseci si reggono su fonti e testimonianze la cui autorevolezza dipende dalle opinioni dell'uditorio riguardo al teste. Benché la loro importanza pratica sia indiscutibile, essi hanno un posto marginale nella teoria, non richiedendo alcuna applicazione dell'arte retorica.

Ecco l'elenco dei luoghi intrinseci (o tecnici) che si trova nei *Topici* di Cicerone:

1. definizione dell'insieme
2. enumerazione delle parti
3. etimologia, come chiarimento del significato autentico delle parole
4. relazioni del tema in oggetto con i seguenti fattori: nessi linguistici (affinità di termini ecc.), genere, specie, uguaglianza, differenza, somiglianza, contrari, aggiunte o corollari, antecedenti, conseguenti, contraddizioni, cause, effetti, comparazione.

L'istanza filosofica che Aristotele aveva congiunto con la ricerca delle basi per l'argomentazione, vale a dire con ciò che, nella retorica, costituiva l'*héuresis*, dopo di lui "si sbiadisce nella sua efficacia. L'opinione di Cicerone prese il sopravvento. La topica [...] rientrò, provveduta dei risultati del lavoro aristotelico, nella retorica" (Viehweg 1962:26). Il catalogo dei *loci* che si trasmise alle epoche successive, persistente nelle linee essenziali nonostante le variazioni, le riscritture, le ricomposizioni, è quello che Quintiliano fornì, derivandolo dalle sistemazioni precedenti e dalla prassi giudiziaria.

Si noti che, nella terminologia latina, classica e medievale, *locus* e *argumentum* sono intercambiabili: esempio di uso metonimico di entrambi i termini (la sede per l'entità che vi si trova e viceversa). La prima grande divisione separa gli argomenti tratti dalla persona da quelli tratti dalle cose. Gli argomenti tratti dalla persona (*argumenta a persona*) si trovano nei seguenti luoghi:

(1) la famiglia (*genus*) – i figli, infatti, sono generalmente creduti simili ai genitori e agli antenati, e talora da qui nascono le tendenze alla vita onesta o disonesta;

(2) la nazionalità (*natio*) – infatti ogni popolo ha le sue abitudini, né è attendibile che identico sia il comportamento di un barbaro, di un romano, di un greco;

(3) la patria (*patria*) – perché, parimenti, leggi, istituzioni, opinioni sono diverse da città a città;

(4) il sesso (*sexus*) – che ci permette di considerare più probabile che si verifichi una rapina da parte di un uomo, un veneficio da parte di una donna;

(5) l'età (*aetas*) – perché ad ogni età si conviene qualcosa di diverso;

(6) l'educazione e la disciplina (*educatio et disciplina*) – infatti è importante da chi e in che modo uno sia stato educato;

(7) l'aspetto fisico (*habitus corporis*) – perché sovente la bellezza viene presa come prova di dissolutezza, la forza come prova di prepotenza, e viceversa;

(8) la fortuna (*fortuna*) – non è credibile, infatti, che povero e ricco agiscano allo stesso modo, abbondando l'uno di parenti e di amici e clienti, l'altro essendone assolutamente privo.

(9) C'è anche una differenza di condizione sociale (*condicionis distantia*): giacché ci corre parecchio se uno è noto o sconosciuto, pubblico magistrato o semplice cittadino, padre o figlio, indigeno o straniero, libero o schiavo, sposato o celibe, padre di figli vivi o di figli morti;

(10) l'indole (*animi natura*) – perché l'avarizia, l'iracondia, la misericordia, la crudeltà, la severità, ed altre simili cose spesso apportano o tolgono attendibilità [...];

(11) anche le professioni (*studia*) vanno esaminate, ché cose diverse tra loro fanno l'agricoltore, l'uomo del foro, il mercante, il soldato, il marinaio, il medico.

(12) Occorre pure vedere che cosa ciascuno voglia mostrare di essere (*quid affectet*), se facoltoso o buon parlatore, se giusto o autoritario.

(13) Si guarda altresì alle sue azioni e ai suoi detti precedenti (*ante acta et dicta*), poiché il presente suole essere valutato in base al passato.

(14) A ciò alcuni aggiungono [...] un moto temporaneo dell'animo (*temporarium animi motum*), come l'ira, lo sbigottimento.

(15) Nella valutazione di una persona fanno anche entrare il nome (*nomen*) che essa porta; il che è accidente necessario, ma raramente assume il valore di prova, se non quando è stato motivato, come Saggio, Grande, Pio...

(*Inst. orat.*, V, 10, 24-30)

La seconda classe, quella degli *argumenta a re*, è complessa e, ovviamente, aperta. Delle dieci suddivisioni principali le prime cinque corrispondono ad altrettante domande, come indica il seguente schema (da confrontare con l'analogo di 2.5):

luoghi	domande
a causa	*quare* (perché?)
a loco	*ubi* (dove?)
a tempore	*quando* (quando?)
a modo	*quomodo* (come?)
a facultate	*per quae* (mediante, in forza di che cosa?)

Le altre 5 suddivisioni comprendono i seguenti luoghi:

a finitione (dalla definizione)
a simili (dalla somiglianza)
a comparatione (dal confronto)
a fictione (dalla supposizione)
a circumstantia (dalla circostanza)

Qualche sommaria indicazione sui principali *loci a re*.[18] Il *locus a causa* comprende i moventi delle azioni:
(1) motivi psicologici, che risiedono

[a] nel raggiungimento di vantaggi, nel loro incremento, nella conservazione, nell'uso;
[b] nello schivare i danni, nel liberarsene, nel diminuirli, nel tollerarli.

(*Inst. orat.*, V, 10, 33)

(2) cause generali, fisiche (o anche metafisiche) da cui si deducono effetti (o cause dagli effetti) necessari:

il corpo, alla luce, fa sempre ombra, e l'ombra, dovunque sia, dimostra che ivi c'è un corpo

(*ivi*, V, 10, 80)

o non necessari:

il sole abbronza: non necessariamente chi è abbronzato è abbronzato dal sole

(*ivi*, V, 10, 81)

Il *locus a loco*, cioè le conseguenze che si traggono dalla considerazione del luogo in cui è avvenuta un'azione, era (ed è) importante giuridicamente sia nelle congetture sia nella definizione e nella qualificazione degli intenti[19] di un'azione (delittuosa, per esempio):

"Hai sottratto denaro privato, ma poiché l'hai sottratto da un tempio, non si tratta di un furto, ma di un sacrilegio..."

(*ivi*, V, 10, 39)

Il *locus a tempore* riguarda tutte le possibili circostanze temporali: un momento cronologicamente determinato, la durata di un periodo, l'"ora del tempo e la stagione", occasioni, ricorrenze ecc.

Tra gli altri, il *locus a finitione* comprende fenomeni identici a quelli dello *status finitionis* (cfr. qui 1.6). È il luogo dell'etimologia, come scoprimento del 'vero significato' (*étymon*) delle parole, che può fornire una base argomentativa quando è applicata a nozioni pertinenti ai problemi da discutere. Tale prassi si può verificare scorrendo le definizioni contenute nel presente manuale, specialmente quando esse altro non sono che parafrasi di denominazioni greche o latine.

Per quanto riguarda gli aspetti formali, la definizione è analizzata, come figura di pensiero, nel campo dell'*elocutio* (cfr. qui 2.18:[5]).

Il *locus a simili* (o *ex similibus*) si trova nei ragionamenti per analogia; è lo stesso che l'esempio (cfr. qui 2.6:[2]) ed è pure affine al *locus a comparatione*. In ognuno di tali casi si paragonano circostanze ecc. per ricavarne conclusioni.

Un esempio attuale: alcune norme del diritto di famiglia che riguardano i rapporti tra i coniugi valgono, per analogia, anche per i rapporti tra uomo e donna conviventi.

Nel ragionamento basato sulla somiglianza rientrano anche gli argomenti *a contrario*: "se la salute è un bene, la malattia è un male".

Gli argomenti tratti dal confronto vengono analizzati secondo i luoghi: 'dal più al meno' (*a maiore ad minus*) – "se è stato commesso un omicidio, necessariamente sono state commesse delle lesioni di organi interni o esterni" –; e 'dal meno al più' (*a minore ad maius*): "se il furto è un reato, a maggior ragione lo è la rapina".

Il luogo della supposizione (*locus a fictione*), o 'per ipotesi' (in greco, *kath' hypóthesin*), "non è altro che proporre una cosa che, se fosse vera, risolverebbe la questione o aiuterebbe a risolverla" (*Inst. orat.* V, 10, 96).

È il luogo degli *exempla ficta*, e di osservazioni del tipo: "Se questi... potessero parlare, direbbero...".

Coll'argomento tratto 'dalla circostanza' si entra nell'ambito dei **luoghi propri**, dal momento che esso dipende da elementi specifici dei singoli temi trattati. Nelle controversie giudiziarie si tratterebbe di quelle prove che Quintiliano definiva

> tali da non aver nulla in comune con alcun'altra lite, e che sono per di più efficacissime e niente affatto ovvie, perché i luoghi comuni li conosciamo dalla precettistica, ma le prove particolari siamo noi a doverle trovare.
>
> (*Inst. orat.*, V, 10, 103)

Si è ritenuto opportuno dare un sia pur sommario resoconto del catalogo quintilianeo dei *tópoi* perché, sotto certi aspetti, riflette punti di vista, idee e pregiudizi collegati ai codici culturali dell'epoca, ed evidenti specialmente nei *loci a persona*. D'altra parte non poche di queste concezioni sono persistite a lungo, e persistono tuttora: ciò significa che i luoghi argomentativi sono diventati 'luoghi comuni', non nel senso dottrinario, ma nel senso vulgato della locuzione. Che era già vulgata ai tempi di Quintiliano, se egli sentiva il dovere di precisare: "intendo per luoghi comuni non quelli, come generalmente oggi si crede, che hanno per tema la dissolutezza e l'adulterio e simili vizi, ma le sedi in cui stanno come in deposito e da cui si traggono le dimostrazioni" (*Inst. orat.*, V, 10, 20).

Osservandoli in una rassegna che omette le applicazioni dimostrative (e giuridiche), si intuisce che i luoghi diventano qualificabili solo in virtù dell'uso che se ne fa: essi sono argomentativi solo se ne viene fatto un uso argomentativo.

Ha scritto Barthes (1972, 75):

> il luogo [...] è un elemento d'una associazione d'idee, d'un condizionamento, d'un addestramento, d'una mnemonica [...]; i luoghi non sono dunque gli argomenti in sé, ma gli scomparti nei quali vengono disposti. Di qui, tutte le immagini che congiungono l'idea di uno spazio a quella d'una riserva, d'una localizzazione e d'una estrazione [...]; "i luoghi, dice Dumarsais, sono le cellette in cui tutti possono andare a prendere, per così dire, la materia d'un discorso e

gli argomenti su ogni tipo di soggetto". Un logico scolastico, sfruttando la natura domestica del luogo, lo compara ad una etichetta che indica il contenuto d'un recipiente (*pyxidum indices*)...

Le esercitazioni scolastiche, nelle *controversiae* e nelle *suasoriae* (cfr. qui 1.9), contribuirono a consolidare stereotipi. I luoghi comuni, ritenuti sussidio indispensabile al comporre, diedero alimento alla pratica delle 'crie'. La cria (in greco *chreía*, in lat. *chria, usus, sententia*) era un breve componimento su un fatto o un detto memorabile di un qualche personaggio storico o letterario per ricavarne utili ammaestramenti. Come esercitazione scolastica addestrava a sviluppare un pensiero in forma di piccolo saggio (generalmente con struttura sillogistica: protasi, cioè il tema stesso, giustificazione, svolgimento, conclusione) autonomo o incastonato in un discorso più ampio. Oltre che nelle discipline scolastiche, dall'antichità a tutto il sec. XIX, la persistenza della cria si osserva nell'uso degli *exempla* (cfr. 2.18[15]), nella composizione di emblemi e di epigrafi ecc.[20]

Nell'uso letterario, i *loci communes* trasmessi dall'antichità al Medioevo si cristallizzarono in modelli, ciascuno dei quali poteva essere inserito in appositi 'programmi'. C'era il programma dell'esordio, coi quattro principali *tópoi*: 1) 'affettazione di modestia', che era funzionale al *tópos* della *captatio benevolentiae*; 2) ricorso a massime, proverbi, sentenze; 3) dichiarazione della *causa scribendi* (del motivo per cui si scriveva), dalla quale dipendeva un grappolo di *tópoi*: dedica, lode del dedicatario, menzione di debiti o meriti propri, invocazione a una divinità ecc.; 4) la formula della *brevitas*, da collegarsi a luoghi come '*ex pluribus pauca*' o '*pauca e multis*' ("poche, delle molte cose che si potrebbero dire").[21]

In sostanza, è ciò che i retori hanno trattato come organizzazione delle parti del discorso persuasivo – e di cui si è data qui notizia nei precedenti paragrafi. Da questo punto di vista la trattatistica dell'*inventio* è per la maggior parte una topica, in quanto descrive i programmi in cui si inserisce la materia del discorso persuasivo. E li descrive proponendo, didatticamente, dei **formulari**. Così si sovrappone alle topiche filosofica e giuridica (di Aristotele e di Cicerone) la dottrina e l'applicazione dei luoghi comuni, ovunque si riscontrino formule ricorrenti e classificabili, costanti di contenuto codificate. Come scrive Pozzi (1984:393):

> La ripetitività riguarda tanto le forme, che divengon formule, quanto i contenuti che divengon luoghi comuni; luoghi comuni non già nel senso usato dalla topica, ma nel senso di concetto ricorrente in determinate circostanze del discorso.

Quando si parla, sul fondamento delle analisi di Curtius, di "topica dell'esordio, della narrazione, dell'epilogo", si intendono dunque i rispettivi programmi: la descrizione dei *tópoi* e degli stereotipi che essi contengono. Il discorso vale per i luoghi comuni in qualsiasi genere letterario. Eccone alcuni: il *tópos* del *locus amoenus*, da Omero alla poesia bucolica, arcadica e a qualunque forma letteraria in cui alle descrizioni di luoghi ("Giace in Arabia una valletta amena...") si associno idee ricorrenti di piacevolezza, di bellezza ristoratrice, di evasione in un ambiente naturale accogliente ecc.; il *tópos* medievale del *puer senex* (l'uomo che fin da ragazzo dimostra la saggezza di una persona matura), sviluppato nell'etopea (cfr. qui 2.18:[2]) con il luogo '*fortitudo et sapientia*' per caratterizzare indoli e comportamenti; il luogo del rammarico per la nequizia del tempo presente, connesso alla lode del tempo passato (*laudatio temporis acti*), del 'buon tempo antico'; il luogo della 'testimonianza oculare' (del: "io stesso, con questi miei occhi, ho visto") per guadagnare fede a una narrazione.

Lo studio dei *tópoi* letterari inaugurato da Curtius è connesso a quello dei temi e dei motivi;[22] in generale, alle analisi di idee e di contenuti caratterizzanti generi e forme letterarie. Qui si accenna appena all'originale sistemazione di Pozzi (1984:395 e segg.):

> Il *tópos* o stereotipo può essere concepito come una materia da descrivere o da narrare [...]: un paesaggio, un oggetto, una persona, un atteggiamento fisico o morale, un ruolo. Sotto questo aspetto l'uso letterario del *tópos* può essere analizzato come un modo concettuale e linguistico di rappresentare il reale, distinto da altri modi. [...] La materia da descrivere o da narrare [...] selezionata in modo da costituire un cliché [...] viene organizzata secondo una determinata sintassi [...]; ad esempio, nel *locus amoenus* prato e ruscello si richiamano a vicenda. Sono sistemi virtuali, in cui ogni dettaglio esiste ed è qualificato in relazione all'altro.

Sempre secondo Pozzi (1984:400 e segg.), nei sistemi di *tópoi*, che sono regolati su rapporti di similarità (metafore e analogie) e di contiguità (metonimie e sineddochi), si possono verificare: "affievolimento semantico" (un elemento vale l'altro) e autocontrollo (i canoni tracciano precisi confini ai singoli modelli). All'evoluzione del *tópos* concorrono: l'"esemplarità" ("il *tópos* si trasmette perché la formulazione che precede funziona come modello per la seguente"), l'"autorevolezza" (il prestigio delle opere letterarie che si impongono all'imitazione) e l'"infrazione delle norme", per la quale si creano nuovi modelli.

La storia e le tipologie della cultura ci mostrano che le attuazioni dei *tópoi* non sono solo linguistiche: anche sistemi semiotici di altra natura (per esempio le arti figurative, il design, la grafica tecnologica) hanno i loro stereotipi; di cui è possibile comporre una 'grammatica', come è stato fatto per i *tópoi* delle arti verbali. Questa, naturalmente, va congiunta con uno studio dei simboli ricorrenti e degli elementi che definiscono le varie 'maniere'. Una certa fortuna ha goduto in questi anni, sia pure sotto altri nomi, la 'topica dei messaggi pubblicitari', complicata dal dover tenere conto della complementarità di immagini e di testi verbali. Rimane inteso che l'uso del termine 'topica' per lo studio sistematico degli stereotipi è un uso estensivo, applicabile con qualche approssimazione – e con le dovute cautele – a tutto ciò che in prospettiva semiotica si considera come testo.

[5] Tra le svariate specie di ragionamento sillogistico ricorderemo qui soltanto, oltre all'entimema, il **dilemma**, detto anche (da san Girolamo) *argomento cornuto*. Corni del dilemma sono le due alternative che si offrono nel ragionamento; la scelta di una qualsiasi delle due porterà sempre allo stesso risultato. Se le alternative sono più di due si parlerà di trilemma, di tetralemma ecc.

Classico esempio è il dilemma che un aneddoto attribuisce a Corace, il leggendario primo maestro di retorica (cfr. qui 1.1). Tisia, allievo di Corace, divenuto esperto nell'arte, si rifiuta di pagare la mercede pattuita col maestro. Davanti ai giudici, Tisia espone le proprie ragioni col seguente dilemma: che cosa gli aveva promesso Corace di insegnargli? L'arte di persuadere qualsivoglia persona. Ebbene, o Corace gli ha davvero fatto imparare quest'arte, e allora deve accettare che l'allievo lo persuada a non pretendere il compenso; o non gli ha insegnato l'arte, e in tal caso la paga non gli spetta. A questo dilemma Corace ne oppone un altro: Tisia dovrà pagare, se riuscirà a persuadere il maestro a non pretendere il compenso, perché vorrà dire che quest'ultimo ha mantenuto la sua promessa; e dovrà ugualmente pagare, e a maggior ragione, come perdente nella causa, se non riuscirà a persuadere l'avversario! L'aneddoto ha un finale moralistico: di fronte al doppio dilemma, i giudici si sarebbero limitati a dire: "A malvagio corvo (*kórax*, in greco, significa "corvo"), malvagia covata". In realtà non si tratta di dilemmi validi, perché in entrambi il rapporto tra condizione e condizionato, non essendo né necessario né esclusivo, consente di ritorcere la conclusione.

Un dilemma valido e storicamente famoso è quello di Ugo Grozio, per dimostrare che la tortura, in ogni caso, non porta a scoprire la verità: o il torturato è tanto forte da sopportare i tormenti e allora dirà ciò che vorrà lui; o è debole e si lascerà sopraffare, e allora dirà anche il falso pur di far cessare il dolore.

[6] **La classificazione perelmaniana degli argomenti.** L'analisi degli schemi argomentativi occupa la parte maggiore, e fondamentale, nello studio delle tecniche dell'argomentazione. Perelman e

Olbrechts-Tyteca avvertono che tali schemi sono relativi e che possono prestarsi talvolta a più interpretazioni:

> nulla impedisce di considerare uno stesso enunciato come suscettibile di tradurre parecchi schemi, che agirebbero simultaneamente sullo spirito di persone diverse o anche su un uditore solo. Inoltre questi schemi possono agire senza essere chiaramente percepiti...
>
> (TA 198)

Quando l'ascoltatore si rende conto di un argomento, può essere indotto a contrapporgli mentalmente altri schemi argomentativi, e allora il discorso diventa oggetto di riflessioni suscitate dalla sua stessa struttura, dalla natura degli atti comunicativi di cui consta ecc., o da informazioni provenienti dall'oratore medesimo o da terzi, per esempio dall'avversario. Si deve tenere conto di tale "sovrapposizione di argomenti" e delle complesse condizioni che la determinano, se si vuole spiegare il risultato di un'argomentazione.

Negli schemi individuati (in TA 200-481) agiscono procedimenti di *associazione* o connessione (quando gli argomenti sono formati da elementi solidali che si valorizzano l'un l'altro o positivamente o negativamente) e di *dissociazione* ("tecniche di rottura" che modificano un sistema vigente, mettendone in discussione elementi costitutivi e riorganizzandolo secondo principi nuovi).

Nel seguente diagramma sono indicati i tre raggruppamenti degli "schemi di connessione" e i principali criteri in base ai quali sono caratterizzati gli argomenti:

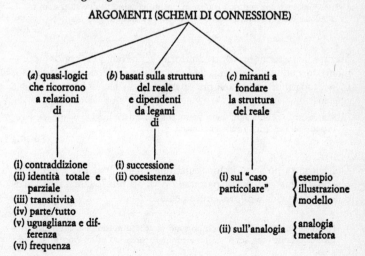

ARGOMENTI (SCHEMI DI CONNESSIONE)

(a) quasi-logici che ricorrono a relazioni di

(b) basati sulla struttura del reale e dipendenti da legami di

(c) miranti a fondare la struttura del reale

(i) contraddizione
(ii) identità totale e parziale
(iii) transitività
(iv) parte/tutto
(v) uguaglianza e differenza
(vi) frequenza

(i) successione
(ii) coesistenza

(i) sul "caso particolare" { esempio / illustrazione / modello

(ii) sull'analogia { analogia / metafora

(*a*) Gli **argomenti quasi logici** sono i più simili a ragionamenti formali: sia logici, sia matematici. Ai primi si avvicinano gli argomenti che si valgono di relazioni logiche (le prime tre indicate: di contraddizione, di identità totale e parziale, di transitività); ai secondi, quelli che ricorrono a relazioni matematiche (della parte col tutto, del confronto tra il maggiore e il minore, della frequenza). Hanno uno schema formale, che può essere messo in evidenza, ma solo compiendo una semplificazione. Essi non devono essere considerati come forme "imperfette" rispetto a quelle del ragionamento logico o matematico (alle quali, come si è ora detto, si arriva con una riduzione semplificante):

> ma, data l'esistenza ammessa di dimostrazioni formali di validità riconosciuta, gli argomenti quasi-logici ricevono ora la loro forza persuasiva dall'avvicinamento con queste forme incontestate di ragionamento.
>
> (TA 203)

(i) La *contraddizione* consiste nell'asserire e nel negare una proposizione in un medesimo sistema. Nei sistemi formali "la sola combinazione dei segni basta a rendere indiscutibile la contraddizione" (TA 205). Nelle argomentazioni che non esplicitano del tutto le premesse e che fanno uso di un linguaggio non univoco, di solito si constatano delle **incompatibilità**.[23] Un'incompatibilità

> assomiglia ad una contraddizione, in quanto consiste in due asserzioni tra le quali bisogna scegliere, a meno di rinunciare ad entrambe.
>
> (TA 206)

Mentre le asserzioni contraddittorie sono tali per ragioni puramente formali, indipendenti dalla particolare situazione di discorso, le incompatibilità sono sempre relative

> a circostanze contingenti, siano queste costituite dalle leggi di natura, da avvenimenti particolari, da decisioni umane.
>
> (TA 207)

Dell'ultimo tipo sono le incompatibilità legali, per es., quella "determinata da rapporti di parentela o di affinità", sancita dall'articolo 35 del Codice di procedura penale:

> Nello stesso procedimento non possono esercitare funzioni, anche separate o diverse, giudici che sono tra loro coniugi, parenti o affini fino al secondo grado.

Tale incompatibilità è basata su una **massima di esperienza** (*id quod plerumque accidit*): dai legami di parentela nasce un'influenza reciproca fra i membri, per cui si presume che venga diminuita l'imparzialità e l'autonomia di giudizio.

Per rilevare un'incompatibilità, per es. nel discorso di un avversario, si "riduce" la questione nei termini del sistema formale che permette di definire l'incompatibilità come contraddizione. È quanto fa il demonio ("un d'i neri cherubini") come personaggio del canto XXVII dell'*Inferno*, quando argomenta di fronte a san Francesco, per portarsi via l'anima di Guido da Montefeltro (che, al termine della vita, aveva dato il "consiglio frodolente" a Bonifacio e da questi era stato preventivamente assolto):

> ch'assolver non si può chi non si pente, / né pentere e volere insieme puossi / per la contradizion che nol consente
>
> (*Inf.*, XXVII, 118-120)

Poi, rivolto a Guido: "Forse / tu non pensavi ch'io lòico fossi!".

Un caso speciale, fra i molti presentati da Perelman, è quello definito come *autofagia*:

> in cui l'incompatibilità non contrappone fra loro regole differenti, ma una regola alle conseguenze derivanti dalla sua stessa affermazione.
>
> (TA 214)

È, per esempio, la condizione del dubbio integrale, che porta a dubitare del dubbio stesso; o quella espressa dallo slogan:

> Vietato vietare

Il ragionamento si ritorce su se stesso, come si vede nella divertente storiella, narrata in TA 215, del poliziotto che

> in un teatro di provincia, mentre il pubblico si prepara a cantare la *Marsigliese*, sale sul palcoscenico per annunciare che è proibito tutto quanto non figura sul manifesto. "E lei, interrompe uno degli spettatori, è sul manifesto?"

Perelman e Olbrechts-Tyteca sottolineano l'efficacia del comico nell'argomentazione (cfr. TA 216-221). Uno degli sviluppi importanti della teoria si troverà proprio nell'opera *Le comique du discours* (Olbrechts-Tyteca 1977).

(ii) L'identificazione di oggetti del discorso, che può essere adibita nelle tecniche argomentative, consiste nello stabilire rapporti di **identità**, totale o parziale. L'identità **totale** si attua nelle **definizioni**.

91

Queste sono argomenti *quasi-logici* quando la corrispondenza del *definiendum* (la nozione da definire) e del *definiens* (la nozione usata per definirla) non presenta un'assoluta evidenza logica, non appartenendo a sistemi formali; d'altra parte, l'identificazione che si pretende di stabilire non è completamente arbitraria, e perciò "dà o può dare luogo a una giustificazione argomentativa" (TA 221).

Vengono distinte quattro specie di definizione: *normativa*, che prescrive, in assoluto, quale senso si deve attribuire a una data espressione; *descrittiva*, indicante il senso che si vuole attribuito in una data circostanza; *di condensazione*, che riporta solo gli elementi essenziali della definizione descrittiva; *complessa*, che combina in vario modo le precedenti.

Alla definizione, trattata dalla retorica classica come figura di pensiero, si accennerà ancora, più avanti, in 2.18:[5].

La problematica della definizione, che comprende il giudizio analitico e la tautologia, potrebbe essere riformulata nei termini della nozione di 'regola costitutiva', che enumera, analiticamente, le proprietà dell'oggetto (concetto, comportamento, stato di cose ecc.) contenute tautologicamente nella definizione di questo.

L'uso argomentativo della tautologia, nelle forme classificate come *sillepsi oratoria* (perché una delle due espressioni è intesa in senso proprio, l'altra in senso figurato) o come *diafora* (cfr. 2.17:[12]), mostra lo sfruttamento dell'"identità formale fra due termini che non possono essere identici, se l'enunciato deve presentare qualche interesse" (TA 228).

Identità **parziale** si ha, secondo Perelman, nell'applicazione della cosiddetta *regola di giustizia*, che "esige l'applicazione di un identico trattamento ad esseri o situazioni integrati in una stessa categoria" (TA 230). È basandosi su questa regola che si può adoperare il criterio del *precedente* (si veda qui 2.6:[2]) in un'argomentazione quasilogica. Di analoga portata sono gli *argomenti di reciprocità*, miranti ad applicare lo stesso trattamento a due situazioni simili, facendo intervenire il criterio della simmetria. È il luogo dei rapporti reciproci, esemplificato da Aristotele (*Ret.*, II, 23, 1397a) nel modo già citato (in 2.6:[4]):

se per voi non è turpe il vendere, neppure per noi lo è l'acquistare.

La reciprocità si manifesta anche nell'uso argomentativo dei contrari:

è altrettanto ingiusto trattare allo stesso modo sⁱ .uazioni disuguali quanto lo è trattare in modo disuguale situazioni uguali.

(iii) La **proprietà transitiva** (se A = B e B = C, allora A = C), dà luogo ad argomenti di struttura quasi-logica quando non ha un'evidenza incontestabile e quando, per affermarla, occorre adattare il principio (o limitarne la validità) alle circostanze a cui si applica o dichiararlo sostenibile in base a concezioni soggettive. Tale è la massima:

> Gli amici dei miei amici sono i miei amici

che estende la relazione di transitività all'amicizia. Chi la afferma, di fronte a possibili obiezioni suggerite dall'esperienza, può sostenere che per lui è vera amicizia soltanto quella che ha l'estensione così formulata.

Si osserva (in TA 240-241) che la maggior parte degli argomenti che combinano transitività e simmetria

> possono non solo essere interpretati con l'aiuto di diversi schemi quasi-logici, ma possono anche essere sostenuti da argomenti fondati sulla struttura del reale (per esempio le relazioni di mezzo a fine: essendo nostro scopo il bene dei nostri amici, apprezziamo tutto ciò che li può aiutare).
>
> [cfr. più avanti, sotto (*b*)]

E se ne possono ricavare conseguenze col passaggio dall'una all'altra relazione: "gli amici dei nostri nemici sono nostri nemici"; "i nemici dei nostri amici sono nostri nemici".

Sono relazioni transitive quelle per cui si stabiliscono rapporti di maggioranza e, reciprocamente, di minoranza, tra entità disposte su una scala di grandezza (se A è maggiore di B e B è maggiore di C, anche A è maggiore di C). Analogo criterio guida il riconoscimento dell'ascendenza nei rapporti di parentela: se una persona è ascendente di un'altra che a sua volta è ascendente di una terza, la prima è ascendente anche della terza.

Una delle relazioni transitive più importanti è l'*implicazione*, su cui è fondato il ragionamento sillogistico. *Entimema* ed *epicherema* sono termini che "corrispondono, *grosso modo*, agli argomenti quasi-logici presentati sotto forma di sillogismo" (TA 242). Caratterizzato dall'uso di 'catene' transitive è il tipo di sillogismo detto *sorite*, ove l'ultimo termine di una proposizione è anche il primo della proposizione seguente (cfr. 2.17:[3]).

(iv) Le argomentazioni quasi-logiche basate sul principio dell'**inclusione della parte nel tutto** sono applicazioni dei luoghi della quantità (cfr. qui 2.6:[4]). Il tutto, che comprende la parte, è considerato più importante di questa: donde la censura, o la derisione, per "chi perde il carro per salvare la corda". Altro esempio: le decisioni della maggioranza prevalgono sulla volontà della minoranza.

Se si considera il tutto come somma delle parti, si ricavano argomenti di *divisione* (o partizione): si esaminano 'partitamente' diverse alternative e su ciò si costruisce un ragionamento; un esempio è il seguente entimema aristotelico:

> tutti commettono ingiustizia per tre scopi (questo, o questo, o questo); per due di questi scopi l'ingiustizia era qui impossibile, quanto al terzo neppure gli avversari ne parlano.
>
> (*Ret.*, II, 23, 1398a)

L'argomentare per divisione è costitutivo del dilemma (si veda qui 2.6:[5]).

Nell'*elocutio* la partizione è tipica di figure amplificanti (cfr. 2.17:[16] e [17]).

(v) Sui rapporti di uguaglianza e di differenza si basano gli argomenti di **paragone**, che si distinguono da quelli di identità e di analogia in quanto comportano una valutazione degli oggetti attraverso il confronto reciproco. Per esempio:

> è ladro tanto chi ruba quanto chi tiene il sacco
> ne uccide più la gola che la spada

Il paragone tra entità di valore diseguale rappresenta un'infrazione alla tacita convenzione dell'omogeneità che presiede normalmente il confronto. Questo spiega la richiesta di scuse che si rifà al cliché classico:

> *si parva licet...* (sott.: *componere magnis*)

e spiega pure perché si possa svalutare qualcuno o qualcosa scegliendo un termine di paragone di qualità decisamente inferiore a quella che il comparato ha o si ritiene che abbia:

> Il saggio del tanto decantato professor X sembrava scritto da un principiante

e l'uso malizioso che si può fare di uno stereotipo come:

> ha lavorato *come una bestia*

affidando al paragone un giudizio di valore e non soltanto il senso di una comparazione quantitativa ("tanto quanto").

Un tipo di argomentazione comparativa è quella fondata "sul sacrificio che si è disposti a compiere per ottenere un determinato risultato" (TA 261). Questo argomento è operante nei sistemi di scambio, baratto, lavoro retribuito ecc., ma anche nelle azioni che si compiono in vista di una meta, e per le quali si è disposti a "pagare di persona" con la fatica, le rinunce, la morte. È l'argomento che giustifica le scelte (di vita e di morte) dei testimoni della fede, dei martiri, di chi muore per la patria, di chi 'si sacrifica' per gli altri; fondato sui luoghi della difficoltà connessa alle conquiste, dell'alto costo di ciò che è eccellente, raro, e dunque 'prezioso'.

Sul paragone come figura di pensiero cfr. 2.18:[14].

(vi) La relazione di frequenza si trova nei ragionamenti basati sul calcolo delle **probabilità**. Questo argomento può interagire coi precedenti (del confronto e del sacrificio), applicandosi a problemi di condotta:

> quante probabilità ho di riuscire? poche, considerati i mezzi a mia disposizione (le mie forze rapportate a quelle degli altri contendenti – *argomento del confronto*); eppure vale la pena di tentare, anche a costo di rimetterci (di fallire, di soccombere ecc. – *argomento del sacrificio*).

Sulla premessa implicita di probabilità sfavorevoli è basato l'adagio:

> l'importante non è vincere, l'importante è partecipare

L'argomentazione basata sul probabile richiede che i dati siano ridotti, quando non a quantità misurabili, almeno "a elementi che sembrino più facilmente confrontabili":

> i moralisti di Port-Royal, per lottare contro la casistica probabilistica dei Gesuiti – che tendeva a scusare certi atti quando ne potesse eventualmente derivare qualche conseguenza favorevole –, introdussero l'idea che si dovessero prendere in considerazione contemporaneamente il bene e il male, e le probabilità di verificarsi dell'uno e dell'altro.

(TA 273)

(*b*) Gli **argomenti basati sulla struttura della realtà**, non ricorrendo, come accade invece agli argomenti quasi-logici, a rapporti simili a quelli che si trovano in sistemi formalizzati o formalizzabili, affidano la loro validità alla solidarietà che si può stabilire "fra giudizi ammessi e altri che si cerca di far accettare" (TA 275). Essi si appoggiano a legami di successione (l'effetto segue la causa) e di coesistenza (di una persona con il proprio operato, col gruppo sociale a cui appartiene, e di un'entità con le sue manifestazioni).

(i) I legami di successione sono stabiliti da nessi causali, su cui si possono costruire, secondo Perelman, argomentazioni di tre specie: nella prima, mettendo due eventi successivi in rapporto di causa ed effetto (*post hoc ergo propter hoc*); nella seconda, dato un evento, cercando di inferirne la causa; nella terza, predicendo l'effetto possibile di un evento noto. Il seguente esempio perelmaniano chiarisce i tre procedimenti:

> Se un esercito, dotato di un eccellente servizio di informazioni, ottiene delle vittorie, si può vederne la causa nell'efficacia del servizio in questione; si può, dai suoi successi attuali, inferire che esso è dotato di un buon servizio di informazioni; si può anche fondare sull'efficacia di quest'ultimo la fiducia nei suoi successi futuri.
>
> (TA 277)

La prima classe rientra nella trattazione che Perelman e Olbrechts-Tyteca riservano agli argomenti ricavati dal "caso particolare" (a cui si è già accennato qui in 2.6:[2]). La seconda classe comprende i ragionamenti che si possono fare, per es., quando si indaga per scoprire le cause di un reato; in questo caso, la ricerca è diretta sui *moventi* dell'azione criminosa. Dalle trame di racconti polizieschi si potrebbe ricavare un'abbondante esemplificazione; ed è nota la complessità del lavoro inferenziale a cui qui si allude appena, parlando (genericamente) di 'ricerca delle cause e dei moventi'. Nelle argomentazioni degli storici, lo studio del nesso causale conduce spesso al calcolo delle *probabilità retrospettive*: ci si domanda "che cosa sarebbe potuto accadere", per spiegare che cosa è accaduto; e talvolta si analizzano gli effetti sulla base di tali supposizioni, puntando sulla diversità dei risultati che eventi diversi avrebbero potuto provocare:

> il difensore di uno scienziato colpevole di spionaggio dirà che, se non ci fosse stata la guerra, invece di sedere al banco degli accusati il suo cliente avrebbe potuto figurare fra i candidati al premio Nobel.
>
> (TA 279)

La serie degli argomenti analizzati in TA 280-309 comprende:
1) l'*argomento pragmatico* ("quello che permette di valutare un atto o un evento in funzione delle sue conseguenze favorevoli o sfavorevoli"); il nesso causale può essere interpretato, oltre che come rap-

porto tra un fatto e la sua conseguenza, come rapporto fra un mezzo e un fine ("se si vuol minimizzare un effetto, basterà presentarlo come una conseguenza; se invece se ne vuole accrescere l'importanza, bisognerà presentarlo come un fine"). Conseguenze (non desiderate) e fini (desiderati) possono contrastarsi; ecco un aneddoto (cit. in TA 286), in cui le prime prevalgono sui secondi e ridicolizzano un 'piano d'azione' maldestro:

> C'è uno che ha avuto una ricca eredità e ha pagato profumatamente i suoi servi perché facciano bella figura ai funerali del defunto parente. Succede però che quei birbanti più lì si paga per esser tristi più, proprio per questo, diventano allegri.

2) L'*argomento dello spreco* si adopera per indurre qualcuno a proseguire in un'azione intrapresa o in una linea di condotta che, se abbandonate o interrotte, provocherebbero lo spreco delle energie e dei mezzi già impiegati. Connessi a questo sono i ragionamenti sulle occasioni da non perdere, sui mezzi esistenti da sfruttare, sul mettere a profitto ricchezze materiali o morali, talenti individuali ecc.

All'argomento dello spreco si oppone quello della svalutazione del *superfluo*: si sostiene l'inutilità delle azioni il cui effetto si prevede nullo.

> In assiomatica, la ricerca dell'indipendenza degli assiomi si giustifica con la stessa ragione: un sistema è meno elegante se contiene un assioma superfluo.
>
> (TA 297)

3) L'*argomento di direzione* è, in certo modo, l'antidoto al frazionamento dei problemi per renderne più facile la soluzione. Applicato all'agire, esso avverte che, a furia di concessioni, di accordi su punti intermedi, si può arrivare ad ammissioni inizialmente indesiderate: cedi o accetta un po' oggi e un altro po' domani, dove ti fermerai? La domanda a cui tale argomento risponde è questa: "dove si vuole arrivare?" (TA 298).

Varianti di tale argomento sono quelli della *propagazione* o del contagio (di un fatto considerato negativo si teme la diffusione a piccole tappe); della *volgarizzazione* (il pericolo che qualcosa, diffondendosi, si svaluti, con la perdita della sua eccezionalità o rarità); del *consolidamento* ("contro le ripetizioni che danno pieno significato e valore a ciò che non era che un abbozzo, balbettamento, fantasia, e che diventerà mito, leggenda, regola di condotta", TA 302-303); del *cambiamento di natura* indotto dai successivi passaggi:

97

un esempio può essere dato dal sorite greco, dove, ripetendo più volte il passaggio dal mucchio di grano al mucchio di grano meno un chicco, si arriva a qualcosa che non è più un mucchio.

(TA 303)

4) Con gli *argomenti di superamento*, all'opposto di quelli "di direzione", si sostiene che è possibile spostare in avanti, indefinitamente, i limiti nell'agire, nell'attribuire qualità e valori, nel prevedere conseguenze, nel prospettare evoluzioni ecc. Dato un processo, ogni momento non è che il punto di partenza per un momento successivo. Si osserva (TA 304) che questa forma di ragionamento è servita, in filosofia, per modificare nozioni partendo da una base che, alla fine, risulterà irriconoscibile:

così Sartre, partendo da un concetto della malafede che si ispira a tutta prima al senso comune, arriva a furia di superamenti a una concezione che ne è ben lontana, e secondo la quale ogni impegno in senso sociale o razionale sarebbe più o meno intinto di malafede.

(TA 304)

Per un altro verso, la nozione di superamento si collega a quella di un progresso che ingloba le tappe precedenti mutandone la valutazione:

l'eresia di oggi è il dogma di domani

Superamento può significare anche progresso senza fine; se il fine ultimo è la perfezione assoluta, si arriva alla negazione della perfettibilità e perciò del progresso.

Figure del superamento sono, secondo Perelman e Olbrechts-Tyteca, l'iperbole e la litote (cfr. qui 2.16:[9] e [8]).

(ii) I **legami di coesistenza** sono oggetto di un'ampia trattazione (TA 309-369): vi confluiscono, riformulati ed esaminati secondo prospettive filosofiche varie, i *loci a persona* degli antichi (cfr. qui 2.6:[4]). Il rapporto fondamentale e reciproco fra persona e azioni è analizzato sulla base della nozione di coesistenza di "due realtà di livello ineguale di cui l'una è più fondamentale, più esplicativa dell'altra". Il vincolo che le unisce è quello che "lega una essenza alle sue manifestazioni" (TA 309). La concezione della persona varia in funzione delle culture e delle ideologie. Tuttavia una costante sembra data dal carattere di 'stabilità' che le viene attribuito in relazione alla mutevolezza o alla transitorietà delle azioni contingenti:

L'idea di "persona" introduce un elemento di stabilità. Qualsiasi argomento sulla persona ha come fondamento questa stabilità: la si presuppone, interpretando l'atto in funzione della persona e si deplora che questa stabilità non sia stata rispettata, quando si rivolge a qualcuno il rimprovero di incoerenza o di cambiamento ingiustificato. Un gran numero di argomentazioni tende a provare che la persona non è cambiata, che il cambiamento è apparente, che sono state le circostanze a cambiare, ecc.

(TA 310)

Tra le qualità della persona che vengono esaminate, ricorderemo quella del *prestigio*; a cui è connessa, tra l'altro, la polarizzazione delle virtù e dei vizi, del merito e del demerito: i 'cattivi' da una parte, i 'buoni' dall'altra, con l'eventuale opposizione tra classi sociali, materia di certa narrativa (o di certo cinema, inclusi i prodotti televisivi) di consumo. Un argomento interamente determinato dal prestigio è l'*argomento d'autorità* (a cui si è già accennato qui in 2.6:[2]; ma per una trattazione adeguata si rinvia, naturalmente, a TA 324-327).

Legami di coesistenza analoghi a quelli che si trovano nei rapporti fra "atto e persona" e fra "l'individuo e il gruppo" si osservano ogni volta che si considerano atteggiamenti, modelli culturali, modi di pensare, istituzioni ecc., come tipici di un'epoca, di una società, di uno stile (anche di uno stile di vita). Su tali criteri si basano le determinazioni del 'senso comune' (del 'comune senso del pudore', per esempio).

Al legame di coesistenza viene accostato anche quello *simbolico*:

Fra Adamo, o Isacco, o Giuseppe, e il Cristo di cui essi sono considerati "figure", non vi è nesso di successione in chiave causale, ma un indefinibile rapporto di coesistenza, una partecipazione che si situerebbe nella visione divina del reale.

(TA 351)

In quest'ambito si collocano le cosiddette metonimie del simbolo (cfr. qui 2.16:[1]).

L'argomento della *doppia gerarchia*, che consiste in una "correlazione fra i termini della gerarchia discussa e quelli di una gerarchia ammessa" (TA 356), ha una larga applicazione, che collima a volte con quella dell'argomento quasi-logico fondato sulla relazione parte/tutto. Una "doppia gerarchia" si può costituire per mezzo di qualsiasi legame, di successione o di coesistenza. Un esempio di ragionamento fondato sulla doppia gerarchia è l'ammonimento evangelico:

> Ora, se Dio veste così l'erba del campo che oggi è e domani verrà data al fuoco, quanto più farà per voi, gente di poca fede?
>
> (*Mt.*, 6, 30)

Questo, come quasi tutti i ragionamenti basati sulla doppia gerarchia, è un argomento *a fortiori*.

A volte si lascia implicita l'enunciazione di uno dei due ordini di valori: il modulo "voi vi meritate bene questo..." è sfruttato infatti nei messaggi pubblicitari, che traggono molta della loro forza dal non esplicitare o le premesse o parte delle conseguenze.

(*c*) La terza classe dei perelmaniani schemi di connessione, costituita dagli argomenti "miranti a fondare la struttura del reale", comprende, nel primo raggruppamento, i ragionamenti basati sul **caso particolare**, ai quali si è già accennato, qui, in 2.6:[2].

Al secondo raggruppamento sono ascritte le forme del ragionamento per analogia, sviscerate con notevole impegno teorico (TA 392-432). L'analogia, la cui importanza conoscitiva non è mai stata messa in dubbio, ha avuto difficoltà a imporsi come mezzo di prova.[24] La sua struttura è quella di una proporzione, esprimibile con la formula 'A sta a B come C sta a D'. Non è dunque un semplice rapporto di somiglianza: è una *somiglianza di rapporti*. Nella terminologia perelmaniana, l'insieme dei termini A e B, a proposito dei quali si vuole trarre una conclusione, è detto *tema*; l'insieme dei termini C e D, su cui poggia il ragionamento, è denominato *foro*. Un esempio letterario:

> Democrito solea dire la vita senza ricreazione essere un lungo viaggio senza osteria.
>
> (Bartoli, RS I, 1, 45-47)

Lo schema è il seguente: B (la ricreazione) sta ad A (la vita) come D (l'osteria) sta a C (il viaggio); dove A e B costituiscono il tema, C e D il foro.

Altro esempio, dalla stessa fonte:

> E questo è il filosofare solo degno d'un savio: non far delle opere della natura come i barbari del Brasile delle vaghissime penne de' loro uccelli, inghirlandarsene il capo per dar di sé una più riguardevole apparenza; ma impennarsene l'ingegno e sollevarsi a Dio.
>
> (*ivi*, 490-495)

L'opposizione (filosofare / adornarsi) ha un doppio sviluppo analogico: *tema* (savio / opere della natura) – *foro* (barbari / penne degli uccelli); *foro* (ghirlanda / capo) – *tema* (penne per volare / ingegno); ma la seconda analogia è complicata dalla presenza della metafora *impennarsi* l'ingegno, come osserveremo tra poco. È un esempio di quella che gli antichi chiamarono "similitudine per mezzo dei contrari" (*similitudo per contrarium*: cfr. *Rhet. Her.*, IV, 59), attribuendole singolare efficacia argomentativa.

L'analogia sussiste solo se tema e foro appartengono a campi diversi:

> quando i due rapporti che si mettono a confronto appartengono a uno stesso campo, e possono venir sussunti sotto una struttura comune, l'analogia lascia il posto a un ragionamento basato sull'esempio o sull'illustrazione, poiché tema e foro vengono a essere due casi particolari di una stessa regola.
>
> (TA 394)

Esistono analogie a tre termini, quando uno di essi compare in entrambi i rapporti; per es., il passo seguente (cit. in TA 396) ha lo schema 'B/A = C/B':

> L'uomo nei confronti della divinità è altrettanto puerile quanto il bambino nei confronti dell'uomo.

Un esempio di analogia a tre termini "non gerarchizzati", con lo schema: A (percezione delle sfumature musicali) / B (shock) = B/C (visione dei colori):

> Con le improvvisazioni al sassofono di Charlie Parker, la musica diventa colore. *Conoscerne tutte le sfumature può dare lo stesso shock che si prova davanti ad una grande opera d'arte moderna.*
>
> (pubblicità di Denon Hi-Fi component)

Questo tipo di analogia avrebbe aspetti simili a quelli di certe metafore, o sinestesie.

L'uso dell'analogia nell'argomentazione è connesso alla possibilità di sviluppo e di "prolungamento" che i singoli casi offrono; e sono armi a doppio taglio, perché un prolungamento può offrire più agganci alle confutazioni avversarie. A volte, si osserva in TA 409 (a cui si rimanda per l'esemplificazione),

> per confutare un'analogia, si è portati ad emendarla, rovesciandola per così dire, descrivendo come sarebbe il foro se il tema fosse concepito in modo opportuno.

All'analogia Perelman e Olbrechts-Tyteca riconoscono uno statuto precario. In quanto "anello della catena del ragionamento induttivo", risultato di una serie di osservazioni in campi diversi e comparabili, essa serve più come mezzo di invenzione che come argomento probante. Un'analogia riuscita può "arrivare ad estendere il campo d'applicazione di certi concetti" (TA 419): dal vecchio esempio della "corrente" elettrica ("gli scienziati che per primi hanno descritto l'elettricità come una 'corrente' hanno per sempre dato una determinata forma alle concezioni scientifiche in quel campo", Swann Harding, cit. in TA 406), ai più recenti esempi delle "catene" del codice genetico. Ma l'estensione può generare confusione: non nella scienza né nel dominio delle nozioni ben definite; sì, invece, nei ragionamenti che tendono a mescolare le carte, a mascherare concezioni inique (per esempio le idee razzistiche di separatezza) sotto somiglianze di rapporti con condizioni naturali.

L'equazione su cui è strutturata l'analogia permette di descrivere la **metafora** (si veda, più avanti, 2.16:[3]) come

> un'analogia condensata, risultante dalla fusione di un elemento del foro con un elemento del tema.
>
> (TA 421)

Nel secondo esempio di analogia da noi citato, la metafora *impennarsi l'ingegno* nasce dall'unione di un costituente del foro ("inghirlandarsi di penne il capo") con uno del tema ("l'ingegno"). Nella maggior parte dei casi la metafora non nasce da analogie presenti nel testo, anzi suggerisce svariate possibilità di integrazioni analogiche.

> Così la metafora "oceano di falsa dottrina" suggerisce punti di vista e attitudini diverse a seconda che i termini B e D siano intesi rispettivamente come "un nuotatore" e "uno scienziato" o "un ruscello" e "la verità" o "la terra ferma" e "la verità".
>
> (TA 422)

Dagli sviluppi del ragionamento che si gioverà di tale metafora si vedrà quale sia l'interpretazione da assegnarle.

> Esaminati i legami argomentativi che uniscono elementi originariamente non solidali tra loro, Perelman e Olbrechts-Tyteca analizzano i modi in cui si possono "dissociare" concetti che costituiscono un'unità: altra cosa, quindi, dalla rottura di legami tra entità che, in partenza, non erano interconnesse (cfr. i cenni in 1.12).

2.7 L'EPILOGO O PERORAZIONE

È la conclusione del discorso. I retori antichi vi distinsero due parti, corrispondenti ad altrettante funzioni principali:
1) la **ricapitolazione** o enumerazione dei temi trattati (in greco

anámnēsis o *anakefaláiōsis*): si riprendono schematicamente gli argomenti in discussione e le soluzioni proposte, per darne una visione d'insieme. Nei discorsi orali questa funzione dell'epilogo è importante per richiamare alla memoria (è questo il senso del greco *anámnēsis*) le cose dette e per ribadire i punti fondamentali. Naturalmente la ricapitolazione può avere luogo in qualsiasi parte di un testo / discorso, e non solo nell'epilogo.

2) la **mozione degli affetti**. È la parte a cui si addice meglio il nome di 'perorazione'. I greci la caratterizzarono come *êidos pathētikón* (che Quintiliano parafrasa con *ratio posita in affectibus*), "forma (o stile del discorso) atta a suscitare commozione". I *loci* che la caratterizzano sono raggruppati in due classi:

(i) l'*indignatio* (in greco *déinōsis*), definita da Cicerone come "un'enunciazione (*oratio*) mediante la quale si riesce a suscitare un odio grande verso un uomo, o un profondo sdegno per un'azione" (*De inv.*, I, 53, 100);

(ii) la *conquestio* (o *commiseratio*; in greco *éleos*), "compassione", per mezzo della quale si riesce a provocare il coinvolgimento emotivo degli ascoltatori, a captarne la pietà. I luoghi comuni della *commiseratio* appartengono alla sfera dei 'casi di fortuna' (sorte avversa, circostanze penose, infermità ecc.).

La moderna problematica della conclusione dei discorsi, delle 'chiuse' dei testi, in prosa e in poesia, è, sotto certi aspetti, speculare a quella degli inizi (cfr. 2.4). Negli aspetti più qualificanti essa dipende, oltre che da generi e tipi testuali, dalle poetiche, quando si tratta di testi letterari.[25]

2.8 LA *DISPOSITIO*

> come a chi innalza una costruzione non basta accumulare pietre e materiali ed altri arnesi utili all'edilizia, se non vi si aggiunga la valentia nel disporli e nel collocarli, così nell'eloquenza la provvista degli argomenti, per quanto piena sia, si ridurrà a un cumulo informe, se analogamente la disposizione non li legherà in un tutto armonioso e organico.
>
> (*Quintiliano*)

La seconda delle operazioni retoriche (cfr. 2.1), detta in greco *oikonomía*, "amministrazione, ordinamento", fu definita da Quintiliano come "l'utile distribuzione di argomenti [*rerum*] e parti nei

luoghi opportuni" (*Inst. orat.*, VII, 1, 1). Essa riguardava le seguenti operazioni (coi relativi effetti):
1) la partizione dell'intero discorso e di singole sezioni;
2) l'ordinamento dei contenuti all'interno di ciascuna parte;
3) l'ordine delle parole nella formulazione delle idee.

Per ognuno di questi punti si proponevano due "generi della disposizione":

> uno derivato dai principi della retorica, l'altro adattato all'occasione particolare.
>
> (*Rhet. Her.*, III, 9, 16)

Il primo genere è emanazione dell'ordine "naturale" (*ordo naturalis*), che si scorge nel susseguirsi degli eventi nel tempo e nella loro concatenazione logica; il secondo, suggerito da opportunità pragmatiche o da esigenze estetiche, segue l'ordine "artificiale" (*ordo artificialis* o *artificiosus*): sovvertimento regolato dell'ordine naturale, ai fini dell'efficacia argomentativa o artistica.

1) La partizione del discorso "secondo i principi della retorica" (e perciò secondo l'ordine naturale) era quella teorizzata nell'*inventio*, con la divisione del discorso persuasivo in esordio, narrazione, argomentazione, epilogo (con le varianti e le sezioni qui indicate in 2.3).

Anche alle singole parti si applicava il principio valevole per l'intero discorso persuasivo, e in particolare all'argomentazione, che di quest'ultimo è la fase insopprimibile:

> Parimenti secondo i principi della retorica non solo disporremo il piano generale della causa nel discorso, ma anche le singole argomentazioni [...]: dividendole in esposizione, prova, conferma della prova, ornamento e conclusione.
>
> (*Rhet. Her.*, III, 9, 16)

2) L'ordinamento dei contenuti concerneva innanzi tutto (e concerne tuttora, nella teoria dell'argomentazione di Perelman) la disposizione degli argomenti probatori. Si riteneva che fossero tre i modelli possibili: in ordine di forza o crescente, o decrescente, o nell'ordine detto omerico o nestoriano.

Ordine crescente: si incomincia con gli argomenti più deboli per lasciare per ultimi quelli più forti (si pensa che l'ultima impressione sia quella che rimane più salda nella memoria). Questa procedura corre il rischio di far partire l'oratore col piede sbagliato, perché gli ascoltatori possono essere sfavorevolmente disposti fin dall'inizio, se subito si presentano loro ragioni poco convincenti.

Ordine decrescente: si adducono per primi gli argomenti più forti per attirare subito l'attenzione su questi e mettere in secondo piano le prove meno convincenti. L'inconveniente corrisponde al presumibile punto di forza dell'ordine opposto: se le ultime cose ascoltate possono essere le sole a restare nella memoria, si produrrà un'impressione sfavorevole, terminando un'argomentazione con le prove più deboli.

Ordine omerico o nestoriano, così chiamato dallo schieramento fatto assumere da Nestore alle truppe greche, ponendo al centro quelle meno sicure, nel racconto omerico del quarto libro dell'*Iliade*. Esso consiste nel collocare le argomentazioni più solide al principio e alla fine, distribuendo nel mezzo del discorso le ragioni meno forti:

> Perché, subito dopo la narrazione del fatto, l'ascoltatore aspetta in cuor suo una qualche prova della causa – motivo per cui bisogna introdurre, subito dopo, una qualche solida argomentazione – e, per il resto, poiché rimane facilmente affidato alla memoria quello che è stato detto da pochissimo tempo, è utile, quando cessiamo di parlare, lasciare una qualche ben solida prova nell'animo degli ascoltatori. Questa disposizione della topica, come l'ordinamento dei soldati, potrà procurare molto facilmente la vittoria nel discorso, come quella nella battaglia.
>
> (*Rhet. Her.*, III, 10, 18)

Tali considerazioni, come osservano giustamente Perelman e Olbrechs-Tyteca, "presuppongono che la forza degli argomenti resti la stessa, quale che sia il posto che occupano nel discorso. Ora, molto spesso un argomento sembrerà forte solo grazie alla preparazione per mezzo di argomenti preliminari" (TA 522-523). E fanno l'esempio del discorso di Antonio nel *Giulio Cesare* di Shakespeare: la rivelazione finale del testamento di Cesare in favore del popolo diventa l'argomento risolutivo, preparato com'è da un contesto teso a dirigere le emozioni degli uditori nel senso voluto dall'oratore. Il "condizionamento dell'uditorio" è una variabile di gran peso nella collocazione degli argomenti. È importante inoltre la correlazione che viene stabilita tra ordine e consistenza delle prove:

> L'ordine degli argomenti dovrà dunque essere tale da dar loro il massimo della forza: si inizierà generalmente con quello la cui forza è indipendente da quella degli altri. Nella difesa duplice, vertente contemporaneamente sul fatto e sul diritto, l'ordine non è indifferente: si incomincia sempre dalla difesa più forte, sperando che la convinzione stabilita dal primo punto contribuisca a far accettare il secondo.
>
> (TA 523)

105

L'ordine stesso in cui gli argomenti sono collocati può stabilire, o manifestare, una graduatoria di importanza.

Si pensi agli "ordini del giorno" delle riunioni dove non si debbano semplicemente trattare temi eterogenei, ma dove invece le questioni da esaminare siano connesse in modo che la preminenza data all'una ne possa fare una premessa per la successiva. Anche in questo il discorso persuasivo differisce dalla dimostrazione nei sistemi ipotetico-deduttivi, ove "tutto è dato" e le premesse non sono labili.

L'importanza del posto occupato da ciascun argomento, quando è la sua posizione a determinare un impegno da parte di un partecipante a una controversia, è chiarita dal seguente esempio:

> nel corso delle interminabili sedute del dopoguerra fra i rappresentanti degli Stati Uniti, della Francia, della Gran Bretagna e dell'Urss, questi discussero interminabilmente sulla stesura dell'ordine del giorno delle loro negoziazioni. Normalmente "negoziare" non vuol dire discutere e persuadere; vuol dire fare mutue concessioni, e l'ordine dei problemi non avrebbe dovuto esercitare una tale influenza in questo senso se, considerando legati i vari punti, si fosse negoziato col desiderio di riuscire. Invece la mancanza di concordia faceva sì che le condizioni fossero quelle di una discussione piuttosto che quelle di una negoziazione. Di qui la preminenza data all'ordine, perché ogni presa di posizione costituiva un impegno senza contropartita.
>
> (TA 515)

L'ordine adottato da un oratore o scrittore nella disposizione della materia diventa oggetto di riflessione da parte dell'ascoltatore / lettore, quando è legato a categorie esterne al discorso. Un esempio caratteristico è l'ordine cronologico, "la forma più semplice di quell'*ordine naturale* che ha tanto preoccupato i teorici" (TA 526). Come altre specie di ordine, esso serve da schema di riferimento nella comprensione di un testo, orale o scritto, e consolidandosi crea delle attese, tanto che le infrazioni devono essere giustificate.

Nel quadro delle perelmaniane "tecniche argomentative" i classici temi della *dispositio* passano attraverso una riformulazione che sfocia nel rifiuto sia di "ricercare un metodo conforme alla natura delle cose", sia di "considerare il discorso come un'opera che trova in se stessa la sua struttura". Se la premessa (fondamentalmente aristotelica) di tutta la teoria è che "l'argomentazione è un tutto destinato a un particolare uditorio", allora bisogna ammettere che "devono essere le esigenze dell'adattamento all'uditorio a guidare nello studio dell'ordine del discorso" (TA 531): perciò anche le attese degli uditori riguardo a ciò che viene da loro concepito come "ordine naturale", le analogie tradizionalmente riscontrate con la vita degli organismi (il crescere, il declinare ecc.), con la struttura delle opere d'arte (l'inizio e la fine come 'punti caldi', la *suspense*, il piacere dell'imprevisto ecc.), i giudizi del pubblico e altro ancora, dovranno essere tenuti in considerazione al pari degli altri mezzi coi quali si cerca di influenzare il destinatario di una comunicazione persuasiva.

Ciò che negli antichi trattati di retorica era fatto valere per le tecniche argomentative poteva valere, almeno in qualche misura, anche per gli altri procedimenti discorsivi (in ogni genere e forma della comunicazione orale e scritta): per es., l'*ordo naturalis*, attuato, nel racconto, col disporre i fatti secondo la progressione temporale.

Come esempio di *ordo artificialis* può servire il seguente passo (intitolato programmaticamente: *Retrogrado*) dalla traduzione italiana degli *Exercices de style* di Queneau:

> Dovresti aggiungere un bottone al soprabito, gli disse l'amico. L'incontrai in mezzo alla Cour de Rome, dopo averlo lasciato mentre si precipitava avidamente su di un posto a sedere. Aveva appena finito di protestare per la spinta di un altro viaggiatore [...]. Avveniva sulla piattaforma di un S sovraffollato, di mezzogiorno.
>
> (Queneau, ES 11; trad. Eco)

Se si volesse azzardare un'analogia con temi dei moderni studi narratologici, si direbbe che, di fronte all'ordine "artificiale" esibito dall'*intreccio* (o intrigo) di un racconto, la *fabula* come costruzione dell'analista segue sempre l'ordine naturale, in quanto riordina le unità narrative secondo i rapporti di successione logica e cronologica dei fatti narrati. Sull'intreccio nella narrativa si rinvia a 2.5.

3) Nella formulazione delle idee, sul piano dell'espressione, un modo dell'ordine naturale è l'*incremento* o crescita, per cui vale la cosiddetta "legge del progressivo aumento delle parti", da intendersi in riferimento sia alla dimensione di queste, sia alla "intensità" semantica dei componenti:

a) per quanto riguarda la dimensione, il membro più breve viene posto prima del membro più lungo. A questo si riferiva Jakobson (1966:190), quando scriveva:

107

"Perché dici sempre *Gianna e Margherita*, e mai *Margherita e Gianna*? Preferisci Gianna alla sua sorella gemella?" – "Niente affatto, ma così suona più gradevolmente." – In una successione di due nomi coordinati, e quando non interferisca un problema di gerarchia, il parlante sente inconsciamente, nella precedenza data al nome più corto, la miglior configurazione possibile del messaggio.

Tale norma è osservata nel parlare comune (*forte e sicuro: carta, penna e calamaio*) e nel discorso letterariamente atteggiato (a meno che non prevalgano ragioni di rima, di eufonia, oppure una struttura di *cursus*: cfr. 2.20); esempi caratteristici nella disposizione dei membri di un'enumerazione:

e chi fu *serva*, chi *straziata*, chi uccise i suoi figli, chi stentò giorno e notte, chi non toccò più terraferma e divenne *una cosa, una belva del mare*.

(Pavese, DL 52)

e all'interno del verso, nei singoli *cola* (2.20):

Le *donne*, i *cavallier*, l'*arme*, gli *amori*, / le *cortesie*, l'*audaci imprese*...

nelle frasi fatte e proverbiali, in titoli ecc.:

tra *Scilla* e *Cariddi*
prendere *armi* e *bagagli* / far su *baracca* e *burattini*
brutti, sporchi e *cattivi*

b) per quanto riguarda l'intensificazione del significato si ha una progressione o del tipo della *climax ascendente* (cfr. 2.17:[3] e [14]):

Come se tutte queste cose avvenissero ai *grandi*, agli *Olimpici*

(Pavese, DL 123)

o nel senso di una maggiore estensione del significato (il termine successivo si applica a un maggior numero di entità), come nelle seguenti espressioni:

Verrà Dioniso, e ti parrà di esser rapita da un gran *vento*, come quei *turbini* che passano sulle aie e nei vigneti.

(Pavese, DL 151)

vasetti, ninnoli, ogni sorta di *cianfrusaglie*

L'**ordine artificiale**, nell'*elocutio*, è rappresentato dalle figure di parola e di pensiero, che appartengono appunto alla categoria dell'*ordine* attuato secondo le procedure della *permutazione* (cfr. 2.17:[24]-[27] e 2.18:[20]-[22]).

Nella funzione basilare della *dispositio* retorica, cioè nella partizione, Lausberg (1973²:241-247) vede il gioco di due forze opposte e complementari: la tensione rappresentata dal dualismo, e il raggiungimento della compiutezza rappresentato dalla composizione degli opposti in un terzo momento, risolutivo e conclusivo. Le due forze corrispondono alle organizzazioni, rispettivamente, binaria e ternaria.

La divisione binaria delle parti comporta una polarità, che si configura tipicamente nello schema oppositivo dell'antitesi (dove si fronteggiano due elementi, o opposti o contrari): per es., nella *compositio* scandita su una protasi e un'apodosi (cfr. 2.20), o nelle figure di parola e di pensiero a struttura bipartita, quali sono lo zeugma (2.17:[22]), l'antitesi, il chiasmo (2.18:[8], [11]) e altre ancora.

Lo schema tripartito, nell'organizzazione dei discorsi, è quello che distingue l'inizio (gr. *archḗ*, lat. *initium*), la parte mediana (gr. *méson*, lat. *medium*) e la fine (gr. *teleutḗ*, lat. *finis*). Figura modello, l'enumerazione (2.17:[16]).

Fra i procedimenti che, secondo Lausberg, manifestano l'atteggiamento dell'oratore di fronte alla materia del discorso e alla sua elaborazione ("la *dispositio* esterna all'opera", Lausberg 1969:49) noteremo qui soltanto l'**amplificazione** (lat. *amplificatio* o *exaggeratio*; gr. *áuxesis*, da *auxáno* "accresco"): l'insieme delle procedure, e dei corrispettivi effetti retorici, che consistono nel dilatare in ampiezza e in intensità sia la materia di un discorso (dati, argomenti, opinioni ecc.) sia l'espressione. Secondo i retori antichi, incentivi e risultati dell'amplificazione erano l'arricchimento delle idee e l'intensificarsi delle emozioni. Quattro erano i tipi (*genera*) principali (cfr. Lausberg 1969:55-57): l'*incrementum*, cioè l'accrescimento graduale o sviluppo della materia (a questo aspetto si collega l'esercizio scolastico dello "svolgimento di un tema": in franc. *amplification*, in ingl. *amplification*); la *comparatio* o confronto tra il proprio argomento e un altro analogo per mostrare quanto il primo sopravanzi il secondo; la *ratiocinatio*, con cui si fa dedurre, senza descriverla, la grandezza dell'oggetto di cui si tratta; la *congeries* (cfr. 2.17a₂). I tropi dedicati all'amplificazione sono la perifrasi, l'enfasi, la litote, l'iperbole (cfr. 2.16 [5], [7], [8], [9]). I procedimenti amplificanti sono l'accumulazione (2.17 a₂) e la ripetizione (2.17 a₁), attuate negli schemi che vanno sotto il nome delle rispettive figure. L'amplificazione e il suo opposto, che è l'attenuazione o riduzione (lat. *minutio*; gr. *méiōsis*), rappresentano i poli ideali dell'attività retorica (cfr. Ravazzoli 1991); l'uno o l'altro di questi due esiti può essere ottenuto con una stessa figura: ad es. con la litote. Come dispositivo della comunicazione letteraria dall'antichità a oggi l'amplificazione è ornamento e sigillo di stile (si pensi all'asianesimo e al barocco); strumento per la mozione degli affetti nell'eloquenza civile e religiosa, si identifica idealmente con l'abbondanza di efficacia persuasiva.

Come fatto strumentale, la 'disposizione' degli elementi del discorso a ogni livello dell'organizzazione di quest'ultimo riguarda tutte le parti tradizionali della retorica: anche la *memoria*, dunque, negli espedienti delle mnemotecniche, e la *pronuntiatio*, come coordinamento dei gesti e del modo di parlare (nella *Rhetorica ad Herennium* si raccomandava di procedere con forza crescente, anche nel tono di voce, da un inizio pacato al finale più concitato). Così si spiegano le sovrapposizioni della materia nelle classiche trattazioni delle due prime parti della retorica e le differenze nella distribuzione della materia stessa, se si confrontano tra loro i vari trattati.[26]

> *All'argomento trovato, alle parti disposte*
> *vien dietro il comporre, che è impolpare*
> *l'ossa, e farne d'uno scheletro un corpo*
> (Daniello Bartoli)

2.9 L'*ELOCUTIO*

Elocuzione o 'espressione' è l'atto di dare forma linguistica alle idee. La scissione fra i concetti e le parole che li manifestano, fra i contenuti e il loro rivestimento verbale (in latino, fra *res* e *verba*), produsse, fin dagli albori della retorica, la possibilità di costruire teorie dell'espressione, cioè di considerare il discorso stesso come oggetto di riflessione e di discorso, ma sul presupposto che i 'modi di esprimersi', cioè le risorse della lingua, fossero abbellimenti *da aggiungere* a ciò che si voleva comunicare. Forma, dunque, come veste e ornamento di un contenuto. Questa concezione, dominante nella cultura classica e accolta dogmaticamente nella trattatistica tardo-antica, si è poi sclerotizzata nella minuta precettistica delle scuole, riciclata con variazioni di superficie attraverso secoli di insegnamento retorico.

Il dominio dell'*elocutio* è stato luogo di incontro della retorica e della poetica. Lo studio delle qualità che rendono appropriata e decorosa l'espressione e in particolare l'analisi degli artifici che si addicono a ciascuno degli stili e dei generi letterari hanno aperto alla dottrina dell'elocuzione le porte della stilistica.

Come già detto, Aristotele non aveva potuto sottrarsi alla trattazione della *léxis*, riconosciuta la necessità pragmatica di catturare l'attenzione degli ascoltatori: non gli ascoltatori privilegiati della 'retorica-come-dialettica' platonica atta a persuadere persino gli dei, ma i non-tecnici, l'uditorio eterogeneo e tipologicamente vario come sono varie le circostanze del parlare in pubblico. Su questa scia Perelman e Olbrechts-Tyteca attribuiscono la dovuta importanza alla "presentazione dei dati":

> Una presentazione efficace, capace di impressionare la coscienza degli ascoltatori, è essenziale non soltanto in ogni argomentazione che miri all'azione immediata, ma anche in quella che voglia orientare lo spirito in un certo modo, che voglia far prevalere alcuni schemi interpretativi, inserire gli elementi di accordo in un sistema che li renda significativi e gli attribuisca il posto che loro spetta in un insieme.
>
> (TA 150)

E reagiscono con energia all'impostazione tradizionale degli studi retorici, che ha ridotto tutta l'antica scienza del discorso alle "tecniche della presentazione" sviluppate in modo ossessivamente capillare: reagiscono al predominio accordato all'*elocutio*, che è stato fonte di verbalismo sterile e di disprezzo per l'intera disciplina. "Le strutture e le figure stilistiche" vanno studiate in relazione allo "scopo cui esse soddisfano nell'argomentazione", avendo ben presente che "uno stesso contenuto [...] non è identico a se stesso quando è presentato diversamente"; la "scelta di una forma determinata" è rilevante per l'analisi solo quando riveli la particolare funzionalità argomentativa che l'ha provocata.

Non è facile orientarsi tra le svariate classificazioni manualistiche relative all'*elocutio*, oggetto privilegiato di una tradizione di studi e di applicazioni scolastiche lunga e disomogenea. Non è facile, anche perché nessuna delle più e meno illustri trattazioni manifesta un modello unitario e coerente. Donde le dispersioni e le sovrapposizioni all'interno di uno stesso ordinamento, le incongruenze tra ordinamenti diversi di entità denominate allo stesso modo ma catalogate in schemi e rubriche non coincidenti nelle varie descrizioni, che pure usano la medesima terminologia e si rifanno a un bagaglio concettuale comune.

La ben nota sistemazione di Lausberg (1973[2] e 1969) ha sulle altre il vantaggio di essere compatta e di esibire il massimo dell'organicità consentita dai fondamenti dottrinari della retorica classica. Per questo sembra opportuno tenerla come modello di descrizione, almeno nelle sue linee essenziali, volendo dare un resoconto manualistico delle partizioni tradizionali. Per favorire un orientamento elementare, si rinuncerà qui a riprodurre il reticolo delle interconnessioni e dei rinvii che Lausberg infaticabilmente ha intrecciato fra l'uno e l'altro elemento della sua costruzione. Perciò la mappa che tracceremo, se confrontata col disegno tanto più minuziosamente particolareggiato del modello originale, apparirà drasticamente semplificata; e l'insieme impoverito, com'era inevitabile. Ai principali riquadri di questa nostra mappa sovrapporremo tracciati diversi: riformulazioni in termini attuali di temi della trattatistica tradizionale, con rimandi a teorie recenti, correttive o sostitutive delle dottrine classiche; e ancora, ridistribuzioni di argomenti, che furono di competenza della retorica, ad ambiti svariati delle odierne scienze del linguaggio.

In questa parte il nostro manuale avrà accentuato l'aspetto di un prontuario e sempre meno assomiglierà a un trattato. Si è infatti ritenuto opportuno mirare a un catalogo il più possibile ricco, benché inevitabilmente incompleto, degli 'individui' (metaplasmi, tropi, figure, procedimenti stilistici e ritmici) che in una distribuzione di tipo linneano sarebbero preceduti, nell'ordine, da specie e loro varietà, generi, classi più generali. Ma un simile disegno (che Genette attribuisce a merito esclusivo di Fontanier, almeno per quanto riguarda la tradizione francese)[27] non si presta a contenere tutto il materiale della tradizione classica; né le partizioni di quest'ultima possono essere sempre riformulate nei termini di una tassonomia coerente. Non è senza ragione che nel sistema lausberghiano la classificazione poggi su categorie (le quattro categorie stoiche del mutamento) e sulle relative procedure di attuazione, lasciando un ruolo subordinato e complementare ai rapporti 'generale / specifico'.

Oggi il compito della retorica nel campo ricoperto dall'antica *elocutio* non è più (soltanto) tassonomico: non si tratta più di trovare un nome e una collocazione a fatti discorsivi infittendo ed estendendo all'infinito la rete della classificazione. Semmai, l'ambizione odierna è di spiegare e di semplificare; ma per questo occorrerebbero modelli predittivi,[28] e l'impresa non è da poco, né è stata compiuta, finora. Oggi a chi fa retorica con intenti descrittivi, nei campi della teoria, dell'analisi e della storia delle istituzioni letterarie, magari con gli strumenti della semiotica della cultura, o nei campi della teoria dell'argomentazione, in filosofia, in giurisprudenza, nell'analisi del linguaggio ecc., la nomenclatura classica serve ancora. Gli esempi ci mostrano le *occorrenze* dei singoli fenomeni (una o più apocopi, una o più metafore, una o più paronomasie ecc.) che noi riconosciamo e denominiamo in base al *tipo* di cui possediamo una definizione preliminare.

Ma una definizione, una qualsiasi definizione di un'entità qualsiasi, non nasce per generazione spontanea: è sempre il risultato di (o è connessa a) un particolare punto di vista, un modo di vedere una realtà o di costruirla: una teoria, nella ricerca scientifica.

Mirare, come si è fatto qui, a un catalogo non poteva limitare l'esposizione manualistica all'elenco (magari in ordine alfabetico, per comodità di consultazione) dei fatti retorici: bisognava dare almeno una traccia dell'elaborazione dottrinaria della quale gli 'individui' di cui sopra costituiscono il punto di arrivo, la fase terminale nelle ramificazioni di un sistema retorico. Ai motivi per cui si è favorito il modello lausberghiano, moderna *summa* della retorica classica, si è già accennato poco fa. Il confronto con altri modelli, antichi, meno antichi e recentissimi, non è stato solo un cedimento all'eclettismo a cui pare si senta autorizzato il compilatore di un manuale: è stato richiesto dalla inesauribilità della materia stessa, oltre che dal desiderio di un'informazione non settoriale; come si spera dimostrato da quel che segue.

2.10 IL MATERIALE LINGUISTICO

Il materiale linguistico oggetto di elaborazione nell'*elocutio* è stato sottoposto tradizionalmente alla bipartizione tra "parole singole" (*verba singula*) e "connessioni (o gruppi connessi) di parole" (*verba coniuncta*). Tale divisione, stabilita con criteri puramente quantitativi, è continuamente messa in forse dall'analisi dei fatti retorici. Come base di classificazione è servita a dividere, tanto per fare un esempio, i tropi dalle figure di parola e di pensiero (cfr. fig. 1), facendo da supporto a un'intuizione importante: che i tropi, intesi come 'licenze', cioè deviazioni consentite dall'uso 'proprio' delle singole parole, fossero essenzialmente fenomeni di significazione; e che le modificazioni del significato dovessero essere analizzate su un piano distinto da quello delle 'configurazioni' o 'schemi' espressivi (*schêma* è il termine greco per "figura"). Se non che proprio questa distinzione ha opposto un pregiudizio insormontabile al trattamento unitario di quello che è stato considerato il tropo dei tropi, cioè la metafora; e, in generale, è stato origine di incongruenze e di sovrapposizioni all'interno dei singoli modelli.

Dal materiale al deposito del medesimo: si è distinta la *copia verborum*, cioè la "provvista di parole" affidata alla memoria di chi parla o scrive, dalla *copia figurarum*, che è la "provvista degli schemi", dei modi di combinare il materiale lessicale. Ciò che l'oratore o scrittore sceglie e mette in opera in questo duplice repertorio di possibilità enunciative costituisce il suo vocabolario o lessico (l'insieme delle parole da lui effettivamente usate) e il *corpus* degli accorgimenti espressivi che caratterizzano il suo stile.

2.11 LE VIRTÙ DELL'ESPRESSIONE

Sulla traccia di Teofrasto, Cicerone enumera quattro principali qualità o "virtù" dell'espressione (*virtutes elocutionis*) a cui si possono ricondurre, volendo, tutti i requisiti dello stile diversamente suddivisi nei vari trattati di retorica.

Il requisito fondamentale di un discorso è che esso *si addica* (si convenga, sia conforme, cioè congruente e appropriato) a quanto è richiesto dalle circostanze e dagli scopi del parlare, e dalle caratteristiche del tipo o genere a cui il discorso appartiene. Questa è la qualità che i greci chiamarono *prépon* e i romani *aptum*: l'appropriatezza, la "convenienza" o congruenza coi fattori esterni e interni alla produzione del discorso, l'essere adatto, quest'ultimo, al raggiungimento dei fini prefissi e, in generale, alla situazione, oltre che conforme alle regole. Tale virtù, essenzialmente pragmatica, sembra essere il punto di partenza e di arrivo delle altre.

La prima delle quali, la **correttezza** lessicale e grammaticale, cioè il rispetto di un'ideale integrità della lingua, fu detta dai greci *hellēnismós* ("grecità") e dai romani *latinitas*, "latinità", *sermo purus* o *puritas*, "purezza di lingua".

La seconda, la **chiarezza** o perspicuità (*perspicuitas*), è necessaria perché il discorso sia comprensibile.

La terza, l'**ornatus**, cioè la bellezza derivante da un lusso sapientemente regolato di mezzi e ornamenti, è di per sé la meno necessaria; ma, poiché la bellezza di un'espressione è fattore non trascurabile della sua accettabilità formale (dominio della *puritas*) e anzi può trasformare un errore in una licenza, cioè in una deviazione consentita (v. qui appresso), mentre produce o aumenta nel discorso la capacità di fare presa e di imprimersi nella mente (scopi della *perspicuitas*), può irradiarsi – e di fatto si irradia – anche sulle applicazioni delle altre virtù.

Tutte quante si esercitano sia su parole singole sia sulle combinazioni (sui gruppi) di parole. Il venir meno a una virtù è una deviazione: **errore** (*vitium*) o per difetto o per eccesso, se la deviazione è ingiustificata; **licenza** (*licentia*), cioè permesso, quando l'infrazione è giustificata da un dovere più forte di quello al quale si contravviene.

La concezione retorica della *virtus* è fondamentalmente aristotelica. Risponde all'ideale classico dell'equilibrata distanza dagli estremi. L'uno dei quali, relativamente all'esprimersi, consiste nella penuria o nella mancanza (il 'difetto' parziale o totale) dovute sia al 'non potere' (al non essere intellettualmente capace), sia al 'non volere' (al non porre sufficiente impegno). L'altro estremo, l'eccesso, è la sovrabbondanza non guidata dal discernimento (dal "buon giudizio") che è oculatezza, misura, equilibrio ecc. Tali princìpi hanno avuto lunga vita nella precettistica pedagogica, fino alle banalizzazioni della didattica spicciola, all'assegnamento che si fa sul binomio 'intelligenza-volontà'; e nell'estetica del classicismo, come nella pratica stilistica dei moderati, dei cultori del 'giusto mezzo' e della temperanza come veicolo di perfezione.

Per la tradizione retorica la *virtus* oratoria significa "successo", nelle accezioni interconnesse di riuscita della comunicazione, di conseguimento dei risultati voluti e di affermazione personale. Riformulata velocemente nei termini dell'odierna analisi del discorso, la nozione di *virtus* verrebbe a coincidere con quella di 'esito felice di azioni linguistiche'. Ove confluiscono la perspicuità, la pertinenza, l'appropriatezza ecc.: la misura dell'*aptum*, insomma, del 'parlare come si conviene'. Oggi tale tematica si ritrova nelle teorie dell'azione comunicativa, nelle varie semiotiche della produzione e della ricezione di testi e nelle relative applicazioni sui versanti sia descrittivo sia didattico: analisi di generi e forme della comunicazione orale e scritta, ed elaborazioni (moderna precettistica di *artes* o *rationes dicendi et scribendi*) di tecniche svariate del parlare e dello scrivere 'funzionali' ai singoli tipi di discorso (conformi all'emittente e al destinatario propri di una data situazione, agli scopi del comunicare e all'orizzonte di attese di coloro ai quali ci si rivolge, alle convenzioni dei generi e dei tipi di testo ecc.).

La dottrina delle *virtutes elocutionis* merita oggi un interesse puramente storico, non disgiunto dal piacere del confronto con i punti di vista più recenti. Sempre che nello scoprire analogie e nello stabilire differenze non si dimentichi la radicale diversità dei fondamenti dottrinari, degli ambiti e dei procedimenti di indagine delle attuali scienze del linguaggio rispetto agli antichi schemi retorici.

Le crepe più larghe e profonde (ma anche le propaggini più insidiose, perché persistenti nel limbo delle idee ricevute) si percepiscono là dove più diretto è il collegamento coi principi informatori. Per esempio, nella nozione di *licenza*, eretta a tutela della nozione correlativa di *errore*.

L'idea di un permesso, di una deroga (lecita) dalle norme stabilite risponde a ragioni di logica giuridica: se si contravviene a una legge per ottemperare a un dovere più forte dell'obbligo o del divieto sancito dalla stessa, l'infrazione non è considerata una colpa. Applicato all'uso della lingua, il conflitto tra doveri si configurava come contrasto fra grammatica e retorica, fra parlare *corretto* e parlar *bene* (efficacemente), secondo la definizione quintilianea dominante nelle scuole. Nell'esempio di Lausberg (1969:65): "per l'oratore, il dovere di persuadere il giudice è più forte del dovere di mantenere la precisione linguistico-idiomatica: il dovere retorico supera il dovere grammaticale". Le leggi della grammatica potevano cedere anche di fronte alle esigenze della poesia: di qui l'idea che ai fatti di stile fosse consentito di essere grammaticalmente anomali. A giudizio dei retori le collisioni tra virtù (la chiarezza contro la concisione o brevità, che fa parte dell'*ornatus*; le eleganze di quest'ultimo contro le varie manifestazioni delle altre virtù ecc.) si risolvevano secondo il prevalere dei fini (pragmatici) e del valore intrinseco dei mezzi (stilistici).

Nei confronti della virtù soccombente si godeva dunque di un esonero. Fu questo il criterio che servì, nell'insegnamento tradizionale della retorica letteraria, o meglio, della letteratura nelle scuole di retorica, per giustificare gli usi 'devianti', rispetto alla grammatica normativa, da parte degli autori proposti come modelli da imitare. Si salvava il principio di autorità e nello stesso tempo si arginava l'errore, riservando il privilegio di infrangere le prescrizioni grammaticali solo a chi aveva l'autorità, e quindi le buone ragioni, per fare ciò che agli altri, ai comuni parlanti e scriventi, non sarebbe stato concesso: "i barbarismi e i solecismi, considerati come errori se commessi dallo scolaro, alla lettura di autori noti dovevano essere riconosciuti come metaplasmi, tropi e figure grammaticali, giustificati, addirittura ammirati come *virtus*" (Lausberg 1969:72).

Quest'ultima osservazione ci riporta al campo della *puritas*, virtù grammaticale basilare. Un sicuro possesso della lingua appariva infatti come preliminare e indispensabile all'esercizio dell'eloquenza; e a tale proposito Aristotele aveva dato prescrizioni chiare, passando in rassegna le parti grammaticali del discorso, relativamente al greco. Ben presto, nel fissare i requisiti della correttezza linguistica subentrano le tendenze alla conservazione: destinato a ripetute sconfitte, ma non alla morte, nasce il purismo, come tutela della *puritas*, sospettoso delle innovazioni, che vengono avversate come minacce o attentati all'integrità della lingua.

Il tema delle *virtutes elocutionis* obbliga a continui rimandi, da un lato all'efficacia argomentativa, dall'altro alla funzione ornamentale dei mezzi per cui il discorso diventa corretto, nitido, elegante. Nella prospettiva di Perelman questa specie di polarità prenderà corpo, chiaramente, nella duplice funzione che una figura può ricoprire: "argomentativa" e "di stile" (cfr. 2.19).

Per quanto riguarda la cosiddetta letterarizzazione della retorica, il discorso dovrebbe spostarsi alla poetica, anzi alle poetiche; e alle tipologie della comunicazione letteraria.[29] Qui ci limiteremo a un'osservazione marginale, suggerita immediatamente dai tentativi degli antichi di recuperare come licenza l'anomalia creativa, l'originalità innovatrice che adopera le cariche dirompenti della trasgressione letteraria e linguistica. La nozione di 'scarto' che ha dominato una parte considerevole della moderna stilistica letteraria (ed è categoria di difficile fondazione teorica, dal momento che il suo parametro è una 'norma' mai ben definita e sempre relativa a settori e livelli di lingua diversi)[30] ha avuto vita travagliata, anche perché le è rimasto estraneo – e giustamente – il non più proponibile carattere di giustificazione dall'esterno: per ammissione di un'autorità o per il riconoscimento di un dovere necessitante perché 'più forte' in un conflitto di doveri. Ciò che rassicurava sul conto dello 'scarto consentito' impedisce oggi qualsiasi comparazione tra l'antica idea della licenza e i criteri che consentono di spiegare le trasgressioni linguistiche: siano queste gli sperimentalismi delle avanguardie letterarie o il plurilinguismo degli scrittori macaronici, mistilingui (ciò che Contini ha denominato "l'eterna funzione Gadda nella letteratura italiana");[31] siano anche le innovazioni nell'uso comune, dovute all'azione della neologia (cfr. più avanti, 2.12), ai prestiti e ai calchi da altri sistemi linguistici (lingue nazionali o dialetti).

Diamo una sommaria rassegna (con l'appoggio di uno schema) delle deviazioni dalle *virtutes elocutionis* secondo il modello lausberghiano. Sono escluse dallo schema le indicazioni riguardanti la virtù pragmatica dell'*aptum*, rispetto alla quale i vizi principali corrispondevano alle offese che un parlare osceno o volgare poteva arrecare ai "valori etici e sociali" consolidati in una comunità. Al buon oratore si raccomandavano "rimedi" opportuni, quando gli occorresse derogare alle regole del 'conveniente': richiesta preliminare di scuse (l'usanza è tuttora viva come buona norma di galateo linguistico), uso di figure come la *correctio*, la perifrasi ecc.

VIRTÙ	ERRORI		LICENZE	
	A in parole singole	**B** in connessioni di parole	**A₁** in parole singole	**B₁** in connessioni di parole
Puritas	BARBARISMI ARCAISMI	SOLECISMI	METAPLASMI	FIGURE GRAMMATICALI
Perspicuitas	OSCURITÀ TOTALE AMBIGUITÀ DI SENSO	SINCHISI AMBIGUITÀ SINTATTICA	OSCURITÀ TOTALE AMBIGUITÀ DI SENSO	SINCHISI AMBIGUITÀ SINTATTICA
Ornatus	*oratio inornata mala affectatio*		sinonimi tropi	FIGURE ⎰ di parola ⎱ di pensiero

Figura 1 - Errori e licenze riguardo alle *virtutes elocutionis*

Rispetto all'*ornatus*, la *oratio inornata*, cioè il "discorso disadorno" (non sufficientemente abbellito) è errore per difetto; la *mala affectatio*, "affettazione" (l'artificio gratuito, privo di misura, la sovrabbondanza), è l'errore per eccesso. I sinonimi e i tropi sono licenze in quanto sostituzioni del significato letterale e deviazioni dall'"uso proprio" delle parole; le figure di parola e di pensiero sono modificazioni legittime delle costruzioni sintattiche abituali e della relativa organizzazione delle idee.

2.12 IL DOMINIO DELLA *PURITAS*

A) *Barbarismi e arcaismi*

Rispetto alla *purezza linguistica* (*puritas* o *sermo purus*), il **barbarismo** è il vizio per difetto; l'**arcaismo** il vizio per eccesso.

Il termine greco *barbarismós*, traducibile con "forestierismo" per il suo etimo ("barbaro" è "uno che balbetta": tale sembrava ai greci chi parlasse una lingua diversa dalla loro), indicava complessivamente qualsiasi cambiamento nella costituzione delle singole parole, oltre all'uso di vocaboli non appartenenti alla lingua greca, o meglio a una delle varietà regionali (dialetti) del greco. Passato al latino, il termine mantenne le sue connotazioni negative: se il *barbarismós* era una violazione della virtù detta *hellēnismós*, il *barbarismus* era altrettanto per la *latinitas*.

Nella tradizione retorico-grammaticale-stilistica furono dunque denominati barbarismi:
(i) le parole malformate rispetto alle regole morfologiche e fonologiche di una data lingua;
(ii) i **forestierismi**, cioè i prestiti lessicali da lingue straniere;
(iii) i **dialettalismi** (o dialettismi): vocaboli appartenenti a uno dei dialetti parlati entro il territorio di una lingua nazionale e aventi in comune con questa l'origine;
(iv) i **neologismi** o parole nuove.[32]

Oggi il termine "barbarismo" (o **barbarolessi**), che implica di per sé un giudizio negativo, è per lo più limitato al gruppo (i).

Dei rimanenti gruppi di fenomeni si occupano a vario titolo la storia della lingua, la grammatica storica e descrittiva e la lessicologia. Per esempio, nello studio delle varietà dell'italiano la descrizione delle 'varietà geografiche' riguarda i vari tipi di italiano regionale (l'italiano parlato nelle diverse regioni del territorio nazionale),[33] che si caratterizzano riguardo alla fonologia (per es., persistenza o meno del valore distintivo di vocali aperte e chiuse; raddoppiamenti consonantici ecc.), alla morfologia e alla sintassi (per es., uso del passato remoto, fra i tempi verbali; del congiuntivo e del condizionale, fra i modi) e al lessico. In quest'ultimo settore i **regionalismi**, vocaboli provenienti da regioni diverse ed entrati nella lingua comune, conservano talvolta un certo 'colore locale' che induce a usarli "con valore allusivo, quasi come blasoni regionali: per esempio, il ligure *mugugno*, il veneziano *ostrega, ostregheta*, il romano *pennichella*, il napoletano *sfizio*, il siciliano *intrallazzo*" (Lepschy/ Lepschy 1993:37).

Tema di indagine lessicologica è la **neologia**,[34] cioè il processo per cui si formano nuove unità lessicali: si introducono in una lingua parole o di nuova coniazione (per es., i *tecnicismi*) o già esistenti in altre lingue (*forestierismi* e *regionalismi*), oppure, per il fenomeno della 'neologia semantica', attribuendo un significato nuovo a termini già esistenti nella lingua stessa (per es., *transatlantico* "sala del palazzo di Montecitorio"). L'introduzione di parole straniere avviene mediante prestiti integrali (*sport, hobby, computer*) e prestiti adattati (*dollaro, bistecca, mocassino*), calchi morfologici e sintattici (*arrampicatore sociale, testa d'uovo*, che traducono le voci inglesi *social climber, egg-head; colpo di fulmine*, traduzione del francese *coup de foudre*), calchi semantici, che cambiano il significato di una parola già esistente nella lingua (*parlamento*, presente in italiano come "discorso", ha assunto il significato di "assemblea politica" sul modello dell'inglese *parliament*). La categoria dei tecnicismi si sovrappone alle precedenti, in quanto i termini specifici dei cosiddetti linguaggi settoriali possono avere origine e natura varie: gran parte del lessico dell'informatica consta di tecnicismi che sono prestiti integrali o adattati o, più raramente, calchi dall'inglese; i tecnicismi della medicina, com'è noto, sono in massima parte neoformazioni dal greco antico.

Gli **arcaismi**, vocaboli antiquati, non più abituali, furono censurati da retori e grammatici antichi quando apparivano come ostentazione e degenerazione di un purismo contrastante senza giustificati motivi con le consuetudini linguistiche legittimate dalla norma e dall'uso.

B) *Solecismi*

Solecismi erano gli errori di morfologia (formazione delle parole e flessione, cioè declinazione dei nomi e coniugazione dei verbi, concordanze ecc.) e di sintassi. Il termine latino *soloecismus* riproduce il greco *soloikismós*, "modo di parlare degli abitanti di Soli", una città della Cilicia dove si parlava greco scorrettamente. Il termine ha ancora il senso generale di sgrammaticatura.

Come solecismi sintattici la retorica classica censì le improprietà di costruzione dovute alla dismisura per eccesso o per difetto. Solecismi per *aggiunzione, soppressione, permutazione* e *sostituzione* erano gli usi scorretti dei meccanismi che producevano le corrispondenti figure grammaticali e anche molte delle figure di parola e di pensiero, nel dominio dell'*ornatus*. Qui accenneremo soltanto ai solecismi prodotti dall'aggiunzione, che non saranno registrati nei cataloghi delle figure: pleonasmo, perissologia e macrologia.

Il **pleonasmo**, osservava Quintiliano, "ha luogo quando la frase viene sovraccaricata di parole inutili":

> con molto spirito Cicerone fece rilevare questa menda di Irzio: poiché costui, declamando in presenza di Asinio, aveva detto che "un figlio era stato portato in grembo [*in utero latum esse*] da sua madre per dieci mesi", "E che?" disse "le altre lo portano forse nella bisaccia?"
>
> (*Inst. orat.*, VIII, 3, 54)

Sul pleonasmo come figura sintattica cfr. qui 3.2:B₂.

Analoga al *pleonasmo* è la **perissologia**: l'enunciazione sovrabbondante e superflua di informazioni già espresse o implicate dal senso di ciò che si sta dicendo. È una perifrasi che fa zavorra: è una forma di ridondanza che disturba la comunicazione invece di favorirla (contravviene al precetto classico di dire "quanto basta" e alla seconda "massima della quantità" di Grice, cit. in 2.5), distrae l'attenzione e complica il discorso, col rischio di renderlo equivoco.

Un esempio dal linguaggio televisivo (cit. in Manacorda 1980:23):

> Puccini mandava delle poesie che non depongono molto a favore dell'estro poetico *del maestro di Lucca*.
>
> (*Vita di Puccini*, ore 22 del 3/3/79)

Come amplificazione stilisticamente e semanticamente giustificata, la perissologia si manifesta in figure della sinonimia (cfr. 2.17:[11]) e dell'accumulazione (2.17:[14]-[20]).

Come difetto da evitare, la perissologia era tutt'uno con la **macrología** (in greco *makrología*, nel latino tardo *longiloquium*), che è la **prolissità**: "il parlare più a lungo del necessario". Nell'accezione positiva la macrologia (che è, all'incirca, l'opposto della *brachilogia*: cfr. 2.18:B) corrisponde alla perifrasi (cfr. 2.16:[5]).

Il campo delle 'licenze' rappresenta il vero e proprio dominio retorico, nell'ambito dell'*elocutio*. L'antica scienza del linguaggio con la censura degli errori assolveva la sua funzione didascalica di guida al parlare bene, inconcepibile senza il requisito della correttezza grammaticale, e nello stesso tempo stabiliva (o accettava) i parametri sui quali misurare il tipo e l'entità delle deviazioni consentite. Su queste ultime, pagato il contributo alla grammatica, la retorica aveva piena e indiscussa giurisdizione. Ed è anche questo il terreno di incontro e di scontro delle moderne 'neoretoriche' con la tradizione classica.

Empiricamente, sembra possibile far coincidere ciò che si trova nel catalogo degli errori con altrettanti fenomeni descritti dalle varie branche della linguistica contemporanea; e identificare tutto ciò che le sistemazioni classiche ci mostrano come 'licenza' con possibili oggetti di studio sul livello retorico. Corrispondenza, come si diceva, solo empirica; che si può cogliere confrontando i singoli oggetti dell'indagine: per es., i neologismi censurati come errori coi neologismi descritti dalla storia della lingua e dalla lessicologia; un tipo di barbarismi con le espressioni che non si possono generare (cioè descrivere) secondo il sistema delle regole di una data lingua e che sono perciò non-grammaticali; e sull'altro versante gli stessi fenomeni giustificati come licenze (v. qui appresso) dalla dottrina classica, con le loro attuali ricezioni e interpretazioni quali elementi del sistema (semiotico) di un testo o quali marche espressive, contrassegno di stili ecc. Ciò non equivale certo a credere che le delimitazioni dei campi (grammaticale, da un lato, retorico dall'altro), se mai fossero state definite, si siano mantenute stabili attraverso i tempi. Piuttosto, si può dire che la stessa materia linguistica e discorsiva è divenuta oggetto di diversi tipi di indagine (grammatica storica, fonetica, analisi del discorso, linguistica testuale ecc., analisi retoriche, stilistiche, tipologiche ecc.) secondo il punto di vista assunto. Ciascuno dei vari punti di vista ammette poi diversi metodi di ricerca e diverse ipotesi teoriche.

A₁) *I metaplasmi*

Metaplasmo, per gli antichi, era ogni cambiamento nella forma di singole parole accolto nel sistema linguistico per forza di consuetudine, oppure giustificato dall'autorità degli scrittori 'approvati' come modelli (*auctoritates*). A ciò si aggiungeva la deroga occasionale (con la conseguente qualifica di metaplasmo) per quelle scorrettezze che di volta in volta la situazione imponesse come 'dovere più forte', scorciatoia per una comunicazione veramente persuasiva.

Oltre ai mutamenti per *aggiunzione*, *soppressione* e *permutazione* (vedi qui appresso), che sono oggetto di studio della fonetica, della grammatica storica e della storia della lingua, la retorica classica considera come metaplasmi per *sostituzione* (o sostituzioni metaplastiche) gli stessi fatti lessicali già descritti come attentati all'integrità di una lingua: neologismi, arcaismi (sulla funzione attribuita all'arcaismo e al neologismo dai teorici latini fra il I sec. a.C. e il II d.C. si veda Pennacini 1974), forestierismi, dialettalismi. Tutti quanti legittimati o dalla necessità di introdurre parole nuove per nuovi oggetti e nozioni, tecnicismi nelle lingue speciali (esempi antichi, i grecismi introdotti nella lingua latina dalle nomenclature della filosofia e della retorica), o da esigenze letterarie (per es., di rima, dal Medioevo in poi: è il caso di *nui*, sicilianismo per *noi*, adoperato da Dante in rima con *fui*, e arcaismo della lingua letteraria nell'uso che il Manzoni ne fa in rima con *lui* nell'ode *Il 5 maggio*).

121

I vizi per difetto e per eccesso non erano dunque più tali se intervenivano la legge della *consuetudo* o il prestigio dell'*auctoritas*, o l'una e l'altro insieme, a provare la *necessitas*. Era il riconoscimento (in termini lontani dalle linguistiche e dalle poetiche odierne, ma non dal 'senso comune' e dalle scappatoie volgarizzanti della precettistica minuta di ogni tempo) della vitalità di cui sono espressione i cambiamenti all'interno di una lingua. Che può conservare la sua integrità, può rimanere 'tale e quale' solo se è già morta. Per quanto indietro nel tempo si risalga nel farne la storia, il suo lessico risulta sempre impinguato con apporti di origini disparate. E ancora, non poteva sfuggire l'effetto innovativo delle creazioni artistiche originali, la loro più o meno scoperta capacità di rottura, nei confronti delle abitudini consolidate.

Diamo qui un elenco dei principali metaplasmi descritti in linguistica come mutamenti fonetici che consistono nell'alterazione di una parola mediante l'*aggiunzione*, la *soppressione*, la *permutazione* di suoni.

A questi Fontanier riserva una classe, nel suo sistema (cfr. fig. 4): la classe delle "figure di dizione", osservando però che i metaplasmi "possono solo raramente meritare il nome di *figure*, dal momento che essi non servono ad altro che alla formazione delle parole o al travaso di queste dall'una all'altra lingua; da cui, una volta attecchite, non si distaccano più" (FD 222). Così il retore ottocentesco mostrava di percepire nettamente lo stacco fra livello linguistico-grammaticale e livello retorico.

Aggiunte di elementi non etimologici, introdotti per ragioni fonetiche, sono:
– all'inizio di parola, la **pròtesi** ("anteposizione") o **pròstesi** ("aggiunta"): in italiano, la *i-* detta prostetica in parole che cominciano con *s-* seguita da consonante: "in *i*spirito", "per *i*scritto". Oggi, particolarmente nella scrittura, si tende a eliminare questa prostesi;
– all'interno, l'**epèntesi** ("inserzione") o **anaptissi**: in *Genova* si ha epentesi di *-v-* rispetto al latino *Genua*; e così in *Mantova* rispetto al latino *Mantua*;
– alla fine di una parola, l'**epìtesi** ("addizione") o **paragòge**: per es., in pronunce centromeridionali italiane di vocaboli terminanti in consonante: *filme* per *film*; *ìcchese* (in varianti popolari toscane: *ìccase, ìccasse*) per *ics* (dove si ha pure un'epentesi).
Le *soppressioni* comprendono:
– l'**afèresi**: soppressione di una vocale o sillaba al principio di una parola (*rena* dal latino *arenam*; *scuro* < *oscuro*);
– la **sìncope**: eliminazione di uno o più suoni all'interno di parola (*spirto* < *spirito*; *comprare* < *comperare*; *soldo* dal latino *solidum*);

– l'**apòcope**: caduta di uno o più elementi terminali (*signor* < *signore*; *gran* < *grande*; *po'* < *poco*; *cine* < *cinema*).

L'apocope di *-de* in voci come *città*, *bontà*, *pietà* e simili (originariamente: *cittade*, *bontade*, *pietade*) è un'**aplologia**, perché si produsse davanti alla preposizione *di* ("citta*de di* Roma").

Per l'apocope si veda l'ampia trattazione di Serianni (1988:25-30), da consultare anche riguardo agli altri metaplasmi qui enumerati.

La fusione di due vocali contigue e appartenenti a parole diverse è detta **sinalèfe**; l'eliminazione di una di esse è l'**elisione**, indicata graficamente dall'apostrofo (*l'*orto, *un'*erba). Metricamente, cioè nella costruzione del verso, la sinalefe inserisce in un'unica posizione due sillabe (l'ultima di una parola terminante per vocale e la prima della parola successiva se questa comincia con una vocale):

si⌣esauriscono⌣i corpi⌣in un fluire

(Montale, *Portami il girasole...*, 6)

L'opposto della sinalefe è la **dialèfe** (metaplasmo per aggiunzione, dunque), che permette di calcolare separatamente due vocali contigue, di parole diverse, che potrebbero stare in un'unica posizione:

che *da* ogne creata vista è scisso

(*Par.*, XXI, 96)

La fusione di due vocali adiacenti nella stessa parola (con eliminazione dello iato per cui esse costituivano due sillabe distinte) è detta **sinèresi**. Come fatto di pronuncia, regionale o individuale, si può citare ad esempio la realizzazione delle due ultime vocali della parola *continuo* come un dittongo /wo/ anziché come due vocali separate /uo/. Come licenza metrica, la sineresi consente di trattare due vocali, che potrebbero occupare due posizioni distinte, come una sillaba sola e perciò come un'unica posizione metrica. Nel seguente verso:

morte bella *parea* nel *suo* bel viso.

(Petrarca, *Trionfo della morte*, 172)

le parole *parea* e *suo* diventano, per sineresi, la prima bisillaba (da trisillaba quale sarebbe) e la seconda monosillaba (da bisillaba), conferendo al verso le undici posizioni metriche proprie dell'endecasillabo. Altro esempio di sineresi è il monosillabismo di *io*, normale in Petrarca, occasionale in altri poeti. Ad esempio, Dante tratta la parola *io* ora come monosillabo:

> ciò ch'io dirò de li alti Fiorentini
>
> (*Par.*, XVI, 86)

ora come bisillabo:

> tal era io a quella vista nova
>
> (*Par.*, XXXIII, 136)

(si notino, in quest'ultimo verso, anche la dialefe: "era-io" e la sinalefe: "io‿a").

Il contrario della sineresi è la **dièresi** (da censire fra i metaplasmi per aggiunzione), che può essere indicata graficamente dal segno diacritico dello stesso nome posto sulla semivocale del dittongo da scindere:

> Dolce color d'orïental zaffiro
>
> (*Purg.*, I, 13)

Altri metaplasmi metrici sono la **sìstole** e il suo opposto, la **diàstole**, indicanti, nella metrica latina, la prima l'abbreviamento di una vocale normalmente lunga, la seconda l'allungamento di una vocale normalmente breve. Nella metrica italiana la diastole è lo spostamento dell'accento verso la fine della parola per ragioni di ritmo e/o di rima:

> Esso atterrò l'orgoglio de li *Aràbi*
>
> (*Par.*, VI, 49)

(in decima posizione e in rima con *Fabi* e *labi*).

Un metaplasmo dovuto a *permutazione* è la **metàtesi**, che consiste nell'invertire l'ordine di successione dei suoni in una parola: *areoplano* per 'aeroplano'; *stroppiare* per 'storpiare'; *interpetrare* per 'interpretare' ecc.

Permutazione non come scambio, ma come spostamento di una parte di lessema (suffisso, secondo elemento di una parola composta) dovuto a taglio e interposizione di altre parole è la **tmesi**, testimonianza di "uno stadio linguistico in cui la composizione di parole era meno stretta" (Lausberg 1969:182). Un esempio latino: "*septem* subiecta *trioni*" ("posta sotto il settentrione").

La tmesi è comune nella costruzione avverbiale spagnola (*clara y concisamente*), dove il fenomeno può pure essere interpretato come "omissione" o cancellazione di -*mente* (ablativo latino di *mens*, usato come suffisso) che vede così sottolineati il suo significato e la sua funzione originari. La stessa costruzione si trova, ma rara e censurata dai grammatici, nell'italiano antico (nel *Novellino*: *umile e dolcemente*; *villana ed aspramente*).[35]

La tmesi compare nella poesia italiana di ogni epoca come spezzatura di parole in fin di verso (cfr. gli esempi novecenteschi commentati in Beccaria 1975:253):

> Suonano a onde le campane treme- / bonde sopra i villaggi e le città.
>
> (Pascoli, *Primi poemetti: Le armi*, VII, 19-20)

Altre osservazioni in 3.2:B₄.

Trattandosi di suoni, il metaplasmo è 'rivelato' dalla parola che lo contiene e ne risulta modificata; ma il suo sfruttamento retorico-stilistico è valutabile solo *nei* testi e in relazione ai contesti d'uso.

Un esempio di metatesi si trova nel proverbio

> Il troppo stroppia

ove la ragion d'essere del metaplasmo (*stroppia* per 'storpia') è l'effetto allitterante di '*stroppia*' con '*troppo*'.

Un caso di apocope, commentato dall'autore stesso, si trova in un passo di Gadda citato dal Gruppo μ (1976:78):

> "Puzzoni pure loro, li possino *buggerà*." L'imprecazione si smarrì sottovoce nell'apocope dell'infinito.

Un esempio di sistole come resa al vivo dell'oralità:

> La prima volta che il papà vide uno che si lavava i denti fu a Torino quando andò soldato.
> "*Màrìa* Vergine, cos'è che fa quello lì?"
> Si lavava i denti.
>
> (Meneghello, LNM 147)

La -*i*- da lunga diventa breve per effetto di una pronuncia che l'autore stesso non manca di sottolineare in un'apposita nota al testo: "Pr. *Mària* fortemente accentato sulla prima sillaba" (LNM 307).

La definizione del metaplasmo dovrebbe, a rigore, far comprendere in questa classe anche la paronomasia, l'allitterazione, l'assonanza ecc., catalogate, nelle principali sistemazioni classiche, la

125

prima tra le figure di parola, le altre come figure di parola e come fenomeni della *compositio*. Nella *Retorica generale* (d'ora in poi, RG) del Gruppo μ sono annoverate, giustamente, fra i metaplasmi, con altri fenomeni ignorati dai modelli tradizionali.

In RG i metaplasmi costituiscono una delle quattro categorie delle **metabole** o figure retoriche (si veda lo schema riprodotto qui in fig. 2). Appartengono al livello morfologico dell'espressione e sono definiti secondo le quattro procedure (con le relative varianti) contemplate dalla classificazione di tutte le metabole (vedi oltre):

I. soppressione (parziale e totale);

II. aggiunzione (semplice e ripetitiva);

III. soppressione-aggiunzione (parziale, completa, negativa);

IV. permutazione (generica, per inversione).

Soppressioni parziali sono i metaplasmi che già conosciamo (aferesi, apocope, sineresi). Le soppressioni totali sono cancellazioni coincidenti coi fatti sintattici dell'ellissi (cfr. qui 2.17:[21]) e logico-semantici dell'aposiopesi (2.18:[19]). Sono, per meglio dire, assenze, denunciate a volte, in poesia, dal 'bianco' e/o dai puntini di sospensione in sequenze di parole e versi:

> Ecco queste sono le pretese dell'insonnia
> anche questo pretendere di darne interpretazioni
>   ithos   pathos
>   bestemmiarono i cespugli sommessamente
>   cippi   hypnos   pretendere
> ....
>
>   (Zanzotto, *Verso il 25 Aprile*, I, 24)

È appena il caso di ricordare lo sfruttamento massiccio della cancellazione nei componimenti delle avanguardie poetiche vecchie e nuove, dai futuristi ai Novissimi e oltre.

Tra le aggiunzioni "semplici" (protesi, paragoge, epentesi e dieresi) la RG comprende le **parole-macedonia** (*mot-valise*, "parola-valigia", nell'uso introdotto da Lewis Carroll, *Alice dietro lo specchio*, cap. VI, per bocca di Humpty Dumpty: "È un po' come una valigia, capisci... ci sono due significati in una parola sola"): abbreviazioni formate di parti di parole (*Confindustria*, *Minculpop*) e le **parole-sandwich** composte introducendo una parola, intatta, all'interno di un'altra parola (per es. *cefalnebbialgia*). Terreno fertile per la creazione individuale, specialmente nella "comunicazione spiritosa", la formazione di parole-macedonia usa liberamente il meccanismo della **crasi** (che, in greco, è la contrazione della vocale o del dit-

GRAMMATICALI (codice)   LOGICHE (referente)

PROCEDURE	ESPRESSIONE		CONTENUTO	
	A. METAPLASMI — Morfologia	B. METATASSI — Sintassi	C. METASEMEMI — Semantica	D. METALOGISMI — Logica
I. SOPPRESSIONE 1.1 Parziale	Aferesi, apocope, sincope, sineresi	Crasi	Sineddoche e antonomasia generalizzanti, comparazione, metafora *in praesentia*	Litote concettuale (e particolarizzante referenziale)
1.2 Totale	Cancellazione, *blanchissement*	Ellissi, zeugma, asindeto, paratassi	Asemia	Reticenza, sospensione, silenzio
II. AGGIUNZIONE 2.1 Semplice	Prostesi, dieresi, affisso, *mot-valise*	Parentesi, concatenazione, esplezione, enumerazione	Sineddoche e antonomasia particolarizzanti, arcilessia	Iperbole, silenzio iperbolico
2.2 Ripetitiva	Raddoppiamento, insistenza, rima, allitterazione, assonanza, paronomasia	Ripresa, polisindeto, metrica, simmetria	*nulla*	Ripetizione, pleonasmo, antitesi
III. SOPPRESSIONE-AGGIUNZIONE 3.1 Parziale	Linguaggio infantile, sostituzione d'affissi, *calembour*	Sillessi, anacoluto	Metafora *in absentia*	Eufemismo
3.2 Completa	Sinonimia senza base morfologica, arcaismo, neologia, prestito, coniazione	Transfert di classe, chiasmo	Metonimia	Allegoria, parabola, favola
3.3 Negativa	*nulla*	*nulla*	Ossimoro	Ironia, paradosso, antifrasi, litote 2
IV. PERMUTAZIONE 4.1 Generica	Antistrofe, anagramma, metatesi	Tmesi, iperbato	*nulla*	
4.2 Per inversione	Palindromo, *verlen*	Inversione		Inversione logica, inversione cronologica

SOSTANZIALI (I, II) — RELAZIONALI (III, IV)

Figura 2 - Tavola generale delle metabole o figure retoriche tongo terminale di una parola con la vocale o il dittongo iniziale della parola successiva). Esempio: il *famillionnaire* di Heine citato da Freud fra i motti di spirito e riproposto, con un calco, nel seguente enunciato:

La figlia di Onassis ha ricevuto i suoi ospiti in modo molto *familiardario*.
(Ravazzoli 1981:161)

Anziché di crasi si dovrebbe parlare di aferesi del secondo componente in formazioni del tipo diffuso in inglese ed esemplificato da vocaboli come *Reaganomics* ("politica economica reaganiana") e di apocope del primo componente in parole come *socialdemocratico*.

L'aggiunzione "ripetitiva" di RG comprende (cfr. lo schema di fig. 2) alcuni fatti retorici che qui esamineremo tra le figure di parola. Fra i rimanenti, notiamo i metaplasmi che alterano come aggiunte ripetitive la composizione delle parole.

Un esempio futurista:

La pittura dei suoni, dei rumori e degli odori vuole: 1. I rossi, rooooossssssi roooooosssissssssimi che griiiiiidano. 2. I verdi i non mai abbastanza verdi, veeeeeerdiiiiiissssssssimi, che striiiiiidono...

(Carrà, MF)

La terza classe dei metaplasmi nel modello di RG presenta, fra i casi di soppressione-aggiunzione "parziale", le sostituzioni di fonemi sia nel linguaggio infantile, sia nelle (imitazioni/contraffazioni di) pronunce che eliminano, per es., la consonante vibrante /r/ per sostituirla con la laterale /l/ ("una *clavatta*, *tle lile*") o che sonorizzano le consonanti sorde, come nella riproduzione parodistica della pronuncia avellinese, in chiave di satira politica odierna.

Hanno le carte in regola per entrare nella sottoclasse dei metaplasmi per sostituzione parziale molti calembour, poetici, enigmistici, o confezionati per alimentare motti di spirito, barzellette, equivoci e doppi sensi satirici ecc.

Ma il dominio dei 'giochi di parole' sembra essere, almeno secondo RG, la quarta classe, definita dalle procedure della "permutazione": manifestazione tipica, la metatesi (a cui si è già accennato). Permutazione totale di suoni (e delle lettere che li trascrivono) o di sillabe e gruppi di sillabe si ha nell'**anagramma**. Esempio: *Neri Tanfucio*, pseudonimo anagrammatico dello scrittore Renato Fucini.

L'anagramma come onomanzia ("presagio tratto dai nomi") venne alla luce nel III secolo a.C., quando il poeta Licofrone anagrammò il nome greco del suo re, *Ptolemâios*, in *apò mélitos*, "di miele". Tale esercizio, che ricava da un nome l'enunciazione di una qualità del suo possessore, una definizione del medesimo, un elogio o un'ingiuria, ha vita rigogliosa come scherzo, passatempo, ingrediente satirico ecc. Qualche esempio recente: *antico romano* è anagramma di *Marco Antonio*; *alto vicario* è anagramma di *Carol Voitila*, con un adattamento della trascrizione; *santo morto fra pietre* è *Stefano protomartire*.[36]

Le ricerche di Ferdinand de Saussure (cfr. Starobinski 1982) sugli anagrammi estraibili dai versi di Omero e di alcuni autori latini e coincidenti con parole-tema delle poesie che li contengono, hanno influito notevolmente su certe procedure dell'analisi letteraria, attenta alle figure 'nascoste' nella conformazione, nei suoni, nei timbri e nel ritmo dei versi (si sono notate corrispondenze anagrammatiche significative: per es., *Silvia / salivi*, in Leopardi).[37]

Se si permutano sillabe o loro gruppi nella stessa parola o in parole diverse, si ha l'**antistrofe**, in francese *contre-petterie*, praticata riccamente da Rabelais. In RG 92 è citata una poesia di Leiris: un tessuto di antistrofi:

Alerte de Laërte / Ophélie est folie / et faux lys; / aime-la / Hamlet.

Da permutazioni per inversione si genera la tecnica del **palindromo**: un vocabolo o una sequenza che presenta sempre la stessa successione di lettere, letta da sinistra a destra o da destra a sinistra. Voci palindrome: *ingegni, anilina, oro* e il cognome *Asor Rosa*. Tra le sequenze, è famoso il verso di Sidonio Apollinare (V secolo)

Roma tibi subito motibus ibit amor.

Delle parole che lo compongono, considerate singolarmente, *Roma/amor, tibi/ibit* sono *bifronti*, poiché la lettura retrograda dà, per ognuna, una parola di senso diverso. Il maggior studioso attuale della "poesia artificiosa" cita inoltre il rovesciamento *Ave/Eva* "breve nella formula ma denso di significato [...], che, svolto nel celebre inno mariano l'*Ave maris stella*, sarà poi ripreso in mille variazioni innodiche" (Pozzi 1984a:138). Poiché, come nota Pozzi (*ivi*, 136-137), "il nome di palindromo è stato esteso a tutte le figure di percorrimento all'indietro, la figura che riguarda i soli fonemi è talora chiamata *diaulos*: si usa anche il termine di *sotadico*, dal nome del presunto inventore, Sotade, vissuto nel III secolo a.C.". Ancora Pozzi cita i palindromi scherzosi di Arrigo Boito:

È dolce cosa poter dire: *recai piacer*; si potrà dire di quest'inverno: *era clima d'Amilcare* da collegare alla consuetudine della tecnica musicale, che abbonda di procedimenti "retrogradi". Più difficili da confezionare sono i palindromi sillabici, come l'esempio arguto di Gongora: *dotor / tordo*, o il verso di Giovanni Caramuel (XVII secolo):

Divino miseras horto horas semino. Vidi.

Le inversioni comprendono anche il **verlen**, specie di gergo diffuso nell'area francese, che consiste nell'invertire l'ordine delle sillabe. Tra i non pochi linguaggi 'costruiti' che si valgono di questo procedimento c'è il *larpa iudre* (cfr. Lurà 1988), gergo usato a Mendrisio (Canton Ticino). Il nome risulta dall'anagramma di *parlà* (parlare) e dalla sostituzione, nel termine dialettale *indrè* (indietro), della lettera *u* alla *n*, che è simile alla *u* nella scrittura veloce. Parole in *larpa iudre*: *ntinaca* (cantina), *dèlfra* (*fradel* "fratello").

Le svariate manifestazioni della poesia figurata (per cui basta rimandare qui a Pozzi 1981) sono terreno di ciò che in RG sono i **metagrafi**, o "metaplasmi del piano grafico": dai calligrammi (di alta tradizione letteraria, da Rabano Mauro ad Apollinaire) alle inserzioni di grafemi allusivi: lettere dell'alfabeto (*makkina*, *Amerika*), o segni (emblemi) leggibili come lettere (*Niẑon*).

Come s'è visto, tra i metaplasmi secondo il Gruppo μ, e (come si vedrà) tra le figure di parola e i fatti su cui verte la *compositio*, secondo le sistemazioni classiche, sono distribuiti fenomeni dell'espressione che riguardano la sostanza fonico-acustica: l'allitterazione e la rima, per esempio, ma anche fatti visti con sospetto dagli antichi retori e trascurati dai moderni linguisti. Sono le varie manifestazioni del *simbolismo fonico*. Esse hanno indotto alcuni linguisti da Grammont in poi, e specialmente studiosi di letteratura (di formazione linguistica o psicoanalitica), a riconsiderare i legami tra la natura fisica dei suoni e le reazioni psichiche provocate dalla loro percezione (auspice Platone, che nel *Cratilo* aveva teorizzato la "naturalezza", *phýsis*, della lingua, opposta all'arbitrarietà o "convenzionalità", *thésis*, che di solito le viene riconosciuta). È più facile motivare il valore simbolico attribuito ai suoni (/*u*/ associato a impressioni di buio, le sibilanti al fruscio o alla velocità: "Corda non pinse mai da sé saetta / che sì corresse via per l'aere snella": *Inf.*, VIII, 13-14) quando alle loro combinazioni corrispondono significati congruenti con il supposto simbolismo. Per esemplificazioni si rimanda all'abbondante materiale analizzato da Orelli 1978 e ai rilievi di Segre 1985:54-68 sull'"uso iconico della sostanza" in letteratura.

Questo è il campo dell'**onomatopea** o imitazione dei suoni naturali in espressioni del linguaggio articolato: non la semplice imitazione di rumori o voci fatta, per es., da un attore, ma la *composizione* di parole (tale è il senso del termine greco *onomatopoîía*) che riproducono suoni, rumori, voci di animali ecc. e li trascrivono secondo le convenzioni fonologiche e grafematiche delle singole lingue (in italiano il gallo fa *chicchirichì*, in francese *cocorico* o *coquerico*, in tedesco *kikeriki*, in inglese *cockadoodledoo*). Il lessico italiano ha numerosi vocaboli onomatopeici (*miagolare, ululare, tintinnare, sussurro, rimbombo, gorgoglio, tonfo...*). Esclusa dagli antichi maestri di retorica come disdicevole all'oratoria (per gli stessi motivi Quintiliano biasimava la tmesi), ma praticata specialmente dai poeti, in forme che vanno dall'introduzione di onomatopee 'pure' come i danteschi "*tin tin* sonando" (*Par.*, X, 143) e "non avria pur da l'orlo fatto *cricchi*" (*Inf.*, XXXII, 30) alla cosiddetta armonia imitativa nei timbri ("e cigola per vento che va via", *Inf.*, XIII, 42) e nel ritmo: si ricorderanno il virgiliano *quádrupedánte putrém sonitú quatit úngula cámpum*: *Eneide*, VIII, 595 (si segnano gli accenti ritmici per facilitare la lettura) e il foscoliano "E un incalzar di cavalli accorrenti / Scalpitanti sugli elmi ai moribondi" (*Dei Sepolcri*, 210-211): ma gli esempi potrebbero moltiplicarsi, fino alla poesia (e alla prosa) dei nostri giorni. La corrispondenza del senso negli effetti imitativi è essenziale per evitare dilettantismi e arbitrii nell'interpretazione, come è ampiamente dimostrato in Beccaria 1975.

B₁) *Le figure grammaticali*

Le **figure grammaticali** furono considerate come pertinenti alla correttezza linguistica, rappresentando la deviazione consentita, al contrario del solecismo che era la sgrammaticatura da riprovare e da evitare. Esse sconfinano nelle 'figure di parola' (cfr. 2.17), che appartengono all'*ornatus* e sono classificate anche come **ipallagi** o **enallagi** (cfr. 2.17:[20]): fenomeni grammaticali e stilistici di "scambio" tra categorie (parti del discorso, genere, numero, caso, tempo, modo; cfr. Morier 1981[3]:407-409 e 516-517). Tra le principali si elencano:

(i) l'uso di un aggettivo in funzione avverbiale ("camminava *lento*");
(ii) la concordanza di un singolare con un plurale ("la maggior *parte* di noi *ritengono*..."; "*si rilevano*, infatti, *un numero* relativamente limitato di eventi";[38]

(iii) l'*antiptòsi* o scambio di casi: per es., l'uso dell'accusativo di relazione ("sparsa *le trecce...*" anziché "*con le tracce* sparse");

(iv) l'uso di tempi come il presente storico (cioè riferito al passato: "nel 1940 *entra* in guerra l'Italia") e il presente con valore di futuro ("domani *si parte*");

(v) l'uso dei modi: l'indicativo per il congiuntivo ("se *venivi*" anziché "se *fossi venuto*" ecc.);

(vi) rapporti sintattici incongruenti ("siete partiti e noi pure", dove il verbo sottinteso da *noi pure* richiederebbe la prima persona plurale, in contrasto quindi con la seconda persona di *siete partiti*);

(vii) anomalie sintattico-semantiche: nomi impiegati come verbi ("chi *vespa* mangia le mele"), verbi intransitivi come transitivi ("B. *frizza* la digestione"); cambi arbitrari di genere; strutture ormai assorbite nella norma linguistica ("brindare + nome"; "votare + aggettivo") ed espressioni idiomatiche quali "mettersi i guanti *nelle* mani", ecc.

Gli schemi dei gruppi (ii), (iv) e (vi) sono tipi di sillepsi (cfr. 2.17:[22] e 3.2:B$_3$).

Non sovrapponibile e solo parzialmente alternativa (nel senso e nei limiti in cui lo sono le rispettive teorie) a una classificazione di "figure grammaticali" è la descrizione perelmaniana delle "modalità nell'espressione del pensiero" (TA 162-172), centrata sul "ruolo argomentativo" di forme grammaticali e schemi sintattici (negazione, connettivi, subordinazione, interrogazione, uso di tempi e modi, pronomi ecc.) che manifestano l'atteggiamento del parlante di fronte alla realtà e ai "dati del discorso".

Della negazione si sottolinea la natura dialettica ("la negazione è una reazione ad una affermazione reale o virtuale di altri") (TA 163). La funzione dei connettivi, limitatamente ad alcune congiunzioni coordinanti (*e, o, né, dunque*), è inserita nel quadro dei rapporti di coordinazione e di subordinazione, che esprimono la "gerarchia dei valori" attribuita agli oggetti del discorso. Sulla scorta di Auerbach, è rilevato il "carattere strategico della costruzione che stabilisce relazioni precise fra gli elementi del discorso e che è stata qualificata *ipotattica*" (TA 166); a questa si contrappone la *paratassi*, che rinuncia a gerarchizzare le parti del discorso:

La costruzione ipotattica è la costruzione argomentativa per eccellenza [...]. L'ipotassi crea dei quadri, costituisce una presa di posizione; essa impone al lettore l'obbligo di vedere alcune relazioni, limita le interpretazioni che egli potrebbe prendere in considerazione, si ispira al ragionamento giuridico ben costruito. La paratassi lascia maggior libertà, non sembra voler imporre alcun punto di vista; è proprio perché paratattica, che la frase composta, bilanciata, degli scrittori inglesi del XVIII secolo dà [l'impressione di essere] descrittiva, contemplativa, imparziale.

(TA 166-167)

L'interrogazione è considerata come tecnica dialettica sia nel ragionamento filosofico (per es., nei dialoghi socratici), sia nella prassi giudiziaria:

> Talvolta l'uso dell'interrogazione suppone una confessione su un fatto reale, sconosciuto a chi rivolge la domanda, ma del quale si presume l'esistenza unitamente a quella delle sue condizioni. "Che avete fatto quel giorno in quel luogo?", implica che l'interpellato si trovasse in un certo momento nel luogo indicato; rispondendo, egli ammette di essere concorde su questo punto.

(TA 167)

La domanda che si suol dire 'retorica' non è una richiesta di informazioni: è un invito a scartare tutte le possibili risposte discordanti dall'asserzione implicita nella domanda ("Chi oserà sostenere l'utilità di una guerra nucleare?" = "Nessuno oserà sostenere..."). Da questo punto di vista l'interrogazione è un giudizio. Ci sono poi domande in risposta ad altre domande (e a questo proposito esistono tipologie più variegate di quanto non appaia dai cenni perelmaniani).[39]

Le osservazioni (che si trovano in TA 169-172) sull'uso argomentativo di tempi verbali (per es. sui molteplici valori del presente), di articoli e dimostrativi, di pronomi (del *si* impersonale come ostentazione di obiettività, di distacco, e con l'effetto di diminuire, in un giudizio, la responsabilità del soggetto enunciante) anticipano, in parte, acquisizioni recenti degli studi grammaticali e pragmatici sugli elementi detti 'orientativi' o 'deittici': che fanno diretto riferimento alla situazione del discorso (parlante, interlocutore presente o assente, coordinate spazio-temporali) e possono essere interpretati solo in riferimento a questa (per es.: *io* designa la persona del parlante, di colui che dice "io"; *questo* indica vicinanza a chi parla; *qui, oggi, ieri, domani* ecc. possono essere interpretati solo in relazione o al luogo o al momento dell'enunciazione).

2.13 IL DOMINIO DELLA *PERSPICUITAS*

L'essere chiaro e comprensibile, per il discorso indirizzato a un uditorio particolare, è una qualità soggetta alla valutazione di chi ascolta: si è o non si è chiari per, si è o non si è comprensibili a, coloro a cui si parla. Diversamente dalla *puritas*, per cui esisteva una base grammaticale obiettiva per riconoscere ciò che era vietato e ciò che era permesso, la *perspicuitas* e i suoi contrari venivano definiti, dalla precettistica dell'arte oratoria, in base al criterio principe dell'adattamento all'uditorio. L'**oscurità totale** era considerata il massimo "errore per difetto" contro la *perspicuitas*. Era "totalmente oscuro" il discorso che risultava incomprensibile, o perché composto in una lingua ignota agli ascoltatori, o perché pronunciato con insufficiente volume di voce, con una dizione confusa ecc. Un giudizio, come si vede, relativo alla situazione contingente del parlare. Se dall'oratoria si passava alla poesia, e dalla retorica alla poetica (o meglio, dalla teoria e dalla precettistica dell'argomentazione alla retorica sottesa alla poetica), intervenivano criteri più legati alla costituzione interna dei testi. Più facilmente si era disposti a riconoscere lecita l'oscurità indotta da ragioni letterarie o da convenzioni proprie di generi testuali (religiosi, profetici, magici ecc.) o anche dagli scopi della comunicazione. Come esempio di oscurità totale si cita il dantesco "Pape Satàn pape Satàn aleppe".

Nella sintassi l'oscurità totale era detta **sìnchisi** (*mixtura verborum*, "mescolanza di parole") o 'costruzione caotica': l'ordine normale è sovvertito con anticipazioni, posposizioni o interpolazioni di membri (uso dell'anastrofe e dell'iperbato: cfr. 2.17:[24] e [25]). Biasimata come errore nella prosa espositiva, la sinchisi diventava un ingrediente prezioso della poesia.

"Parziale" era giudicata l'oscurità prodotta dall'**anfibolìa**, "ambiguità di senso" (come errore e come licenza), da cui l'**anfibologìa**: discorso reso ambiguo dalla presenza di termini o di costrutti grammaticali che si possono interpretare in modi diversi e contrastanti. L'equivoco può nascere dall'uso sia di parole polisemiche (con più significati differenti), sia di omonimi (vedi più avanti). Pur avendo lo stesso etimo, sono lessemi diversi, per es., *porta* come voce verbale e *porta* come nome comune; *la* articolo femminile e *la* pronome; *sbarra*, sostantivo e verbo. La frase: "Una vecchia porta la sbarra" ha due letture possibili, secondo i valori assegnati ai tre vocaboli; e secondo che si consideri *vecchia* come sostantivo o come aggettivo (ambiguità di costruzione grammaticale). Uno sfruttamento sistematico di questo tipo di equivocità si ha nei crittogrammi sinonimici; da Manetti e Violi 1977 si prendono i seguenti esempi:

> lacrimata salma > *pianta spoglia*
> redditi netti > *entrate pure*

Più comunemente l'anfibologia è intesa come collocazione equivoca di parole nelle frasi:

> Ero allibito nel vedere *come picchiavano* quei ragazzi ("come quei ragazzi picchiavano" o "come qualcuno li picchiava"?).

In quanto all'**ambiguità sintattica** come causa ed effetto di oscurità, si cita di solito come esempio classico la tattica di quei responsi oracolari ove il doppio accusativo latino, del soggetto e dell'oggetto, nelle frasi infinitive consente due letture opposte: *aio te Romanos vincere posse* può significare alternativamente: "dico che tu vincerai i romani" / "dico che i romani vinceranno te".

L'eccesso nella ricerca della chiarezza era considerato, ed è, l'errore opposto. È variabile nell'entità, secondo i tipi di discorso. Si va dalla pedanteria di precisazioni superflue all'incapacità di sfruttare, nella narrativa (orale e scritta) come nella poesia, il potere evocativo del 'non detto'.

Sono relazioni semantiche fondamentali quelle che impegnano le qualità richieste a un discorso per raggiungere la *perspicuitas*. Anche in questo caso il campo occupato dalle dottrine classiche appartiene, modernamente, a discipline diverse (semantica, filosofia del linguaggio, pragmatica). Qui basterà dare un'indicazione sommaria dei principali argomenti dei quali oggi chi 'fa retorica' non si assumerebbe in proprio una sistemazione, ma, ovviamente, ricorrerebbe alle teorie e alle terminologie elaborate nei diversi ambiti specialistici.

Gli antichi manuali di retorica classificavano in base alla univocità e ai suoi opposti i rapporti sia tra i nomi e le entità designate, sia tra "ciò che intendono per..." da una parte il parlante e dall'altra l'ascoltatore.

La chiarezza sarebbe garantita in assoluto se esistessero solo "rapporti univoci": se a ogni entità nominata corrispondesse una sola denominazione e se questa fosse intesa (interpretata) allo stesso modo da chi parla e da chi ascolta (rapporto "univoco individuale"). Qui si innesta la questione dei nomi propri, campo di battaglia dei filosofi del linguaggio; si innesta pure l'assurdo ipotizzabile di una lingua ove ciascuna "cosa individuale" avesse un "nome univoco individuale". Uno strumento siffatto sarebbe inservibile per la comunicazione, che funziona in base al principio dell'economia linguistica. Meglio avere relativamente pochi elementi da combinare per moltiplicare i possibili risultati (si pensi al numero limitato, benché variabile da lingua a lingua, dei fonemi che con le loro combinazioni consentono di formare un numero illimitato di parole): il contesto verbale e la situazione comunicativa lasceranno margini tutto sommato irrilevanti all'ambiguità e all'incomprensione, sempre che la combinatoria sia corretta e le capacità di produrre messaggi siano integre.

La questione dell'univocità considerata nell'uso effettivo dei nomi propri e dei nomi comuni investe quindi la possibilità di sostituire gli uni e gli altri con pronomi. Si entra nel dominio degli studi linguistici – particolarmente di linguistica testuale – dedicati a temi di cui si citano qui appena i principali: sostituzioni (sistema e uso delle 'proforme'; anafora, cioè la relazione, che si instaura in un testo, fra due espressioni, una delle quali è la *ripresa* dell'altra, che generalmente la precede ed è perciò detta *antecedente*; tale fenomeno è diverso da quello che si vedrà più avanti in 2.17:[5], sotto lo stesso titolo, come figura retorica); riferimento e deissi (particolarmente l'uso di articoli, pronomi personali, dimostrativi, comprendenti pronomi e avverbi).

La categoria della sostituzione (*immutatio*) è impiegata, nei modelli classici, per definire i tropi (cfr. qui 2.16). La sua azione si estende ai rapporti "non univoci", che modernamente si classificano come: **omonimia** (identità di forma, diversità di etimo, cioè di origine, e di significato), comprendente omografi non omofoni (parole che si scrivono allo stesso modo e si pronunciano in modo diverso: per es., *àncora / ancóra*; *sùbito / subìto*), omofoni non omografi (italiano: *dì*, "giorno" / *di'*, imperativo di *dire*; francese: *au*, "al" / *eau*, "acqua" / *haut*, "alto"; inglese: *sun*, "sole" / *son*, "figlio"), omografi omofoni (*tèssere*, verbo / *tèssere*, plurale di *tèssera*); **polisemia** (più significati per la stessa espressione); **sinonimia** (equivalenza di significato in parole diverse), della quale si riconoscono vari gradi: dalle poche parole intercambiabili (*tra / fra*) ai cosiddetti quasi-sinonimi, che si equivalgono solo in determinati contesti (per es., *uscita / spesa*); **antonimia** (antònimi sono i contrari, come *bello / brutto*); **iper- e iponimia** (*albero* è iperonimo, o sovraordinato, a *pioppo, gelso, abete* ecc. che sono i suoi iponimi).[40]

Il tema della chiarezza espressiva è particolarmente importante per le tecniche dell'argomentazione. Se ne resero perfettamente conto i retori antichi, disposti ad accordare più facilmente licenza alla poesia, oggetto polimorfo, che può derivare non poco del suo potere di fascinazione dalla *obscuritas*. Questa può diventare anzi un contrassegno rispetto alla comunicazione pratica: dove l'essere chiari serve, se non altro, a evitare equivoci e incomprensioni. La tendenza a riconoscere al parlare oscuro un valore poetico, quasi di ispirazione divina, o di un 'parlare in sogno', ha avuto i suoi oggetti privilegiati non solo nella poesia come forma letteraria, ma anche negli aforismi di pensatori (Eraclito, per esempio).

La cura di sceverare gradi e forme di oscurità devianti, mostrando quali siano incompatibili con gli scopi del discorso di parte, è conforme ai principi della tradizione retorica. Secondo Perelman e Olbrechts-Tyteca – la cui teoria dell'argomentazione ha inteso rappresentare una "rottura" rispetto alle concezioni cartesiane della ragione e del ragionamento che hanno dominato gli studi occidentali negli ultimi tre secoli (base dell'ordine razionale e requisito indispensabile alla conoscenza, le idee "chiare e distinte") – devono essere "le esigenze dell'adattamento all'uditorio a guidare nello studio dell'ordine del discorso" (TA 531); perciò il problema della chiarezza e dell'oscurità trova posto nel loro trattato solo per quanto concerne l'interpretazione dei testi. Appoggiandosi a un'osservazione di Locke, essi affermano:

> Il più delle volte l'impressione di chiarezza, legata all'univocità, deriva dall'ignoranza o da una mancanza di immaginazione [...]. La chiarezza di un testo è condizionata dalle possibilità di interpretazione che esso presenta; ma perché l'attenzione sia attratta dall'esistenza di interpretazioni diverse, occorre che le conseguenze derivanti da una di esse differiscano in qualche modo da quelle che derivano da un'altra; può accadere che la differenza sia percettibile soltanto in un contesto particolare. La chiarezza di un testo o di una nozione non può dunque mai essere del tutto assicurata, se non convenzionalmente, limitando volontariamente il contesto entro il quale l'interpretazione avviene.
>
> (TA 132-133)

Esulerebbe dai compiti del presente manuale estendere il discorso all'ermeneutica. Piuttosto, sarà opportuno un cenno alle periodicamente risorgenti questioni del 'parlare chiaro / parlare oscuro', che sembrano interessare l'opinione pubblica quando sono messi in causa i discorsi dei politici, la divulgazione giornalistica, i linguaggi specialistici. Per quanto riguarda questi ultimi, di solito si tende a confondere l'oscurità con le difficoltà causate al profano da una materia complessa, scientifica o tecnica, e perciò difficile da capire, specialmente quando sia esposta con precisione scientifica o tecnica, appunto, cioè con espressioni il più possibile univoche.

Le dispute sull'oscurità del 'parlar difficile' e sulla difficoltà del 'parlar chiaro' (la prima, avvertita dall'ascoltatore o lettore, la seconda da chi parla o scrive) mostrano come sia problematico trattare l'una e l'altra in assoluto; e come possa essere fruttuoso un punto di vista pragmatico (retorico), che esamini gli oggetti del discorso in relazione a tutti i fattori della comunicazione (partecipanti, conoscenze condivise, situazione spazio-temporale, scopi, presupposizioni ecc.).

Per concludere con un ammonimento di Calvino:

> quando le cose non sono semplici, non sono chiare, pretendere la chiarezza, la semplificazione a tutti i costi, è faciloneria, e proprio questa pretesa obbliga i discorsi a diventare generici, cioè menzogneri. Invece lo sforzo di cercare di pensare e d'esprimersi con la massima precisione possibile proprio di fronte alle cose più complesse è l'unico atteggiamento onesto e utile.
>
> (Calvino, UPS, 307)

2.14 L'ORNATUS

Benché compreso tra le virtù oratorie, l'ornatus richiede una trattazione separata, per l'ampiezza abnorme delle articolazioni e per gli sviluppi storicamente autonomi che arrivarono a trasformare la retorica in una teoria dell'ornatus.

Ci sia consentita una citazione da Lausberg (1969:99):

L'*ornatus* deve la sua definizione alle preparazioni che servono ad ornare la tavola di un banchetto: il discorso stesso viene concepito come pietanza da consumare. A questa sfera di immagini appartiene anche la definizione dell'*ornatus* come *condimento* (*condita oratio, conditus sermo*). Ad altre sfere di immagini appartengono gli altri termini abituali di "fiori" del discorso (*verborum sententiarumque flores*) e di "luci" del discorso (*lumina orationis*). Anche *color* (colore) viene usato per definire l'*ornatus*.

Lausberg nota poi che l'idea di 'condimento' è prevalentemente associata al motto di spirito, per cui si parla di "sale" in greco, in latino, in italiano (cfr. pure "parole salaci"), in francese, in spagnolo, in inglese. Si aggiunga che il verbo *ornare*, in latino, ha anche il significato di "munire", "rivestire di armi", "allestire" (un esercito, una flotta): oltre all'idea di abbellimento l'*ornatus* richiama anche la prerogativa dell'"essere agguerrito".

Procediamo, come al solito, per sommari e schemi.

Tipi e qualità dell'ornato (vigoroso, attenuato, elegante, nobilmente ricercato, spiritoso, arguto, ampio, accuratamente preciso, maestoso, facile, difficile) verranno chiariti più avanti (2.21) nella parte dedicata agli stili (*genera elocutionis*).

Errori: per difetto, l'insufficienza, che produce un discorso disadorno (*oratio inornata*); per eccesso, la ridondanza o sovrabbondanza, che produce una forzata e leziosa ricercatezza (*mala affectatio*) (cfr. qui fig. 1).

L'*ornatus* può riferirsi sia alle idee sia alla loro espressione linguistica. Avremo perciò figure di pensiero e figure di parola. Da queste ultime (dette poi dai latini *exornationes verborum*) già la teoria stoica separava i tropi, come fatti di significazione, in quanto sostituzioni di singole parole, e riguardanti il significato delle medesime (senso proprio / senso figurato).

Tutte le sistemazioni tradizionali dell'*ornatus* sono fondate sulla distinzione preliminare tra parole singole e gruppi (o connessioni) di parole. Al primo insieme appartengono i sinonimi e i tropi; al secondo le figure di parola e di pensiero. Ciò che varia da un modello all'altro sono le procedure e le suddivisioni, stabilite sulla base di categorie che non sono le stesse nelle diverse classificazioni.

Il seguente schema rappresenta la sistemazione di Lausberg (1973[2] e 1969):

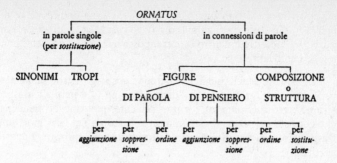

Figura 3 - Sistemazione lausberghiana dell'*ornatus* secondo le 4 categorie del mutamento

2.15 SINONIMI. METALEPSI

Dei **sinonimi** la retorica classica, come si è visto poco fa, tratta a proposito dei "rapporti non univoci" sia tra i significati delle parole sia fra la produzione e la ricezione delle stesse. L'uso dei sinonimi è considerato come un procedimento di *sostituzione* della "parola propria e univoca".

Come elementi dell'*ornatus* i sinonimi concorrono a soddisfare il desiderio dell'inatteso da parte del destinatario, introducendo novità e variazioni a vantaggio della ricchezza espressiva. Usare uno o più sinonimi al posto di un dato termine serve a molti scopi: per attenuare un'espressione o per renderla più colorita o più precisa; per uniformare le scelte lessicali ai registri, al ritmo e alle cadenze del discorso; per evitare rime fastidiose in prosa e cacofonie; per eliminare ripetizioni non necessarie; e l'elenco potrebbe continuare, contemplando esigenze di nitidezza e di eleganza formali e opportunità pragmatiche.

Tali considerazioni occupano, tradizionalmente, le precettistiche dello stile e, variamente atteggiate, si ritrovano nella didattica linguistica di ogni tempo e paese. La loro applicazione appartiene al bagaglio di esperienze di chiunque abbia pratica dello scrivere, e del parlare sorvegliato.

La funzione argomentativa delle scelte sinonimiche è trattata da Perelman e Olbrechts-Tyteca (TA 151-159) come aspetto della "presentazione dei dati" in forme adatte ad attirare e a concentrare l'attenzione dell'uditorio su determinati argomenti. I sinonimi non sono intercambiabili se hanno funzionalità argomentativa. Questa si misura sulle differenze che le variazioni di espressione hanno rispetto alla "espressione che passa inosservata". È un criterio molto elastico, di cui si può discutere la vaghezza, ma che serve certamente di più delle distinzioni scolastiche basate su giudizi di valore (discorso "obiettivo, neutro" contrapposto a "descrittivo, sentimentale, commovente" ecc.).

Tra le manifestazioni della sinonimia Lausberg registra la **metalepsi** o metalessi (gr. *metálēpsis*, "partecipazione", "scambio", "trasposizione"; lat. *transumptio*),[41] e precisamente quel tipo di metalepsi che consiste nell'usare un sinonimo come tropo: nel fare, cioè, una trasposizione di significato, tale da produrre un'improprietà contestuale.

Tra i rari esempi classici si ricorda il nome *Hḗssōn* attribuito al centauro Chirone (in greco *Chéirōn*). I due nomi hanno rispettivamente la stessa forma degli aggettivi *hḗssōn* e *chéirōn*, che significano entrambi "inferiore, soccombente". L'improprietà è data dal trasporre la sinonimia alla classe dei nomi propri che, in quanto nomi individuali, non hanno sinonimi: non è infatti indifferente chiamare *Candida* una che si chiami *Bianca*, o *Felice* uno che si chiami *Fortunato* o *Prospero*; non lo è dal punto di vista filosofico di una teoria dei nomi propri, e non lo è neppure nella comunicazione pratica, nei documenti ufficiali ecc. (c'è una normativa giuridica a tutela dell'integrità di un nome registrato all'anagrafe).

Su questa specie particolarissima di improprietà giocano umoristi e poeti; e non sono pochi gli pseudonimi alla cui origine sta una metalepsi.

Oltre alla sinonimia (e all'omonimia), in questa concezione della metalepsi è in gioco la polisemia. Molte sono le parole che possono avere più sensi; per ognuno di questi esistono serie di sinonimi che non sono a loro volta sinonimi dei termini di un'altra serie. Per esempio, *spirito*, parola polisemica, può avere come sinonimi, da un lato *alcool*, dall'altro *fantasma* (per citare solo due tra le serie possibili), che non sono tra loro sinonimi. Uno sfruttamento 'tropico' di tali effetti di 'sinonimia equivoca' si trova nei giochi di parole impiegati in motti di spirito, in barzellette e nell'enigmistica (cfr. il gioco enigmistico detto 'polisenso' e l'omonima figura).

La metalepsi come errore può occorrere nella traduzione, specie nella traduzione automatica, di cui rappresenta, anzi, uno degli scogli più difficili da aggirare. È caratteristica anche di certi calchi: per es., il nome latino del caso dell'oggetto diretto, *accusativus* ("accusativo"), è calco errato del greco *aitiatikḗ*, da *aitía*, che significa "causa" e "accusa"; per un errore di interpretazione è stato preso il secondo, e non il primo dei significati, come base per la trasposizione del termine in latino.

Secondo un'altra concezione, la metalepsi è un effetto presente attribuito a una causa remota, quando tra l'una e l'altro non ci sia collegamento diretto, ma si debba passare per uno o più anelli intermedi, che vengono omessi. Esempio classico l'espressione virgiliana *post aliquot aristas* (col senso di: "dopo alcuni anni": *arista* significa "resta" (di grano), e si passa da "resta" a "spiga" a "grano" a "raccolto" a "estate" a "anno" attraverso una serie di relazioni sineddochiche (la resta è parte della spiga e questa del grano; l'estate è parte dell'anno) e metonimiche (grano / raccolto / estate).[42] Dello stesso genere è l'espressione proverbiale: "Sotto la neve, *pane*".

Una definizione abbastanza maneggevole di questo secondo tipo di metalessi potrebbe essere la seguente: sostituzione di un termine con un traslato prodotto da passaggi (impliciti) attraverso più nozioni che rimangono sottintese e che sono, l'una rispetto all'altra, sineddochi, metonimie, metafore, alternative o coesistenti.

Un esempio da un titolo di cronaca sportiva: "La *valanga rosa* è una frana"; dove *valanga rosa* sta per "squadra nazionale italiana femminile di sci", con una sovrapposizione di campi simbolici relativi ai colori. Com'è noto, "azzurro" (che è il colore delle divise) compare in una grande varietà di espressioni metonimiche impiegate per designare le rappresentative italiane di ambo i sessi nelle gare sportive internazionali. Ma, in un diverso campo simbolico, "azzurro" sta a "rosa" come "maschile" sta a "femminile".[43] La metalessi nasce dallo sfruttamento della duplice valenza simbolica di *azzurro* che, rimanendo implicito, viene sostituito da un termine (*rosa*) usato contemporaneamente come sinonimo e come contrario. Si tralasciano qui le osservazioni sul valore metaforico di *valanga* e di *frana*.

Si trovano metalessi in espressioni proverbiali e in detti popolari come: "guadagnarsi il pane *col sudore della fronte*" (*sudore* ← *fatica* ← *lavoro*: eventualmente: *lavoro remunerato* → *denaro*; e ancora: *fronte* è sineddoche di "corpo").

Secondo Fontanier (FD 127-128), la metalessi non va assimilata alla metonimia. Figura composta sempre di più proposizioni, essa consisterebbe nel "fare intendere una cosa per mezzo di un'altra, che la precede, la segue, l'accompagna, ne è un'aggiunta, una circostanza qualsiasi ecc.". Fontanier esemplifica questa figura, così intesa, su passi di Racine (per es., quelli in cui Fedra parla di Teseo, delle sue qualità e imprese in modo che Ippolito possa riconoscere se stesso sotto le specie di Teseo). Potremmo ricondurre a questo tipo di metalepsi l'invenzione letteraria del 'personaggio-schermo', ma anche le forme sia popolari sia letterarie dell'allusione (2.18:[23]): del proverbiale "parlare a nuora perché suocera intenda", di cui citiamo un bel riuso saggistico:

un romanzo [*I promessi sposi*] ove la componente indipendentista è stata avvertita già prima del '40, checché ne abbia dipoi opinato il Carducci: romanzo che dice di nuora (Spagna) perché di suocera si possa intendere (Austria).

(Gadda, TeO 32)

141

Secondo Perelman e Olbrechts-Tyteca (TA 192), la metalepsi funziona come accorgimento per tramutare un giudizio di valore nella constatazione di un fatto: "Egli dimentica i benefici" per "non è riconoscente"; "non vi conosco" per "vi disprezzo". Si richiama l'attenzione su fatti (il dimenticare una cosa; il non conoscere una persona) per suggerire una valutazione. Non era molto lontano dall'intuire ciò Fontanier quando asseriva (FD 133) che la litote (cfr. qui 2.16:[8]) è una specie particolare di metalepsi.

Riportata la figura alla generalità del 'dire una cosa per farne intendere un'altra', si capisce come essa si presti allo sfruttamento comico. Quintiliano riferisce la risposta di un cavaliere romano ad Augusto, che gli rimproverava di dilapidare il patrimonio: "Credevo che fosse mio", fingendo di intendere (come si osserva in TA 192) che il rimprovero partisse da un errore di fatto.

Fontanier riteneva inoltre di poter parlare di metalessi quando uno scrittore abbandona il suo ruolo di 'narratore dall'esterno' per presentarsi come testimone o come partecipe delle vicende raccontate. Nelle moderne teorie della letteratura si parlerebbe, per i casi intravisti dal retore francese, di mutamenti della posizione assunta dall'autore rispetto alla sua materia; si parlerebbe di distanza da cui questi narra o descrive fatti e personaggi, secondo la complessa problematica degli studi sul 'punto di vista'. Altri esempi di Fontanier indurrebbero addirittura ad assimilare la sua concezione della metalepsi a ciò che oggi si intende per polifonia testuale.[44]

Da quanto detto, la metalepsi più che una figura appare come una combinazione o un luogo di incontro di figure (sineddoche, metonimia, metafora, litote, allusione, ironia...). Il senso generale, e generico, di "trasposizione" manifestato dalle denominazioni greca e latina fa sì che i suoi contorni sfumino nella proprietà comune a tutto il discorso figurato: dire una cosa per un'altra; condizione simile a quella della metafora, di cui la metalessi può constare, rimanendo tuttavia, a paragone di quella, niente più che un contenitore; o un dispositivo che, per funzionare, deve essere messo in moto da altre figure.

2.16 TROPI

Il termine greco *trópos*, da cui il latino *tropus*, significa "direzione"; donde la svolta di un'espressione che dal suo contenuto originario viene diretta ('deviata') a rivestire un altro contenuto.

La definizione tradizionale di tropo ricalca quella quintilianea di sostituzione (*mutatio* o *immutatio*) di espressioni proprie con altre di senso figurato (non-proprio). *Tropo* e *traslato* sono denominazioni diverse per lo stesso fatto retorico: la trasposizione (il trasferimento) di significato da una a un'altra espressione. Secondo una distinzione classica già ricordata, il tropo, rispetto al termine proprio, rappresenta la licenza; errore è l'improprietà ingiustificata.

Alle attuali concezioni dei tropi è sottesa l'idea che questi siano 'anomalie semantiche': irregolarità di significato incompatibili coi normali criteri di interpretazione dell'esperienza. Qualsiasi combinazione inaspettata di concetti potrebbe costituire un tropo; è indifferente la possibilità di farlo corrispondere a una delle etichette che tradizionalmente contrassegnano gli usi figurati della lingua (esempi: "un'indigestione *meravigliosa*", "mi piaci *da vivere*", al posto dell'iperbolico e prevedibile "mi piaci da morire"). Un tropo coinciderebbe dunque con una rottura delle attese alle quali il contesto ci indirizza.[45]

Nella tradizione retorica variano sia il numero sia l'identificazione dei tropi. La *Rhetorica ad Herennium* annovera dieci "figure di parola" (*exornationes verborum*) separate dalle altre "proprio perché sono tutte di uno stesso tipo", avendo in comune la proprietà di "allontanarsi dal senso usuale delle parole e portare il discorso a un significato complessivo diverso con una certa eleganza":[46] onomatopea, antonomasia, metonimia, perifrasi, iperbato (inversione e trasposizione), iperbole, sineddoche, catacresi, metafora, allegoria.

Quintiliano cataloga tredici tropi (metafora, sineddoche, metonimia, antonomasia, onomatopea, catacresi, metalepsi, epiteto, allegoria, ironia, perifrasi, iperbato, iperbole), dopo aver dichiarato, col suo solito buonsenso:

> [riguardo ai tropi] i grammatici sostengono tra loro e coi filosofi un'interminabile discussione sui generi, sulle specie, sul numero e sulla loro interdipendenza. Noi, messe da parte le cavillazioni, [...] tratteremo dei tropi più necessari e più usati, contentandoci [...] di rilevare [...] che per mezzo loro si cambiano le forme non solo delle parole, ma anche dei pensieri e della composizione.

> (*Inst. orat.*, VIII, 6, 1-2)

Tra i moderni, Arbusow (1963[2]) enumera ben sedici tropi, includendo nel numero, oltre a quelli censiti nella *Rhetorica ad Herennium* (con l'esclusione, però, dell'onomatopea), la personificazione o prosopopea, l'allusione, la litote, l'ironia e l'antifrasi, l'ossimoro, l'antitesi, la permutazione; li descrive a uno a uno, con una ricca esemplificazione da testi classici e medievali, ma non li dispone in una tassonomia che li raggruppi secondo categorie e procedure.

Nella tradizione francese, prima del tentativo innovatore di Fontanier, il numero dei tropi si aggirava sulla decina. Lamy, tanto per fare un esempio, registra, sostanzialmente, le figure della *Rhetorica ad Herennium*, tolte l'onomatopea, la perifrasi e l'iperbato, e aggiunte la litote, l'ironia e l'antifrasi. Nel trattato di Fontanier, come già si è detto, l'impegno tassonomico è notevolissimo. Le sette classi delle sue "figure del discorso", che vogliono comprendere tutte le manifestazioni dell'*ornatus*, sono riunite in due gruppi: i tropi e i "non-tropi" (cfr. fig. 4).

FIGURE DEL DISCORSO			*Classi*
TROPI	*veri e propri*	FIGURE DI SIGNIFICAZIONE	I
	impropriamente detti	FIGURE DI ESPRESSIONE	II
NON-TROPI	FIGURE	di DIZIONE (metaplasmi)	III
		di COSTRUZIONE	IV
		di ELOCUZIONE	V
		di STILE	VI
		di PENSIERO	VII

Figura 4 - Le 7 classi delle figure del discorso di Fontanier

Il primo raggruppamento comprende due sottogruppi: i tropi veri e propri, che si manifestano "in parole singole" e costituiscono la classe delle **figure di significazione**; i tropi impropriamente detti, che si manifestano "in più parole" e sono le **figure di espressione**.

I tropi veri e propri possono esibire o un senso *figurato* o un senso puramente *estensivo*. Nel primo caso si tratta di figure vere, a tutti gli effetti, che meritano pienamente il titolo di "figure di significazione", perché sono il risultato di un nuovo modo di significare da parte della parola in cui consistono. Nel secondo caso si tratta di **catacresi** (cfr. poco più avanti), cioè di *estensione abusiva* (in latino: *abusio*) del senso. Fontanier ricupera elegantemente l'intuizione (che già avevano avuto le scuole antiche, dagli stoici a Quintiliano) del ruolo dei tropi nella produzione di significati nuovi; distinguendo tra uso figurato e uso estensivo applica una categorizzazione che ancor oggi vive nella nomenclatura definitoria (nel metalinguaggio) dei dizionari di lingua.

Lo schema seguente riguarda le suddivisioni della prima classe:

Figura 5 - I tropi nella classificazione di Fontanier

Le procedure ipotizzate da Fontanier per classificare e descrivere i tropi aderiscono, sia pure in modo alquanto approssimativo, alle nozioni che tradizionalmente sono servite per definire la metonimia, la sineddoche e la metafora. La novità rispetto ai cataloghi classici sta nell'aver trattato a parte queste tre figure, avendone intuito lucidamente i reciproci rapporti.

Lausberg (1969:102-130) elenca dieci tropi, compresa nel numero la metalepsi, già descritta sotto i sinonimi. Gli altri nove sono suddivisi in due categorie maggiori, secondo che la "sfera semantica", a cui appartiene il traslato, confini o no e abbia o non abbia un qualche collegamento diretto con quella del termine proprio che viene sostituito. Nel primo caso si hanno tropi "per spostamento di limite", cioè di confine tra i due campi; nel secondo caso si ha un "salto" (una "dislocazione") dall'una all'altra sfera (cfr. fig. 5). La prima categoria è ulteriormente suddivisa in due sottogruppi, secondo che il confine venga spostato entro o oltre il campo occupato dalla nozione che il termine proprio esprime. Per esempio, nel caso della perifrasi o circonlocuzione (tropo appartenente al primo sottogruppo) il limite fra il significato di un termine come *contadino* e quello della sua perifrasi sostitutiva *lavoratore dei campi* viene spostato *entro* il "campo concettuale" in cui si inscrive il contenuto dell'una e dell'altra espressione (cfr. fig. 6, p. 146).

Lausberg distingue preliminarmente i "gradi di abitualizzazione" dei tropi a partire dal giudizio di "priorità" inventiva. Un tropo può essere creato all'istante in un discorso e perciò essere usato davvero per la prima volta; ma può anche essere ritenuto originale semplicemente perché recepito per la prima volta da un determinato uditorio. L'originalità di un tropo, come di qualsiasi figura retorica, si misura in rapporto al contesto e alla situazione, oltre che all'intertesto, cioè all'insieme delle produzioni che hanno qualche legame (tematico, di genere ecc.) col testo / discorso a cui appartiene il tropo in questione e, a voler essere eccessivi, oltre all'intera 'biblioteca' di una o più culture. A una priorità in assoluto (cioè riconoscibile universalmente come tale) che si può ipotizzare solo in teoria, si accompagnano priorità relative alla competenza degli interpreti, all'uso in circostanze determinate, alla reinterpretazione di figure già note in situazioni diverse.

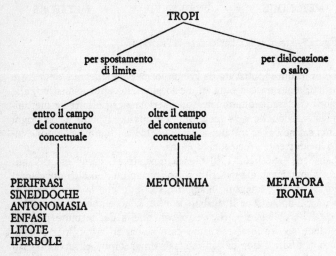

Figura 6 - I tropi nella classificazione di Lausberg

Contribuisce alla "abitualizzazione" di un tropo la sua fortuna: la sua diffusione in più generi e tipi di discorso o presso determinati gruppi sociali. Vi contribuisce in modo ancora più massiccio la "necessità", dovuta sia a censura verbale (un termine proprio è sostituito da perifrasi o metafore eufemistiche), sia a quella che alcuni linguisti (per es., Charles Bally) hanno teorizzato come "mancanza" o "insufficienza" nel lessico di una lingua: quando si deve designare un certo oggetto o nozione per cui una lingua non dispone di un vocabolo specifico, si ricorre o a un neologismo o all'uso estensivo di un termine già esistente nella lingua medesima. Il *collo* della bottiglia, le *gambe* del tavolo, il *letto* del fiume, la *cresta* e la *catena* delle montagne sono estensioni dell'uso di parole che designano parti di individui, oppure oggetti, diversi da bottiglie, tavoli, fiumi, montagne. È un uso 'deviato', un abuso: tale è il senso del già ricordato termine latino *abusio*, calco del greco *katáchrēsis*, da cui l'italiano **catacrèsi** (o catàcresi).[47]

La catacresi è fattore importante nella costituzione del lessico di una lingua. È origine di polisemia e, per l'aspetto che le è stato attribuito di rimedio a una *inopia* lessicale, essa risponde a un'esigenza di economia: si usufruisce del già esistente anziché introdurre neoformazioni.

Altra cosa dalla catacresi sono i traslati non più tali: metafore (ma anche sineddochi, metonimie, iperboli...) *spente*, riconoscibili soltanto nel loro passato valore per mezzo dell'etimologia.

Il termine latino *testa* (da cui deriva la parola italiana corrispondente) significava, originariamente, "guscio di tartaruga"; per estensione passò a designare un qualsiasi recipiente cavo e in particolare una "pentola di coccio"; di qui divenne metafora per *caput*. L'origine metaforica di *testa* è reperibile soltanto attraverso la storia della parola e non nel confronto sincronico con il sinonimo *capo*.

Gli attuali *capo* e *testa* hanno un impiego catacretico parallelo in espressioni come: "a capo di...", "alla testa di...", dove sono, in una certa misura, intercambiabili. Non lo sono più in catacresi come: "essere *il capo* di (un governo, un'associazione ecc.)"; "*capo*famiglia", "*capo*squadra", "*capo*scuola" ecc.; "*testa* di ponte", "vettura di *testa*", "*testa* del mattone" e così via.

Una catacresi o una metafora (metonimia, sineddoche ecc.) spenta possono sempre essere rivitalizzate: in poesia, nei giochi di parole, nel racconto fantastico (favole in cui i denti del pettine mordono, il cane del fucile abbaia, lo zoccolo delle pareti scalcia), nella creazione simbolica, nell'invenzione estemporanea del discorso quotidiano, in generi e forme svariate, insomma, della comunicazione letteraria e non letteraria e perfino in convenzioni culturali, mode, atteggiamenti (si pensi, ad esempio, alla *pruderie* vittoriana, disturbata dalla vista delle gambe 'nude' del tavolo...).

Nel seguente esempio (uno sfogo umorale, in pagine di appunti, aforismi e frammenti vari) è fatta rivivere l'antica metonimia di *lingua* come organo della fonazione, per il prodotto che ne risulta: la "lingua" nel senso di "idioma":

> La lingua italiana non è adatta alla protesta alla rivolta alla discussione dei valori e delle responsabilità, è una lingua buona per fare le domande in carta da bollo, ricordi d'infanzia, inchieste sul sesso degli angeli e buona, questo sì, per leccare. Lecca, lecca, buona lingua italiana infaticabile fa' il tuo lavoro per il partito o per i buoni sentimenti...
>
> (Flaiano, OSP 401)

Da una boutade in un discorso qualsiasi, dove la "cresta della montagna" (catacresi di *cresta* come "formazione carnosa, laminare o di piume sul capo degli animali") riacquista valore metaforico, e pazienza se il tramite è uno stereotipo abbastanza raffermo:

> Guarda un po' che cresta ha messo su quella montagna, da quando nessuno riesce più ad arrivarci!

Sulla catacresi rivelatrice dei 'modelli metaforici' che servono a classificare l'esperienza si tornerà più avanti, al [3].

La seguente rassegna comincerà con le tre figure descritte come tropi sia da Lausberg sia da Fontanier. Seguiranno le sei rimanenti nel sistema di Lausberg, e si darà poi notizia del posto che esse hanno nella tropologia di Fontanier, di cui si esamineranno pure i "tropi impropriamente detti, o figure di espressione".

[1] La **metonìmia** o metonimìa (gr. *metonymía* "scambio di nome"; *hypallagḗ* "scambio"; lat. *metonymĭa, denominatio*) tradizionalmente è stata fatta consistere nella designazione di un'entità qualsiasi mediante il nome di un'altra entità che stia alla prima come la causa sta all'effetto e viceversa, oppure che le corrisponda per legami di reciproca dipendenza (contenente / contenuto; occupante / luogo occupato; proprietario / proprietà materiale o morale ecc.).

Le relazioni che definiscono la metonimia rispetto agli altri tropi riguardano campi concettuali contigui e per qualche aspetto interdipendenti (per es., alla nozione di "opera" *corrisponde* ed è contigua quella di "autore"; alla nozione di "proprietario" quella di "cosa posseduta"), come mostrano sia la qualifica data da Fontanier alle varie specie di metonimia ("figure di significazione, per corrispondenza"), sia la nozione lausberghiana dello spostamento di limite fra nozioni espresse da parole "semanticamente vicine".

I principali tipi metonimici rispondono ad alcune delle domande relative ai *loci* (è naturale che questi ultimi, come ingredienti dell'*inventio*, che è la fase del 'ritrovamento' delle idee, servano a riconoscere le corrispondenze costitutive di una data espressione): "per opera di chi? perché?" (rapporti causa/effetto e viceversa), "dove?" (metonimie del luogo, di contenente e contenuto), "in che modo?" (relazioni tra qualità e portatori delle stesse).

Si designa l'effetto per mezzo della causa quando si nomina: l'autore per l'opera:

> ascoltare *Mozart*; leggere *Leopardi*

il produttore per il prodotto:

un *Martini*; un *Borsalino*

il proprietario per la cosa posseduta:

Mario è sempre avanti di un quarto d'ora (per: "l'orologio di Mario...")

il patrono per la chiesa ecc.:

in *San Pietro*

la divinità mitologica per i suoi attributi o la sua sfera d'influenza:

Bacco, per "vino"; *Venere*, per "amore"

e, propriamente, "la causa per i suoi effetti", i mezzi che procurano qualcosa per i risultati che ne derivano:

Lei con le case male allineate / sbocconcellate ma talvolta / messe a nuovo dal vento / o *da soldi* arrivati col vento

(Zanzotto, *Andar a cucire*, II, 5-8)

Si designa la causa per mezzo dell'effetto quando si parla, per es., di *gioia* per "persona o cosa che dà gioia", di *fortuna* o *rovina* per "circostanze o persone ritenute causa di fortuna o rovina", e via dicendo.

Rapporti di interdipendenza in ambiti svariati sono quelli esibiti dalle metonimie del contenente per il contenuto:

bere *un bicchiere*

dello strumento per chi lo adopera:

una buona *penna*; il primo *violino*

del fisico per il morale:

cuore, per "sentimento"; *cervello*, per "senno, intelligenza"

della qualità per chi ne è fornito o dell'astratto per il concreto (*bellezza*, per "persona bella"; *amicizie*, per "amici"; *arte*, per "artisti" ecc.):

Tutti gli autori di trame sulla *gioventù* che lotta, che soffre, che ride, che ama volubilmente, sono pregati di ritirarle in segreteria. Motivo: non si fanno più.

(Flaiano, OSP 339)

Hoche, di umili origini ma nato a Versailles, allievo stalliere nelle scuderie della reggia, *la rivoluzione* lo trovò sergente, e lo fece in quattro e quattr'otto generale.

(Gadda, TeO 73)

del luogo per gli abitanti:

Nessuna *città francese*, priva ancora della lingua, ha mai portato le sue creazioni a Parigi, 'ut videret quid vocaret ea'; ma viene da Parigi il nome, perché da Parigi vien la cosa.

(Ascoli, Pr 10)

Che sarebbe avvenuto, in ordine alla parola italiana, se *l'Italia* si fosse potuta mettere, molto più risolutamente che pur non abbia fatto, per una via non disforme da quella che *la Germania* ha percorso?

(*ivi*, 17)

della località di produzione per il prodotto:

il Chianti, per "il vino prodotto nel Chianti"

della marca per il prodotto:

un'Aurora, per "una penna..."; *una Fiat, una Volkswagen* ecc.

Le convenzioni culturali sono ancora più evidenti nelle metonimie del simbolo per la cosa simboleggiata:

armi, per "guerra" (che può dar luogo anche a una metonimia dello strumento); *croce* o *altare*, per "religione"; *alloro*, per "gloria"

e delle divise per designare chi le porta:

le Camicie rosse per "i garibaldini"; *i bianconeri, i granata, i giallorossi* ecc. per "i giocatori" delle squadre contrassegnate dalle divise dei rispettivi colori

le denominazioni delle sedi per le istituzioni o gli organi di governo:

l'Accademia; il Vaticano; Montecitorio; Palazzo Chigi; la Casa Bianca; il Cremlino

Estensibile a piacere, l'ambito delle 'metonimie del simbolo' può comprendere, tra l'altro, i nomi degli esseri effigiati, imposti agli oggetti che ne recano le effigie:

il *cicerone* è il contrassegno (simile a una marca da bollo, col ritratto di Cicerone) da applicare sugli atti legali (il ricavato va alla Cassa di previdenza degli avvocati); il *carlino*, il *napoleone*, il *luigi* sono antiche monete; il *Gronchi rosa* è il noto, rarissimo esemplare di francobollo; i *turett* sono, a Torino, le fontanelle pubbliche con la cannella in forma di testa di toro. E l'etimologia di *rubinetto* ci riporta al francese *robinet*, da *Robin*, diminutivo di *Robert*, come era chiamato popolarmente il montone; una testa di montone sovrastava le fontane francesi.

La maggior parte delle espressioni fin qui citate sono catacresi di metonimie: ne fanno fede la possibilità stessa di riconoscerle fuori contesto e la frequenza dell'uso che le ha fissate senza alternative che non siano eventuali perifrasi. Alcune documentano il passaggio dal nome proprio al nome comune:[48]

> *raglan* è diventato il nome di una particolare attaccatura di manica, per analogia con la sagoma di Lord Raglan, primo comandante inglese nella guerra di Crimea, che, amputato del braccio destro, portava un mantello a pellegrina. Così la giacca di maglia che si chiama *cardigan* deriva il suo nome da quello del conte di Cardigan, altro eroe della guerra di Crimea, celebre per aver guidato la "carica dei 600" a Balaklava (nel 1854). L'etimologia di *moneta* narra una serie di passaggi metonimici: *monēta* è il nome latino della zecca, che si trovava in Campidoglio presso il tempio di *Iuno* (Giunone) *Monēta* (l'epiteto deriva da *monēre* "ammonire, consigliare"); il termine passò a indicare anche il conio, quindi la "moneta" coniata. È stata una sorta di devozione scaramantica a far chiamare *santabarbara* il deposito delle munizioni nelle navi: si è voluto metterlo sotto la protezione della santa a cui la tradizione attribuiva il potere di stornare i pericoli del fuoco (fulmine e incendi): esempio di 'metonimia del patrono'. Benché di un santo si tratti, è invece una metonimia del luogo quella che ha dato il nome al dolce *saint-honoré*, per cui può variare la ricetta, ma non la forma di corona: presso una cappella dedicata a Saint-Honoré vescovo di Amiens (morto nel VI secolo) si riuniva la confraternita dei pasticceri e panettieri parigini.

Altre si spiegano come manifestazioni della polisemia (*l'Italia* è nel medesimo tempo il nome della regione geografica e della nazione), o come ellissi (*in San Pietro* < "nella cattedrale di San Pietro"; *il Chianti* < "il vino del Chianti"; *un Omega* < "un orologio [di marca] Omega"). Indipendentemente dalla persistenza del carattere 'figurato' e da giudizi di valore (sull'efficacia persuasiva, la capacità di produrre sensi nuovi, l'originalità, la bellezza letteraria o altro), interessa allo studioso del linguaggio riconoscere il meccanismo metonimico che sta alla base di tali estensioni di significato, di tali fatti di polisemia, di tali ellissi ecc.

Sull'inadeguatezza dei criteri impiegati dalla retorica classica per riconoscere le metonimie daremo qualche indicazione (al successivo [2]), dopo avere trattato dell'altra "figura della contiguità", cioè della sineddoche.

[2] La **sinèddoche** deriva il suo nome dal latino *synecdŏche*, trascrizione del termine greco *synekdochē* (*sýn* "insieme, con", e *déchomai* "ricevo, prendo"). Degli altri nomi latini, *conceptio, intellectio*, il primo è calco traduttivo del termine greco, il secondo, che significa "comprensione", compare nella definizione di *Rhet. Her.* IV, 33, 44: *intellectio est, cum res tota parva de parte cognoscitur aut de toto pars* ["quando il tutto di una cosa viene conosciuto da una piccola parte o una parte dal tutto"].

Le definizioni vulgate ricalcano sostanzialmente quelle dei retori antichi, per i quali la sineddoche consiste nell'esprimere una nozione con una parola che ne denota di per sé un'altra, la quale sta con la prima in relazione "di quantità": come quando si nomina la parte per il tutto e viceversa, il singolare per il plurale e viceversa, la specie per il genere e il genere per la specie, la materia di cui è fatto un oggetto per l'oggetto stesso (per gli ultimi due casi il rapporto quantitativo si spiegherebbe intendendo la specie come compresa nel genere e quindi di minore estensione rispetto a questo, e la materia come componente dell'oggetto oppure l'oggetto singolo come parte di una materia che è comune anche ad altri oggetti).

Denominando la sineddoche come "tropo per connessione", Fontanier (FD 87) la caratterizza come "designazione di un oggetto col nome di un altro oggetto che formi col primo un complesso, un tutto" (per es., il chiamare la casa *tetto*), trovandosi "l'esistenza o l'idea dell'uno compresa nell'esistenza o nell'idea dell'altro".

Lausberg parla di "spostamento" della denominazione di un'entità mantenuto sul piano dello stesso contenuto nozionale; i "limiti" da spostare sarebbero quelli tra genere e specie, tra parte e tutto, tra singolare e plurale, tra l'indicazione dell'oggetto e quella della materia di cui è fatto. La sineddoche viene così definita come una "metonimia di relazione quantitativa", nei due tipi: "dal più al meno" (*a maiore ad minus*; è la "sineddoche generalizzante" del Gruppo μ, cfr. 3.2:C) e "dal meno al più" (*a minore ad maius*; è la "sineddoche particolarizzante" del Gruppo μ), individuati, nelle dottrine classiche, applicando i rispettivi *loci* (cfr. 2.6:[4]).

Nel primo tipo, si nomina il più ampio per indicare il più ristretto: il tutto per la parte (*l'America* per "gli Stati Uniti d'America"; "nell'ora di italiano abbiamo letto *I promessi sposi*", per "qualche pagina dei..."), il genere per la specie (*i mortali* per "gli uomini"), la materia per il prodotto (*i bronzi di Riace*, per "le statue..."); *la pelliccia*, per "il cappotto di..."), il plurale per il singolare (*noi* per "io", nell'uso dei plurali 'di maestà' e 'di modestia').

Esempi classici di *totum pro parte* mostrano la coincidenza di metonimia e sineddoche:

come se uno dicesse a chi gli mostra un vestito o un ornamento lussuoso: "Mi vai ostentando le tue *ricchezze* e vanti le tue *abbondanti risorse*".

(*Rhet. Her.*, IV, 44)

Passi che esemplificano la sineddoche del genere per la specie:

Come suole il *genere umano*, biasimando le cose presenti, lodare le passate, così la più parte dei viaggiatori, mentre viaggiano, sono amanti del loro soggiorno nativo, e lo preferiscono [...] a quelli dove si trovano.[49]

(Leopardi, P 37)

gioia barbarica per seggiole conquistate e forsennato trepestio di *bipedi* fra *quadrupedi* seggiole fecero impallidire i migliori brani descrittivi della Gerusalemme.

(Gadda, BCC 73)

Nel secondo esempio la sineddoche *bipedi* (per "uomini") innesca il parallelo comico con *quadrupedi*, nell'allusione (cfr., più avanti, 2.18:[23]) a cavalieri e cavalli del poema eroico. Animale bipede (e implume, pure) è certamente l'uomo, per autorevole definizione filosofica; ma qui il "trepestio" fa pensare piuttosto a pennuti starnazzanti, donde la carica metaforica dell'allusione; in quanto a "quadrupedi", si noti lo sfruttamento rivitalizzante della catacresi 'gambe, e piedi, delle seggiole'.

Sineddochi dovute all'uso del plurale per il singolare:

sì che dobbiam patire che lo straniero noti, come la patria di Dante, di Machiavelli e di Gino Capponi,[50] resiste pertinacemente ai tentativi che mirano ad accrescervi la diffusione del sapere; e come *gli Atto Vannucci* fioriscano in un ambiente, che insieme riesce così contrario alla vegetazion dell'alfabeto.

(Ascoli, Pr 33)

In effetti *I Lamy, i Du Marsais, i Fontanier*, simili a *tanti Linneo*, hanno dedicato i loro sforzi migliori a recensire indefinitamente le "specie" retoriche, senza poter mai accordare le loro rispettive tassonomie dato che è sempre possibile scoprire o inventare nuove "specie".

(Gruppo μ, RG 194-195)

Il secondo tipo di sineddoche è l'inverso del primo. Si nomina:
(a) la parte per indicare il tutto (*tetto* per "casa"; *Russia* per l'ex "Unione Sovietica"):

Così cominciò anche il mio silenzio. Con quelle orribili *facce* io non scambiavo parola mai; e non avevo bisogno di nulla.

(Merini, AV 57)

A scuola, in centro, si va su *due ruote*.[51]

(b) la specie per il genere (*pane* per "cibo": "dacci oggi il nostro *pane* quotidiano"):

È l'ora della *zuppa*! (scherzoso, per: "È l'ora del pranzo" / "È ora di mangiare")

Calepino (il nome di Ambrogio dei conti di Calepio, autore del primo dizionario latino per le scuole, stampato nel 1502) è una metonimia se usato per indicare solo questo dizionario. È una sineddoche '*species pro genere*' quando sta a significare un qualsiasi vocabolario. Ulteriori estensioni sineddochiche si hanno chiamando *calepino* un grosso volume, un registro o anche un taccuino.

(c) il singolare per il plurale: *lo straniero* per "gli stranieri" (come nell'ultimo degli esempi tratti dal *Proemio* dell'Ascoli); *l'italiano* per "gli italiani":

> Mi piace [...] che *l'italiano* sia portato alla confusione. Ma c'è altro modo per salvarsi dall'ordine?
>
> (Flaiano, OSP 1334)

Quando agli elenchi delle espressioni che giudichiamo o metonimiche o sineddochiche (collocandole idealmente in un contesto adeguato) affianchiamo esempi che ne documentano l'uso in testi concreti, ci colpisce la fragilità dei confini tra metonimia e sineddoche e tra queste e la metafora. In certi casi sembra che tali designazioni siano intercambiabili, se adottiamo i criteri di riconoscimento imposti dalle varie classificazioni tradizionali (la difficoltà non si elimina anche restando ancorati a una sola di queste).

Si consideri il seguente esempio:

> *L'arte* segue *il denaro*. Il sogno del pittore che vive a Roma è di controllare la sua ispirazione non tra le rovine del Foro, ma a New York.
>
> (Flaiano, OSP 1328)

L'arte, metonimia per "gli artisti" (astratto per il concreto); *il denaro*, opinabile metonimia della 'cosa posseduta' per il 'possessore'; più probabilmente sineddoche (singolare per il plurale), o meglio, catacresi di sineddoche, se vogliamo interpretare così l'uso del collettivo.

Se fosse in questione il vocabolo *soldo*, l'uso che passerebbe "inosservato", per usare un'espressione perelmaniana, sarebbe quello del plurale: *i soldi*. Come si vede nell'esempio che segue (tratto dalla descrizione d'ambiente suggerita all'autore dalla *Vocazione di Matteo* del Caravaggio), è il singolare a essere retoricamente marcato: l'espressione *il soldo* può essere classificata come metonimia della cosa posseduta per il possessore ("chi ha soldi") o come sineddoche del numero (singolare per il plurale):

> Le voci son basse e concitate. Ma qualche finestra si apre e donne in camicia si danno a invocare la Madonna. *Il soldo* comanda e *la spada* lavora.
>
> (Gadda, TeO 23)

Anche *la spada*, come *il soldo*, può essere considerata una metonimia oppure una sineddoche: le definizioni classiche consentono a pari diritto l'una e l'altra interpretazione. Si aggiunga che *il soldo* e *la spada* sono evidenti 'personificazioni' (cfr. 2.18:[25]), e che l'enunciato, nel suo insieme, ha carattere metaforico; come è metaforico il predicato *segue* nel precedente passo di Flaiano. Non giova molto classificare come "tropi composti" il risultato dell'incontro di usi figurati dagli incerti confini. Né basta il contesto ad assegnare identità. È ai congegni che bisogna badare: al loro funzionamento in diversi schemi del discorso.

Della metonimia e della sineddoche, come è stato osservato (cfr. Henry 1975:12), e come è apparso, del resto, dalla nostra rassegna, la retorica antica non ha dato definizioni vere e proprie: ha solo cercato di redigere cataloghi particolareggiati delle diverse specie dei due tropi senza mai riuscire a dare criteri di riconoscimento attendibili. Nominare la materia per l'oggetto (*il ferro* per "la spada"), ad es., per alcuni è metonimia, per altri è sineddoche: né si vede quale delle due ipotesi abbia più titoli di credito, dal momento che entrambe poggiano su procedure puramente elencative.

Ma non è decisiva neppure la distinzione – stabilita da Esnault e ripresa da Henry (1975) – che pone alla base della metonimia un cambiamento nella *comprensione* semantica di uno o più termini (*comprensione* intesa come "l'insieme dei caratteri, generici o specifici, che definiscono un ente") e alla base della sineddoche una modifica dell'*estensione* (l'insieme degli enti che hanno la stessa comprensione). Quando designo metonimicamente un'opera col nome dell'autore, modifico la comprensione di tale nome, attribuendogli anche il significato di "opera"; e quando uso una sineddoche (*il soldo* per "i soldi"), modifico l'ambito a cui il concetto può applicarsi: non un elemento singolo, ma molti; e ancora, non tutto un genere, ma solo una specie (*mortali* per "uomini"). Ma è proprio il carattere dialettico e correlativo dei due concetti a renderli inadatti a 'separare' le due figure, dal momento che modificando l'insieme dei tratti caratterizzanti si modifica anche il loro ambito di applicazione.

È stato notato da molti che metonimia e sineddoche, ma enormemente di più la prima che la seconda, modificano il lessico delle lingue; e diventano "catacresi di metonimie e di sineddochi". Per rendersene conto basterebbe scorrere un dizionario, soffermarsi sulle etimologie (ai pochi esempi già dati aggiungiamo appena: *assassino, attico, atlante, biro, cardano, mansarda, pantalone, stile...*),[52] verificare le varianti di significato (la polisemia) di singoli lemmi (*lingua*, per esempio). La polisemia ci mostrerebbe i meccanismi tropici ancora operanti, messi in evidenza, nei vocabolari, come usi 'estensivi' o come usi 'figurati'.

"Ogni atto linguistico", asseriva Henry (1975:17), "può essere spunto per una metonimia." È importante parlare di "atto", per uscire dalla concezione (comoda quando si vuole esemplificare, ma limitativa) della figura ridotta al gruppo del nome. E soprattutto per approssimarsi ai processi della sua produzione e interpretazione. In uno studio rimasto fondamentale, Jakobson (1966:22-45) individuava i due poli, metaforico e metonimico, tra i quali si svilupperebbe l'attività linguistica:

L'atto linguistico implica la **selezione** di certe entità linguistiche e la loro **combinazione** in unità linguistiche maggiormente complesse. Questo appare immediatamente al livello lessicale: il parlante sceglie le parole e le combina in proposizioni secondo il sistema sintattico della lingua che egli usa; le proposizioni, a loro volta, sono combinate in periodi.

(Jakobson 1966:24)

Le scelte vengono compiute all'interno del patrimonio linguistico comune al parlante e al destinatario del messaggio (o comunque, nel caso di neologismi, all'interno delle possibilità combinatorie della lingua e applicando regole di composizione compatibili con quelle già funzionanti):

la concorrenza di entità simultanee e la concatenazione di entità successive sono i due modi secondo i quali noi, soggetti parlanti, combiniamo gli elementi costitutivi del linguaggio.

(*ivi*, 25)

La selezione tra materiali alternativi, coesistenti nel sistema (o codice linguistico), implica che questi materiali possano essere sostituiti l'uno all'altro nel costruire un messaggio. I componenti di quest'ultimo si trovano fra loro in rapporto di **contiguità**, mentre i segni tra i quali è stata compiuta l'operazione di scelta e di sostituzione sono in rapporto di **similarità** (in vari gradi, "che oscillano dall'equivalenza dei sinonimi al nucleo comune degli antonimi", *ivi*, 27). Studiando le varie manifestazioni dell'afasia, Jakobson arrivò a determinarne due tipi principali: il disturbo della contiguità (l'incapacità di combinare le parole in frasi) e il disturbo della similarità (la perdita della "capacità di denominare"). Le due direttrici secondo le quali si sviluppa un discorso furono da lui denominate, quella per contiguità "direttrice metonimica" e quella per similarità "direttrice metaforica", perché ciascuna delle due figure rappresenta nel modo più sintetico il rispettivo rapporto: esterno, realizzato nel messaggio, il rapporto di contiguità; interno, relativo al codice, quello di similarità.

Nell'afasia l'uno o l'altro di questi due processi è indebolito o totalmente bloccato [...]. Nel comportamento verbale normale ambedue operano senza discontinuità, ma un'attenta osservazione rivelerà che, sotto l'influsso di un modello culturale, della personalità e dello stile, viene preferito ora l'uno ora l'altro processo.

(*ivi*, 40)

Che Jakobson trovi il principio di similarità alla base della poesia interessa per le deduzioni riguardanti il parallelismo (cfr. qui 2.17); interessa meno che egli caratterizzi la prosa come sede dei rapporti di contiguità. In ogni caso, è importante che il procedimento metonimico sia stato messo in relazione con quello metaforico sul fondamento di una teoria rigorosa della struttura linguistica.

A questo punto il problema di distinguere la metonimia dalla sineddoche perde consistenza: sono entrambe "figure di contiguità", come le considera Henry (1975), fondate su un meccanismo di "focalizzazione" del pensiero. Il loro statuto stilistico si determina in relazione al contesto, ricorrendo alla considerazione di fattori cognitivi per descriverne il funzionamento e l'interpretazione:

La figura di contiguità non è semplicemente una *figura di stile*, un vano orna-mento di scrittura. Può divenire un procedimento espressivo assai fecondo presso certi scrittori; svolge un ruolo considerevole nella vita del linguaggio e nella storia delle lingue; procede addirittura da un meccanismo fondamentale dell'intelletto umano.

(Henry 1975:58)

Il meccanismo, come si vedrà più avanti, generatore delle metafore.

Contro la "riduzione unilaterale" della sineddoche alla metonimia nella no-zione unificante di (figure della) contiguità aveva protestato Genette (1976 [1972]): la metonimia si regge su "relazioni senza dipendenza" (cioè senza in-clusione), mentre la sineddoche è governata proprio da rapporti di inclusione (iper- e iponimia). Sembrava strano, a Genette, che la seconda di queste figure potesse essere omologata alla prima, e per di più sotto una nozione (la conti-guità) che 'restringe' la metonimia "a un effetto di contatto o di prossimità spaziale". Questo equivale a "limitare il gioco di tali figure al loro aspetto fi-sico o sensibile", sintomo, d'altra parte, dello "slittamento" che il discorso poetico ha avuto in epoca moderna "verso le forme più materiali della figura-zione" (Genette 1976:25).

Nella semiotica di Eco (cfr. Eco 1975 e 1984) la distinzione fra "sineddoche particolarizzante in π" (si veda qui 3.2:C) e metonimia è giudicata "irrazio-nale". La metonimia, infatti, è descritta da Eco come

la sostituzione di un semema con uno dei suoi semi (/ Bere una bottiglia / per "bere del vino", perché la bottiglia sarà registrata fra le destinazioni finali del vino) *o di un sema col semema a cui appartiene* (/ Piangi o Gerusalemme / per "pianga il popolo d'Israele" perché fra le proprietà enciclopediche di Gerusa-lemme deve esistere quella per cui è la città santa degli ebrei)

(Eco 1984:179; corsivi nell'originale)

(Per le nozioni di *sema* e di *semema* si rimanda a 3.2:C.) L'unico tipo di sined-doche possibile è quello (generalizzante o particolarizzante) in Σ (*albero* per "betulla" e viceversa). Perché, allora, si è continuato per secoli a distinguere gli altri tipi (presunti) di sineddoche dalla metonimia? Eco dà al quesito una soluzione "storico-fenomenologica" (che spiega, nello stesso tempo, perché si sia sempre faticato a separare le due figure e perché Jakobson abbia potuto unificarle):

Le cose vengono percepite anzitutto visivamente, e anche per le entità non vi-sive ne vengono percepite principalmente le caratteristiche morfologiche (un corpo è rotondo o rosso, un suono è grave o forte [...] e così via). Solo a una ispezione successiva si è in grado di stabilire le cause, la materia di cui l'og-getto è fatto, i suoi fini o funzioni eventuali. Per questo la sineddoche partico-larizzante (che si basa sul rapporto fra un 'oggetto' e le sue parti) ha ottenuto uno status privilegiato: che è lo status privilegiato della percezione rispetto ad altri tipi di conoscenza...

(*ivi*, 182)

Una volta conosciuti gli oggetti, questi vengono definiti in base a proprietà che non necessariamente denunciano le fasi 'storiche' attraverso le quali essi sono stati conosciuti, ed è così che troviamo, tra gli elementi che servono a definirli, la loro funzione, l'essere opera di qualcuno ecc.: elementi pertinenti, oltre a quelli 'fisici', in una rappresentazione enciclopedica.

La descrizione dei procedimenti per cui si producono variazioni di senso è compito di una teoria dell'interpretazione semantica degli enunciati. È solo perché non ne possediamo ancora una "sufficientemente ricca e articolata" che resistono, secondo Ruwet (1986:215), nozioni appartenenti a "categorie del senso comune, prescientifiche", quali sarebbero quelle di sineddoche e di metonimia, quando vengono applicate

> a meccanismi linguistici molto generali (l'anafora ad esempio),[53] o a conseguenze inferite dall'uso letterale delle parole negli enunciati, oppure ad espressioni stereotipate, idiosincrasiche.
>
> (Ruwet 1986:216)

Ciò non toglie che esistano effetti figurati, visibili particolarmente, ma non certo esclusivamente, nell'uso letterario. Analizzando la poesia di Baudelaire *Le chat*, Ruwet nota, tra l'altro:

> i soggetti e gli oggetti non designano che parti del corpo, e i due protagonisti della poesia *je* e *le chat (tu)* non sono presenti che in maniera indiretta, sotto forma di possessivi, e nelle inferenze. C'è una sorta di *focalizzazione* sulle parti del corpo, e *a questo proposito si può parlare, se si vuole, di uno stile "sineddochico"*.
>
> (*ivi*, 217; corsivo nostro)

> *certamente più dilettevole di tutte l'altre ingegnose figure sarà la metafora [...] Per ciò che se tu di': "Prata amoena sunt", altro non mi rappresenti che il verdeggiar de' prati; ma se tu dirai: "Prata rident", tu mi farai [...] veder la terra essere un uomo animato, il prato esser la faccia, l'amenità il riso lieto. Talché in una paroletta transpaiono tutte queste nozioni di generi differenti: terra, prato, amenità, uomo, animo, riso, letizia.*
>
> (*Tesauro*)

> *Possiamo fare commenti* sulla *metafora, ma la metafora di per sé non richiede né sollecita spiegazione o parafrasi. Il pensiero metaforico rappresenta un particolare modo di ottenere una maggiore comprensione e non è costruito come un sostituto ornamentale del pensiero semplice.*
>
> (*Max Black*)

[3] Le tradizionali definizioni della **metàfora** (gr. *metaphorá*, da *metaphérein* "trasportare"; lat. *metaphorá* e il calco traduttivo *translatio*, da *transferre* "trasportare"; da cui deriva *traslato*) si possono compendiare nella seguente: sostituzione di una parola con un'altra il cui senso letterale ha una qualche somiglianza col senso letterale della parola sostituita.

Tale definizione (che ricalca quella di Lausberg 1969:127) è conforme alla concezione dei tropi come figure di sostituzione (*immutatio*) che vertono su parole singole (*in verbis singulis*). Il 'luogo' che viene applicato per trovare questo tropo è il *locus a simili*, la somiglianza, appunto; il procedimento è la contrazione di un paragone: si identifica un'entità con quella con cui essa viene 'confrontata'; donde la definizione di metafora come *similitudo brevior* (paragone abbreviato): "Un'evidenza *cristallina*" < "chiara come il cristallo"; "Rommel era *una volpe*" < "astuto come una volpe". Benché questa concezione sia dura a morire, in pratica non serve a spiegare la maggior parte delle metafore. In un'espressione come:

una bibbia *fiorita* di miniature gotiche[54]

è bensì implicito un confronto (le miniature sembrano fiori / la bibbia è ornata di miniature come di fiori ecc.), ma il procedimento per cui si arriva alla metafora non è semplicemente la soppressione degli elementi che renderebbero esplicito il paragone. Questo si osserva anche in molte espressioni di uso comune;

è *un pozzo di scienza* / *brillava* per la sua disinvoltura / il *serpente monetario*

a cui la riduzione sembra inapplicabile, nella forma proposta dalla manualistica tradizionale. Si noti infine che fu la retorica latina a intendere in tal modo il rapporto fra similitudine e metafora (l'espressione *similitudo brevior* è di Quintiliano).[55] Per Aristotele, a cui si richiamano gli esempi ("leone" metafora di "guerriero" ecc.) che ricorrono nei vari trattati, il paragone è "una specie" della metafora.

I rapporti tra metafora e paragone non sono affatto semplici, e meno che mai si lasciano ricondurre alle dimensioni degli enunciati o alla presenza / assenza del segno esplicito del confronto, cioè la congiunzione *come*. Secondo una dimostrazione fra le più convincenti,

> la differenza tra similitudine e metafora [...] non si regge su presupposti formali, bensì pragmatico-cognitivi in senso stretto. La prima figura è fondata sulla percezione statica delle affinità (e delle differenze) che legano due entità; mentre la seconda si basa su un meccanismo di natura eminentemente dinamica, che produce una qualche forma di fusione, o per meglio dire compresenza, tra i due enti raffrontati.
>
> (Bertinetto 1979:160)

Inoltre, diverse specie di paragone non possono essere 'condensate' in metafore, come ha mostrato a sufficienza Henry (1975:71-76).

Eco (1984:142) ha osservato che le definizioni correnti ("trasferimento del nome di un oggetto a un altro oggetto per rapporto di analogia"; "sostituzione di un termine proprio con uno figurato" ecc.) sfiorano spesso la tautologia. E anche le secolari discussioni su quello che è stato considerato il tropo dei tropi, la figura fondante, il genere di cui le altre sono la specie, sembrano

> una serie di variazioni intorno a poche tautologie, forse a una sola: "La metafora è quell'artificio che permette di parlare metaforicamente".

Di tutti i fatti retorici, la metafora è quello che meglio si presta a essere riconosciuto intuitivamente, senza bisogno di nozioni teoriche preliminari. È noto che qualsiasi parlante è disposto ad accettare come 'possibili', a patto di intenderli in senso traslato, enunciati che egli giudica inaccettabili, addirittura dei *non-sense*,[56] in situazioni linguistiche 'normali'. Metafora e uso figurato diventano tutt'uno: la specie viene a coincidere col genere.

Il meccanismo metaforico, a quanto pare universale, ha resistito a migliaia di tentativi di spiegazione: ha resistito nel senso che nessuna delle spiegazioni proposte è stata senza residui, poiché il fenomeno, in ogni caso, ha travalicato i limiti e le competenze delle singole discipline che l'hanno affrontato.

Per Aristotele, che per primo indagò la natura della metafora, questa consiste "nel trasferire a un oggetto il nome che è proprio di un altro" (*Poet.*, 21, 1457b). Il trasferimento avviene:

(i) dal genere alla specie:

Quivi *s'è ferma* la mia nave

perché, dice Aristotele, l'"essere ancorato" è un modo speciale del generico "esser fermo". Con che egli chiama *metafora* quella che poi sarà una sineddoche *genus pro specie*;

(ii) dalla specie al genere:

Ché *mille e mille* gloriose imprese / ha Odisseo compiute

dove la specificazione "mille e mille" vale il generico "molte"; ed è una sineddoche *species pro genere*;

(iii) da specie a specie:

> poi che con l'arma di bronzo *gli attinse* la vita

dove il passaggio avviene da "togliere" ad "attingere"; ed è una metafora basata su una certa somiglianza tra l'atto di togliere e quello di attingere. I due significati hanno dei tratti, o proprietà, in comune (cfr. qui 3.2:C), rappresentabili come la zona di intersezione di due insiemi, il metaforizzante e il metaforizzato (cfr. la trattazione di Eco 1984:152-154);

(iv) per analogia; ed è la metafora a quattro termini, descritta nello schema proporzionale che è servito di fondamento alla maggior parte delle teorie successive:

> si ha la metafora per analogia quando, di quattro termini, il secondo, B, sta al primo, A, nello stesso rapporto che il quarto, D, sta al terzo, C; perché allora, invece del secondo termine, B, si potrà usare il quarto, D, oppure invece del quarto, D, si potrà usare il secondo, B [...]. Esempio: la 'vecchiezza' (B) è con la 'vita' (A) nello stesso rapporto che la 'sera' (D) è col 'giorno' (C); perciò si potrà dire che la 'sera' (D) è la 'vecchiezza del giorno' (B+C) , e [...] che la 'vecchiezza' (B) è la 'sera della vita' (D+A) o il 'tramonto della vita'.
>
> (*Poet.*, 21, 1457b)

Questa formula permette di spiegare anche le catacresi, cioè le metafore il cui 'metaforizzato' non esiste nel lessico, dette anche *metafore di denominazione*, perché colmano vuoti del vocabolario di una lingua. Per es., applicato alla catacresi *il collo della bottiglia*, lo schema proporzionale darà: "il collo sta alla testa (o alle spalle) come un oggetto innominato sta al tappo o al corpo della bottiglia" (si veda in Eco 1984:155-157, la spiegazione di questa catacresi, in cui sarebbero in gioco somiglianze morfologiche, rispetto all'altra, *le gambe del tavolo*, che verterebbe su somiglianze funzionali; si veda specialmente l'analisi critica delle metafore aristoteliche "coppa di Ares / scudo di Dioniso" da cui Eco muove per un'importante disamina della metaforologia posteriore).

Aristotele, nella *Retorica*, aveva rilevato il carattere conoscitivo della metafora (che "ci istruisce e ci dà una conoscenza per mezzo del genere") e nella *Poetica* aveva notato che la capacità di costruire metafore è segno della dote naturale di "ben vedere le somiglianze". Dopo di lui, quei settori della trattatistica che privilegiarono l'elocuzione a scapito delle altre parti della retorica insistettero sulla funzione decorativa della metafora.

Nel Medioevo, offuscato il valore conoscitivo del linguaggio dall'idea della Rivelazione divina delle verità, la metafora è assimilata all'allegoria (cfr. qui 2.18:[24]), o è confusa col simbolo; distinta dalla sineddoche e dalla metonimia, viene analizzata soprattutto come "abbellimento".

Nel Seicento, E. Tesauro coglie nella metafora come "argutezza" soprattutto la "brevità", cioè la concentrazione di più sensi in una stessa espressione: la brevità è motivo di novità e questa di "maraviglia, la quale è una riflessione attenta che t'imprime nella mente il concetto". Al significato nuovo, nascosto sotto il senso letterale, consueto, si arriva con il lavoro e l'abilità del solutore di enigmi: la metafora, "enimmatica voce, oscuramente chiara e tacitamente parlante, per fare indovino l'ascoltatore", è più "ingegnosa e acuta" quando "le nozioni son tanto più lontane che fia mestieri di scendere molti gradini in un attimo per arrivarci".

Ma nei *Principi di una scienza nuova* (1725) G.B. Vico pone la metafora a fondamento della gnoseologia dei primitivi, intendendola come la forma originaria del linguaggio: il parlare figurato è anteriore all'espressione razionale del pensiero, è il risultato della trasposizione di caratteristiche umane alle cose inanimate.

I grandi retori del Settecento puntano sui caratteri ornamentale e creativo della metafora. Fontanier, nella sua analisi stilistica dei tropi, arriva a distinguere con chiarezza le "metafore d'invenzione" dalle "metafore d'uso". Com'è stato notato recentemente, se si ignora tale distinzione si rischia di perdere di vista "ciò che la metafora è: o considerando *tutto* il linguaggio come metaforico, o considerando tutto il linguaggio, comprese le sue figure, come riducibile a *grammatica*" (Briosi 1985:37).

Nel *mare magnum* degli studi moderni sulla metafora si possono tentare raggruppamenti secondo idee-guida e secondo il tipo di approccio, linguistico, filosofico, semiotico. Con qualche approssimazione accomuneremo, pur nelle loro notevoli differenze, ricerche guidate dall'idea della metafora come 'condensazione' o fusione di concetti. Per Richards (1967 [1936]) la metafora non è solo un trasferimento di parole; è una 'interazione' di idee: l'una è il "tenore" (*tenor*, cioè *meaning*, la nozione: per es., "la sporcizia", quando diciamo, di un mare, che è *una fogna*); l'altra è il "veicolo" (*vehicle*, cioè il significato che il dizionario assegna, per es., al termine *fogna*). La figura è data dall'unione *tenor* + *vehicle*; e spesso sono più importanti le differenze che le affinità fra i due componenti. Nella convergenza di due immagini, come nella visione binoculare, il filosofo del linguaggio e psicologo Karl Bühler (1983 [1934]) vede la genesi della metafora: due immagini di una stessa entità. Ancora di "fusione metaforica" (fra il *tema* e il *foro*) parlano Perelman e Olbrechts-Tyteca, nei termini già visti (cfr. qui 2.6:[6]), trattando la metafora all'interno dell'analogia. Henry (1975) concentra la sua indagine sul "meccanismo di creazione" della metafora. Nello schema proporzionale aristotelico egli vede rappresentato "un doppio meccanismo metonimico" (vecchiaia-vita; sera-giorno): un'operazione 'prelinguistica' o 'sublinguistica', che viene poi attualizzata e sostanziata nell'espressione verbale. Su tale meccanismo è fondata la metafora: che "è la sintesi di una doppia metonimia in corto circuito, è una identificazione metonimica che crea nel discorso una sinonimia soggettiva" (Henry 1975:81). Egli distingue: metafore a quattro termini, dove il metaforizzante (indicato dal rapporto *a / b*) e il metaforizzato (*a' / b'*), cioè i quattro termini dell'equivalenza, sono tutti espressi:

La ferrovia (*a'*) tra due città (*b'*) è il trait-d'union (*a*) tra due parole (*b*);

metafore a tre termini (in cui è omesso più frequentemente *b*, perché anche gli altri termini, tranne *a*, possono essere assenti a turno in ognuna delle tre combinazioni possibili):[57]

Fra la città imperiale e la città elettorale (*b'*), la nostra civiltà ha gettato quel *trait-d'union* (*a*) che si chiama ferrovia (*a'*);

metafore a due termini, dove sono espressi: *a-b'* oppure *a-a'*; il seguente esempio mostra entrambe le combinazioni:

Gli *aironi* (*a*) della tua voce (*b'*) [...] dal *roveto ardente* (*a*) delle tue labbra (*a'*)

dove sarebbero impliciti: nella prima metafora, *b* (uccello) e *a'* (parole); nella seconda, *b* (splendore delle fiamme) e *b'* (il rosso).

Secondo Henry non esistono metafore a un solo termine; il contesto, nello scritto, e la situazione nell'orale (quando, ad esempio, uno dice di un parlatore vacuo: "Che *trombone*!", oppure, riferendosi a uno scontroso inavvicinabile: "Ecco *l'orso*") darebbero gli elementi per ripristinare almeno un termine dell'equazione analogica. L'interesse delle analisi stilistiche di Henry sta nel tentativo di spiegare, attraverso la fusione di più "schemi sublinguistici", il carattere sintetico (di corto circuito concettuale) delle espressioni metaforiche.

Della metafora intesa come prodotto di due sineddochi, nella *Retorica generale* del Gruppo μ, si darà notizia in 3.2:C. In quest'ultima, come nelle altre teorie a cui si è finora accennato, permane come criterio basilare il confronto fra due entità, il metaforizzato e il metaforizzante. Perciò si è parlato (cfr. Ricoeur 1981 e Briosi 1985) di definizioni "comparatistiche". Tali sarebbero anche quelle di una parte almeno della semantica strutturale, che spiega il processo metaforico come intersezione di uno o più "tratti" appartenenti a oggetti diversi. Ma lo schema coglie "solo il momento terminale del processo" (Briosi 1985:54), e infatti funziona per le metafore di denominazione, del tipo "*il dente, la cresta, i piedi* della montagna".

Dal punto di vista linguistico sono stati esaminati gli aspetti sintattici, semantici, logici e pragmatici del discorso metaforico. Di tali studi esiste un'eccellente rassegna (Bertinetto 1977), le cui conclusioni metodologiche sono tuttora valide. Antesignana dell'analisi grammaticale dei tropi è la *Poetria nova* di Geoffroi de Vinsauf (XII secolo), la cui tipologia delle metafore aggettivali e verbali è stata seguita nell'accurato lavoro di Christine Brooke-Rose (1958). Ivi si mostra che le metafore verbali differiscono sostanzialmente dalle nominali perché non 'sostituiscono' un'azione, ma cambiano il significato dei nomi connessi al verbo (per es., dicendo "il tempo *vola*", "la macchina *divora* la strada", tratto come esseri animati il tempo e la macchina, e la strada come qualcosa che si possa ingoiare). Analogo a quello del verbo, il comportamento di aggettivi e avverbi. Formalizzazioni di tipo logico-semantico (ad es., Bergmann 1979) non spiegano come funzionino le metafore: si limitano a trovare il modo di introdurre la rappresentazione del fatto metaforico (ammesso intuitivamente come tale) nella formalizzazione di una lingua naturale. Secondo Bertinetto, le possibilità di un'analisi puramente linguistica sarebbero confinate allo studio delle "pseudometafore", che egli chiama *metafore-similitudini* (es.: "quella ragazza è *un fiore*"), sottoposte al processo di "riduzione concettuale" per cui esse vengono descritte come similitudini. Affermando che la metafora "affonda le proprie radici nei meccanismi cognitivi della psiche umana" (Bertinetto 1977:84), si torna sulla grande via indicata da Aristotele, per cui la metafora non è "ornamento", belletto, ma strumento di conoscenza.

La spiegazione semiotica che Eco (1984:190-197) dà della metafora è fertile di spunti operativi: proposte "cinque regole" per l'interpretazione co-testuale, si passa all'interpretazione simbolica (attraverso la riformulazione di alcune ipotesi della *metaforica del testo* di Weinrich 1976), per concludere che "non esiste algoritmo per la metafora"; la sua riuscita "è funzione del formato socioculturale dell'enciclopedia dei soggetti interpretanti"; essa è "lo strumento che permette di capire meglio il codice (o l'enciclopedia)". Darne una definizione sintetica è impresa illusoria: perché, se sembra semplice capirla, non è affatto semplice l'azione dei dispositivi mentali che permettono di produrla e di interpretarla.

Nell'ambito della filosofia del linguaggio, la funzione conoscitiva della metafora è stata il fulcro della cosiddetta "concezione interattiva" di Black (1983), opposta alle concezioni "sostitutiva" (il traslato sostituisce un'equivalente espressione letterale) e "comparativa" (la metafora è 'presentazione' di un'analogia sottostante). Riprendendo le tesi di Richards, Black sostiene che la metafora interattiva si costruisce mediante un sistema di implicazioni presenti nel senso letterale dell'espressione metaforica. Più che esprimere delle similarità, la metafora sembra crearle: "certe metafore ci mettono in grado di vedere aspetti della realtà che la creazione della metafora aiuta a costruire" (Black 1983:132). La metafora come 'modello', come meccanismo operante nel linguaggio di ogni giorno, che crea e manifesta nello stesso tempo il nostro modo di vedere la realtà: è la posizione "esperienziale" illustrata da Lakoff e Johnson (1982). Ricoeur (1981 [1975]) esamina in un'ottica ermeneutica le diverse "letture retoriche" della metafora per considerarla come "strategia linguistica" atta a "rivelare" significati nuovi. Briosi (1985), dopo avere ripercorso criticamente la storia, le concezioni filosofiche, la grammatica, la semantica, la psicologia e la semiotica della metafora, ne ha proposto un'interpretazione "fenomenologica", applicando concetti della filosofia di Merleau-Ponty.[58]

Nei campi della teoria e della critica letterarie lo studio della metafora è strettamente congiunto a quello dell'allegoria e del simbolo (cfr. qui 2.18:[24]). In primo piano, il carattere sistematico che si riconosce al discorso metaforico della poesia:

il testo poetico è una catena di metafore coerenti quanto a struttura o, se non il singolo testo poetico, un gruppo di testi di un singolo autore, un canzoniere, un'opera poetica, l'intera opera poetica dell'autore stesso, anche le opere poetiche di un gruppo di autori che [...] tendano a costituire un linguaggio di "scuola".

(Bàrberi Squarotti 1982:4)

D'altra parte, il riconoscimento della funzione principe della letteratura: quella di essere "creatrice e istitutrice di simboli" (*ivi*, 21). La preferenza accordata alla metafora rispetto all'allegoria a partire dal Romanticismo e teorizzata nella forma più radicale da Hegel coinciderebbe con "la riduzione voluta e calcolata della funzione della letteratura, spogliata dell'intento e degli strumenti conoscitivi a favore di quelli illusivi e decorativi" (*ivi*, 23).

Di fronte al troppo che rimane qui non registrato a proposito delle concezioni e degli usi della metafora sembra opportuno rinviare, per indispensabili suggerimenti, alle utili pagine antologiche e alla relativa introduzione di Cacciari 1991, sulla metafora come "evento del linguaggio" e "fatto concettuale", secondo psicologi, linguisti – specialisti di semantica e informatici – e antropologi: il tutto in vista di una tipologia delle funzioni del 'tropo per eccellenza' che, per dirlo con Lotman (1980:1055) è "isostrutturale alla coscienza creativa".

Un tipo di metafora è la **sinestesìa** (dal gr. *synáisthēsis* "percezione simultanea"): trasferimento di significato dall'uno all'altro dominio sensoriale. Sinestesie di uso comune (per la maggior parte traducibili da una lingua all'altra) sono espressioni quali:

tinte *calde / fredde*; profumo *fresco*; voce *chiara / cupa / profonda*; colori *chiassosi / stridenti*; persona *ruvida*; è andato tutto *liscio*; paura *nera / blu*; parole *acide*; sorriso *amaro*; prezzi *salati*; *colorito* (nell'esecuzione musicale); *calore / freddezza* di voce; suono *vellutato*...

Era un suono più "vellutato", più "morbido", forse, quello che Liszt voleva ottenere, quando chiedeva alla sua orchestra di Weimar di fare "più blu" una certa nota, come narra Ullmann (1959:283). Secondo Ullmann (1966:361), "le impressioni acustiche e visive sono più spesso trascritte in termini di tatto o di calore che viceversa". Morier (1961:311-338), a cui si rimanda per l'ampia trattazione della sinestesia nell'ambito delle "corrispondenze" (visive, uditive, analogiche, "sentimentali" ecc.), nota che

l'aggettivo *dolce*, applicato propriamente al gusto e al tatto [...] è un trasferente sensoriale generale; tutte le percezioni lo rivendicano: una pelle *dolce*, una luce *dolce*, una musica *dolce*, ecc. Non si vede come una lingua possa fare a meno di questo tipo di metafora: la più significativa è forse l'espressione tedesca *Tonfarbe* ("colore del suono"), per designare il timbro.

(Morier 1961:337)

165

Sono fatti sinestesici (abbondantemente documentati da Morier) quelli a cui si è accennato (in 2.12:A₁) parlando di *simbolismo fonico*.

> *C'è qualcosa di strano nell'operazione di catalogare l'ironia secondo la tecnica quando l'ironia più sottile è intenta ad evitare di essere riconosciuta attraverso la tecnica.*
>
> (Muecke, trad. Almansi)

> *Se, al modo stesso della verità la menzogna non avesse che un solo volto, noi ci troveremmo in termini migliori con lei. Infatti noi potremmo prendere per certo l'opposto di quello che direbbe il mentitore. Ma il contrario della verità ha centomila volti e un campo indefinito.*
>
> (Montaigne, trad. Almansi)

[4] L'ironia (in gr. *eirōnéia* "finzione", da *éirōn* "colui che interroga" [fingendo di non sapere]; in lat. *simulatio* "simulazione"; *illusio* "irrisione", "inganno"; *permutatio ex contrario ducta* "cambiamento [di senso] ottenuto dal contrario") è stata compresa fra i tropi nella trattatistica tradizionale (cfr. qui 2.16). Fontanier la considera uno dei tropi "impropriamente detti" in quanto costituiti di più parole, e Lausberg (1969) la descrive sia come "tropo di parola" (*ivi*, 128-129) sia come "tropo di pensiero" (*ivi*, 237-240), includendovi la simulazione e la dissimulazione. Il Gruppo μ (cfr. qui 3.2) la colloca fra i metalogismi "per soppressione-aggiunzione" (si osservi la fig. 2), soffermandosi specialmente sull'antifrasi (vedi più avanti) e mostrandone le analogie e le intersezioni con la litote e l'eufemismo.

Mizzau (1984:13-16) dà una rassegna di definizioni, antiche e moderne: prevale la concezione dell'ironia come *antifrasi*, o "inversione semantica" (ironia è 'dire l'opposto' di ciò che si crede e che realmente è), ma non mancano riferimenti agli scopi (burlarsi di qualcuno o qualcosa, deridere), al carattere paradossale e allusivo dell'alterazione ironica, al vantaggio che essa offre (l'idea è di Freud) "di far aggirare facilmente le difficoltà delle espressioni dirette", e alla parentela con il comico. Lausberg (1969:128) accenna al carattere di citazione ("l'ironia come tropo di parola è l'uso del vocabolario partigiano della parte avversa [...] nella ferma convinzione che il pubblico riconosca la incredibilità di questo vocabolario"): ciò che si intende per "fare l'eco" a un altro discorso (espressione isolata o insieme di enunciati). Sotto tale aspetto, le varie specie di ironia si potrebbero interpretare (la proposta è di Sperber e Wilson 1978) come *"menzioni* (generalmente implicite)", *eco* di un enunciato o d'un pensiero di cui il parlante intende sottolineare l'errore, l'inammissibilità, l'inopportunità o l'inadeguatezza. Intesi come 'modi di riportare' la parola propria (autoironia) o altrui (sarcasmo, parodia, deformazione comica ecc.), i vari tipi di ironia possono essere spiegati, sempre secondo Sperber e Wilson, senza ricorrere alla nozione di senso figurato. Quest'idea è sviluppata da Mizzau, che, sulle tracce di Bachtin, considera l'ironia come

> il caso limite, più evidente, di un fenomeno frequentissimo nel discorso: la dialogicità interna alla parola.
>
> (Mizzau 1984:68)

Che significa "dialogo tra un enunciato presente e uno assente evocato". L'ironia è *distanziamento*:

> menzione di un enunciato cui si invita a non prestar fede. Ma come non tutte le menzioni sono distanziamenti (esiste la citazione partecipe, assenziente), così non ogni distanziamento è ironia.
>
> (*ivi*)

L'accurata analisi di Mizzau isola gli aspetti semantici (l'antifrasi) e pragmatici dell'ironia, ne discute le ambiguità e i risvolti paradossali, descrive le intenzioni con cui viene prodotta, gli impliciti, le condizioni a cui viene compresa, i rapporti con l'umorismo, le funzioni che essa ha nell'interazione comunicativa. Un modo nitido e coerente di affrontare l'universo ironico; che però sembra beffarsi – ironicamente – di ogni strumento di misurazione. È il paradosso di cui parla Almansi, in un saggio il cui scopo dichiarato è dimostrare l'impossibilità di una "retorica dell'ironia":

> l'ironia non è definibile secondo modelli perché è basata sulla incompletezza dell'informazione, mentre l'analisi del discorso ironico non può procedere senza modelli.
>
> (Almansi 1984:24)

La "zona di incertezza psicologica" (*ivi*, 22) in cui vive questa figura proteiforme è stata scandagliata da Jankélévitch (1987 [1964]): l'ironia è uno 'sgonfiamento' dell'enfasi, del prendersi sul serio; vuole indurci a ridimensionare il mondo e noi stessi, ma non è né superficialità né futilità, è piuttosto pudore, mescolanza di riso e di pianto.

167

Prototipo dell'ironista è Socrate, che demolisce le vuote ostentazioni, ma aiuta mentre mette in difficoltà, è sfuggente, imprevedibile e saggio, sceglie la strada della riservatezza e non quella della tracotanza beffarda, che porta al sarcasmo.

Fra le multiformi specie di ironia di cui discorre Almansi, la *tongue-in-cheek* (che l'*Oxford Dictionary* definisce come "parlare in modo non sincero o con lieve ironia") è la più sfuggente: come ogni volta che sono in gioco la sincerità e la buona fede, le intenzioni recondite di chi parla in modo e con tono volutamente ambigui, e il disorientamento o l'ingenuità di chi ascolta.

Un'esemplificazione eccellente si trova, com'è naturale, nei lavori citati; altri esempi sono disseminati in questo manuale, e si farebbe torto al lettore se si tentasse di elencarli ora. Si aggiunge appena il seguente, che mostra non poche variazioni (anche di registro) della figura, compresi la citazione ironica e il grottesco satirico:

> Il poeta Prati, passati i cinquanta, invita la pupa, una bella notte, a romantico dondolamento sul mare. Le si rivolge con una interminabile stampita in sestine di quinari gèmini il cui ritornello [...] è tutto un programma: "dormi, fanciulla: meglio è sognare / su la stellata volta del mare". L'idea di invitare in barca la ragazza, e una volta che ce l'ha in barca suggerirle per prima cosa "dormi", è innegabilmente un'idea sublime: essa contribuisce in modo indubbio "a elevare il livello culturale degli italiani" che di solito propendono a fare un uso alquanto dialettale delle ragazze in barca.
>
> (Gadda, TeO 73)

La citazione-allusione ("elevare il livello culturale...") è da riferire al testo di un'inchiesta (del 1958) "sull'incerto futuro della lingua italiana", ove si leggeva, tra l'altro: "L'uso del dialetto [...] giova alla diffusione della cultura e alla elevazione del gusto?". Donde lo scherzo allusivo del gaddiano *uso alquanto dialettale* (delle ragazze). Si noterà che la scrittura di Gadda, vivacemente 'polifonica' (più voci o echi di usi differenti in una stessa espressione) si presta particolarmente a illustrare la nozione bachtiniana di dialogismo o dialogicità interna alla parola, a cui si è accennato poco fa.

La forma "più aggressiva e più esplicita"[59] dell'ironia è l'**antifrasi**, che si ha quando un'espressione viene usata per dire l'opposto di ciò che essa significa ("*Bella* giornata, oggi", per dire "brutta, pessima"; "*Bravo, bene!*", per rimproverare o disapprovare). L'antifrasi fu definita nella tarda antichità, e distinta dall'ironia. Secondo Isidoro di Siviglia, quest'ultima sarebbe rivelata dal tono con cui si pronuncia una data espressione, mentre l'antifrasi (*sermo e contrario intellegendus*: "enunciato da intendersi al contrario") è manifestata dal significato dei termini; e il Venerabile Beda (VII-VIII secolo) aggiunge che essa è ironia limitata a una sola parola. L'ironia può servirsi dell'antifrasi, può manifestarsi nel 'dire una cosa intendendo e facendo intendere l'opposto', ma "il ribaltamento di senso non è condizione sufficiente dell'ironia" (Mizzau (1984:18).

Furono considerate antifrastiche espressioni come *Ponto Eusino* ("mare ospitale"), per il Mar Nero, situato in una regione e in un clima tutt'altro che accoglienti; *Eumenidi* ("benevole"), nome propiziatorio delle mitologiche Furie. Sono modi di dire apotropaici, scaramantici. Di recente Lepschy ha individuato e descritto un fenomeno già da altri delineato confusamente: l'**enantiosemìa** (una manifestazione della polisemia), che si verifica quando una stessa parola ha due significati tra loro contrari, o contraddittori o conversi. Fra i contrari, *avanti* può significare "prima" (*il giorno avanti*) o "poi" (*d'ora in avanti*); *feriale*, "lavorativo" (*giorni feriali*, opposti ai festivi) e "di vacanza" (*periodo feriale*, cioè delle ferie); *storia*, "racconto veridico di fatti veri" e "fola, menzogna". Fra i contraddittori, *sbavare* significa "emettere bave" e "togliere le bave" (dal metallo, in fonderia); *sbarrare*, "chiudere" e "spalancare" (gli occhi). Fra i conversi (o inversi), *ospite*: "chi ospita e chi è ospitato"; *affittare*: "dare e prendere in affitto"; *pauroso*: "che ha e che incute paura". L'enantiosemia "è una proprietà semantica di singole parole" (Lepschy 1981:83; trad. nostra); l'antifrasi riguarda l'uso di espressioni in senso opposto al loro proprio.

> la cosa fu raccontata con infiniti riguardi [...], e a quelle doloranti circonlocuzioni la contessa interrompeva il ricamo [...]: e guardava con disdegno muto la bocca dell'informatrice, tutta rugiadosa dallo sciroppo delle perifrasi. Nella penombra della gran sala, il racconto pareva un cavallo in un pantano. E le dabben perifrasi, come sospirose comari, si presentavano compunte agli orecchi della contessa...
>
> *(Gadda)*

[5] La **perifrasi** o circonlocuzione (gr. *períphrasis*, da *periphrázō* "parlo con circonlocuzioni", di cui è calco il lat. *circumloquium*; altre denominazioni latine sono i sinonimi *circumitio, circuitio, circuitus*: "l'andare attorno") è un "giro di parole" che sostituisce un unico termine, o definendolo (*Colui che tutto move*: definizione di Dio come motore dell'universo) o parafrasandolo (*l'amor che move il sole e l'altre stelle*).

La perifrasi può essere considerata come un 'sinonimo a più termini', poiché il principio che la governa è l'equivalenza di senso. Ha valore di figura e come tale si differenzia dalla definizione (cfr. 2.18:[5]) per il fatto di essere usata *al posto di* un'espressione già nota.

Perifrasi lessicalizzate sono le locuzioni fisse, avverbiali, preposizionali, verbali, nominali: *di buon grado* (volentieri), *al di là di* (oltre), *far paura* (impaurire), *operatore ecologico* (netturbino). Il parlare odierno, specie nelle frange burocratiche e pseudotecniche, sembra particolarmente incline alla perifrasi, che vuol essere eufemistica: per es., *i non udenti* per "i sordi", "i sordastri" ovvero "i deboli di udito".

Anche *deboli di udito* è una perifrasi, ma meno fortunata della precedente, nell'uso ufficiale (burocratico e televisivo), forse per la maggiore lunghezza, certamente per l'analogia di *non udenti* con l'altra circonlocuzione: *i non vedenti*, che ha soppiantato il nobilissimo *ciechi*. Le due perifrasi vincitrici hanno avuto dalla loro il fatto d'essere litoti (cfr. più avanti al n. [8]), con parvenza di attenuazione, e participi insoliti (registrati ancora come rari dai lessici più recenti), con parvenza di sussiego 'scientifico'.

La perifrasi eufemistisca[60] ha una salda tradizione, radicata nella decenza, nella buona creanza e nel rispetto dell'altrui sensibilità: che sono le molle della censura verbale per le parole ritenute sconvenienti. Si sa che il giudizio umano, oltre a essere cosa che spesso erra, è volubilmente relativo in tale materia, come insegnano gli spostamenti progressivi dei confini imposti al "comune senso del pudore" e alle conseguenti inibizioni nell'uso di termini propri ed espliciti per ciò che riguarda, per esempio, la sfera sessuale. Nelle mani di uno scrittore di vaglia tali inibizioni possono diventare occasione e fonte di divertimento:

Più tardi ci trovammo in cortile (scendeva la sera) e passeggiando su e giù la Norma mi confidò la formula con cui ci si confessa. La imparai bene a memoria e a suo tempo la ripetei al prete: "Atinpùri". [...] Finalmente don Antonio poneva la Domanda, che solo lui a Malo faceva a quel modo: "Hai mancato – contro la Santa Modestia?". Era una sua perifrasi personale per gli atinpùri; e la formula delicata permetteva risposte altrettanto delicate, uno scambio di idee tra gentiluomini.

(Meneghello, LNM 7)

Altro potente dispositivo che fa scattare la censura verbale è la paura, legata a concezioni sacrali del potere della parola: la paura di evocare influssi maligni nominando l'essere o l'evento temuti. Questi tipi di perifrasi appartengono, o sono strettamente connessi, allo scongiuro e all'imprecazione. Per convenzione o per vezzo si evita di pronunciare il nome dei presunti iettatori (*colui che non si nomina, l'innominabile* ecc.), dando luogo ad antonomasie o perifrasi sostitutive di nomi propri (cfr. più avanti, al [6] di questo paragrafo).

Si tende a non chiamare col loro nome fatti ed eventi sgradevoli, infausti, dolorosi; disgrazie, malattie, morte sono oggetto di perifrasi eufemistiche:

> ha subìto *un rovescio finanziario*
> ha *un male incurabile*
> è *passato a miglior vita*

a cui talvolta non è estraneo un intento apotropaico (il desiderio di stornare influssi malefici; di qui gli scongiuri che accompagnano l'enunciazione di avvenimenti fausti o infausti: "che il diavolo non ci senta!", "che Dio ce ne guardi" ecc.).

Negli annunci mortuari i giri di parole si sprecano: pietà e dolore stendono metaforici veli, schermano lo sgomento dietro la convenzionalità di luoghi comuni giustificati dal pudore della propria o dell'altrui sofferenza: ed è anche il rispetto, o l'amore, per il morto a imporre la fuga da espressioni avvertite come brutali o troppo crude nella nudità della loro esplicitezza.

La perifrasi compare spesso come 'tropo composto': allusione mitologica:

> *il sacerdote di Temi* (il giudice)
> *il regno di Plutone* (l'oltretomba, per gli antichi)
> *la decima musa* (il cinema)

metafora:

> avere *un cuore d'oro; le mani d'oro*

sineddoche e metonimia:

> non essere *uno stinco di santo*
> non è *quello che si dice una bellezza*

perifrasi, le ultime due, in forma di litote e con effetto metaforico.

Tutto ciò induce a riflettere sul carattere essenziale del meccanismo perifrastico: l'essere, appunto, un dispositivo da riempirsi con figure diverse.

Qualche perifrasi di varia provenienza: formule burocratiche e di vieto cerimoniale:

> il sottoscritto si pregia rivolgere a codesto ufficio la presente istanza al fine di ottenere...
> Le esprimo i sensi della più profonda gratitudine

la prima delle quali ricorda l'"antilingua" esemplificata da Calvino nella parodia di un verbale d'interrogatorio:

> Il sottoscritto essendosi recato nelle prime ore antimeridiane nei locali dello scantinato per eseguire l'avviamento dell'impianto termico...
>
> (Calvino, UPS 122)

serie di perifrasi per: "Stamattina presto andavo in cantina ad accendere la stufa...".
Altre sono riempitivi irridigiti in stereotipi:

> di *quelle che possono essere* le lacune, di *quelli che possono essere* i ritardi, di *quelle che possono essere* le disfunzioni...[61]

resi più insopportabili dalla ripetizione nello schema dell'anafora.
Una fantasiosa perifrasi letteraria:

> gesto che sarà registrato ad opera delle future Storie Universali tra i molti gesti che gli uomini hanno compiuto, nel corso della loro *millenaria insistenza a voler rimanere abbarbicati alla meravigliosa crosta terrestre.*
>
> (Gadda, BCC 36)

Perelman e Olbrechts-Tyteca (che, come si ricorderà, prendono in considerazione le figure tradizionali solo nella loro funzionalità oratoria) riconoscono come funzione precipua alle perifrasi la "scelta" (TA 183), che consiste nel dare rilievo a una caratteristica, a un aspetto particolare degli individui, oggetti, fatti ecc. nominati. Una perifrasi è tanto più riuscita quanto più serve a mettere in luce le cose che contano in un dato discorso: è costruita, dunque, in base a una selezione dei caratteri, come si suol dire, pertinenti al tema e più adatti agli scopi di quel discorso. Su tali requisiti si misurano le valenze retoriche di una perifrasi, oltre che sulla percezione che gli ascoltatori / lettori ne hanno in relazione alle loro conoscenze del termine sostituito (si ritorna così al criterio dell'adeguatezza al tipo di pubblico già teorizzata da Aristotele e ripresa vigorosamente da Perelman). Non avrà alcun rilievo una perifrasi come *furto di bestiame* per 'abigeato', in un testo, orale o scritto, non specialistico e destinato a non specialisti, perché questa (*furto di bestiame*) è la designazione comune, perciò neutra, che passa inosservata non essendo generalmente noto il termine proprio.

Una perifrasi non è avvertita quando non coesiste con una denominazione alternativa (che sia ritenuta come propria e unica) nella memoria dei riceventi. L'ultima espressione citata sarà riconosciuta come circonlocuzione solo da chi abbia una qualche conoscenza del lessico legale.[62]

Un impiego sistematico e codificato della perifrasi si trova nel ciceronianesimo del latino moderno per evitare "termini (per esempio del latino cristiano) che non sono attestati in Cicerone" (Lausberg 1969:111); oppure per denominare nozioni che non hanno corrispondenti nella cultura antica, come avviene nel latino ecclesiastico e come è avvenuto molte altre volte nel latino usato quale lingua internazionale della scienza nel corso dei secoli postclassici.[63]

La linguistica testuale si occupa della perifrasi come procedimento sostitutivo, e perciò come elemento di coesione all'interno di un testo. Da un punto di vista pragmatico, una retorica della perifrasi interessa per i collegamenti con l'enciclopedia (l'insieme delle conoscenze riguardo al mondo) del parlante e del destinatario del discorso.

[6] L' **antonomàsia** (gr. *antonomasía*, composto di *antí* "invece di" e *ónoma* "nome"; lat. *antonomasĭa*, e il calco *pronominatio*: *pro* "al posto di" e *nominatio* "designazione") consiste nell'usare al posto di un nome proprio, un epiteto (o un nome proprio usato come epiteto) o una perifrasi che esprimano una qualità caratterizzante l'individuo nominato: *l'Onnipotente*; *lo Stagirita* (Aristotele, nativo di Stagira), *il Ghibellin fuggiasco* (Dante); *la capitale del cinema* (Hollywood); e, fra le espressioni di consumo odierne legate all'attualità, *l'Avvocato*, *l'Ingegnere*, *la (vecchia) Signora* [del calcio].

L'antonomasia è perciò considerata una variante sia della perifrasi, sia della sineddoche (*un rebus*: un singolo gioco enigmistico diventa, con una sineddoche – *species pro genere* – "l'enigma" per eccellenza); spesso ha valore metaforico (*il Cigno di Busseto*; *la tigre della Malesia*) o è allusione-citazione: *the day after*.

Fontanier (FD 95-96) aveva classificato l'antonomasia come "sineddoche d'individuo", stabilendone la seguente casistica:
(i) un nome comune sta per un nome proprio (*il re, il musicista, il Maestro, il Filosofo*). L'iniziale maiuscola 'di riguardo' non è specifica dell'antonomasia, anche se talvolta la sottolinea, come una sorta di marchio di qualità. Dal punto di vista grammaticale ab-

biamo a che fare con la sostituzione di un termine specifico (il nome proprio) con uno generico (il nome comune indicante la classe a cui l'individuo appartiene o una peculiarità di questo, odierno oggetto degli studi sull'anafora come procedimento sintattico-testuale (a cui si è accennato qui in 2.13);

(ii) un nome proprio sostituisce (funziona come) un nome comune: *un Demostene* (un grande oratore), *un Otello* (un geloso irriducibile), *un Einstein* (un genio); *mecenate* e *anfitrione* non sostituiscono soltanto, ma sono diventati nomi comuni[64] per indicare rispettivamente un protettore e finanziatore di artisti e di arti, e un padrone di casa generoso e ospitale, meglio se splendido (si noterà che negli esempi di questo gruppo l'antonomasia è l'inverso della perifrasi). Nella tradizione retorica il tipo (ii) viene denominato **antonomasia vossianica**, dal nome del grammatico e retore G.I. Vossio (XVI-XVII secolo), che traspose sull'antonomasia la reversibilità della sineddoche ('specie per il genere' e 'genere per la specie'). Diventato comune, il nome può acquistare un nuovo significato (*cicerone*, "guida turistica") e può trovare concorrenti (*sponsor*, che oggi nell'uso comune sta soppiantando *mecenate*);

(iii) un nome proprio sta per un altro nome proprio (*Ghino di Tacco* per "Craxi"). L'antonomasia può originarsi da uno pseudonimo, ma non tutti gli pseudonimi producono un'antonomasia: solo quelli che originariamente erano nomi propri di personaggi così famosi o famigerati per loro qualità o imprese da diventarne i campioni 'per eccellenza';

(iv) un nome comune è usato sia per il nome proprio di un individuo – come nel tipo (i) – sia per il nome comune della specie o categoria a cui questo viene assegnato, per indicare attributi o comportamenti ritenuti esemplari, nel bene o nel male; *stoico*, per chi sopporta le avversità con imperturbata fermezza; *vandalo*, per chi compie atti di violenza sconsiderata, vandalismi, appunto. Per concludere con un'arguzia ottocentesca:

> Una donna è furiosa? è una *baccante*, una *menade*. Dimostra coraggio virile e bellicoso? è un'*amazzone*. È brutta, strillona e bisbetica? è un'*arpia*. È giovane, bella e ben fatta? è una *ninfa*, una *dea*
>
> (Fontanier, FD 97)

L'antonomasia, come s'è visto, attinge a campi tropici svariati: oltre a essere metaforica, sineddochica e metonimica (*i Verdi*: il nome degli ecologisti è un bell'esempio di antonomasia metonimica), allusiva e mitologica, si presta bene all'ironia (di cui al [4]) talora attraverso la litote [8].

L'antonomasia comprende anche fenomeni dell'evoluzione linguistica: in francese *renard* (volpe) è l'antico nome proprio (*Renard*, tradotto in italiano con *Rainardo*) attribuito all'animale il cui nome comune era *goupil*, ora termine arcaico.

Gli usi antonomastici sono una spia dei codici culturali propri di ciascuna epoca. Spesso si tramandano alle età successive, altre volte passano di moda, o sopravvivono soltanto nell'uso dotto. Talvolta per ritrovarne le origini o addirittura per capirli bisogna ricorrere a ricostruzioni storico-filologiche. Qualunque sia la loro origine, motivazione ed età anagrafica (*un Apollo, un Adone; un Eden, un Eldorado, il Paese di Cuccagna: Carneade*: dalla frase che il Manzoni fa pronunciare a don Abbondio, "Carneade, chi era costui?", che ha trasformato nell'"oscuro per eccellenza" un filosofo antico non grande ma non certo oscuro; *una Caporetto*, rimasta per gli italiani "la sconfitta" per definizione), le antonomasie in quanto luoghi comuni esibiscono il loro *status* di stereotipi nella maniera più chiara e più tipica. E sono anche una facile conferma dei meccanismi analogici che troviamo alla base del linguaggio figurato.

[7] L'ènfasi (gr. *émphasis*, da *en* "dentro" e *pháinō* "mostro", perciò, "esibizione"; tale è il senso del lat. *significatio*, affiancato al grecismo *emphasis*), affine alla sineddoche "di spazio maggiore" (nella variante 'dal più al meno generico') e all'antonomasia, è un 'dare a intendere' più di quanto sia esplicitamente detto.

Ciò che gli antichi chiamarono enfasi è noto modernamente col nome di *pregnanza di significato*. Nell'enunciato:

il sangue *non è acqua*

ciò che si dichiara, se preso alla lettera, è del tutto ovvio; l'enfasi (e in questo risiede la sua natura di tropo) consiste nell'andare (e nel far andare chi ascolta o legge) oltre la superficie dell'enunciato, per isolare nell'idea di "acqua" gli attributi opposti a quelli che, per contrasto, verrebbero riconosciuti al "sangue" (inteso, metonimicamente, come "consanguineità").

L'espressione

non fare il *bambino*

equivale a: "non comportarti da persona immatura, capricciosa ecc.". Si nomina il genere ("bambino") per indicare alcuni (presunti) caratteri specifici che il contesto linguistico e la situazione, o la consuetudine, trattandosi di una frase fatta, permetteranno di inferire.

Di ben diversa caratura è la pregnanza del bellissimo titolo

Se questo è un uomo

di Primo Levi, dove la concentrazione del significato rovescia la formula 'dal più al meno' (dal generico allo specifico) su cui sono costruiti gli stereotipi antonomastici del tipo: "questo è un (vero) uomo!" (i cui tratti si determinano secondo le circostanze, le ideologie e il tipo di discorso, e i tempi e i paesi: l'uomo che Diogene cercava con una lanterna in pieno giorno aveva caratteristiche certamente diverse da quelle che il *far west* cinematografico ostenta nei suoi eroi).

Modernamente, si è detto, parliamo di pregnanza, perché *enfasi*, nell'uso comune, è sinonimo di insistenza, di accentuazione innaturale di toni e coloriture discorsive. Si può risalire al suo originario significato attraverso l'accezione che essa mantiene come termine tecnico della fonetica per indicare la particolare accentuazione di una parola, ottenuta "aumentando l'intensità articolatoria, la durata della sillaba accentata ed eventualmente facendo subire alla tonalità della sillaba stessa uno sbalzo in alto, o meno spesso in basso, e lasciando più o meno inalterato il resto dell'enunciato" (Canepari 1979:110). Tali espedienti fonico-prosodici mirano ad attirare e a concentrare l'attenzione dell'ascoltatore sull'elemento a cui è affidata un'informazione supplementare. Così, attraverso la voce e i gesti, cioè attraverso i segnali della *pronuntiatio* (cfr. qui 2.22) il dicitore (oratore o poeta) faceva intendere che un dato termine andava preso non nell'accezione più immediata, letterale, ma in una più profonda, derivabile dalla prima perché compresa in questa. Faceva scattare il meccanismo di riconoscimento del tropo: invitava l'ascoltatore ad 'andare oltre' il senso proprio della parola pronunciata 'enfaticamente', per scegliere solo alcuni dei tratti che ne definivano il significato. Come spiega Lausberg (1969:120), "questa realizzazione fatta di gesti e di voce si sposta così in primo piano, [...] la parola *enfasi* può venir usata esclusivamente come 'aumento di espressione in generale', e questo anche nel campo della *elocutio* (a prescindere cioè dalla *pronuntiatio*) tanto che praticamente coincide con l'iperbole o con la metafora più audace".

[8] La **litote** (gr. *litótēs* "semplicità", *antenantíōsis*, da *antí* "contro" e *enantíos* "opposto"; lat. *litotes*, *exadversio*) è la negazione del contrario (grande / piccolo: *non piccolo* = "(molto) grande"; affermare

/ negare: *non negare* = "affermare", "ammettere"). Il procedimento è quello della perifrasi (una litote *è* una perifrasi); l'effetto è, non di rado (*non di rado*: litote per "molte volte, spesso"), ironico.

"Ironia di dissimulazione", la definisce Lausberg. Una metafora ironica costituita da una perifrasi nella forma di una litote è il celebre attacco manzoniano:

> Don Abbondio (il lettore se n'è già avveduto) *non era nato con un cuor di leone.*
> (*I promessi sposi*, I)

Il cumulo di valori figurali (perifrasi, ironia, dissimulazione, iperbole, e potremmo aggiungere anche l'enfasi) dà ragione a Fontanier che vedeva nella litote non altro, in fondo, che una specie di metalessi (cfr. qui 2.15). È, come affermava il letterato settecentesco La Harpe, a cui si rifà Fontanier (FD 133), "l'arte di mostrar di attenuare, mediante l'espressione, un pensiero di cui si vuole conservare tutta la forza. Si dice meno di ciò che si pensa; ma si sa bene che non si sarà presi alla lettera; e che si farà intendere più di quanto si dica".

Il parlare quotidiano abbonda di litoti:

> Non è mica stupido

dove l'enfasi manifesterà sorpresa, se non addirittura ammirazione;

> non è chi non veda...
> non si può negare che...
> non vi dispiaccia...
> ...

A volte la litote attenuativa è una perifrasi eufemistica (cfr. 2.16:[5]):

> non è un genio ("è un imbecille, un mediocre ecc.")

o un modo di dire che reca traccia di scongiuri:[65]

> non mi lamento ("sono soddisfatto")
> non c'è male ("sto bene")

Ma non tutte le volte che si nega si intende accentuare iperbolicamente (cfr. 2.16:[9]) il contrario, o fare dell'ironia dissimulata. È ancora Fontanier a notare con molta finezza: "è al tono e alle circostanze del discorso che si deve particolarmente quella forza e quell'energia di senso che fanno la litote: la forma grammaticale e il giro di frase, di per sé, non offrirebbero altro che un'espressione ordinaria, da prendersi alla lettera" (FD 134-135): non dunque un tropo, se si ammette che questo si distingua opponendosi a un'espressione letterale. La 'forza' di cui parla il retore ottocentesco, dovuta a fattori concomitanti, interni ed esterni al discorso, è l'eccedenza di senso, il plusvalore comunicativo, che caratterizza il livello retorico dell'enunciazione.

L'uso e la frequenza della litote diventano un segno di riconoscimento, quasi un marchio di fabbrica, per certi scrittori; tale fatto si può collegare alla natura dialettica della negazione, che è tale sul presupposto di un'asserzione implicita.

Perelman e Olbrechts-Tyteca trattano la litote insieme con l'iperbole (vedi qui il [9]), osservando, tra l'altro, che il termine negato nella litote "è spesso [...] un'iperbole. In 'Pitagora non è autore da disprezzarsi' l'effetto di sorpresa è causato da questa iperbole, evocata per esser subito respinta" (TA 308). Non ci sarebbe dunque opposizione tra le due figure, come talvolta è stato detto, ma una serie complessa di legami, dato che la litote non è soltanto una figura di attenuazione, una "confessione a mezza voce".[66] È, come spiega Caffi 1990, una "figura bifronte", una "soluzione aperta in una strategia argomentativa": solo dal contesto l'ascoltatore / lettore potrà arguire se una litote attui un rafforzamento o una mitigazione.[67]

> *In un taxi, a proposito di un nuovo hotel di Las Vegas: "An orgy of excitement". Ossia, soltanto l'iperbole e l'enfasi vengono percepite dal consumatore, e soltanto una metafora sessuale garantisce l'attenzione. Se l'annuncio pubblicitario dello stesso hotel fosse redatto in termini semplici, non sarebbe percepito.*
>
> (Flaiano)

[9] L'**ipèrbole** (gr. *hyperbolḗ*: *hypér* "su, al di sopra" e *bállō* "getto": perciò "sollevo"; lat. *hyperbole* e *superlatio*, calco traduttivo del termine greco) è l'eccesso, l'esagerazione nell'amplificare o nel ridurre la rappresentazione della realtà mediante espressioni che, pur dilatando o restringendo oltre il vero i connotati di ciò che si comunica, mantengono col vero una qualche lontana somiglianza. Esempi:

Mi piace *da morire*
Le grida salivano *alle stelle*
Scrivimi *due righe / due parole* di risposta
Non ha *un briciolo* di cervello

Fontanier (FD 123), nel definire l'iperbole, insiste sulla "buona fede" che essa presuppone in chi la usa: si presentano le cose "molto al di sopra o molto al di sotto di ciò che sono, con l'intenzione non d'ingannare, ma di condurre proprio alla verità e di imprimere ciò che si deve realmente credere, attraverso ciò che l'iperbole dice di incredibile". Ciò che è incredibile non va dunque preso alla lettera, ma va tradotto (come di fatto avviene in una comunicazione riuscita) in termini di corrispondenza con quantità o entità reali: smisuratamente grande intensità del sentimento e altezza del tono di voce, nei primi due esempi; massima esiguità di dimensioni negli altri due.

Se l'espressione iperbolica viene intesa alla lettera, c'è materia per favole e barzellette: "O moglie mia, preparami due ceci", e la moglie stolta della novellina popolare cuoce *due* soli ceci in una pentola di brodo. Il giorno dopo, in compenso, si affanna a contare cento, duecento, mille tagliatelle, alla richiesta, di nuovo iperbolica, del marito.

Normalmente l'iperbole viene capita per quello che è: a nessuno verrebbe in mente di buttarsi a nuoto per soccorrere uno che "annega in un bicchier d'acqua"; semmai gli si lancia un metaforico salvagente per aiutarlo a uscire da difficoltà che son tali solo per lui.

È stato ancora Fontanier ad avvertire che l'iperbole, per raggiungere il suo scopo, non deve oltrepassare i limiti della verosimiglianza, pur venendo meno alla verità.[68] Causa ed effetto di verosimiglianza è la banalizzazione dei modi di dire:

sentir *drizzarsi i capelli*
essere accecato dall'ira
non vedere *al di là del proprio naso*
valere *un soldo bucato*
bere *un goccio* di vino
pioggia? macché, solo *due gocce* d'acqua
...

In ogni caso è il contesto a decidere l'interpretazione: nell'ultimo enunciato non ci sarà iperbole se dall'alto sono cadute due, e due soltanto, gocce d'acqua e se quella non era pioggia; se "arrivo in un minuto" vuol dire che impiegherò *realmente* sessanta secondi ad arrivare ecc.

Il meccanismo della dismisura retorica può essere messo alla prova, bloccato, irriso dallo scontro con la realtà effettuale o con una realtà immaginata (possibili mondi l'una e l'altra), che assorbano e superino l'iperbole. Si veda come vanno a finire nell'invenzione di Meneghello gli eroici furori dell'Ardito, selezionato un senso ben preciso nell'iperbole *scavalca i monti* e annullata la lettura metaforica di *divora* (vetusto luogo comune: "divorare una distanza, la strada ecc.") nell'omonimia di *piano*: "pianura" e "pianoforte":

> *Scavalca i monti - divora il piano*
> *pugnàl fràì denti - le bonbe a mano.*
> [...] Questi erano gli Arditi, scavalcatori di monti colla spaccata dell'ostacolista, divoratori del piano. Il pianoforte mi appariva nero e lucido, illuminato da due abat-jour, fornito anch'esso di una dentatura abbagliante di tasti. L'Ardito in grigioverde col berrettino nero, prima lo scavalcava sullo slancio, poi si voltava e lo sgranocchiava rapidamente.
>
> (Meneghello, LNM 4; corsivi nel testo)

Lausberg (1969:122) distingue fra "iperbole pura" e "iperbole combinata con altri tropi". La prima sembrerebbe affidata alle "categorie dello spazio", come si può vedere qui nel secondo degli esempi addotti, o nel detto proverbiale di Carlo V: "sui miei dominii il sole non tramonta mai". Anche la misura del tempo si presta all'iperbole pura: "Aspettami *un minuto*"; "È *un secolo* che non ti vedo".

E l'abusato *attimino*? È un diminutivo iperbolico, per rendere ancora più breve il già brevissimo attimo. È anche un caso di slittamento del significato, dalla misura del tempo all'indicazione di "piccola o minima quantità". *Attimo* e *attimino* sono diventati sinonimi di *un poco*, *un pochino*, in usi come: "Sta' *un attimo* attento (presta *un attimino* di attenzione)", dove la misura può riguardare sia la durata sia la quantità dell'attenzione, per arrivare a espressioni come: "ho *un attimino* paura", "è *un attimo* più furba del suo amico", dove è in questione solo la quantità. Il consolidarsi abitudinario del diminutivo e, d'altra parte, del superlativo – forme tendenzialmente iperboliche –[69] sono potenti fattori di desemantizzazione (cioè di perdita o riduzione delle peculiarità di significato) delle parole.

Di fatto l'iperbole pura è "una categoria manualistica, più che una figura retorica d'uso" (Ravazzoli 1978:71), giacché le procedure dell'esagerazione coinvolgono, separate o congiunte, metafora (metonimia e sineddoche), paragone, ironia, allusione, avvalendosi di litoti e di perifrasi.[70] E si aggiunga l'allegoria (2.18:[24]) iperbolica, di cui si può citare ad esempio la polarità "Gulliver/Lilliput".

La metafora e il paragone si rivelano particolarmente attivi come ingredienti della dismisura amplificante o attenuativa:

> Sta ssopr'a un canapè, povera vecchia / *Impresciuttita* lì, *peggio d'un osso*; / E *ha più carne sto gatto in d'un'orecchia* / Che ttutta quella che lei porta addosso.
>
> (Belli, *Madama Letizzia*, 5-8)

"Tutto scorre", diceva un filosofo greco guardando il mondo dei suoi tempi; ma in nessun tempo e in nessun luogo ciò si vede e si sente come sulle odierne ampie *interminabili* strade americane, quando le grandi macchine dorate, argentate, azzurre, bianche, nere vanno simultaneamente *inesorabili*, a velocità misurata, *possedendo mille paesaggi e nessuno, quasi ubbidissero alla voce di un Dio e inseguissero con tutte le loro forze un bene da lui promesso.*

(Corti, VNE 35)

Nel secondo esempio il rapporto fra l'iperbole e le figure con cui si combina (metafora: *possedendo... paesaggi*, e paragone: *quasi ubbidissero... e inseguissero...*), è capovolto. Qui è l'iperbole che ha funzione ancillare nella rappresentazione del flusso di un moto incessante, affidata alla doppia serie enumerativa asindetica (cfr. 2.17:[16]) e [23] degli aggettivi (*odierne ampie interminabili*; e *dorate, argentate* ecc.) e alla bella antitesi (2.18:[8]: *mille... e nessuno*).

Perelman e Olbrechts-Tyteca considerano l'iperbole, al pari della litote, come figura destinata ad attuare un "superamento". Fra le tecniche argomentative, quelle del superamento "insistono sulla possibilità di andare sempre più lontano in un senso determinato [...] con un continuo aumento di valore" (TA 303). Agli esempi ivi addotti si potrebbe aggiungere il motto proverbiale:

Al peggio non c'è mai fine.

L'iperbole si distingue dalle altre procedure argomentative del superamento [cfr. qui 2.6:[6]b(i)], in quanto è "modo di esprimersi a oltranza" e senza preparazione o giustificazioni preventive. L'esagerazione, l'eccesso, come sono stati intesi dai retori, non sono che l'aspetto esteriore della tendenza al superamento, come lo è l'attenuazione (apparente) per la litote.

Un'iperbole in forma di paradosso è l'**adýnaton** ("impossibile"):

Non lo dimenticherò, *campassi mille anni.*
Non mi muovo di qui, *neanche morto.*

Questa figura fu tenuta in conto di perifrasi per esprimere idee di assolutezza (per es., "mai", "sempre"):

Io ti amerò fin che l'oceano / *verrà piegato in due e steso ad asciugare*
(versi di W.H. Auden usati come motto pubblicitario dei prodotti di abbigliamento "Romeo Gigli")

o enigmi, o allegorie:

È più facile che un cammello passi per la cruna di un ago...

181

È il momento di domandarci quale posto avessero nella classificazione di Fontanier le ultime sei figure del nostro catalogo escluse dalla classe dei tropi veri e propri o "figure di significazione" (cfr. fig. 4). In tale gruppo riesce a rientrare l'antonomasia, come tipo di sineddoche: la "sineddoche d'individuo" (che si aggiunge a quelle della parte, del tutto, della materia, del numero, del genere, della specie, dell'astrazione). L'iperbole, la metalepsi, la litote, l'ironia entrano nel sistema tropologico di Fontanier come "tropi in più parole, o impropriamente detti" (cfr. fig. 6). La perifrasi è collocata fra i "non-tropi", nella classe delle "figure di stile" (cfr. fig. 8). L'enfasi non è nominata: come enfasi semantica o pregnanza di significato è assorbita in ciò che Fontanier intende per metalepsi; come elemento della *pronuntiatio* non rientrava, evidentemente, in una teoria delle figure.

I tropi impropri sono denominati "figure di espressione", intendendo per *espressione* "ogni combinazione di termini e di giri sintattici che esprima una qualsiasi combinazione di idee", mentre per i tropi che hanno il loro fulcro su una sola parola l'idea messa a fuoco è unica. Daremo uno schema di questa seconda classe, senza soffermarci sulle procedure, che sono designate con etichette (*finzione, riflessione, opposizione*) abbastanza trasparenti e intuitivamente giustificabili, benché approssimative. Sono scritte in corsivo le figure denominate originalmente da Fontanier.

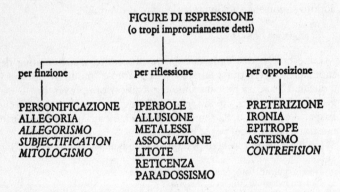

FIGURE DI ESPRESSIONE
(o tropi impropriamente detti)

per finzione	per riflessione	per opposizione
PERSONIFICAZIONE	IPERBOLE	PRETERIZIONE
ALLEGORIA	ALLUSIONE	IRONIA
ALLEGORISMO	METALESSI	EPITROPE
SUBJECTIFICATION	ASSOCIAZIONE	ASTEISMO
MITOLOGISMO	LITOTE	*CONTREFISION*
	RETICENZA	
	PARADOSSISMO	

Figura 7 - La II classe delle figure del discorso di Fontanier

L'allegorismo (*allégorisme*), che Fontanier distingue dall'allegoria da cui differirebbe pur essendone "un'imitazione", corrisponde a ciò che oggi si chiama 'metafora continua' (*métaphore prolongée et continue* lo definisce infatti Fontanier): "una serie di metafore che sfruttano, in numero più o meno elevato, elementi di un medesimo campo semico" (Henry 1975:157). Un breve campione:

L'esempio più significativo d'una *battaglia* con la lingua per *catturare* qualcosa che ancora *sfugge* all'espressione è Leonardo da Vinci.

(Calvino, LA 75)

Nelle considerazioni da farsi riguardo alla metonimia e alla sineddoche potrebbero confluire le fini osservazioni di Fontanier su quel tipo di personificazione che egli denomina *subjectification*, "trasformazione in soggetto": una cosa qualsiasi, una qualità, un atteggiamento, un modo d'essere ecc. vengono fatti agire o descritti come agirebbe o sarebbe descritto il soggetto stesso del discorso. A differenza della personificazione propriamente detta, la 'soggettivazione' mostra sempre accanto all'entità, fisica o spirituale, che viene personificata, "un'altra persona come la sola e vera". Gli esempi, tratti da Racine ("*le mie mani omicide*, pronte a vendicarmi...", "Colui che *la vostra bocca insegna* a bestemmiare"), da Boileau ("*alla mia penna dispiacerebbe* risparmiarne qualcuno..."), da Voltaire ("il suo tranquillo *furore marcia con gli occhi bassi...*") documentano la base sineddochica e metonimica di questa nuova figura. Che è certamente 'a casa sua' fra le sottigliezze classificatorie e valutative del retore ottocentesco, ma apparirebbe superflua in una qualsiasi descrizione dei dispositivi retorici mirante a rispondere a criteri di semplicità e di omogeneità esplicative. Analoghe osservazioni per il 'mitologismo': metonimie, sineddochi o metafore mitologiche espresse in più parole.

Sono varianti dell'antifrasi (2.16:[4]) l'**asteismo** (in gr. *asteïsmós* "urbanità, finezza", da *ásty* "città"; in lat. *urbanitas, urbana dictio*), "arguzia delicata e ingegnosa, grazie alla quale si loda o si lusinga sotto l'apparenza del biasimo o del rimprovero" (FD 150), e la **contrefision**, neoformazione che vale, all'incirca, "controfiducia": sorta di ironia amara o beffarda, attuata in forma esortativa. Si invita qualcuno (l'ascoltatore, il lettore o la persona di cui si parla) a tenere un determinato comportamento, si incoraggiano certe opinioni, lasciandone intendere le conseguenze paradossali, o contraddette dall'evidenza, per indurre a conclusioni contrarie a quelle prospettate, annullando così la fiducia chiesta speciosamente.

Stereotipi di asteismo germogliano da ogni parte nel parlare cerimonioso, nelle forme della *politesse*:

Ma Lei non doveva assolutamente disturbarsi... Bisogna proprio che La rimproveri.

L'asteismo (cfr. HWR, I, 1129-1134) può attuarsi anche come *understatement*, come autodenigrazione simulata ('luogo' dell'affettazione di modestia: cfr. 2.6).

Spiritosa invenzione, o *tópos* della scrittura brillante, l'asteismo occhieggia con garbo insuperato nella letteratura francese del Settecento.

Come esempio di *contrefision* proponiamo il seguente passo (la parentesi dell'ultimo periodo richiama anche i modi dell'asteismo):

> Don Alessandro, non fotografate così spietatamente le magagne di casa; non interpretate così acutamente, ai fini d'un ammonimento sublime, i fatti che sogliono ricevere espressione nella retorica del giorno. Che Renzo sia un libertario un po' in gamba, mettetegli almeno una cravatta di quelle che portano i terribili comunardi della vostra Parigi. Che Lucia non sia così modesta, così legata, così facile ai rossori, da attirarsi le beffe di un asso della tiratura romanzesca [...] Allora soltanto potrete sperare un posto in Parnaso; mentre così, Don Alessandro, (ma che avete mai combinato?) vi relegano nelle antologie del ginnasio inferiore, per uso dei giovinetti un po' tardi e dei loro pigri sbadigli.
>
> (Gadda, TeO 30)

2.17 FIGURE DI PAROLA

Come indica lo schema di fig. 3, l'*ornatus* nella connessione di parole si attua nelle "figure" (in gr. *schēmata*, in lat. *figurae*) e nella "composizione" del discorso (in lat. *compositio* o *structura*; cfr. 2.19).

Le figure riguardano o l'espressione linguistica (figure di parola: in gr. *léxeōs schēmata*; in lat. *figurae elocutionis / figurae verborum*) o le idee (figure di pensiero: cfr. 2.18). In linea di principio, le figure dovrebbero essere considerate come elementi della *dispositio* (cfr. 2.8) applicati all'*elocutio* (a cui appartengono a pieno titolo le figure di parola) e all'*inventio* (nel cui ambito rientrerebbero le figure di pensiero, benché tradizionalmente anche queste siano state trattate all'interno dell'*elocutio*).

Nello schema generale di fig. 3 le ramificazioni che si dipartono dalle figure di parola sono tre, contro le quattro delle figure di pensiero. Ognuno dei rami corrisponde, in entrambi i raggruppamenti, a una delle quattro categorie del mutamento, che designano altrettante classi di figure e corrispondono alle procedure di attuazione comuni alle sottoclassi in cui le figure stesse saranno catalogate (cfr. fig. 8 e fig. 10).

Se, anziché porre alla base dello schema generale dell'*ornatus* la bipartizione di quest'ultimo "in parole singole" e "nella connessione di parole", si assegnasse preminenza tipologica all'azione delle quattro categorie del mutamento, potrebbero essere ascritti alle figure di parola (l'osservazione è di Lausberg) anche i sinonimi e i tropi, quali *sostituzioni* di un 'termine proprio' (si noti che i più antichi trattatisti latini avevano sì raggruppato i tropi, ma sempre nell'insieme più ampio delle *exornationes verborum*).

Nella fig. 8 si troverà un quadro preliminare alle indicazioni analitiche.

A) *Figure di parola per aggiunzione*

Le procedure dell'aggiunzione (o addizione) comprendono:

a₁) *la ripetizione*, che produce successioni di membri o uguali o variati sia da manipolazioni della forma, sia da mutamenti nella funzione sintattica oppure nel senso delle parole replicate;

a₂) l'*accumulazione* di membri fra loro differenti, coordinati oppure subordinati.

La coordinazione è procedura di collegamento non solo per i membri 'accumulati', ma anche per quelli 'ripetuti'. Essa si presenta in due varianti strutturali: l'asìndeto e la sìndesi.

L'asìndeto è l'assenza di congiunzioni coordinanti, perciò è figura della *soppressione*. La sìndesi, che è il collegamento mediante congiunzioni coordinanti (copulative: *e*...; disgiuntive: *o*...; avversative: *ma*...; causali: *poiché*... ecc.) si attua sia nel **polisìndeto**, dove i connettivi sono più di uno, sia nel collegamento di due membri con una sola congiunzione ("armi *e* bagagli"; "come *e* perché").

Collegamenti asindetici e (poli)sindetici possono coesistere in una stessa struttura coordinativa:

vita, morte e miracoli

Le donne, e ' cavalier, li affanni e li agi

(*Purg.*, XIV, 109)

Uno, nessuno e centomila

(Pirandello)

Nelle enumerazioni (cfr. 2.17:[16]) si può giocare sull'effetto di rallentamento ritmico e di 'allungamento' dell'ultimo membro: effetto oratorio gradevole (di casa nella lingua letteraria) in quanto corrisponde a una precisa esigenza del cosiddetto "ordine naturale" della *dispositio*: la collocazione dei membri di un discorso in progressione, dal più breve al più lungo (cfr. 2.8).

La configurazione del polisindeto è quella dell'anafora (cfr. più avanti, [5]), che è figura tipica della ripetizione.

a₁) *La ripetizione*. Gli attuali studi di linguistica testuale la considerano come una delle relazioni sintattiche e semantiche a cui è affidata la coesione del discorso. In analisi pragmatiche dell'interazione verbale si fanno tipologie delle ripetizioni per descrivere le mosse del gioco comunicativo. Gli effetti che si possono ottenere ripetendo parole, consapevolmente e con precise intenzioni, oppure inconsciamente, sono temi di ricerche linguistiche e psicologiche.

FIGURE DI PAROLA

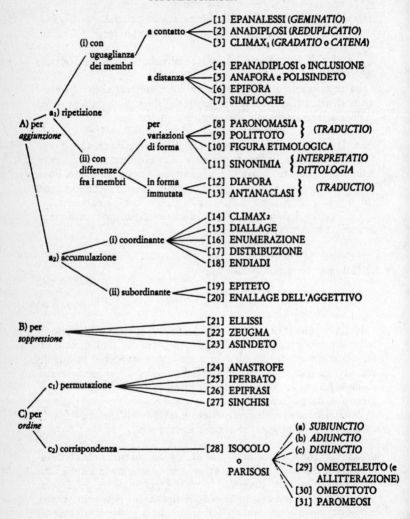

Figura 8 - Quadro generale delle figure di parole: adattamento della sistemazione lausberghiana

La coazione a ripetere è stata considerata come una costante del discorso poetico: la attuano rime, assonanze, cadenze ritmiche, allitterazioni, e ogni altra manifestazione del parallelismo su tutti i livelli dell'organizzazione del testo.

A volte l'iterazione di parole e strutture diventa, da "figura di parola" (fatto, o artificio, fonico, ritmico, lessicale, sintattico), riproduzione di un discorso, di parti di testo: allusione, citazione, imitazione e parodia. Assume i contorni di una traccia memoriale, nelle forme dell'autocitazione, voluta, ma più spesso inconscia.

Sotto tali aspetti è stata studiata la tendenza ripetitiva di Virgilio, evidente in forme retoriche molteplici: anafora, ritornelli, formule rituali della poesia bucolica, didascalica ed epica (cfr. le voci "ripetizione" di W.W. Briggs e "Eneide, problematica ecdotica" di M. Geymonat nell'*Enciclopedia Virgiliana*).

La storia dello stile poetico delle lingue classiche e moderne è in parte storia dei principi di iterazione, del ruolo che essi hanno nella costruzione del testo (cfr. Facchini Tosi 1983). Negli studi linguistici e letterari odierni si torna a calcare, con ben altri mezzi, il terreno battuto dalle descrizioni classiche delle "figure della ripetizione" (cfr. Frédéric 1985).

Nei modelli retorici tradizionali la forma, la funzione e il significato delle espressioni ripetute erano oggetto di analisi in quanto contribuivano all'efficacia dell'argomentazione, alla carica emotiva e al pregio estetico del discorso. Ma il numero e le sottigliezze delle partizioni, l'incertezza definitoria, il sovrapporsi di sottoclassi e di figure hanno finito per rendere precarie le distinzioni. Le distinzioni, per intenderci, insensibili ai meccanismi linguistici e psicologici che fanno variare le forme e che spesso sono identici in più figure, cioè in fatti discorsivi riconducibili a una sola matrice, ma chiamati con nomi differenti. A tali fatti i tradizionali strumenti retorico-stilistici avevano apprestato misure, stampi e contenitori inadeguati per difetto o per eccesso.

La nomenclatura classica delle figure della ripetizione (che manifesta nel modo più clamoroso l'ossessione classificatoria, la *rage de nommer*, limite micidiale della tradizione retorica) è, storicamente, ancora più variata di quanto non appaia dai nostri elenchi, ove sono state omesse alcune denominazioni concorrenti che sarebbe stato superfluo registrare. Riesumarla serve più che altro a documentare e a mettere a portata di mano una serie compatta di etichette erudite, che hanno corso tuttora negli studi letterari.

Come meccanismo discorsivo fondamentale, la ripetizione (*repetitio*) si oppone alla variazione (*variatio*). Entrambe possono agire l'una sull'altra: la *variatio* può modificare le procedure della ripetizione (cfr., per esempio, la paronomasia e la sinonimia), e questa a sua volta intervenire nelle collocazioni in parallelo di elementi tra loro diversi; esempio tipico, l'antitesi, che i modelli classici collocano tra le figure di pensiero (cfr. 2.18:[8]) e il Gruppo μ fra i metalogismi: precisamente fra i metalogismi (fra i quali si trova appunto la ripetizione) ottenuti applicando le procedure dell'"aggiunzione ripetitiva" (cfr. fig. 2).

Dal punto di vista stilistico, la *variatio* è stata proposta, nella normativa italiana e francese, come "rimedio" per evitare le ripetizioni non retoricamente motivate; di questo non si curano affatto l'inglese e il tedesco, che non esitano a ripetere le stesse espressioni, anche a breve distanza in un testo, a scanso di ambiguità. L'inglese, anzi, mostra una predilezione spiccata per le strutture iterative. Secondo Wandruszka (1975:104) "l'onnipresenza della Bibbia e dello stile biblico in un paese protestante fu senza dubbio un fattore importante, certo non l'unico, per creare e rinforzare tale predisposizione". Confrontando testi della letteratura di consumo e della saggistica inglese e americana con le rispettive traduzioni francesi, italiane, spagnole, Wandruszka fa notare come a costrutti ripetitivi negli originali corrispondano variazioni sinonimiche nelle traduzioni. E quando queste ultime si mantengono "troppo aderenti alla perpetua retorica e stilistica ripetitiva" delle lingue anglosassoni ("una retorica che in America ha radici molto profonde: nel sermone puritano e nel discorso pubblico della nascente democrazia", inclini a ripetere le "parole più povere", con "una voluta semplicità, una finta ingenuità": *ivi*, 110), allora hanno un che di semplicistico, di "tradotto dall'americano", appunto, che contrasta con la "sottile ed elegante varietà", tradizionale appannaggio dello scrivere curato nelle lingue neolatine.

Nel modello lausberghiano la ripetizione appare come procedura dell'aggiunzione, dai punti di vista lessicale e sintattico (le ripetizioni foniche sono considerate come fenomeni della "corrispondenza" di forme e di suoni sotto la categoria dell'"ordine" e come fatti pertinenti alla *compositio*; gli altri tipi di iterazione appaiono come fenomeni secondari in diverse figure di parola e di pensiero). Le prime tre figure di parola (epanalessi o *geminatio*, anadiplosi o *reduplicatio*, climax o *gradatio*) hanno in comune il fatto che le repliche sono "a contatto", cioè sono contigue l'una all'altra, salvo prevedibili intromissioni di elementi che non modificano la struttura di base delle singole figure.

Le quattro successive sono caratterizzate invece dalla "distanza" fra i membri ripetuti; che possono 'incorniciare' segmenti di testo inclusi fra le repliche (ed è ciò che avviene nell'epanadiplosi) oppure cadenzare con ricorrenze parallele le parallele aperture o chiusure di gruppi di parole o di enunciati successivi: ed è ciò che fanno rispettivamente l'anafora e l'epifora, mentre la simploche combina insieme l'una e l'altra.

AVVERTENZE

1) Con l'espressione *segmento testuale*, usata d'ora in poi nelle definizioni delle figure, si intenderà una successione ordinata e coerente di parole, delimitata sintatticamente o metricamente: sintatticamente come periodo, come frase semplice o complessa, come parte di frase (si preferirà perciò parlare di *enunciato*, lasciando indeterminata la struttura grammaticale di frase); metricamente come strofa, raggruppamento di versi, verso, membro di quest'ultimo, cioè *colon* (cfr. 2.19).
2) Si daranno per ogni figura le formule lausberghiane che ne descrivono la struttura: tanto più apprezzabili e utili al riconoscimento quanto meno rigorose e decisive sono le correnti definizioni manualistiche.
3) Si rimanda al capitolo 3 per parziali ridistribuzioni delle principali figure secondo i vari livelli dell'analisi linguistica.

[1] L'**epanalèssi** o **geminatio** "geminazione" (gr. *epanálēpsis* "ripetizione", tradotta in latino con *repetitio*; altri nomi greci: *pallilogía*, *epízeuxis*,[71] latini: *iteratio*, *duplicatio*) consiste nel raddoppiare (geminare) un'espressione, ripetendola o all'inizio, o al centro, o alla fine di un segmento testuale.[72]
All'inizio (configurazione /xx.../):

In verità, in verità vi dico... (*Amen amen dico vobis...*)
Ben son, ben son Beatrice

(*Purg.*, XXX, 73)

Double, double toil and trouble

(*Macbeth*, atto IV, scena I)

O *parla parla*, buchëta morta, o *parla parla*, buchëta d'or!

(La sposa morta, Nigra, V, 7)

Attenzione! Attenzione!...

All'interno (configurazione /...xx.../):

La ratio, il logos, non hanno buona stampa, *lo so, lo so*, nel nostro mondo patetico, strimpellante, teatrale: e gratuitamente astratto, o distratto.[73]

(Gadda, TeO 60)

E che vuoi che sia, mio caro nottambulo, mio sedentario delle tenebre, se non *questo, questo* appunto – la resurrezione dei morti?

(Manganelli, RV explicit)

Alla fine (configurazione /...xx/):

189

... ma la figlia / del limo lontana, / la rana, / canta nell'ombra più fonda, / *chi sa dove, chi sa dove*!

(D'Annunzio, *La pioggia nel pineto*, 90-94)

Io pensavo che il mondo così concepito / [...] / fosse soltanto un io male sbozzolato / fossi io indigesto male fantasticante / [...] / e non tu, bello, non tu "santo" e "santificato" / un po' più in là, *da lato, da lato*

(Zanzotto, *Al mondo*, 10-16)

Tra il cantico sonoro / il tuo tintinno squilla, / voce argentina: "*Adoro / adoro*". Dilla, dilla / la nota d'oro.

(Pascoli, *Alba festiva*, 10-14)

In quest'ultimo esempio le delimitazioni ritmiche non coincidono con quelle sintattiche. L'epanalessi *adoro, adoro* si trova alla fine di un segmento sintattico e al centro del segmento ritmico che gli si sovrappone e che contiene, adiacente alla prima, un'altra epanalessi: *dilla, dilla*. Quest'ultima è del tipo / ...xx.../ per quanto riguarda la struttura ritmica, e del tipo /xx.../ rispetto alla delimitazione sintattica.

I membri iterati possono ammettere interposizioni:
(i) di incisi (vocativi, interiezioni, avverbi, frasi parentetiche ecc.):

Brucia, ragazzo, *brucia*

(titolo di un film di F. Di Leo)

Vola, colomba bianca, *vola*

(ritornello di una nota canzonetta)

... se *giovanezza*, ahi! *giovanezza* è spenta?

(Leopardi, *Le ricordanze*, 135)

(ii) di qualsiasi elemento grammaticale sintatticamente legato a uno dei due membri:

Umano, troppo *umano* ("*Menschlich*, zu *menschlich*")

(Nietzsche)

Ma *l'oro* di San Marco, almeno, *l'oro*, dove lo mette?

(Morante, PCBA 80)[74]

Ci ha *una fame*, ma *una fame*, la creatura!

(Consolo, SIM 40)

Le scarne annotazioni che abbiamo fatto riguardo alla struttura di questo primo tipo di ripetizione nulla dicono dei suoi usi effettivi, degli intenti che li dominano e degli effetti prodotti e producibili. Qui basti rilevarne, senza neppure cercare di localizzarla, la diffusione illimitata in ogni genere di discorso, e notare che la *geminatio* è più frequente all'inizio degli enunciati (cfr. pure quanto si aggiungerà a conclusione del successivo punto [2]).

> *L'anadiplosi dimostra grandezza, siccome Erodoto: "Draghi erano nel monte Caucaso grandi, grandi e molti", dove grandi rad-*

> *doppiato due volte aggiunge gonfiamento*
> *alla prosa.*
>
> (P. Segni)

[2] **L'anadiplòsi** o *reduplicatio* (gr. *anadíplōsis, epanadíplōsis* "reduplicazione"; *epanastrophḗ* "ritorno") è la ripetizione dell'ultima
parte di un segmento (sintattico o metrico) nella prima parte del
segmento successivo (configurazione: ...x/x...):

> Noi assistiamo, infermieri a volta a volta pazienti, impazienti, ai nostri grandi
> *malati: malati* di quella strana e talora paurosa malattia che è appunto la loro
> grandezza
>
> (Gadda, TeO 146)
>
> un campo gravitazionale uniforme produce gli stessi effetti delle *forze inerziali,*
> *forze* che possiamo calcolare in modo diretto.
>
> (Sciama, *Rel. gen.*, 55)
>
> Una prima fase, "L'allegria", era elementare ma insieme *distruttiva, distruttiva*
> dell'ordinato discorso convenzionale nell'atto stesso che enunciava umili nu-
> clei di verità poetica senza residuo.
>
> (Contini, AE 146)
>
> Allora nella nostra Costituzione c'è un articolo ch'è *il più importante, il più im-*
> *portante* di tutta la Costituzione, *il più impegnativo, impegnativo* per noi che
> siamo al declinare, ma soprattutto per voi, giovani, che avete l'avvenire da-
> vanti a voi.
>
> (Calamandrei, DSC - Disco Cetra)

Lausberg (1969:136-138) allinea, e commenta con finezza, una
minuziosa casistica, distinguendo fra ripetizione appositiva e ripetizione "integrata sintatticamente" al secondo segmento (nei nostri
esempi, il primo, il terzo e il quarto sarebbero da riferire al secondo
tipo; il secondo al primo). La ripetizione appositiva, frequente nella
forma di una relativa (detta appunto 'appositiva') è modulo diffuso
nel discorso comune, parlato e scritto, ed è ritenuto fattore, non
sempre gradito e opportuno, di enfasi. Può giovare alla chiarezza,
aiutando a ritrovare il filo del discorso in enunciazioni protratte; e
questo accade quando tra le due repliche si inseriscono una o più
frasi subordinate, talora anche incisi o glosse:

> Le precedenti considerazioni indicano *una via* per tracciare la caratteristica
> esterna della dinamo, *via che* non è per solito la più conveniente.
>
> (Bottani/Sartori, E 254)
>
> [la satira] non esclude [...] una forte parte *d'ambivalenza,* cioè la mescolanza
> d'attrazione e ripulsione che anima ogni vero satirico verso l'oggetto della sua
> satira. *Ambivalenza che* se contribuisce a dare alla satira uno spessore psicolo-
> gico più ricco, non ne fa per questo uno strumento di conoscenza poetica più
> duttile.
>
> (Calvino, UPS 157)

Questi ultimi due passi, che andrebbero collocati più avanti, con gli esempi (il terzultimo e il penultimo del presente paragrafo [2]) illustrativi della possibilità di interporre parti di testo ai due membri dell'anadiplosi, esibiscono la configurazione dell'anafora ([5]), quale forma generale e tipica della ripetizione come 'ripresa' di elementi già presenti nel testo. Possiamo parlare di anadiplosi sia per il primo caso, ove la completiva *per tracciare...* è indispensabile al primo membro, sia per il secondo caso, ove la glossa *cioè...* si interpone *parenteticamente* ai due segmenti testuali: non ne fa parte, tanto che la sua soppressione ricomporrebbe l'anadiplosi nella sua forma più semplice.

La *reduplicatio* può ottenere l'effetto argomentativo che Perelman assegna alle "figure dell'ordine": imprimere, con l'insistenza, un'idea già formulata:

> Egli [Gregorio Magno] incatenava la forza dell'immaginazione [...]: e in lui si concretizzava nel modo più semplice *il potere dello spirito, il potere di uno spirito che*, esponendo la propria vita, acquista potere sulla vita...
>
> (Auerbach, LLP 97)
>
> Voi li volevate tenere fermi alla ricerca della *perfezione. Una perfezione che* è assurda perché il ragazzo sente le stesse cose fino alla noia e intanto cresce. Le cose restano le stesse, ma cambia lui.
>
> (Scuola di Barbiana, LP 17)

Letterariamente, gli effetti sono molteplici (e, ovviamente, non esauribili). Come costituente e al tempo stesso emanazione dell'enfasi, questa specie dell'anadiplosi agisce da rinforzo tematico e ritmico. Per es., in contesti di intensità concettuale o visionaria accentua la solennità, la suggestione evocativa ecc.; in prosa come in poesia scandisce gli intervalli e la durata delle unità ritmiche:

> et vidimus *gloriam* eius, *gloriam* quasi unigeniti a patre, plenum gratiae et veritatis.
>
> (*Giov.*, I, 14)
>
> a noi nessuno parlava; / eppure eravamo *turbe*, / *turbe* golose assetate / di bianchi pensieri.
>
> (Merini, *Le parole di Aronne* 17-20)
>
> l'angoscia di una perduta condizione *di cosa, quella cosa* che non conosceva né procedere né decadere [...] una trasformazione che comporta innumere *guise* di dolore, *quelle guise* che tu conosci a fondo...
>
> (Manganelli, RV 41)
>
> e *su gli olivi, su i fratelli olivi* / che fan di santità pallidi i clivi / e sorridenti.
>
> (D'Annunzio, *La sera fiesolana*, 29-31)

La seconda replica (oltre ad ammettere variazioni mediante apposizioni o epiteti, come negli esempi precedenti) può essere un sinonimo. Questa, anzi, pare la soluzione preferita quando si intenda non solo alleggerire il dettato, ma arricchirlo di un supplemento di informazione, o intensificare o anche modificare parzialmente il senso accumulato nella prima occorrenza:

> in campagna i rumori si fondono l'uno nell'altro e formano *una corrente, un'onda* che entra ed esce dalla finestra con un movimento pigro e ossessivo.
>
> (Maraini, BBA VII)
>
> Cerco *un bandolo, una cima* che mi ridia in mano il filo delle cose.
>
> (*ivi*, VIII)

Il secondo tipo di anadiplosi (la "ripetizione integrata" al secondo segmento) produce talora una struttura a chiasmo (2.18:[11]); nell'esempio che segue, la corrispondenza speculare dei quattro elementi del chiasmo è messa in evidenza dal grassetto e dal corsivo dei caratteri di stampa (in corsivo, i membri dell'anadiplosi):

> Questa voce **sentiva** / **gemere** *in una capra* solitaria. / *In una capra* dal viso semita / **sentiva querelarsi** ogni altro male, / ogni altra vita.
>
> (Saba, *La capra*, 29-13)

Frequente la presenza del politoto (che si ha quando la ripetizione cambia la funzione sintattica di partenza: cfr. più avanti al n. [9]). Esempi di variazione polittotica sono i tre seguenti, dove si noterà pure la concatenazione che verrà descritta come caratteristica della climax (cfr. il seguente n. [3]) e precisamente di quella variante a cui l'anadiplosi fornisce la base strutturale:

> [nel Foscolo] profusione di aggettivi patronimici greci su tutti i cimiteri *di memoria*: *la memoria* di Assaraco tramandata fino ad estinguere i secoli da una proiezione di sacerdotesse arpeggianti...
>
> (Gadda, TeO 195)

E in forma dialogica:

> Volando, l'uomo realizza la massima aspirazione ancestrale, quella *dell'Assunzione. — Assunzione* di prima classe o turistica?
>
> (Flaiano, OSP 355)

Come nell'epanalessi, anche nell'anadiplosi un qualche elemento può essere interposto ai due membri (per es.: *solitaria*, nei versi di Saba citati più su):

> Ma adesso sono le "mediatrici" che svolgono *il ruolo* più prezioso, *un ruolo* che non esito a definire determinante.
>
> (Revelli, AF XIX)
>
> Alla fine della mia paziente ricomposizione mi si disegnò come *una biblioteca*

minore, segno di quella maggiore scomparsa, *una biblioteca* fatta di brani, citazioni, periodi incompiuti, moncherini di libri.

(Eco, NR 502)

E si osservi la seguente serie di anadiplosi, che illustra i principali tipi sintattici finora individuati:

Sono, per es., i concetti *di legge* e *di colpa* quelli che Kafka propone in una prospettiva inquietante, angosciosa. *Una legge* non espressa, imposta da un potere capriccioso, onnipresente e sfuggente; *una colpa* non prodotta da atti precisi, da violazioni a norme del resto inesistenti: *colpa che* pure le vittime della legge *riconoscono*, e *riconoscono* inespiabile...

(Segre, DM 182-183)

Geminatio e anadiplosi presentano ampie e incerte zone di intersezione nelle analisi di retori antichi e moderni. Tra queste, la descrizione di Lausberg, che qui si è seguita nelle linee generali, è l'unica che dia criteri di riconoscimento abbastanza stabili, perché basati sulla struttura grammaticale delle parti di testo prese in esame. Il nostro canovaccio a maglie allargate rispetto al modello lausberghiano ha lasciato cadere parecchie suddivisioni analitiche, pur conservandone l'impostazione 'grammaticalistica', coi suoi vantaggi e con le sue inevitabili limitazioni. Si è irrigidita, così, la visione di fatti le cui valenze retoriche e stilistiche sono clamorosamente più spiccate e più dense di quanto non appaia qui. Al punto da far considerare con rinnovato interesse una trattazione come quella del vecchio Fontanier, per cui "la *ripetizione* consiste nell'usare più volte gli stessi termini o una stessa costruzione, sia semplicemente per ornare il discorso, sia per esprimere con maggior forza ed energia la passione" (FD 329). In testa alle figure della ripetizione stanno le anafore (qui [5]) e le epifore (qui [6]) brevemente esemplificate; poi viene la *reduplicazione* propriamente detta (cioè l'epanalessi o *geminatio*), quando si "si raddoppia nello stesso membro di frase qualche parola di interesse più marcato, o sulla quale la passione si incentra con più forza". L'*anadiplosi*, che si ha quando si riprende "al principio di un membro di frase qualche parola del membro precedente" (FD 330), differisce dalla *geminatio*, che avviene entro un solo membro, perché si estende a *due* membri di frase, e perché "parte dalla riflessione (fa scaturire, con l'insistenza, qualche idea che non si è potuta inquadrare nella prima frase)", mentre la *geminatio* avrebbe origini e motivazioni puramente emotive. Dopo aver trattato della *concatenazione* (cfr. qui [3]), Fontanier accenna a un tipo particolare di ripetizione, non censito, ordinariamente, dai retori. Di tale procedimento egli coglie con mano felice la caratteristica di presentare la cosa su cui verte come "senza limite e senza misura". Uno degli esempi è tratto da Voltaire, da un passo satirico contro uno scrittore volenteroso e scarso di inventiva:

Il *compilait, compilait, compilait*: / On le voyait sans cesse *écrire, écrire*...

Sono le serie ripetitive delle cantilene ("da quel dì non fé che *andare / andar sempre, andare andar*") e dei racconti popolari (*cammina cammina*...), delle narrazioni orali di qualsiasi genere, della conversazione quotidiana. La diffusione illimitata del fenomeno riesce, a differenza di quanto avviene per altri usi banalizzanti, a non distruggere la carica espressiva dell'insistenza. L'insistenza, come il silenzio, ha, evidentemente, una forte capacità figurale.

Una tipologia dell'insistenza, se fosse possibile, sarebbe legata a un censimento di situazioni comunicative e dei relativi generi discorsuali. Esemplifichiamo brevemente solo il tipo della ripetizione triplice come ingrediente di un'invettiva (sublime, in questo caso):

> Quelli ch'usurpa in terra il *luogo mio*, / *il luogo mio, il luogo mio* che vaca / ne la presenza del Figliuol di Dio
>
> (*Par.*, XXVII, 22-24)

da accostare a *Geremia* (7, 4):

> *Tempio del Signore, tempio del Signore, tempio del Signore* è questo

Ma si potrebbero citare ancora le imprecazioni, le invocazioni, gli scongiuri. Per quanto riguarda il numero delle repliche, la ripetizione predicativa ammette serie indefinite, in qualsiasi situazione e tipo di testo.

[3] Della **climax** (grecismo del latino e dell'italiano dal significato originario di "scala") o **gradatio** (in latino, "gradino") bisogna distinguere due schemi diversi, il primo più antico, il secondo più recente, che marcheremo, per comodità, rispettivamente con gli indici 1 e 2. La **climax**₁ ha la struttura di un'anadiplosi continuata (...x/x...y/y...) e consiste nel 'procedere per scalini', fermandosi su ognuno, come diceva Quintiliano,[75] prima di salire il gradino seguente. La ripresa della salita (in latino *ascensus*) e nello stesso tempo la marca della sosta sono rappresentate ogni volta, cioè a ogni enunciato o segmento, dalla ripetizione di un'espressione, l'ultima, che diventa così la prima dell'enunciato successivo:

> Noi siamo usciti fore / del maggior corpo al ciel ch'è pura *luce*: // *luce* intellettual, piena *d'amore* / *amor* di vero ben, pien di *letizia*; / *letizia* che trascende ogne dolzore.
>
> (*Par.*, XXX, 38-42)

se questo è delirio, bisognerà pur dire che il delirio è ciò che segue *al destarsi*, e *il destarsi* è ciò che segue *al sonno*, e *il sonno* è il luogo in cui la malattia ha la forma polimorfa dei sogni.

> (Manganelli, RV 96)

luoghi spaziosi da star sotto *all'ombra*, e *l'ombra* ad ogni ora è *tanta* e *tanto* opaco il luogo per la foltezza de' rami in alto, ch'io non ho visto mai a' miei dì il più bel bosco naturale.

> (Pietro della Valle, II, 640)

Dubitiamo che i poeti etichettati per sublimi riescono a riuscir tali ogni volta, nell'intento e *nel prodotto*: *nel prodotto*, vale a dire *nel verso*. *Di versi* ne buttan giù: *buone intenzioni* non gli difettano. *Di buone intenzioni*, dice, è lastricata la via dell'inferno.

(Gadda, TeO 64)

Una gradazione continua, con andata e ritorno e conseguente circolarità, è la struttura di molti pensieri confuciani. In tale procedere 'per stazioni' l'elemento strutturale costitutivo è il collegamento a catena attuato dal susseguirsi delle reduplicazioni. Altri nomi latini di questo tipo di *climax* sono infatti *conexio* ("connessione, collegamento") e *catena*, da cui le denominazioni italiana (*concatenazione*), francese (*concaténation*) e spagnola (*concatenación*).

Di questa figura si sono volute scorgere analogie e corrispondenze con la realtà fisica e mentale, ovunque il principio della concatenazione si manifesti attraverso il permanere – immutato – di un qualche elemento in un nuovo processo di cui qualche altro elemento diventi il punto di partenza di un successivo fenomeno, stato, modo d'essere ecc., a sua volta disposto a perpetuare la sequenza evolutiva.

Il principio del collegamento per contatto di unità uguali (cioè per la stessa unità reduplicata) è pure alla base del doppio ruolo ricoperto da ciascun componente della catena di "chi caccia ed è a sua volta cacciato": condizione tipica dell'ordine naturale,[76] di cui sono allegorie (2.18:[24]) popolari le ossature di apologhi e racconti che mettono in scena la progressione del 'chi è più potente' e la circolarità, inevitabile e simbolica, del risultato: come la favola dello spaccapietre che, oppresso dal sole, vuole essere il sole; diventato sole è vinto dalla nuvola; mutato in nuvola è disperso dalla montagna; cambiato in montagna si sente percuotere da "uno che è certamente più forte della montagna, e dunque deve essere il più potente"; e volendo essere "il più potente" si ritrova spaccapietre. Oppure il gioco: "la serva spaventa il cane, il cane spaventa il gatto, il gatto spaventa il topo, il topo spaventa la serva".

Sul piano argomentativo la gradazione concatenata mira a provocare il consenso garantendosi l'accordo punto per punto. Sul piano logico e dialettico, si ha la configurazione del *sorite*: catena di sillogismi, la conclusione di ognuno dei quali costituisce la premessa del successivo.

Studi di etnolinguistica, che analizzano i modi in cui è organizzata l'informazione in lingue diverse, esaminando tipiche forme ripetitive hanno notato come ciò che "a prima vista può sembrare semplicemente [...] una ridondanza del testo orale, si rivela invece una precisa strategia dell'informazione"; se ne trovano esempi caratteristici in lingue amazzoniche, ove "il filo del discorso narrativo sembra avanzare non in maniera lineare [...], bensì, per così dire, elicoidale: ogni proposizione conferma in parte l'informazione portata dalla frase che precede e porta un frammento di informazione nuova" (Cardona 1976:232).

Nell'accezione meno antica (indicata in fig. 8 come **climax₂** e classificata tra le figure dell'accumulazione, al [14]) *climax* o *gradatio* è il succedersi di parole che rappresentino un'amplificazione o un'attenuazione progressive delle idee comunicate. In ogni caso si tratta di un'intensificazione graduale, comunque si voglia configurarla: come "ascesa" o come "discesa" (**anticlimax**).

Esempi di climax ascendente:

> Eh, *troppo bella*, barone, *troppo perfetta*... Anzi, direi, *troppo ideale*.
>
> (Consolo, SIM 41)
>
> Veloce? È un razzo, una scheggia, un fulmine.

Esempi di anticlimax, o gradazione discendente:

> *en tierra, en humo, en polvo, en sombra, en nada*
>
> (Gongora, *Mientras por competir...*, ultimo verso)
>
> "in terra, fumo, polvere, ombra, niente"
>
> (trad. it. di G. Mucchi)
>
> insondabile miscela [...] di *men che sillabe, men che lettere, men che fiati, silenzi puri, glottal stops.*
>
> (Manganelli, RV 142)

La climax$_2$ è tipo e figura dell'"accumulazione coordinante" (cfr. più avanti, a$_2$(i)). Quando il carattere iterativo è marcato, come negli ultimi tre esempi, dal ricorrere di uno stesso elemento (*troppo...*; *en...*; *men che...*), la gradazione rientra nello schema dell'anafora (cfr. [5]). Se la progressione semantica si svolge inglobando, in ciascuno dei membri che si succedono, una parte del senso dei precedenti, la *gradatio* diventa un fatto di sinonimia (cfr. [11]). La struttura anaforica oppure il carattere di variazione sinonimica (o l'una e l'altra cosa insieme) sono dunque le condizioni che consentono di considerare la climax$_2$ e l'anticlimax come figure della ripetizione.

[4] L'**epanadiplòsi** o inclusione, o anche ciclo (gr. *epanadíplōsis, prosapódosis, kýklos*; lat. *inclusio, redditio*), è la ricorrenza di una o più parole all'inizio e alla fine di un segmento testuale (configurazione: /x...x/):

> Tutta la strada è piena del loro silenzio: e il loro *sonno* è simile alla morte, ma a una morte, a sua volta, dolce come *il sonno*[77]
>
> (Pasolini, OI 13-14)
>
> Y 10: *piace* alla gente che *piace*
>
> (slogan pubblicitario)

Un esempio di doppia inclusione nelle seguenti battute di dialogo (segnaliamo col corsivo e col grassetto le reciproche corrispondenze dei membri):

"Abbastanza *triste* tutto questo" / "Triste? Cosa c'è di **triste**? A me sembra stupido, non *triste*"

(Corti, VNE 119)

Se la funzione sintattica non è la stessa per le due repliche (il che accade di frequente), si ha un *polittoto* nella struttura dell'epanadiplosi:

Ma *il teatro* è ormai possibile solo come ambiguo riflesso *del teatro.*

(Flaiano, OSP 387)

La disattenzione è il modo più diffuso di leggere un libro, ma la maggior parte dei libri oggi non sono soltanto letti ma scritti *con disattenzione.*

(Flaiano, OSP 715)

il mondo è crudele nei riguardi di quella massa oscura a cui si dà il nome di poveri, di degradati; e la massa oscura tenta a sua volta di esserlo *con il mondo.*

(Corti, VNE 70)

Si noti, nell'ultimo esempio, anche il polittoto nella ripetizione: *di quella massa oscura... e la massa oscura*, anadiplosi con una relativa appositiva (*a cui si dà...*) interposta.

L'epanadiplosi è figura della "ripetizione a distanza"; le parti di enunciato che vengono interposte ai termini ricorrenti amalgamano le procedure di questo tipo di ripetizione a quelle della simploche (2.17:[7]).

Lo schema base dell'inclusione può essere variato. Nei due enunciati seguenti, la variazione (tipo /x...x.../) è rappresentata nel passo di Gadda; la struttura "regolare" è esemplificata dal segmento che abbiamo ricavato dal precedente, invertendo la posizione delle ultime due parole:

le *infinite* connotazioni d'un *infinito* catalogo

(Gadda, TeO 94)

le *infinite* connotazioni d'un catalogo *infinito*

Una combinazione di inclusione e di gradazione secondo la formula /x...y/y...x/ produce un chiasmo perfetto (cfr. 2.18:[11]):

la ragionata e premeditante certezza che la macchina, infaticabile schiava, *raddoppierà* l'opere *nell'unità di tempo* eseguibili: *nell'unità del tempo* fuggente, l'ora il giorno, *raddoppierà* il profitto che le si richiede, lavoro e denaro.

(Gadda, TeO 216)

[5] L'**anàfora** o iterazione (gr. *anaphorá, epanaphorá* "riferimento" / "ripetizione"; *epibolḗ: epí* "sopra" e *bállō* "metto", perciò anche sinonimo di 'forza espressiva' e di 'ornamento'; lat., oltre al grecismo *anaphora*: i calchi *relatum, relatio* "riferimento" e *repetitio* "ripetizione") è la ripresa in forma di ripetizione di una o più parole all'i-

nizio di enunciati, o di loro segmenti, successivi (configurazione: /x.../x...).[78]

Esempi:

Figlio, l'alma t'è 'scita, / *figlio* de la smarrita, // *figlio* de la sparita, / *figlio* attossecato

(Iacopone da Todi, *Laude* XCIII, 112-115)

Ma *Virgilio* n'avea lasciati scemi / di sé, *Virgilio* dolcissimo patre, / *Virgilio* a cui per mia salute die'mi

(*Purg.*, XXX, 49-51)

"*Beati* quelli che non videro, e credettero." *Beati* anche perché, dal momento stesso che hanno VERAMENTE creduto, hanno visto.

(Morante, PCBA 130)

Una voce *senza* tregua, *senza* ritmo, *senza* mutamento, *senza* inizio, *senza* conclusione, *senza* attenzione, *senza* destinatario, non è questa appunto la tua stessa voce?

(Manganelli, RV 90-91)

Erano le donne che avevano conservato le lettere, *erano le donne* le mie interlocutrici più preziose [...] *Parlavano* le donne de "L'ultimo fronte", *parlavano* da protagoniste.

(Revelli, AF XVII)

Anche per l'anafora la 'ripetizione' non va intesa in senso stretto, come replica integrale, giacché sono possibili variazioni da polittoto ([9]), paronomasia ([8]), sinonimia ([11]). *Epibolé* era il nome dell'anafora sinonimica, rispondente al principio della *variatio* (cfr. qui 2.17: a₁):

Mira / quanto è il convento de le bianche stole! / *Vedi* nostra città quant'ella gira

(*Par.*, XXX, 128-130)

Anafora e climax come progressione semantica si trovano spesso conglobate:

quel che conta è disporre di un 'materiale umano' *che subisca, che si pieghi, che accetti comunque di andare al massacro. Sarà poi la vita* di linea, *sarà poi la vita* al fronte che farà scattare le molle della rabbia e dell'emulazione.

(Revelli, MV, I, CI)

dove è anaforica la ricorrenza del relativo *che*; in gradazione sono i predicati: *subisca, si pieghi, accetti* ecc. Una nuova anafora è la ripresa di: *sarà poi la vita...*
Anafora come sviluppo di un'anadiplosi [2]:

La nostra legge era *il silenzio. Il silenzio* gravato da mille solitudini; *un silenzio* ingombrante, àtono, come le foglie ferme...

(Merini, AV 95)

O invece era *il Genio*, ma *il Genio* mandato da un mago, *il Genio* che scaturisce dalla lampada, non la tua anima stessa.

(Merini, AV 97)

L'anafora è tipica delle preghiere, delle invocazioni, degli scongiuri, oltre che di cantilene e filastrocche. Figura dell'insistenza, la forma anaforica sembra confermare quanto già osservato a proposito dell'epanalessi ([1]) sulla preferenza per la ripetizione all'inizio degli enunciati.

Un esempio di preghiera in forma di filastrocca anaforica:

Dona a ciascuno la sua parte: / *al* prato l'erba / *al* fosso la primula, / *al* cipresso la bacca. / [...] *Ad ogni* muro la sua lucertola, / *ad ogni* tegola il suo muschio, / *ad ogni* vicolo il suo gatto / *ad ogni* gatto il suo gomitolo. / *Ad ogni* attesa il suo ritorno, / [...] *ad ogni* morto la tua vita.

(Zarri, PG 30-31)

Struttura anaforica hanno il *Cantico di Frate Sole*, di san Francesco d'Assisi, parecchie delle *Laudi* di Iacopone e molte terzine dantesche. Struttura anaforica, per citare ancora un esempio fra gli innumerevoli in prosa e in poesia, ha *La storia* di Montale, con la ripetizione insistita del tema:

La storia non si snoda / come una catena / di anelli ininterrotta / [...] / *La storia* non contiene / il prima e il dopo / [...] / *La storia* non è prodotta / da chi la pensa e neppure / da chi l'ignora. *La storia* / non si fa strada, si ostina...

Come si vedrà a conclusione della presente sezione, l'anafora è la manifestazione più evidente del parallelismo.

Procedimento anaforico è pure il **polisindeto** (a cui si è accennato all'inizio del presente paragrafo 2.17:A): coordinazione mediante congiunzioni ricorrenti. Nelle lingue ove esistono congiunzioni enclitiche (cioè non accentate e unite alla parola che le precede in modo da formare con questa un'unità provvista di accento: in latino *-que*, *-ve*; in greco *te*) il polisindeto ha la configurazione dell'epifora ([6]): "tectum*que* larem*que* / arma*que* Amyclaeum*que* canem Cressam*que* pharetram" (Virgilio, *Georgiche*, III, 344-345); nella trad. it. ("*e* la casa *e* il focolare *e* le armi *e* il cane Amicleo *e* la faretra cretese") il polisindeto è anaforico.

Come tipo sintattico è ovvio trovare il polisindeto in ogni genere di comunicazione linguistica, com'è ovvio trovarvi la coordinazione asindetica. Censimenti e campionature dell'uno e dell'altro procedimento potrebbero mostrare le differenze di effetti retorico-stilistici

ottenuti usando alternativamente l'uno o l'altro. Nella lingua letteraria la frequenza relativa di ciascuno dei due tipi è in grado di con-
trassegnare lo stile di uno scrittore o di un'opera. Per es., il discorso
di Manganelli, in RV, si presenta come una lunga serie di catene
anaforiche polisindetiche puntellate a loro volta sui ricorrenti *E
dunque*..., che formano il polisindeto di base, e contenenti, al loro
interno, vorticose successioni di asindeti. Un esempio di coordinazione polisindetica di frasi:

> *E dunque* sosterete. *E* dopo qualche minuto di sosta vi accadrà di sentire un ru-
> more lieve, *e* comincerete a chiedervi: rumore o voce? *E* di che *o* di chi? *E*
> come descriverlo?
>
> (Manganelli, RV 7)

dove si noti la mescolanza del polisindeto detto copulativo (*e...e...*)
col disgiuntivo (*o...*).
Polisindeto di membri di frase:

> ma per acquisto d'esto viver lieto / *e* Sisto *e* Pio *e* Calisto *e* Urbano / sparser lo
> sangue dopo molto fleto.
>
> (*Par.*, XXVII, 43-45)
>
> sì ch'io mi credo omai che monti *et* piagge / *et* fiumi *et* selve sappian di che
> tempre / sia la mia vita...
>
> (Petrarca, *Canz.* XXXV, 9-11)

Polisindeto nel coordinare frasi di diversa struttura e loro componenti:

> Tu vuogli udir quant'è che Dio mi puose / ne l'eccelso giardino / [...] // *e*
> quanto fu diletto a li occhi miei, / *e* la propria cagion del gran disdegno, / *e* l'i-
> dïoma ch'usai *e* che fei.
>
> (*Par.*, XXVI, 109-115)

Polisindeto seguito dall'asindeto, in due serie anaforiche (*e... e...
e... / nel... nel... nell'...*):

> Sprofonderò nella tenebra divina [...], *e* in questo sprofondarsi andrà perduta
> ogni eguaglianza e ogni disuguaglianza, *e* in quell'abisso il mio spirito perderà
> se stesso, *e* non conoscerà né l'uguale né il disuguale, né altro: *e* saranno di-
> menticate tutte le differenze, ‖ sarò nel fondamento semplice, ‖ nel deserto si-
> lenzioso dove mai si vide diversità, ‖ nell'intimo dove mai nessuno si trova nel
> proprio luogo.[79]
>
> (Eco, NR 503)

[6] L'epìfora o epistrofe (gr. *epiphorá* "il portare in aggiunta", "conclusione"; *epistrophḗ* "conversione"; *antistrophḗ* "il volgersi indietro"; donde i calchi latini: *desitio, conversio, reversio*) è figura speculare all'anafora, poiché consiste nella ripetizione di una o più parole alla fine di enunciati (o di loro segmenti) successivi (configurazione: /...x/...x/):

> Assenza *di senso*: distruzione *del senso*, perdita *del senso*, constatazione che in nessun momento vi è stata traccia, indizio, sintomo *di senso*
>
> (Manganelli, RV 91)
>
> Noi venivamo saziati di *colpa*, quotidianamente; i nostri istinti erano *colpa*; le visioni erano *colpa*; i nostri desideri, i nostri sensi erano *colpevolizzati*.
>
> (Merini, AV 89-90)
>
> livellatori della lingua *buona per tutti*, come certi vestiti grigi a prezzo fisso, *buoni per tutti*
>
> (Gadda, TeO 96)
>
> La civiltà è una questione di piedi al caldo. Dove i piedi sono trattati *bene*, il resto va *bene*.
>
> (Flaiano, OSP 356)

E si ritorni al passo di Auerbach già citato fra gli esempi di [2]:

> il potere di uno spirito che, esponendo la propria *vita*, acquista potere *sulla vita*...
>
> (Auerbach, LLP 97)

Anafore ed epifore instaurano parallelismi tipici della prosa oratoriamente sostenuta. Figure caratteristiche dell'insistenza deprecatoria, esse si raccolgono a piene mani nelle suppliche, nelle imprecazioni, nelle preghiere. Epifore sono anche le esclamazioni (*alleluia*), le invocazioni (*ora pro nobis*), le formule conclusive (*amen*), ricorrenti in qualità di ritornelli alla fine di frasi o *cola*.

[7] La combinazione dell'anafora con l'epifora si chiama sìmploche (gr. *symplokḗ* "intreccio, congiungimento"; *sýnthesis* "combinazione"; *koinótēs* "comunanza"; lat. *complexio* "congiungimento"; *conexio, conexum, communio*, tutti calchi sinonimici dai corrispondenti termini greci). Configurazione: /x...y/x...y/. Negli esempi seguenti l'anafora è segnalata dal grassetto, l'epifora dal corsivo; la combinazione che ne risulta (la simploche o *complexio*) può essere di natura polittotica (cfr. [9]).

La successione di inizi anaforici e di ritornelli come epifore dà alle strofe della *Laude* VI di Iacopone la struttura di sìmplochi; riportiamo solo i vv. 10-13:

Guàrdate da l'odorato, lo qual ène sciordenato, / ca 'l Segnor lo t'ha vetato: / *guarda*! // **Guàrdate** dal toccamento, lo qual a Deo è spiacemento, / al tuo corpo è strugimento: / *guarda*!

Quanto osservato poco fa per anafora ed epifora nelle preghiere, nelle invocazioni ecc. vale naturalmente per le due figure congiunte.

Dammi la pace [...] **Una pace** forte e *senza cedimenti*, **una pace** virile e *senza debolezze*, **una pace** rischiata e *senza fughe*, **una pace** combattuta e *senza tregua*.

(Zarri, PG 145)

Anafora, epifora e simploche sono figure del **parallelismo**, che è la collocazione 'in parallelo' di suoni, di parole, di forme grammaticali, di strutture sintattiche, di cadenze ritmiche: dei componenti, insomma, del discorso su tutti i livelli della sua organizzazione. La retorica classica ha classificato i fenomeni del parallelismo come parisosi, omeoteleuto e omeottoto (cfr. 2.17:[28], [29] e [30]): le "figure della corrispondenza dei membri", nella sistemazione lausberghiana. Corrispondenza come "equivalenza", di posizione e di composizione, operante nel linguaggio poetico, secondo la nota teoria di Jakobson (1966:181-218; ma si veda anche la riformulazione di Ruwet 1979 [1975]).

È stato giustamente notato (A.L. Lepschy 1983:802) che il parallelismo

può esser considerato come una forma generale dell'anafora, come ricomparsa di una stessa struttura grammaticale, anche in mancanza della ripetizione di singoli elementi lessicali.

Sarebbe possibile (e molto utile) riordinare le figure del discorso secondo il principio della ricorrenza di forme, funzioni e posizioni. Si vedrebbe allora l'anafora assumere il carattere di struttura-modello della ripetizione: un ruolo più generale di quello che le è stato assegnato dalla retorica classica e coincidente in parte con ciò che la linguistica odierna intende per 'anafora'. Per esempio, l'anadiplosi verrebbe interpretata come una ripresa anaforica di un'espressione mediante la replica di questa; la climax come un'anafora concatenata. La collocazione dei membri in parallelo, che è costitutiva dell'anafora, permette di accostare a questa la struttura dell'antitesi (2.18:[8]). Non lo fanno i modelli classici; ma lo richiede la lettura dei testi, in particolare dei testi poetici. Per Anna Laura Lepschy, che analizza anafore e antitesi della *Gerusalemme liberata* come forme del parallelismo,

l'antitesi, in quanto combinazione di due termini opposti ed equivalenti, appare quasi come un caso particolare dell'anafora in quanto combinazione di termini equivalenti per la loro identità (o parentela all'interno di una famiglia lessicale).

(A.L. Lepschy 1983:802)

Nella strutturazione retorica del poema tassiano (ma l'osservazione può valere anche per altri testi) l'anafora è responsabile "dell'effetto di fluidità, di scorrevolezza, di fraseggio legato invece che sincopato" (*ivi*). Se questo è uno dei possibili risultati dell'uso di strutture anaforiche, lo si deve al carattere più generale dell'anafora. Per quanto riguarda la poesia, l'anafora è

203

la figura che meglio sembra rappresentare l'organizzazione del testo poetico, il suo essere strutturato, il suo consistere di parallelismi (ai vari livelli: fonologico, lessicale, grammaticale, metrico), il costante e necessario "ritorno" di elementi equivalenti, indicato ancora una volta da Jakobson, e che ci ricorda l'accostamento freudiano fra la coazione a ripetere e la natura dell'arte, e il piacere derivante dal riconoscimento del noto nell'ignoto, insieme al carattere inquietante (*unheimlich*) per cui nel noto che ritorna c'è qualcosa dell'ignoto: l'elemento ripetuto è anche diverso, a volte addirittura antitetico...

(A.L. Lepschy 1983:802)

La seconda sottoclasse delle figure della ripetizione è caratterizzata dalle differenze fra i membri (cfr. fig. 8), differenze provocate o variando la forma e la funzione sintattica delle parole, o usando le medesime con sensi diversi nello stesso contesto.

Nella prima condizione sono implicite due possibilità: che a variare sia o solo una parte dell'involucro verbale, oppure la parola tutta intera. In questo secondo caso abbiamo a che fare con la **sinonimia**; nel primo caso, con figure considerate, tradizionalmente, come varianti della **traductio** ("trasposizione") o **gioco di parole**. Si gioca sulla somiglianza puramente esteriore dell'involucro verbale (*paronomasia*), si sfruttano le variazioni funzionali legate alla flessione (*polittoto*), oppure l'identità della radice (*figura etimologica*).

La seconda condizione (il significante permane intatto mentre cambia il significato) consente di sperimentare monologicamente (nella *diafora*) o dialogicamente (nella *antanaclasi*) le differenze di significato che una ripetizione può indurre.

In ogni caso si accostano ingegnosamente forme diverse della stessa parola, omonimi e forme polisense. Esempi classici di *traductio* si trovano in *Rhet. Her.*, IV, 14, 21:

Vĕnĭam ad vos, si mihi senatus det vĕnĭam ("Verrò da voi, se il senato me ne darà il permesso")

che è un caso di omonimia (intraducibile in italiano);

amare (*amari*) iucundum(st), si curetur, ne quid insit *amari* ("amare / essere amati / è bello, se si sta attenti che non abbia in sé qualcosa di amaro")

che è un campione topico di paronomasia: anche in italiano *amore amaro* è un *tópos* paronomastico. Si veda la seguente serie paronimica (e allitterativa: cfr. 2.20:B)

...mio avaro amore amaro

(Sanguineti, *L'ultima passeggiata*, 1, 8)

Un esempio di ripetizione polisemica della stessa forma, ove le tre repliche sostantivate mantengono irrisolta l'ambiguità (e l'intercambiabilità) delle possibili letture ("l'esistere", oppure "l'ente, l'entità"):

> Ora, la cosa sta sperimentando le prime sollecitazioni dell'*essere*; e può essere che l'*essere* sfregi l'*essere* della cosa...
>
> (Manganelli, RV 41)

Il parlare equivoco sta di casa in molti luoghi. È esercizio letterario, connaturato all'ambiguità della poesia. Tra i contemporanei, citeremo ad apertura di libro:

> ermetica gabbiuzza tabernacolo
> [...]
> che ondeggi oscilli nell'altissimo dei colli alati
> *rimessi rimessi*
> in te dentro furono tutti i peccati
>
> (Zanzotto, *Biglia, Pasqua e antidoti*)[80]

con l'omonimia di *rimessi* ("ricollocati" e "perdonati");

> e: devi farmela piangere, *per piacere, a piacere*: (*per il piacere*)
>
> (Sanguineti, *Rebus*, 9, 4)

È passatempo enigmistico (cfr., tra gli altri, il gioco del polisenso), che può travasarsi in componimenti poetici (si rimanda nuovamente a Pozzi 1981 e 1984a). È trovata pubblicitaria, che può sfruttare il piacere a buon mercato della *boutade*, come l'effetto inquietante dell'inatteso. Si veda, tra gli innumerevoli, uno slogan costruito sul doppio valore dell'espressione *per piacere* ("prego, per favore" e "affinché piaccia", o anche, nel caso specifico, "se vuoi piacere"):

> Vèstiti per piacere / Per piacere vèstiti

L'accostamento dei due enunciati, che singolarmente ammettono la doppia lettura, obbliga, apparentemente, ad assegnare un'interpretazione precisa a ciascuno dei due; nella sostanza, l'ambiguità permane, raddoppiata semmai, con un effetto paragonabile a quello, visivo, del *trompe-l'oeil*.

Altro motto pubblicitario, costruito sul doppio senso della parola *classe*:

> Una classe che fa scuola

e rinforzato dal messaggio che lo accompagna (oltre che dalla serie parallela delle allusioni contenute nella parte figurativa): "Il design armonioso di... è un *classico* da studiare...", con il richiamo etimologico *classe / classico*.

[8] La **paronomàsia** o **paronomasìa**, detta anche **bisticcio** o **annominazione** (gr. *paronomasía* "alterazione di un nome", *parēchēsis* "somiglianza di suono"; lat. *annominatio*, calco del primo termine greco; *affictio*, sinonimo di *adnominatio*; *supparile* "quasi uguale"; *levis immutatio* "lieve mutamento"), è l'accostamento, in presenza o per richiamo implicito, di parole che abbiano una qualche somiglianza fonica, dovuta o no a parentela etimologica, ma siano differenti nel significato:

Traduttore traditore / Chi non *risica* non *rosica* / *Moglie maglio* / *Sposa spesa* / *Penna pena* / Prender *fischi* per *fiaschi* / Dalle *stelle* alle *stalle* / *Vista* la *svista*?

Si *munge*, si *mangia*

(slogan pubblicitario)

Girella (*emerito* / Di molto *merito*)

(Giusti, *Il brindisi di Girella*, 1-2)

Si suole distinguere la paronomasia apofonica da quella isofonica. La prima è basata sull'*apofonia*, cioè sull'alternanza vocalica nella radice delle parole (*risica / rosica*; *sposa / spesa*; *stella / stalla*). La seconda sull'*isofonia*, cioè sull'uguaglianza dei suoni su cui cade l'accento di parola (*traduttore / traditore*; *vista / svista*; *emerito / merito*).

Letterariamente, la paronomasia ha una tradizione illustre (si tralasciano qui gli esempi greci e latini, per cui si rimanda a Lausberg 1969:148-150; si veda pure Segre 1993 per le tessiture paronomastiche petrarchesche: *Laura, l'aura, lauro, l'auro*; "*l'aura* che 'l verde *lauro* e *l'aureo* crine..."):

ch'i' fui per ritornar più *volte vòlto*

(*Inf.*, I, 36)

perché fuor negletti / li nostri *voti* e *vòti* in alcun canto

(*Par.*, III, 56-57)

Girò tre *volte* a l'oriente il *volto*

(*Ger. liber.*, XIII, 6, 3)

Si veda pure, nei versi di Iacopone già citati in [5], l'accostamento paronomastico: *smarrita / sparita*.[81]

Accade qualche volta che fra i termini in questione, detti *paronimi*, si instauri una sorta di *liaison dangereuse*, un'attrazione che i linguisti hanno denominato tecnicamente *attrazione paronimica*: "fenomeno di etimologia popolare per cui si dà lo stesso senso o un senso equivalente a parole che in origine si rassomigliavano solo per la forma: il senso di 'mancia o regalo' attribuito a *regalia* (dal latino *regalis*) è dovuto all'attrazione paronimica di *regalare*". (Dubois 1979:35)

Accanto ai casi di attrazione istituzionalizzata, cioè non più sentita dai parlanti nella sua originale devianza, stanno gli innumerevoli episodi di invenzione estemporanea individuale: i giochi paronimici, veicolo di comicità, di satira, di umorismo paradossale o bonaccione o demenziale o che altro dir si voglia, arguzia raffinata o passatempo divertente di poche pretese. Giochi verbali, insomma, come trasgressione creativa, in testi letterari e paraletterari; come parodia di luoghi comuni, per esempio:

> L'*inverno* è lastricato di buone intenzioni
>
> (Flaiano, OSP 338)

o come preziosismo letterario:

> Rosa che ha inebriato, rosa che ha confuso [...], *rosa* che ha *roso*, il mio cervello s'è mangiato.
>
> (Consolo, Re 15)
>
> *Per lumina, per limina*
>
> (titolo di una poesia di Zanzotto, in *Misteri della pedagogia*)

Nelle sue innumerevoli varianti la deformazione paronimica ha una lunga carriera nell'avanspettacolo (i monologhi di Gandolin, i dialoghi dei Fratelli De Rege ecc.) e nelle affabulazioni di attori comici vecchi e nuovi. Si sfrutta la spiritosaggine dello strafalcione involontario, di vita effimera, ma fin troppo ricorrente. Eccone uno, recentissimo, inedito (e spontaneo): "Siamo *obesi* di lavoro"; degno del *Falso monetario* deamicisiano (nel libro *L'idioma gentile*): un pittore ligure a cui "fiorivano sulla bocca gli spropositi con una fecondità maravigliosa": *strame* per *stame*, *aureola* per *arietta*, *raffineria* per *raffinatezza*, *guerre intestinali* per *intestine* ecc.

Le paronomasie involontarie sono dette *malapropismi* dal nome di Mrs Malaprop (coniato sull'espressione francese *mal à propos* "a sproposito"), personaggio della commedia di Richard Sheridan, *The Rivals* (I rivali), rappresentata per la prima volta nel 1775. Mrs Malaprop diceva *allegoria* al posto di *alligatore*, *epitaffio* invece di *epiteto* ecc.: come fa il parlante poco avvertito quando di fronte a termini inconsueti ricorre a parole note che somigliano nella forma alle ignote, le confonde e talora le fonde insieme (il risultato è la

207

paretimologia, a cui si è appena accennato): "tintura *d'odio*", "aria *congestionata*" anziché *condizionata* (cit. da Primo Levi, *L'altrui mestiere*).

Agli svarioni su cui ironizzava bonariamente De Amicis sono apparentati nella forma, ma non nelle intenzioni, gli sberleffi che Flaiano allineava (nel 1967) sotto il titolo *Prontuario d'italiese*:

> Saluti dalle *pernici* del Monte Bianco; / si sono tutti *alcolizzati* contro di me; / le zucchine mi piacciono *trafelate*; / ma questo lo discuteremo in separata *sedia*; / ha un *completo* di inferiorità...
>
> (Flaiano, *Op.*, 855-856)

Nel marasma della produzione umoristico-demenziale degli ultimi decenni basterà isolare alcune trovate di Gino Patroni, a cominciare dal titolo del libretto che le contiene, *Il foraggio di vivere* (Milano, Longanesi, 1987):

> Sta Federico / imperatore / in *coma* (titolo: "Agonia imperiale")
> *Crampo* notturno / di un pastore / errante per l'Asia (titolo: "Reumatismo leopardiano")

Una paronimia allusiva (*segno-sogno*) era il titolo di una collettiva di grafica americana degli anni Sessanta-Settanta:

> *Segno americano*

La deformazione paronimica applicata a nomi propri di persona gioca spesso sull'allusione, coi meccanismi della parodia. Analoghe considerazioni per i titoli giornalistici che sfruttano le paronomasie con ammiccamenti, doppi sensi e argute invenzioni:

> *Straordinari stradivari* (*La Repubblica*, 20/8/87)
> *Il piacere è tutto mostro* (*Panorama*, 17/1/88)
> *Versi perversi* (*Il Venerdì di Repubblica*, 12/2/88)

L'ultimo titolo ingloba il bisticcio: "*versi* per *versi*", ossia versi famosi anagrammati in modo da formare altri versi, con un possibile richiamo allusivo agli esercizi poetici sanguinetiani:

> ma succhiami, tu almeno, questi *versi perversi*, queste *fiale* d'inchiostro / bestiale, di *fiele* e di *miele*...
>
> (Sanguineti, *L'ultima passeggiata*, 6, 8-9)

[9] Il **polittòto** o **poliptòto** (gr. *polýptōton* "di molti casi", *metabolé* "cambiamento", *metáklisis* "mutamento di posizione", *parēgménon* "derivazione", tradotti in lat. rispettivamente con: *figura ex pluribus*

casibus, variatio, declinatio, derivatio, oltre che col prestito integrale *polyptoton*; si noti che il grecismo *metàbole* è stato assunto come denominazione generale per tutti i fatti retorici: cfr. Gruppo μ 1976) è la ricorrenza di un vocabolo con funzioni sintattiche diverse o nello stesso enunciato o in enunciati contigui e fra loro collegati.

È uno schema implicato in altre figure della ripetizione, come si è già dovuto notare più volte qui. Esso comprendeva originariamente, come *parēgménon* o *derivatio*, anche la figura etimologica (vedi [10]). Come la paronomasia, a cui viene ascritto da taluni, il poliptoto induce mutamenti morfologici nelle parole ripetute, il cui significato (lessicale) però, a differenza di quanto avviene con la paronomasia, rimane immutato col mutare della funzione sintattica.

Il polittoto occupa qualsiasi posizione, iniziale, mediana, terminale negli enunciati e nei loro raggruppamenti; lo si trova in ogni tipo di discorso: in frasi fatte della lingua comune (*gli occhi negli occhi, le mani nelle mani*; stare *con le mani in mano* ecc.), negli slogan pubblicitari e in genere in ogni occasione comunicativa in cui si sfruttino coi fini più svariati le figure della ripetizione.

Dalla presentazione televisiva di una rubrica giornalistica (l'enunciato ha la struttura dell'epanadiplosi o inclusione: cfr. *supra* [4]):

> *il potere* di opporti alla prepotenza *del potere*.

Fra gli esempi letterari, ne proponiamo alcuni dalla *Gerusalemme liberata* del Tasso (tratti da una serie di ventisette, registrati in A.L. Lepschy 1983):

> Sono ambo stretti al palo stesso; e vòlto / è *il tergo al tergo* e 'l *volto* ascoso *al volto*
>
> (II, 32, 7-8)
>
> anzi *la pugna de la pugna* i patti
>
> (III, 26, 8)
>
> giunta or *piaga a la piaga* ed *onta a l'onta*
>
> (VI, 45, 6)
>
> Sol *contra il ferro* il nobil *ferro* adopra
>
> (XIX, 32, 1)
>
> *Vissi* e *regnai*: non *vivo* più né *regno*
>
> (XIX, 40, 6)
>
> celar *co 'l foco* tuo d'amor *il foco*?
>
> (XIX, 91, 6)

E da scrittori del nostro tempo:

209

Dio con te stesso ricongiunto / Nel vano *punto* del tuo *punto*
(Giudici, Aspirazioni, 49-50)

Che è mai questo frastuono? [...] Questo urlare *della notte*, scheggiata in una moltitudine *di notti*, perle, gocce *di notte*?
(Manganelli, RV 145)

attuazione polittotica di un'epifora (2.17:[6]).
Un esempio giornalistico:

eccellente il lungo "servizio" di Demetrio Volcic, che ci ha fatto [...] ascoltare interessantissime cose *della Russia di oggi, dalla Russia di oggi.*
(B. Placido, "La Repubblica", 5.11.1987:31)

[10] La **figura etimologica** (gr. *parēgménon*; lat. *derivatio*: cfr. [9]) è la ripetizione della radice di un vocabolo. Come traspare dalle denominazioni antiche e da quelle moderne, latina (*figura etymologica*) e italiana, è in gioco la derivazione (o l'origine) delle parole.

La radice è "l'elemento di base, irriducibile, comune a tutti i rappresentanti di una stessa famiglia di parole nell'ambito di una lingua o di una famiglia di lingue" (Dubois 1979:237). Poiché la radice contiene il *sema* (che è l'unità di significato) comune a tutti i termini di una stessa famiglia etimologica, la ripetizione di un radicale in parole contigue o vicine è una sottolineatura semantica, un rinforzo della significazione. Si va da stereotipi quali "*vivere* la propria *vita*", "*amar* d'*amore*..." ecc., a espressioni proverbiali ("se *marzo* non *marzeggia*..."), a massime, a creazioni filosofiche (*natura naturata / natura naturans*) e letterarie, a invenzioni estemporanee, slogan (*Vietato vietare*) ecc.
Qualche esempio letterario:

e li 'nfiammati infiammar sì Augusto
(Inf., XIII, 68)

O *Spirto spirante*, che *spiri* con l'anima del Verbo nel seno del Padre...
(Maria Maddalena de' Pazzi, PE 120)

E se, come ora, la *distanza si distanzia*, la *lontananza si allontana*, e la *perdita si perde, si assenta* l'*assenza*...
(Manganelli, RV 74)

reggendo il lume al fine di guardare dentro la culla il bimbo che piange *un sogno non sognato* bene.
(Corti, VNE 14)

Un intreccio della figura etimologica (*viva... si ravviva; culture... culta*) e del poliptoto (*viva... nella più... viva*) si trova nell'enunciato seguente:

Viva nella più ampia e *viva* di tutte le *culture, si ravviva* quella lingua nel focolare della *culta* famiglia...

(Ascoli, Pr 16)

[11] La **sinonimia** (gr. *synōnymía* "comunanza di nome"; lat., oltre
al grecismo *synonymĭa*, il calco traduttivo *communio nominis* e la
specificazione *exaggeratio a synonymis* "accumulazione da sinonimi") come figura della ripetizione consiste nella ricorrenza dello
stesso senso in espressioni diverse, siano esse sinonimi veri e propri
(cfr. 2.15) o tropi (2.16). Naturalmente, si tratta per lo più di equivalenza, non di identità perfetta di senso; anzi, la più o meno lieve
variazione che la non-identità comporta è ragione di esistenza del-
l'uso retorico della sinonimia. Annidata in figure come la perifrasi,
l'iperbole e l'enfasi e nelle varie forme della ripetizione, la sinonimia è tratto caratterizzante della climax nella sua accezione meno
antica (*climax$_2$*), quando i membri disposti in gradazione di intensità crescente o calante (ascendente o discendente) possano conside-
rarsi sinonimi, in quanto conservino un sema comune (come si è già
notato, una *gradatio* che sia una progressione sinonimica può trovare posto tra le figure della ripetizione in quanto replica parziale
del senso di un'espressione). Esempio:

Questo gli permetteva *un rapporto familiare, una sorta di comunicazione*, addirittura a volte *una comunicazione letteraria* con gli alberi.

(Corti, VNE 128)

Partecipe degli usi tropico e sinonimico è la seguente progressione:

In Italia si ha l'idea *di nascosti incontri furtivi, di fragili trame*; e in certi am-
bienti addirittura *di artifici da cospirazione*.

(Corti, VNE 32)

Gli esempi qui addotti danno ragione a Lausberg (1969:152), secondo cui "non chiari e netti sono i limiti tra sinonimia semanticamente amplificante ed enumerazione coordinativa" (cfr. [16] nel
presente paragrafo). Tratto costitutivo della prima e carattere prevalente nella seconda è la disposizione dei membri in progressione:
quantitativa (dal meno al più lungo) oppure qualitativa (dal meno
al più 'carico' di intensificazione semantica), secondo la già citata
legge fondamentale della *dispositio*.

Altro carattere ricorrente nelle successioni sinonimiche, come
nelle enumerazioni, è la struttura ternaria (a cui si è accennato in
2.8); per gli opportuni esempi si rimanda alla maggior parte dei
passi citati a illustrazione della climax (qui [3]); si veda pure in [6]:

211

constatazione che in nessun momento vi è stata *traccia, indizio, sintomo* di senso.

Una specie di ripetizione sinonimica non rilevata dai retori antichi e medievali, che hanno prestato più attenzione alla *congeries* e all'enumerazione (asindetica) di sinonimi, ma registrata da G.I. Vossio, è la **dittologia**: "congiunzione di due vocaboli simili nel significato e complementari" (Tateo, 1972). La dittologia sinonimica risponde alla tecnica dell'amplificazione che produce ridondanza:

congiunge e unisce

(*Conv.*, IV, 1, 1)

mondissimo e purissimo

(*Conv.*, IV, 5, 5)

Dittologie 'congelate':

a immagine e somiglianza
principio e origine
vispo e arzillo

I due termini possono attirarsi per allitterazione, essere in gradazione o l'uno essere variante metaforica dell'altro:

il perché e il percome

grande e *grosso* / senza *garbo* né *grazia* / *vivo* e *vegeto* / come mi *pare* e *piace*
(Valesio 1967:205-206)

Una specie diffusa della sinonimia è la **interpretatio** ("interpretazione") o "sinonimia glossante", descritta e praticata da retori e grammatici greci e romani; in auge nell'età ellenistica, si trasmise, attraverso la tarda latinità, ai glossatori medievali. Con uno o più sinonimi viene chiarita un'espressione giudicata oscura o difficile o equivoca: tropo, voce straniera, termine specialistico, oppure disusato perché arcaico, parola polisemica ecc. Molte delle definizioni lessicografiche antiche e moderne constano di sinonimi.
Un esempio di uso letterario della glossa:

Un grosso volume non basterebbe a registrare tutte le spadellate (*colpi messi fuori del bersaglio, voce toscana*) dei poeti dell'Ottocento...

(Gadda, TeO 69)

Il dominio della *traductio* si estende alla diàfora e all'antanàclasi (usurpante, quest'ultima, il posto della diafora, in classificazioni recenti). In queste due figure il mutamento e l'arricchimento del senso sono essenzialmente il prodotto di un'enfasi (2.16:[7]), mentre negli altri giochi di parole paronomastici e metabolici si gioca sull'equivocità derivante dall'accostamento arguto di omonimi e di termini polisemici.

[12] La diàfora (gr. *diaphorá* "differenza", *antístasis* "opposizione", *plokē* "intreccio, combinazione", *sýnkrisis* "combinazione, confronto", *antimetáthesis* "scambio"; lat. *contentio* "opposizione", *copulatio* "unione, combinazione") o **ploce** ha luogo quando si ripete la stessa espressione in modo che la seconda occorrenza si differenzi dalla prima per il cumulo dei sensi di cui si carica enfaticamente. Lo stesso fenomeno in forma dialogica costituisce l'antanaclasi.

Esempi di diafora:

Un padre è sempre *un padre*.

Io... non sono più *io*.

La mattina seguente, don Rodrigo si destò *don Rodrigo*

(*I promessi sposi*, VII)

quell'arte che sola fa parer *uomini* gli uomini

(Leopardi, P 27)

Per alcuni (fra cui Lausberg) la diafora si ha in contesti monologici; lo stesso fenomeno in forma dialogica costituisce l'antanaclasi [13]. Peacham (1577) riservava il titolo di *diafora* alla ripetizione di nomi comuni e quello di *ploce* alla ripetizione di nomi propri (cfr. pure Lanham 1969:77-78). Vico (1989:343) non parla di diafora e definisce la ploce come l'uso di una parola che "significa in un luogo la persona o la cosa, in un altro il carattere e le qualità" (es.: O *Bruto*, bruto). Per altri si tratterebbe di *sillepsi oratoria*, perché una replica è usata in senso proprio, l'altra con valore figurato.

Nella funzione predicativa, come mostrano gli esempi ora riportati, la diafora ha la forma di una **tautologia** ("proposizione in cui il predicato ripete ciò che è già contenuto nel soggetto"). Per questo una 'diafora negativa', qual è quella del secondo esempio, contiene un paradosso: perché nega ciò che è implicitamente asserito nella configurazione semantica del soggetto.

Secondo Perelman e Olbrechts-Tyteca (TA: 228-230) il valore argomentativo di tali espressioni tautologiche sta nel fatto che esse, come la maggior parte delle figure della ripetizione, suggeriscono delle differenze nel momento stesso in cui sembrano stabilire delle identità. Si veda a questo proposito il famoso enunciato di Gertrude Stein (per cui si rinvia al commento di Eco 1968:66):

A rose is a rose is a rose is a rose

sorta di diafora moltiplicata.

La diafora è alla base di neoformazioni che consistono nell'accostare due termini identici:

questo è *caffè-caffè*
Dim inventa il *Collant-Collant*

[13] L'**antanàclasi** (gr. *antanáklasis* "ripercussione"; lat. *reflexio* "ritorcimento", "conversione"), o "ripetizione in senso opposto", è (nella classificazione di Lausberg 1969 e 1973²) una diafora dialogica. Ha luogo quando, in uno scambio di battute, l'interlocutore, "rivolta" un'espressione usata dall'altro partecipante al dialogo, in modo da darle un senso diverso.

Rimbalza dall'uno all'altro trattato di retorica l'esempio di Quintiliano (*Inst. orat.*, IX, 3, 68):

> Cum Proculeius quereretur de filio, quod is mortem suam *exspectaret* et ille dixisset se vero non *exspectare*, – Immo, inquit, rogo *exspectes*. – ("Poiché Proculeio si lamentava che suo figlio *aspettasse* la sua morte, e avendo quello detto che lui davvero non *l'aspettava*, – Anzi, disse, ti prego di *aspettarla* –")

Altra antanaclasi famosa:

> Hamlet, *thou hast thy father much offended.* // Mother, *you have my father much offended* ("Amleto, tu hai molto offeso tuo padre. // Madre, voi avete molto offeso mio padre")
>
> (*Amleto*, III, 4, 9-10)

Nell'interpretazione più diffusa, e fin dall'antichità (cfr. HWR, I: 483-485), l'antanaclasi o **anaclasi**, non distinta dalla diafora, viene intesa come indicante ogni ripetizione che induca variazioni o ribaltamenti di senso.

a₂) L'*accumulazione*. Si ha accumulazione quando si 'aggiungono' gli uni agli altri, con procedure coordinative o subordinative, membri di frase che non siano ripetuti.

[14] Soccorre qui immediatamente quale esempio probante la **climax₂**, da classificare come figura dell'accumulazione quando non possa essere intesa come ripetizione (cfr. [3] e [11]).

(i) L'**accumulazione coordinante** (o coordinativa) è detta in greco *synathroismós* ("raccolta, agglomeramento") e in latino *plurium re-*

rum congeries (o *coacervatio*). *Congeries* e *coacervatio* (da cui i termini italiani 'congerie' e 'coacervo') sono resi, tecnicamente, da 'accumulazione'. 'Congerie' richiamerebbe piuttosto l'**accumulazione caotica**; e vedremo che così è chiamato un procedimento stilistico enumerativo. La specificazione *plurium rerum* ("di più cose", ossia concetti, nozioni) rinvia alle "figure di pensiero".

Fra queste infatti l'accumulazione viene classificata da alcuni (per es., da Faral e da Arbusow), in quanto riunisce "sinonimi o altre espressioni e locuzioni intorno a un pensiero" (Arbusow 1963:65). Ma la tradizione prevalente è quella che registra l'accumulazione, sotto vari nomi, tra le figure da descrivere in rapporto all'espressione anziché al contenuto. Fontanier, che in parte si rifà a Beauzée e in parte innova originalmente, colloca l'accumulazione tra le "figure di stile" (cfr. fig. 4), identificandola con l'enumerazione e denominandola *conglobazione*. Osserva poi (FD 364) che la medesima "usa ordinariamente come mezzo necessario l'*aggiunzione*", che egli descrive tra le "figure di elocuzione", nella sottoclasse delle "figure per collegamento", insieme con il polisindeto e l'asindeto.

Le serie enumerative del seguente esempio illustrano vivacemente le procedure dell'accumulazione:

La grande poesia ottocentesca disponeva d'un armamentario che farebbe invidia ai magazzini della Scala: *i cimieri, i brandi, gli usberghi*, vi furoreggiano, *i destrieri, le pugne, le prore, le tube, le torri, le selve*, ne combinano d'ogni maniera. Senza contare il serraglio: *volatili e quadrupedi. L'aquila e il leone*. Non era caso infrequente che un qualunque tipo, per un po' di baccano che aveva fatto, venisse dai poeti insignito *d'uno sguardo aquilino; d'un collo leonino, e magari di tutt'e due insieme*. Da fare impallidire certe figure dei geroglifici, *con zampe di struzzo, orecchie d'asino, e becco di coccodrillo*.

(Gadda, TeO 194-195)

Alcuni caratteri dell'accumulazione coordinante sono già stati riscontrati nella sinonimia (cfr. [11]). È una forma di accumulazione (di suoni) anche l'allitterazione (2.17:[29]), che sarà descritta tra le figure dell'"ordine". Accumulazioni coordinative sono le specie di enumerazione esaminate nell'*inventio* e nella *dispositio*: la partizione e la ricapitolazione.

[15] Quando almeno uno dei membri accumulati è formato da due o più sinonimi, si ha una **diàllage** (gr. *diallagé* "accordo"). Come figura argomentativa, la diallage è la convergenza di molti argomenti in una stessa conclusione.

Esempi di diallagi come diramazioni sinonimiche di uno o più membri di una accumulazione:

Sei stato *lontano, assente, irraggiungibile*, con *le tue angosce, le tue inquietudini, il tuo malessere*, una voglia disperata di libertà, incapace di fermarti e di andare avanti...

Si noterà che la diallage così intesa è un caso particolare della sinonimia. Si cita perciò nuovamente il seguente passo, già riportato parzialmente in [11] (oltre che in [6]):

Assenza di senso: *distruzione* del senso, *perdita* del senso, constatazione che in nessun momento vi è stata *traccia, indizio, sintomo* di senso.

(Manganelli, RV 91)

> *e nulla vi è di più meraviglioso dell'elenco, strumento di mirabili ipotiposi.*
>
> *(Eco)*

[16] L'**enumerazione** o elenco (gr. *epimerismós*, da *epimerízō* "distribuisco"; lat. *enumeratio*) è l'accostamento di parole o gruppi di parole messi in successione e collegati sia sindeticamente sia asindeticamente, sia nell'uno e nell'altro modo congiunti di coordinazione (cfr. l'inizio del presente paragrafo: 2.17:A).

L'enumerazione è procedimento comune a ogni tipo di discorso e di testo: si pensi, per es., agli elenchi di pezzi e congegni nelle descrizioni tecniche di oggetti e di macchinari; alle voci di una notaspese; all'elencazione dei presenti e degli assenti, nel verbale di una seduta; agli indici, alle ricapitolazioni dei notiziari, ai resoconti improvvisati di azioni quotidiane ("ho fatto questo, questo e quest'altro...") e a quante altre forme e occasioni comunicative presentino una qualche parte almeno dei tratti caratterizzanti il tipo di testo che va sotto il nome di elenco. L'enumerazione è retoricamente marcata quando le intenzioni comunicative, il contesto verbale, la situazione d'uso ecc. le attribuiscono efficacia argomentativa, descrittiva (si veda l'ultimo passo citato di Gadda), narrativa o espositiva.

Ciò vale naturalmente, come si è già avuto occasione di notare, per qualsiasi procedimento sintattico-testuale considerato come costitutivo di figure (si veda, per es., la ripetizione). Nel caso dell'enumerazione, che è registrata essa stessa come figura, sembra riproporsi con maggiore evidenza il problema dell'estensione, e della costituzione, del dominio retorico.

[17] **Distribuzione** (gr. *diáiresis* "separazione, partizione", *merismós* "divisione"; lat. *distributio, designatio*) è un'enumerazione a membri

distanziati da espressioni (complementi, apposizioni, attributi), mentre caratteristico della *enumeratio* nella sua forma canonica era considerato il "contatto" fra i membri stessi. I due tipi tuttavia non sono chiaramente distinguibili, e quand'anche lo fossero si troverebbero facilmente mescolati o alternati nei testi.

Esempi di *distributio*:

> *Piccole teste* a zampa d'uccello, *animali* con mani umane sulle terga, *teste chiomate* dalle quali spuntavano piedi, *dragoni* zebrati, *quadrupedi* dal collo serpentino che si allacciava in mille nodi inestricabili, *scimmie* dalle corna cervine, *sirene* a forma di volatile...

> (Eco, NR 84-85)

Lo schema può essere anche quello dell'anafora o dell'epifora (cfr. [5] e [6]) e può pure risultarne un isocolo (2.17:[28]). Si noti la struttura anaforica del seguente passo (*l'Italia... l'Italia...*) con le serie enumerative aggettivali:

> L'Italia *retorica, professorale, greco-romana e medioevale* di Carducci, l'Italia, *georgica, piagnucolosa e nostalgica* del Pascoli, l'Italia bigotta del piccolissimo Fogazzaro, l'Italia erotomane e rigattiera di D'Annunzio, tutto il passatismo italiano, insomma, è definitivamente morto e sepolto.

> (Marinetti)[82]

Una morfologia dell'enumerazione potrebbe distinguere il tipo ove il membro contenente la nozione sovraordinata (o inclusiva delle altre) è collocato per primo:

> Ogni tavolo aveva *tutto quanto servisse per miniare e copiare*: corni da inchiostro, penne fini [...], pietrapomice [...], regoli [...].

> (Eco, NR 80)

dal tipo ove questo è collocato per ultimo: nell'es. appena citato di Marinetti, "*tutto il passatismo italiano*, insomma".

L'enumerazione come procedimento discorsivo corrisponde alla percezione analitica degli oggetti, opposta al 'colpo d'occhio' che coglie simultaneamente una totalità. Corrisponde alla scomposizione di un insieme nelle sue parti e alla elencazione di queste. Vari tipi di testo si caratterizzano, relativamente alle procedure enumerative, per la presenza o l'assenza di un ordine sistematico.

La cosiddetta **accumulazione caotica** può trovarsi nella comunicazione pratica informale, nel discorso colloquiale, familiare ecc., nella comunicazione patologica e in testi letterari. Sarebbe fuori luogo come procedura espositiva in un testo scientifico, o in testi normativi (leggi, regolamenti, prescrizioni, istruzioni per l'uso ecc.), ovunque l'ordine e la sistematicità dell'esposizione siano requisiti irrinunciabili.

Esempi di accumulazione caotica in un discorso informale:

> Guarda qua: fogli, matite, mozziconi di sigaretta, cartacce, sporco, un disordine che non ti dico; accidenti, ma come si può?

e in un testo letterario:

> Tuttaquanta oramai la riliggione / Conziste in *zinfonie, genufressione,* / *Seggni de croce, fittucce a la vesta,* / *Cappell'in mano, cenneraccio in testa,* / *Pesci da tajo, razzi, pricissione,* / *Bussolette, Madonne a 'gni cantone,* / *Cene a ppunta d'orloggio, ozzio de festa,* / *Scampanate, sbaciucchi, picchiapetti,* / *Parme, reliquie, medaje, abbitini,* / *Corone, acquasantiere e moccoletti.*
>
> (Belli, *La riliggione der tempo nostro,* 2-11)

Esemplari di enumerazioni caotiche sono offerti dalle litanie, la cui struttura si trova in realizzazioni letterarie appartenenti ai generi più svariati.

Un solo esempio, dove il cumulo litanico non è caotico, perché regolato dalla disposizione sistematica di elementi del significante: l'ordine alfabetico, nei perni della struttura portante, le allitterazioni (cfr. 2.20:B) e soprattutto i richiami analogici che legano tra loro i membri: *liato* (in rapporto di fantastica *derivatio* con *lia,* di cui è paronomasia), → *liana* → *catena* → *bagno* → *libame* → *licore* affatturato – letale *pozione* (in disposizione chiastica: cfr. 2.18:[11]) → *inferno* ecc.; *spire* → *angue* → *guizza* → *lioparda* → *lippo*; *liquame nero* → *pece*:

> Rosalia. Rosa e lia. [...] *Lia* che m'ha *liato* la vita come il cedro o la lumia il dente, *liana* di tormento, catena di bagno sempiterno, *libame* oppioso, *licore* affatturato, letale pozione, *lilio* dell'inferno che credei divino, *lima* che sordamente mi corrrose l'ossa, *limaccia* che m'invischiò nelle sue spire, *lingua* che m'attassò come angue che guizza dal pietrame, *lioparda* imperiosa, *lippo* dell'alma mia, *liquame* nero, pece dov'affogai, ahi! per mia dannazione.
>
> (Consolo, R 15)

Il cosiddetto 'flusso di coscienza' si avvale volentieri di procedimenti enumerativi. Che sono pure tipici della climax, ascendente e discendente (cfr. qui [3]).

L'accumulazione di aggettivi, come ogni altro procedimento retorico, è sfruttata nel linguaggio pubblicitario. Si hanno esempi estremi di serie aggettivali, ove il carattere caotico del cumulo litanico è dato dal fatto che le predicazioni (il cui soggetto sono immagini, non parole), applicate a persone, sembrano anche riferirsi, ammiccando, ai loro oggetti di abbigliamento:

Brillanti, avventurosi, disinvolti, allegri, sereni, protagonisti. Accurati, fantasiosi, precisi, incontentabili, originali. Giovani, stupendi, unici, inconfondibili, indimenticabili. Liberi e felici.

(marchio BELFE)

> Dalla lettura del Pasticciaccio *non risulta affatto che Carlo Emilio Gadda sia ingegnere e milanese* [...] *Ingegnere e milanese è un'endiadi per quella coscienza popolare che è diventata il punto di riferimento di Gadda.*
>
> *(Cesare Cases)*

[18] L'**endiadi** (lat. tardo *hendiadys,* dal greco *hèn dià dyôin* "una cosa per mezzo di due") consiste nell'usare due espressioni coordinate (generalmente due nomi) al posto di un'espressione composta da due membri di cui l'uno sia subordinato all'altro (aggettivo + nome, oppure nome + specificazione complementare subordinata):

pateris libamus et auro ("beviamo in coppe e in oro") = *pateris aureis libamus* ("beviamo in coppe d'oro")
nella strada e nella polvere = nella strada polverosa

(ii) Sotto il titolo di **accumulazione subordinante** o subordinativa Lausberg comprende la serie dei rapporti di dipendenza sintattica possibili tra i membri di frase: subordinazione di avverbi e complementi al verbo; di aggettivi o di complementi (detti 'adnominali') al nome; di avverbi (o locuzioni avverbiali variamente composte) agli aggettivi e ad altri avverbi. Il fatto che una tassonomia delle figure retoriche inglobi argomenti come questi è una riprova ulteriore della vocazione del modello classico a sviluppare un'analisi del discorso sulla base della grammatica, che veniva applicata, descrittivamente, all'analisi stilistica dei testi.

> *E Renzo venne a risapere che s'era detto da più d'uno: "avete veduto quella bella baggiana che c'è venuta?" L'epiteto faceva passare il sostantivo.*
>
> *(Manzoni)*

[19] L'**epìteto** (gr. *epítheton, epithetikón* "aggiunto": "aggettivo"; lat. *adiectivum*) è illustrato, nelle trattazioni retoriche, come caso emblematico dell'accumulazione subordinante. Sono epiteti sia gli aggettivi usati come attributi, sia i sostantivi (o qualsiasi perifrasi

nominale) usati come apposizioni di un altro sostantivo.

Lausberg (1969:165-170) analizza minuziosamente la semantica dell'aggettivo, chiedendosi se quest'ultimo porti o no informazioni nuove rispetto al senso del nome sovraordinato. In caso affermativo, si distinguono gradi di "necessità" dell'aggettivo. I più 'necessari' sono quelli che non possono essere tolti da un enunciato senza modificarne radicalmente il senso. Nell'esempio seguente, se si elimina l'aggettivo *sediziosa*, si cambia il *riferimento* del sintagma nominale di cui l'aggettivo è parte:

> Chiunque fa parte di una radunata *sediziosa* di dieci o più persone è punito, per il solo fatto della partecipazione, con l'arresto fino a un anno.
>
> (art. 655 del Codice penale)

E in quest'altro, non solo si modifica, ma si compromette il senso di ciò che si dice, se si toglie l'aggettivo:

> Camminavano con gli occhi *fissi*.

I meno necessari sono gli aggettivi detti appunto pleonastici: che non danno informazioni nuove, o ne danno di irrilevanti, rispetto a quelle già contenute nel gruppo nominale o nell'enunciato a cui appartengono.

In italiano un aggettivo corre il rischio di parere o di diventare pleonastico se è anteposto al nome. Un conto è dire: "Versa il *rosso* vino nei bicchieri", un altro è dire: "Versa il vino *rosso* nei bicchieri". Nel secondo caso si specifica qual è il vino da mescere (il rosso, e non il bianco, né altra bevanda). Nel primo, invece, si suppone come nota la qualità del vino in questione e la si nomina in sopprappiù; a tale presupposto è legato l'effetto di ricercatezza dell'intera espressione.

I grammatici hanno distinto tra funzione accessoria o descrittiva o *non-restrittiva*, che è quella dell'aggettivo anteposto al nome, e funzione necessaria o determinativa o *restrittiva*, propria dell'aggettivo posposto. Nell'ambito della grammatica generativo-trasformazionale sono state formulate regole per spiegare a quali condizioni il carattere restrittivo e la posizione postnominale siano interdipendenti (basta, per es., la presenza di un dimostrativo per annullare la funzione restrittiva di un aggettivo posposto. Si confrontino i seguenti enunciati: "Seguo le trasmissioni televisive *interessanti*" – solo quelle, e non le altre – "Seguo le *interessanti* trasmissioni televisive" – tutte le trasmissioni televisive sono qualificate come interessanti – Ma è indifferente dire: "*queste* trasmissioni interessanti" o "*queste* interessanti trasmissioni"). La grammatica e la semantica generative hanno pure spiegato perché per una classe di aggettivi italiani (*alto, buono, grande, povero, semplice, sporco, vecchio, vero*...) la posizione pre- o postnominale comporti un significato diverso.[83]

L'aggettivo, anteposto o posposto, può essere un **esornativo**. *Epitheta ornantia* (esornativi, appunto) furono chiamati gli aggettivi, e le espressioni equivalenti, la cui funzione è puramente ornamentale. Talora essi ricorrono come formule fisse, quasi emblemi o distintivi per l'individuo (persona o cosa) a cui si applicano. Tali sono gli esornativi omerici: Achille *piè veloce*; il *canuto* mare.

L'esornativo tende a diventare uno stereotipo negli epigoni di tutte le maniere letterarie: si pensi all'aggettivazione del petrarchismo, o del classicismo ottocentesco. Ma è anche l'assuefazione a un linguaggio massificato, frutto di inerzia inventiva, a provocare i formulari di espressioni viete, bersaglio di satira metalinguistica. Si ricordano, a questo proposito, le canzonature dell'enfasi aggettivale fascista che circolavano nelle redazioni dei giornali dell'epoca, sotto forma di comico catechismo:[84]

– Com'è il Duce? *Magnifico. Invitto e invincibile. Insonne.* – La sua figura? *Maschia.* – La sua sagoma? *Romana.* O anche: *forgiata nel bronzo...* – Come sono le sue legioni? *Quadrate.* – E i fedeli? *Della vigilia. Della dura vigilia...* – Come si arriva alle immancabili mete? *Nudi...* – Come sono le democrazie? *Agnostiche e imbelli...*

o certe note sul conformismo linguistico di anni più vicini a noi. Si potrebbero citare saggi di linguisti e storici della lingua, rubriche e articoli giornalistici di fonti svariate,[85] accomunati dall'interesse, quasi sempre dalla preoccupazione e talvolta dal biasimo per un diffondersi di stereotipi che rivela pigrizia, povertà inventiva, sudditanza acritica a un esercizio massificato del linguaggio. Due sole annotazioni:[86]

Concreto. Sarà anche stato ai suoi tempi un aggettivo coi piedi per terra, serio, rispettabile. Ma è molto cambiato, negli ultimi anni. Il meno che si possa dire di lui è che si lascia usare con troppa facilità da gente equivoca, presta il proprio suono grigio e fidato a nomi di notoria labilità e frivolezza [...]: concrete iniziative, concreti interventi, concreti sviluppi, concrete proposte, concrete aperture, concreti impegni, concreti sbocchi... La sua presenza accanto a qualsiasi sostantivo è ormai segnale infallibile di vacuità, dilazione, inconcludenza. È garanzia di totale astrattezza.

(Lucentini)

Perverso. Non consultate testi psicoanalitici. Tempo perso. Basta sostituire a "perverso" la parola "sbagliato" e tutto è chiaro. In ogni caso "perverso" è il contrario di ciò che negli anni Cinquanta era "valido".

(Eco)

[20] La retorica antica ha affrontato solo in parte gli effetti retorici dell'aggettivazione, occupandosi di particolari costruzioni delle lingue classiche. Tale è la cosiddetta **ipallage** o **enallage** (gr. *hypallagē* "scambio, commutazione", *enallagē* "inversione") **dell'aggettivo**. Questo viene agganciato al 'determinante' o complemento di specificazione, anziché al determinato, a cui invece spetterebbe (cfr. l'esempio latino); oppure viene attribuito al determinato quando dovrebbe essere riferito al determinante (cfr. gli esempi moderni):

> *altae* moenia *Romae*
>
> (*Eneide*, I, 7)

("le mura dell'alta Roma") anziché "*alta moenia* Romae" ("le alte mura di Roma")

Esempi moderni:

> e gli alberi discorrono col *trito / mormorio* della rena
> (Montale, *Tempi di Bellosguardo*, 4-5)
> Valmorbia, discorrevano il tuo fondo / *fioriti nuvoli* di piante agli àsoli
> (Montale, *Valmorbia...*, 1-2)

L'ipallage dell'aggettivo è una figura grammaticale (cfr. 2.12:B_1). La ricerca degli effetti retorici sfrutta la collisione tra l'aspettativa di una relazione conforme ai cliché logico-semantici secondo i quali vengono attribuite proprietà agli esseri, e il risultato imprevisto di un inconsueto connubio.

Superfluo aggiungere che l'impostazione classica della retorica dell'aggettivo lascia abbondantemente insoddisfatti. Un tentativo interessante di grammatica degli enunciati figurati è quello di Tamba-Mecz (1981:65-136): un'analisi di strutture retoriche fondate su relazioni sintattico-testuali e non sull'appartenenza degli elementi che compongono le figure a una 'parte (grammaticale) del discorso'. A proposito dell'aggettivo, Tamba-Mecz rileva l'eterogeneità di questa categoria. Che si vede bene nel diverso comportamento, poniamo, degli aggettivi qualificativi (come *feroce*) e degli aggettivi di relazione (come *mentale*). Quando si 'nominalizza' (cioè si trasforma l'aggettivo in sostantivo), il primo dà un nome astratto, il secondo un sintagma preposizionale: "una città *feroce* → la *ferocia* della città" / "le dimore *mentali* → le dimore *della mente*" (e non: "la mente delle dimore"). L'ipallage, aggiungiamo, potrebbe configurarsi, in certi casi, come passaggio dal valore qualificativo a quello di aggettivo di relazione: "piante *fiorite*" (la fioritura / i fiori delle piante) → "nuvoli *fioriti*" (nuvoli di fiori).

B) *Figure di parola per soppressione*

> *Usitatissima presso i nostri antichi maestri
> e anche nel parlar famigliare toscano si è la
> figura ellissi, per la quale, con vaghezza e
> senza oscurità, si tace or l'una or l'altra
> parte dell'orazione.*
>
> (Corticelli)

La seconda classe delle figure di parola (cfr. fig. 8) è individuata secondo la categoria della soppressione, o sottrazione o detrazione (*detractio*), che consiste nell'omettere (o nel 'cancellare') in un enunciato un qualche elemento che si presuma far parte della struttura di frase.

[21] Procedura comune e sovraordinata alle figure della soppressione, e figura essa medesima, è l'ellissi o "sottinteso" (gr. *élleipsis* "mancanza", *prosypakouómenon* "sottinteso"; lat. *ellipsis*).

Tradizionalmente si è distinta l'ellissi retorica dall'ellissi grammaticale. La prima è stata considerata come la realizzazione sintattica della aposiopesi: figura di pensiero che consiste nel 'tacere' qualcosa facendo intendere che lo si tralascia (cfr. 2.18:[19]). La seconda ha visto di volta in volta dilatarsi o restringersi il suo ambito: dal sistema del grammatico Francisco Sánchez de Las Brozas (noto col nome latino di Sanctius), che nell'opera *Minerva seu de causis linguae latinae* (1587) assumeva l'ellissi a principio esplicativo delle 'irregolarità' della lingua, postulando per questa una struttura logica (*legitima constructio*) da mettere in luce integrando le "deficienze" delle costruzioni superficiali, che sono ellittiche rispetto a quella struttura; fino a descrizioni recenti, per le quali l'ellissi comprenderebbe sia l'omissione di elementi già menzionati e perciò presenti nel contesto linguistico (o co-testo), sia la mancanza, in un enunciato, di elementi ipotizzabili in una realizzazione alternativa dello stesso enunciato (per es.: "Visto che bello?" / "*Hai* visto come è bello *questo?*"). Si è perciò parlato di ellissi *in absentia*: certi elementi sono considerati mancanti in base a un modello linguistico che ne preveda la presenza (un enunciato come "è venuto" sarà considerato ellittico del soggetto se il modello grammaticale che lo descrive prevede la presenza del soggetto nella struttura di frase; e per quanto riguarda le combinazioni di parole, locuzioni come *alle tre, alle quattro* sono considerate ellittiche perché confrontate con le concorrenti: "alle *ore*..."). Ellissi *in praesentia* si avrebbe invece quando si omettono parole già presenti nel co-testo (per es., nelle risposte a domande: "Che abbiamo fatto? *Nulla*"). Quando si tralasciano enunciati che il discorso stesso permette di inferire, l'ellissi viene detta "co-testuale"; quando è il suo contesto non verbale (o con-testo) a consentire un'integrazione, l'ellissi è "con-testuale".

È ragionevole sostenere che "tutte le ellissi sono riconducibili ad ellissi *in absentia*, cioè ad omissioni rispetto a un modello di frase e/o di comunicazione", e che non esistono perciò "tipi geneticamente diversi di ellissi: esistono ambiti diversi a cui attingere informazioni per recuperare quanto è stato omesso" (Marello 1984:255).[87]

Dal punto di vista stilistico, che è quello assunto dai retori quando hanno trattato dell'ellissi come figura di parola, questa viene studiata come espediente per "snellire" il discorso eliminando ripetizioni, come mezzo efficace per suscitare attese e per protrarne il soddisfacimento 'proiettando in avanti' l'attenzione di chi ascolta o legge.

Un esempio di inizio in un articolo giornalistico:

> Una follia. Una scelta assurda sotto ogni punto di vista, sia economico che ambientale. Anche se i manager dell'Enel non lo scrivono così brutalmente, è questo il giudizio che emerge con prepotenza dalle 101 pagine del loro rapporto...
>
> (*Panorama* 31/1/88:62)

È l'ellissi come elemento preparatorio, come preannuncio del tema di un discorso (ellissi *cataforica*: che rimanda a cose di cui si parlerà in seguito), frequente nella trasmissione 'brillante' di notizie, nella narrativa e nella poesia:

> Prese la vita col cucchiaio piccolo / essendo / onninamente fuori e imprendibile. / *Una ragazza imbarazzata*, presto / sposa di un nulla vero / e imperfettibile
>
> (Montale, *Trascolorando*, 1-6)

In poesia si trovano anche ellissi "totali" del tema: ciò di cui si parla non viene mai esplicitamente nominato; donde la possibile ambiguità del messaggio e le sollecitazioni che ne derivano al lavoro interpretativo del lettore.

Nella comunicazione quotidiana, l'ellissi del tema è stata spiegata dai linguisti come creazione di "referenti testuali": in un testo può trovarsi non nominato un oggetto al quale si fa riferimento menzionandone caratteristiche, componenti, circostanze, modi d'uso ecc. Nel seguente passo:

> Stavo *guidando* sull'*autostrada*, quando all'improvviso il *motore* incominciò a fare un rumore strano. Mi fermai al primo *parcheggio*, aprii il *cofano*, svitai il tappo e vidi che *il motore* stava bollendo

non è mai nominata esplicitamente l'automobile, a cui rimandano però i termini che qui abbiamo trascritto in corsivo. Il sottinteso agisce così fortemente da diventare elemento di coesione e di coerenza, per il testo.

L'ellissi è tratto caratterizzante di generi testuali (il telegramma e i titoli) e di stili: lo stile "telegrafico", appunto, e le varie manifestazioni della brachilogia (cfr. 2.18:[16] e [17]), che in parte caratterizzano lo stile nominale, definito comunemente (anche se per certi aspetti impropriamente) come ellittico del verbo.

[22] Lo **zeugma** o **sillèpsi** (gr. *zêugma* "aggiogamento", da *zéugnymi* "metto al giogo"; *schêma apò koinoû* "figura da comunanza"; *sýllēpsis* "il prendere insieme", di cui è calco il lat. *conceptio*; altri nomi latini: *adiunctio*, *coniunctio*, *nexum*: "congiungimento, connessione") comprende, tradizionalmente, una serie di varianti dell'ellissi. Sono ellissi che provocano incongruenze o semantiche o sintattiche (cfr. Valesio 1986:48-56).

Esempio celebre di incongruenza semantica (citato in tutti i manuali) è il verso dantesco:

> parlare e lagrimar vedrai insieme
>
> (*Inf.*, XXXIII, 9)

con *parlare* e *lagrimar* 'aggiogati' entrambi a un verbo che esprime percezione visiva e non uditiva. Un'incongruenza semantica che sta fra lo zeugma, l'ipallage dell'aggettivo e (forse) la sinestesia si trova in questo enunciato (ricavato da un discorso orale):[88]

> in modo da rendere il *tempo chirurgico* relativamente *breve ed esangue*

Le incongruenze sintattiche comprendono fenomeni classificati tra le 'figure grammaticali' (cfr. 2.12:B$_1$), a cui si aggiungono, nelle trattazioni classiche, esempi comunissimi di quel tipo di 'ellissi cotestuale' che consente di risparmiare parole e di evitare ripetizioni superflue. Esempio:

> Uno andò a Roma, un altro a Milano, un altro ancora a Genova.

Nel tipo esemplificato da:

> Tu *sarai contento* e i tuoi amici *soddisfatti*

la discordanza sta nell'unire alla copula (*sarai*) di seconda persona singolare non solo la parte nominale che le si accorda grammaticalmente (*contento*), ma anche il plurale *soddisfatti* (che dovrebbe essere unito a una voce verbale di terza persona plurale). Lausberg (1969:174) cita, a tale proposito, un verso di Racine:

> Londre *est libre*, et vos lois *florissantes* ("Londra è libera, e le vostre leggi fiorenti")

Per la tradizione retorica anglosassone, specialmente (Peacham 1577; Lanham 1969), *zeugma* è l'incongruenza semantica, *sillepsi* quella grammaticale.
Dalla linguistica odierna lo zeugma è studiato come *gapping* (cfr. Ramat

1982; Neijt 1979), cioè, prevalentemente, come sfasatura semantica in un parallelismo sintattico (cfr. pure Sperber e Wilson 1986:222-224):

Aveva sedici anni e una moto.

Pietro è venuto con Maria, Paolo con Gigliola, Alberto col muso lungo.

[23] L'**asindeto** (gr. *asýndeton* "slegato"; lat. *solutum*, "slegato, sciolto", e gli astratti – sinonimi – *dissolutio, inconexio*) è l'assenza di congiunzioni tra frasi o loro membri, che risultano collegati, o disgiunti, per semplice accostamento:

> *Veni, vidi, vici*
> Le donne, i cavallier, l'arme, gli amori, / le cortesie, l'audaci imprese io canto
> *(Orlando furioso,* I, 1-2)

Luogo naturale dell'asindeto, le enumerazioni (cfr. [16], al paragrafo precedente).

Generalmente si pensa all'asindeto come all'omissione di congiunzioni coordinative; ma per asindeto si possono esprimere anche rapporti di subordinazione:

> Non vengo: non ho tempo (= *perché* non ho tempo)
> Mi piace, lo prendo (= *poiché* mi piace...); oltre, naturalmente, alla coordinata: "mi piace, *e perciò*...)"
> Lo vuoi? Prendilo (= se lo vuoi, prendilo)

Nella tipologia di Lausberg (1969:178-180) si distinguono le seguenti specie di asindeto: *additivo* (per semplice somma di membri), *sommativo* (dei membri assommati il primo o l'ultimo fungono rispettivamente da introduzione o da ricapitolazione), *disgiuntivo* (i membri sono presentati come alternativi), *avversativo* (coi membri antitetici), *causale, esplicativo, conclusivo* (secondo i rapporti che i membri intrattengono fra loro: si vedano gli esempi da noi dati).

Aggiungiamo un solo campione di enumerazione asindetica del tipo *sommativo*:

> Guerra, tirannia, emergenza, guerra fredda [...], *catastrofi dunque pubbliche*, come i privati cataclismi, sembrano inventati per conferire una durata, già più che abbozzata del resto nelle "Occasioni", al mondo istantaneo, discontinuo e indiretto della speranza, cioè della poesia, montaliana.
>
> (Contini, AE 146)

Si sarà notato che gli stessi fatti discorsivi compaiono sotto diverse rubriche, in quella che sembra la sistemazione meglio organizzata (su criteri strutturali oltre che nozionali) della teoria classica in relazione alle figure. L'asindeto, per es., compare come modo dell'accumulazione, nei procedimenti enumerativi, in una rubrica (le procedure dell'aggiunzione) che è l'opposto di quella in cui l'asindeto stesso viene registrato come figura (della soppressione). Questi doppioni classificatori sono giustificati dalle premesse del modello, ma precludono una visione unitaria (e coerente) dei fatti analizzati.

C) *Figure di parola per permutazione e corrispondenza*

Nell'*ordine* delle espressioni (parole o segmenti di enunciati), la retorica classica distingue *permutazioni*, cioè spostamenti di unità rispetto alla posizione considerata regolare, e *corrispondenze* foniche e morfologiche (cfr. lo schema di fig. 8).

c_1) La *permutazione*. I fatti classificati come figure in questo raggruppamento (l'anastrofe, l'iperbato – entrambi intersecantisi –, l'epifrasi, che è una varietà dell'iperbato, e la sinchisi, la cui nozione ci riporta al dominio della *perspicuitas*, 2.13) sono oggetto di analisi sintattiche in quanto riguardano la collocazione (l'"ordine", appunto) delle parole nella frase.

Per la linguistica (e la grammatica) attuali, tali fatti riguarderebbero l'intonazione e il modo in cui è distribuita l'informazione negli enunciati: ciò di cui si parla, cioè il *tema* o *argomento* (con termine inglese, *topic*), correlato a ciò che si dice riguardo al tema, cioè il *rema* o *commento* (in inglese, *comment*). La retorica classica li ha individuati e descritti prevalentemente come fatti stilistici.

[24] L'**anàstrofe** (gr. *anastrophḗ* "inversione"; lat. *anastrophe, inversio, reversio, conversio*) viene generalmente definita come un'inversione nell'ordine, secondo alcuni "abituale", secondo altri "normale", di due o più parole o sintagmi successivi:

Ben provide Natura al nostro stato / quando *de l'Alpi schermo* / *pose* fra noi et la tedesca rabbia

(Petrarca, CXXVIII, 33-35)

E pianto, ed inni, e *delle Parche il canto*

(Foscolo, *Dei sepolcri*, 212)

allor che *all'opre femminili intenta* / *sedevi*

(Leopardi, *A Silvia*, 10-11)

tu / che *il non mutato amor mutata serbi*

(Montale, *La primavera hitleriana*, 34-35)

Nella storia del linguaggio poetico, l'anastrofe fa parte delle persistenze di una tradizione codificata che risale a moduli latini, in tutte le lingue romanze. Come altre costanti della tradizione poetica, può essere oggetto di parodia, con intenzioni di rottura del

227

codice; può attuare un accostamento consapevole di antico e di nuovo (come in Saba, per esempio), essere un richiamo memoriale ecc.

Esempi da testi pubblicitari:

Interi mondi / ci siamo lasciati, / alle spalle. / Insieme rincorrendo / le più esaltanti avventure...

(Pubblicità CASTROL)

Export di Henninger. *Delle tre, la più allegra.*

Non sa di plastica, / non sa di latta, / non sa di cartone / e non sa neanche di vetro, / *il vetro*

(Campagna Associazione Nazionale Industriali del Vetro)

Torniamo per un istante alla corrente definizione dell'anastrofe. Si osserverà che quando si parla di ordine "abituale" ci si riferisce all'uso; quando si parla di ordine "normale" si rimanda, tautologicamente, a una norma definibile, a sua volta, o astrattamente in base a un modello (per es., quando si spiegano gli enunciati riportandoli a strutture di frase) o mediante generalizzazioni ricavate osservando frequenze e modalità di impiego, giudizi di accettabilità (relativi a tipi e situazioni del discorso) dati dai parlanti ecc. In espressioni entrate nell'uso con fissità fraseologica, come *cammin facendo, strada facendo*, l'anastrofe rappresenta l'ordine abituale (nell'ordine 'normale' delle parole in italiano, dove l'oggetto diretto segue il verbo, *fare strada* ha il significato di "lasciare il passaggio"). Inversioni quali *fermo restando..., a Dio piacendo*, sono certamente più 'abituali' (più usate) delle corrispondenti costruzioni che mantengono l'ordine normale delle parole.

Nel parlato come nello scritto l'inversione, che è uno dei possibili aspetti dell'anticipazione o *prolessi*, rappresenta molto spesso un'enfasi sulla parte di informazione 'nuova' dell'enunciato, o sul *commento* anteposto all'*argomento* o *tema* (che nell'ordine non marcato delle parole nella frase precede il *commento* o *rema*; cfr. quanto detto all'inizio delle presente sezione); come si vede nel primo e nel terzo dei testi pubblicitari appena citati.

[25] L'i**pèrbato** (gr. *hyperbatón* "trasposto"; lat. *transgressio* "l'andare oltre", *transiectio* "il far passare al di là; trasposizione") si produce quando un segmento di enunciato viene interposto a due costituenti di un sintagma, oppure a sintagmi uno dei quali sia subordinato all'altro: è il caso degli adnominali (o modificatori di un nome) e degli avverbiali (modificatori di verbi, aggettivi e avverbi).

Come fatto sintattico l'iperbato, al pari dell'anastrofe (dalla quale, del resto, non è sempre chiaramente distinto nelle esemplificazioni classiche), si colloca tra quelle modificazioni nell'ordine dei costituenti di frase che sono dovute a variazioni nel 'distribuire' l'informazione; di qui l'enfasi sugli elementi 'spostati'. Negli esempi che seguono si segnalano col corsivo le parole (costituenti di sintagmi ecc.) separate dalle interposizioni:

Risponderò *alle*, senza dubbio numerose, *obiezioni*
Il di lei fratello...

Quest'*accanita* a spezzarmi il cuore / *carcere* mia d'amore!

(Villon, trad. Ceronetti, CT 51)

... *tardo* ai fiori / *ronzìo* di coleotteri

(Montale, *La rana, prima a ritentar*..., 5-6)

Derelitte sul poggio / *fronde* della magnolia / *verdibrune*...

(Montale, *Derelitte*..., 1-3)

colpa che pure le vittime della legge [...] riconoscono inespiabile quanto più
sono, nell'accezione comune, *innocenti*.

(Segre, DM 183)

[26] L'**epífrasi** (gr. *epíphrasis* "aggiunta") come figura riguardante
la disposizione delle parole è una variante dell'iperbato (la ritrove-
remo tra le figure di pensiero per aggiunzione, 2.18:[4]). Essa consiste nell'aggiungere un membro a un enunciato, in posizione tale
da produrre un iperbato fra il membro aggiunto e quelli ai quali
quest'ultimo si coordina:

Dolce e chiara è la notte *e senza vento*

(Leopardi, *La sera del dì di festa*, 1)

Io gli studi leggiadri / talor lasciando *e le sudate carte*

(Leopardi, *A Silvia*, 15-16)

d'una clessidra che non sabbia ma opere / misuri *e volti umani, piante umane*

(Montale, *Il rumore degli èmbrici*..., 11-12)

L'epifrasi è dunque un iperbato tra membri coordinati, anziché
tra elementi in rapporto di subordinazione, tra i quali si verifica l'i-
perbato nella sua forma canonica.[89] Può trovarsi coniugata con figure della ripetizione, e in particolare con l'epifora.

Tra le figure risultanti da interposizioni, si annovera la **tmesi**, metaplasmo
grammaticale (cfr. 2.12:A_1) e figura sintattica ("metatassi") di permutazione
nel modello di RG (cfr. fig. 2 e 3.2:B_4).

[27] La **sìnchisi** (*mixtura verborum*: cfr. 2.13) è la mescolanza come
turbamento dell'ordine abituale delle parole, ed è prodotta dalle ripetute combinazioni di anastrofi e iperbati in uno o più enunciati
connessi. Le lingue classiche offrono una ricca esemplificazione letteraria dei fenomeni di sinchisi (cfr. Lausberg 1969:183): elaborato
funambolismo verbale, sospeso tra l'oscurità (2.13) e un calcolo sapiente dello spazio di libertà compositiva consentito dalle strutture
della lingua.

Modernamente, la sinchisi può identificarsi con gli effetti del-
l'ambiguità semantica e figurale a cui è legata la polisemia dei testi
poetici. Un noto esempio è il verso carducciano:

il divino del pian silenzio verde

se si rifiuta di riconoscere in *silenzio verde* una sinestesia (cfr. 2.16:[3]) e si collega *verde* a *pian*, oltre che *divino* a *silenzio*, stabilendo, per il verso, una conformazione a scacchiera.

c₂) Figura della *corrispondenza* di enunciati e dei loro costituenti sui piani sintattico, metrico e fonologico è l'isocolo.

[28] L'**isocòlo** o **parisòsi** (gr. *isòkōlon*, da *íson* "eguale" e *kōlon* "membro"; *párison* "quasi uguale, corrispondente" [sottinteso: *schēma*], tradotto nella designazione latina di *compar / exaequatum membris* [*schema*]) è l'equivalenza, nell'ampiezza e nella struttura sintattica, di periodi, frasi e loro membri; e di strofe, versi e *cola* nella forma metrica.[90]

Il parallelismo dei membri è tipico, ma non certo esclusivo, dello stile biblico (cfr. 2.17a₁); in varie forme è abbondantemente testimoniato in ogni epoca e negli autori più diversi, nella prosa letteraria e nelle movenze del discorso comune. Un esempio dalla Bibbia:

> Come latte tu mi hai cagliato / Come formaggio mi hai raggrumato / Di pelle e carne tu mi hai vestito / Di ossa e tendini mi hai armato
> (*Giobbe*, trad. Ceronetti, 10, 10-11)

L'estensione minima dell'isocolo è, ovviamente, di due membri, ciascuno dei quali consti almeno di due parole:

> Corto di giorni / Stipato di dolori
> (*ivi*, 14, 1)

Nel parallelismo di due membri si trova di frequente un'antitesi (2.18:[8]):

> *Compri due / paghi uno*
> (slogan pubblicitario)
> Qui *si vince* o *si muore*

Il parallelismo di tre membri o **tricòlon** (gr. *tríkōlon*), isocolo trimembre, può essere così esemplificato:

> L'esperienza di ieri – l'avventura di oggi – le sfide di domani
> (Pubblicità di SAFARILAND, Roma)

L'isocolo plurimembre, per es. il **tetracòlon** (gr. *tetrákōlon*), che è costituito di quattro *cola* paralleli, ha i caratteri dell'enumerazione (2.17:[16]) e spesso ha struttura anaforica (2.17.[5]). Si veda il seguente passo delle *Faville del maglio* di D'Annunzio (commentato da Beccaria, 1975:308-309):

Era calcina grossa, ‖ e poi era terra cotta, ‖ e po⁚ pareva bronzo; ‖ e ora è cosa viva, ‖ ...

Non odo il suo respiro, | non il canto del gallo, | non il nitrito del poledro, | non il fiotto del bimbo

Nei modelli classici, da Quintiliano in poi (documentati in Lausberg 1973²:359-374), la parisosi è stata analizzata secondo l'autonomia sintattica dei membri coordinati (*subiunctio, adiunctio*), la loro composizione semantica (*disiunctio*) e la loro consistenza fonica e morfologica (omeoteleuto, omeottoto ecc.). Si ebbero così le seguenti classificazioni:

a) *subiunctio* o *subnexio* (gr. *hypozêuxis*), se i membri coordinati sono frasi intere, sintatticamente autonome:

Chi siamo, donde veniamo, dove andiamo?

b) *adiunctio*, se i membri (coordinati) sono gruppi (parti di frasi o frasi) non autonomi sintatticamente; questa figura è un tipo di sillepsi (2.17:[22]):

Mi sembra ignobile il proverbiale *non vedere, non sentire, non parlare.*

c) *disiunctio*, se i membri constano di sinonimi (questo vale per entrambe le precedenti costruzioni):

Chiedeva compassione, invocava pietà, supplicava clemenza.

Ti prego di non lasciarti andare a chiacchiere, di non indulgere a pettegolezzi.

La *disiunctio* è un fenomeno della *variatio*.

Se alla sinonimia, cioè all'equivalenza dei significati, subentrasse l'uguaglianza dei membri, la *disiunctio* trasmigrerebbe in forme della *repetitio* (in figure della ripetizione).

[29] Riguardo alla consistenza fonica, l'**omeotelèuto** o omoteleuto è la terminazione eguale o simile di parole (gr. *homoiotéleuton*, tradotto in lat. con l'espressione *simili modo determinatum* "terminante in modo simile", oltre che adattato nella forma *homoeoteleuton*). È un fenomeno dell'*omofonia*, in cui rientrano, oltre all'omoteleuto, anche la rima e l'allitterazione (cfr. 2.20). Se non è letterariamente giustificata (come le rime e le assonanze in poesia: cfr., per es., le assonanze del *Cantico di Frate Sole*: Signore / beneditti*one*; splend*ore* / significati*one*; *terra* / *governa* / *erba* ecc.), la ripetizione di finali di parole genera, nel discorso comune, fastidiose cacofonie ("l'argom*ento* dell'inquinam*ento*, che abbiamo tratt*ato*, è documen-

tato dall'alle*gato*...") da cui sembra difficile liberarsi, specialmente quando si debba, o si voglia, fare uso di tecnicismi (opportuni o presunti tali). Analoghe osservazioni per le forme allitteranti (si noti qui, nella frase precedente, "presun*ti ta*li": allitterazione da negligenza espressiva, in luogo di "o che si presume lo siano / o che sembrino tali ecc.").

Negli *Esercizi di stile* di Queneau tradotti da Eco la figura è così esemplificata:

> Non c'era venticello e sopra un autobello che andava a vol d'uccello incontro un giovincello dal volto furboncello con acne e pedicello ed un cappello [...].
> Un giorno d'estate, tra genti pestate come patate su auto non private, vedo un ebète, le gote devastate, le nari dilatate, i denti alla Colgate, e un cappello da abate [...]
>
> (Queneau, ES 45; trad. Eco)

L'omoteleuto diventa tecnica a effetto negli slogan che sfruttano il parallelismo ripetitivo di rime e cadenze ritmiche martellanti.

[30] L'**omeottòto** (gr. *homoióptōton*, tradotto in latino con *simile casibus* "[espressione] simile nei casi" e adattato nella forma *homoeoptoton*) è fenomeno delle lingue flessive, che hanno marche morfologiche per i casi (flessione nominale) e per la coniugazione dei verbi (flessione verbale). L'omeottoto può comprendere o no un omeoteleuto; come spiega Quintiliano:

> la terza specie [di somiglianza] consiste nel far terminare le ultime parole dei singoli membri con gli stessi casi: ed è detta *homoióptōton* [...]. I migliori esempi di tale figura sembrano quelli in cui inizi e clausole di periodi concordano in maniera che le parole siano simili ed abbiano uguali terminazioni e desinenze: e che siano anche – questa è la quarta specie – con membri uguali, sì da formare, un *isókōlon* (frase con membri uguali). [...] *Non minus nunc in causa* ‖ *cederet Aulus Caecina Sexti Aebuti impudentiae* ‖ *quam tum in vi facienda* ‖ *cessit audaciae* ["Non meno ora nella causa Aulo Cecina cederebbe all'impudenza di Sesto Ebuzio di quanto allora non abbia ceduto, nell'usare violenza, all'audacia sfrontata"] è un *isókōlon*, un *homoióptōton*, un *homoiotéleuton*. Si aggiunge anche l'elegante effetto che deriva dalla figura [il polittoto] consistente [...] nel ripetere dei termini con uscite diverse: *non minus cederet quam cessit*. Invece, *homoiotéleuton* e *paronomasia* sono in questo esempio: *neminem alteri posse dare in matrimonium, nisi penes quem sit patrimonium* ("nessuno può dare una donna in matrimonio ad un altro, se non colui che possegga un patrimonio").
>
> (*Inst. orat.*, IX, 3, 78-80)

[31] La **paromeòsi** (gr. *paromóiōsis* "quasi uguaglianza"; lat. *paromoeosis*) è lo stadio più complesso della parisosi, in quanto com-

prende fenomeni dell'omeoteleuto e dell'omeottoto e insieme della paronomasia (2.17:[8]) e del polittoto (2.17:[9]). Molti degli esempi di paronomasia che si danno modernamente sarebbero stati classificati dai retori antichi sotto la paromeosi.

Un esempio di alta letteratura (cit. da Lausberg 1969:193):

> et l'on peut me *réduire à vivre sans bonneur*, / mais non pas me *résoudre à vivre sans honneur*
>
> (Corneille, *Le Cid*, II, 1, 395)

E uno di bassa paraletteratura:

> *Straziami*, ma di baci *saziami*... / *Femmine* ‖ dalle labbra *tumide* ‖ dalle bocche *languide* ‖ ...

Distribuzioni diverse delle classiche "figure di parola" e classificazioni concorrenti o alternative saranno presentate, come già annunciato, nel successivo capitolo 3.

2.18 FIGURE DI PENSIERO

> *Il dividere le sentenzie dalle parole è un dividere l'anima dal corpo.*
>
> (B. Castiglione)

Le classificazioni delle "figure di pensiero" (gr. *dianóias schémata*; lat. *figurae sententiae*) appaiono, tutte, disomogenee, meno attendibili delle corrispondenti tassonomie delle figure di parola, che avevano almeno come base di raffronto una qualche individuazione di strutture grammaticali. Le figure di pensiero vennero invece riconosciute sull'incerto fondamento di concetti vaghi, mal (o mai) definiti, fatti coincidere intuitivamente con procedure discorsive talora comuni a più figure. Il riconoscimento di queste è sempre stato in bilico tra gli atteggiamenti che si vedevano manifestati, i modi in cui erano manifestati e i relativi caratteri grammaticali (connessi dunque ai valori argomentativi e stilistici). Avevano un bell'ammonire, gli antichi maestri di retorica, che il fulcro di tali figure era il pensiero, qualunque fosse la maniera di esprimerlo; che la "figura" doveva essere riconoscibile anche col variare dell'elocuzione: alla prova dei fatti diventava difficile definire schemi di pensiero con gli strumenti dell'antica 'arte del parlar bene'. Fondata sulla separazione tra *res* e *verba*, la bipartizione delle figure mette in crisi la separazione stessa: perché anche le *res*, i contenuti, sono analizzabili

233

in quanto 'materia formata' e non magma indiscreto, ma la 'forma' non può essere identificata, *sic et simpliciter*, con "le parole". Riguardo alle figure di pensiero, le teorie classiche dell'elocuzione si imbattevano nei problemi dell'organizzazione (cioè della forma) del contenuto. I mezzi che avevano a disposizione per risolverli non potevano che condurle a soluzioni contrastanti. Nessuna meraviglia, quindi, se gli stessi fatti discorsivi sono per gli uni figure di pensiero, per gli altri figure di parola, di stile ecc.

La *Rhetorica ad Herennium* (IV, 35-55) elenca una ventina di figure di pensiero. Anche alla più elementare delle verifiche non sfuggiranno le connessioni della tradizione posteriore (romana, medievale e moderna) con questo catalogo; che è debitore, a sua volta, della dottrina asiano-ellenistica delle figure:
1) *distributio* "distribuzione" (collocata da altri fra le figure di parola; Lausberg la descrive come uno dei due tipi dell'accumulazione coordinante: già vista in 2.17:[17]);
2) *licentia* "licenza" (qui [29]);
3) *deminutio* "attenuazione", corrispondente in parte alla litote (2.16:[8]);
4) *descriptio* "descrizione", ipotiposi (qui [2]);
5) *divisio* "divisione", figura simile al dilemma: "distaccando una cosa dall'altra, adduce i motivi e le risolve entrambe, in questo modo: 'Perché io ora dovrei rimproverarti qualcosa? Se sei onesto, non lo meriti; se disonesto, non ti lascerai turbare' " (*Rhet. Her.*, IV, 40);
6) *frequentatio* "accumulazione" (è descritto ed esemplificato l'uso argomentativo del procedimento che, nelle sue componenti formali, abbiamo visto come procedura di base per il secondo raggruppamento delle figure di parola per aggiunzione);
7) *expolitio* "ritocco" (qui [1]);
8) *commoratio* "indugio" (ivi);
9) *contentio* "antitesi" (qui [8]);
10) *similitudo* "paragone" (qui [14]);
11) *exemplum* "esempio" (qui [15]);
12) *imago* "immagine" (secondo altri, una specie della similitudine);
13) *effictio* "ritratto" (qui [2]);
14) *notatio* "descrizione di un carattere", etopea (qui [2]);
15) *sermocinatio* "dialogismo" (qui [27]);
16) *conformatio* "personificazione", prosopopea (qui [25]);
17) *significatio* "allusione" (qui [23]), ottenuta mediante: a) esagerazione, b) ambiguità, c) conseguenza, d) reticenza (qui [19]), e) analogia;
18) *brevitas* "concisione" (qui [16] e [17]);
19) *demonstratio* "dimostrazione visiva" (il 'mettere davanti agli occhi'), ipotiposi (qui [2]).

Fontanier, che ridistribuisce originalmente l'eredità della retorica classica e rifiuta, come si è visto, la fondamentale bipartizione

tra figure di parola e di pensiero (cfr. fig. 4), riserva tuttavia alle figure di pensiero una classe, la settima, nel suo sistema, e la suddi-
vide secondo procedure assai poco omogenee, come risulta dal seguente schema:

Figura 9 - La VII classe delle figure del discorso di Fontanier

Lausberg sa benissimo che "elaborazione intellettuale e formazione linguistica sono un processo inscindibile" (Lausberg
1969:194) e perciò si preoccupa di avvertire, all'occasione, che uno
stesso procedimento può essere figura grammaticale, per quanto riguarda le modificazioni morfologiche, figura di parola, sul piano
della funzione sintattica e degli effetti stilistici, e figura di pensiero
riguardo alle relazioni logico-semantiche, all'inquadramento tematico, agli scopi del comunicare ecc. (per es., l'iperbato è da lui descritto come figura di parola che corrisponde sul piano dei metaplasmi alla tmesi e sul piano delle figure di pensiero alla parentesi: cfr.
Lausberg 1969:181). La sua ricerca di simmetria lo spinge a proporre "sperimentalmente" una sistemazione delle figure di pensiero
secondo le quattro categorie del mutamento, come appare dallo
schema di fig. 10.

Non è indispensabile per un'informazione complessiva sulla tradizione retorica dar conto della rete concettuale in cui Lausberg imbriglia una materia così
fluida. Ci contenteremo perciò di passare in rassegna le singole figure, spezzet-
tando la materia in maniera ancora più drastica di quanto non si sia fatto fi-

nora. L'attenzione si concentrerà sui tasselli del mosaico terminale, che sono i soli confrontabili con quelli di altri mosaici: la sistemazione di Fontanier, per es., e le proposte delle attuali neoretoriche.

A) *Figure di pensiero per aggiunzione*
[1] La **commoratio** (gr. *epimonḗ* "indugio, insistenza"; lat., oltre alla denominazione principale, *repetitio crebra sententiae* "ripetizione frequente di un pensiero") è un indugio ripetitivo sulle idee comunicate. Tale indugio può attuarsi nella **interpretatio** o **parafrasi interpretativa**, che consiste nell'accostare a un enunciato un altro equivalente, col risultato di chiarire e arricchire il pensiero già espresso (procedimento comunissimo, come lo è l'uso di sinonimi):

> Non è una melanconia compatta e opaca, dunque, ma un velo di particelle minutissime d'umori e sensazioni, *un pulviscolo d'atomi* come tutto ciò che costituisce l'ultima sostanza della molteplicità delle cose.
>
> (Calvino, LA 21)

Oppure la *commoratio* può presentarsi come **expolitio**, traducibile col termine *ritocco*: un ritornare sullo stesso tema, o sul nucleo di questo, aggiungendo informazioni complementari e variando l'espressione. Esempio classico l'attacco ciceroniano della prima catilinaria:

> *Quousque tandem abutēre, Catilina, patientia nostra? Quamdiu etiam furor iste tuus nos eludet? quem ad finem sese effrenata iactabit audacia?* ("Fino a quando abuserai, o Catilina, della nostra pazienza? Per quanto tempo ancora codesta tua follia si prenderà gioco di noi? Fin dove si spingerà questa tua sfrenata insolenza?")

Un esempio moderno:

> ma soprattutto [i Milanesi] corrono in cerca di quelle espressioni ancora rimaste intatte della "natura", *di ciò che essi intendono per natura: un misto di libertà e passionalità, con non poca sensualità e una sfumatura di follia*, di cui, causa la rigidità della moderna vita a Milano, appaiono assetati.
>
> (Ortese, L'I. 15)

I modi della *commoratio*, come quelli che vedremo nella successiva figura di pensiero, rispondono all'esigenza di 'specificare nei particolari'; che, nell'*inventio*, è la funzione tipica sia della "narrazione" sia dell'"argomentazione" riguardo alle rispettive "proposizioni" (cfr. 2.5).

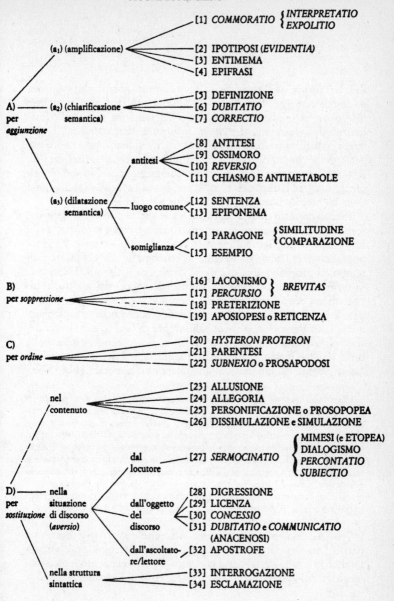

FIGURE DI PENSIERO

Figura 10 - Catalogo delle figure di pensiero (adattamento della sistemazione lausberghiana)

Raccolte a tulipano le cinque dita della mano destra, altalenò quel fiore nella ipotiposi digito-interrogativa tanto in uso presso gli Apuli.

(Gadda)

[2] Le risorse dell'*expolitio* si concentrano anche nell'**ipotiposi** o descrizione (gr. *hypotýpōsis* "abbozzo, schizzo", coi sinonimi: *diatýpōsis* "il configurare", *ékphrasis* "descrizione", *enárgeia* "evidenza"; lat. *evidentia, descriptio, illustratio, demonstratio* "il mostrare"). È il 'porre davanti agli occhi', in evidenza, appunto, l'oggetto della comunicazione, mettendone in luce particolari caratterizzanti, per concentrare su di esso l'immaginazione (*phantasía*, in greco; *visio*, in latino) dell'ascoltatore, la sua capacità di raffigurarsi nella mente ciò di cui si parla, di tradurre le parole in immagini.

Rientrano sotto questa rubrica le varie specie e tecniche della descrizione che Fontanier raggruppa (insieme con l'*expolitio*) nella sottoclasse delle "figure di pensiero per sviluppo" (cfr. fig. 9): la **topografia**, descrizione di luoghi; la **cronografia**, di circostanze di tempo; la **prosopografia**, di qualità fisiche, aspetto, movimenti ecc. di un essere animato; l'**etopea**, di qualità morali, vizi e virtù, comportamenti ecc.; il **ritratto**, che comprende la prosopografia e l'etopea; il **parallelo**, che in due descrizioni, o consecutive o mescolate, mette in evidenza somiglianze e differenze di oggetti e individui descritti; il **tableau** ("messa in scena"),[91] che comprende, esaltandole, tutte le altre forme, in quanto raffigurazione "viva e animata" di "avvenimenti, azioni, passioni, fenomeni fisici e morali" (FD 431).

Occorrono esempi? La memoria letteraria di ognuno potrà provvedere facilmente; e lo potrà pure la comune esperienza di parlanti 'comuni': nelle narrazioni di casi della vita ci sarà pure occorso di schizzare (o di apprezzare in un altro la capacità di farlo) un quadro vivo della situazione, di descrivere luoghi e momenti di un avvenimento, di delineare efficacemente una fisionomia ecc.

Le procedure descrittive, su cui i maestri dell'oratoria antica e medievale si erano soffermati per mostrarne l'efficacia specialmente nei generi del discorso persuasivo, vengono oggi assunte, in alcune delle vulgate tipologie dei testi, come tratti caratterizzanti di moduli discorsivi (per es., la descrizione "tecnica" opposta a quella "impressionistica"), distribuiti in diversi generi testuali.

[3] L'arricchimento concettuale, oltre che con lo specificare nei particolari, si può ottenere argomentando: l'accumulazione argomentativa consta della forma canonica del ragionamento logico-dialettico, il **sillogismo**, nella sua variante retorica, l'**entimema** (cfr. 1.5 e 2.6:[3])

[4] L'epìfrasi, già considerata come figura di parola (2.17:[26]), trova posto nel dominio delle figure di pensiero come sviluppo di idee accessorie, come accumulazione di senso intorno a un nucleo concettuale già manifestato.

Le tre figure successive, nel catalogo di fig. 10, servono, ciascuna in modo diverso dalle altre, allo scopo di chiarire il significato di espressioni date.

> Diffinizione *d'una cosa è dicere ciò che quella cosa è, per tali parole che non si convegnano ad altra cosa.*
>
> (Brunetto Latini)

[5] La **definizione** (gr. *orismós*, da *orízō* "segno i confini, determino"; lat. *finitio*, da *finis* "confine") è la delimitazione di un concetto, la dichiarazione precisa di "ciò che si intende per...". Essa trova posto in ogni tipo di discorso. Un esempio di uso eccellente, germogliato sulla tradizione alta della scolastica medievale:

> *fede è sustanza di cose sperate / e argomento de le non parventi /* e questa pare a me sua quiditate
>
> (Par., XXIV, 64-66)

Una definizione, se usata al posto del termine definito, è una perifrasi sostitutiva (cfr. 2.16:[5]). Se si presenta come spiegazione del significato originario (etimo) di una parola, è una **etimologia**:

> *Humilis* sta in rapporto con *humus*, il terreno, e nel senso letterale significa basso, posto in basso, poco sollevato. In senso traslato la parola si è sviluppata in direzioni diverse.
>
> (Auerbach, LLP 44)

L'uso argomentativo della definizione (cfr. 2.6:[4], [6]) è consueto in svariati generi testuali. Un esempio da un manuale giuridico:

> Il delitto, pertanto, non ha due eventi, ma uno soltanto: la malattia [...]. Ma che cosa deve intendersi per "malattia"? Secondo la Relazione ministeriale al Progetto è malattia *"qualsiasi alterazione anatomica o funzionale dell'organismo* [...]". Questa nozione è generalmente ritenuta inesatta [...]. Il Manzini ha sostenuto che, agli effetti del diritto penale, deve considerarsi malattia *"ogni processo patologico che richiede cura, riguardi o custodia"*, ma giustamente tale criterio è stato ritenuto empirico [...]. Pertanto [...] riteniamo che la malattia con-

sista in *quel processo patologico, acuto o cronico, localizzato o diffuso, che determina una apprezzabile menomazione funzionale dell'organismo.*

(Antolisei, MDP I, 66-67)

[6] La **dubitatio** "esitazione" (gr. *aporía* "difficoltà, incertezza", *diapórēsis* "imbarazzo, dubbio") è l'incertezza tra due o più possibili interpretazioni di un fatto, evento, stato di cose ecc.; si vagliano circostanze e opinioni contrastanti, si valuta il pro e il contro di una situazione o di un'idea, in vista di una decisione da prendere. I 'dubbi' che Dante espone, prima a Virgilio poi a Beatrice, nel corso del suo viaggio ultraterreno, possono essere letti, in gran parte, come esempi di questa figura retorica. A cominciare dal secondo canto dell'*Inferno*, ove il poeta argomenta sulla sua esitazione a compiere l'"alto passo", concludendo:

Ma io, perché venirvi? o chi 'l concede? / Io non Enea, io non Paulo sono; / me degno a ciò né io né altri 'l crede.

(*Inf.*, II, 31-33)

Si può anche manifestare la difficoltà di dare un giudizio, di pronunciarsi su questioni o eventi:

Fu vera gloria? Ai posteri / l'ardua sentenza...

(Manzoni, *Il 5 maggio*, 31-32)

Fontanier sdoppia la classica *dubitatio* in "esitazione" e "deliberazione" (cfr. fig. 9) e annovera la prima fra le "presunte figure di pensiero", vedendovi soltanto la manifestazione di sentimenti contrastanti, fra i quali non trova posto una riflessione razionale: tanto basterebbe, secondo lui, per rifiutare lo status di figura a ciò che altro non sarebbe se non "turbamento, perplessità, tedio, disgusto, dolore o qualsiasi altra situazione penosa dell'animo" (FD 446). La "deliberazione", invece, compresa nella sottoclasse delle "figure per ragionamento o per combinazione", si identificherebbe con le valutazioni razionali del pro e del contro di una possibile decisione, con esitazioni simulate, avendo già ben presente la soluzione ottimale.

[7] La **correctio** "correzione" (gr. *metánoia* "cambiamento di parere", *epitímēsis* "censura") come chiarimento semantico si offre in forme svariate e in due tipi principali: come contrapposizione (antitesi: cfr. [8]): 'non *p*, ma *q*' (con le varianti stilistiche: '*q*, non / anziché *p*' ecc.) e come miglioramento: '*p* o piuttosto / per meglio dire ecc. *q*' (con varianti stilistiche fra cui segnaliamo le forme asindetiche documentate qui appresso dal secondo e dal terzo esempio):

IMPROVVISA USCÌ LORO DALLE LABBRA / LA PAROLA DI VERITÀ / DESIGNANDO *NON* L'U-MANO AVVERSARIO / NELLE UMANE GUERRE / *MA* L'ATROCE PRESENTE NEMICO / DEL-L'UMANITÀ.

(Croce, EMC 15-20)

Da quando alla televisione sente parlare i cronisti delle autorità anche lui non arriva più: *giunge*. Non sta più a sentire: *ascolta*. Non aspetta: *attende* [...] e tutto questo con le persone di famiglia.

(Flaiano, OSP 674)

Non è solo intuizione. *Sensitività*. Non è solo sensitività. *Apertura*. Non è solo apertura. *Ansietà conoscitiva*. Non è solo ansietà. *È una rara completezza di strumenti...*

(Livi, SV)[92]

Quest'ultimo esempio congloba correzione, climax, struttura anaforica, asindeto ed ellissi; inoltre, documenta la tendenza a collocare il colon più lungo in ultima posizione, secondo la "legge del progressivo aumento delle parti" nell'*ordo naturalis* (cfr. *dispositio*: 2.8).

> *Un'antitesi ha l'aria di essere semplicemente un capovolgimento meccanico. Ma quale contenuto di esperienze, sofferenze e conoscenze bisogna aver acquisito, prima di poter capovolgere una parola!*
>
> *(Karl Kraus)*

[8] L'**antìtesi** (gr. *antítheton* "contrapposto", *antíthesis* "contrapposizione"; lat. *antitheton, contrapositum, contentio* "contrasto") è la contrapposizione di idee in espressioni messe variamente in corrispondenza tra loro. Fontanier, che colloca l'antitesi tra le "figure di stile" (nella sottoclasse che comprende, fra l'altro, il paragone, la parentesi, l'epifonema), avverte che non bisogna prendere per un'antitesi qualsiasi modo di esprimere idee contrastanti. Perché la figura sussista, ci deve essere corrispondenza di costrutti nei membri contrapposti.

Sul piano delle unità lessicali (cioè sul piano lessematico), l'incarnazione dell'antitesi sono gli **antonimi** o contrari, opposti come categoria lessicologica ai sinonimi.[93] Si vedano, negli esempi che seguono, le opposizioni: *tutto / nulla*; *semplice / complesso*; *anima / corpo*; *ombra / luce*; *lungo / breve*:

V'è qualche secolo che, per tacere del resto, nelle arti e nelle discipline *presume di rifar tutto*, perché *nulla sa fare*.

(Leopardi, P 21)

È la parte di me che riesce a sopravvivere / del *nulla ch'era in me*, del *tutto ch'eri* / *tu*, inconsapevole

(Montale, *L'arte povera*, 16-18)

Anime semplici abitano talvolta *corpi complessi*.

(Flaiano, OSP, 361)

Tende Tempotest. *L'ombra* si mette *in luce*

(slogan pubblicitario)

L'antitesi può allignare in figure come la correzione (si vedano gli esempi citati in [7]) e l'antimetabole (cfr. più avanti [11]); può pure servire di base al dialogismo (cfr. [27]), denunciare una ricerca di intensificazione retorica, se attuata negli schemi della ripetizione, o attuarsi in simmetrie perfette, che rendono ancora più vivi i contrasti: nell'isocolo (si veda 2.17:[28]) e nel parallelismo:

quando ancor *lungo* / *la speme e breve ha la memoria* il corso

(Leopardi, *Alla luna*, 13-14)

Prediletta dall'oratoria e dalla poesia di tutti i tempi, l'antitesi si presta a dare corpo alle inquietudini esistenziali:

Pace non trovo, et non ò da far guerra; / e temo et spero: et ardo, et son un ghiaccio; / et volo sopra 'l cielo, et giaccio in terra; / et nulla stringo, et tutto 'l mondo abbraccio.

(Petrarca, CXXXIV, 1-4)

Per questo essa trionfa nell'età barocca, inquieta e metamorfica quant'altre mai.

Il forte potenziale drammatico che questa figura ha, per definizione, fa sì che essa trovi il suo ambiente naturale nella tragedia. Un solo esempio fra i molti: nell'*Edipo re*, la profezia del cieco-veggente Tiresia (vivente antitesi):

veggente, tu non vedi / a quale passo di tua triste via / sei giunto [...] / Maledizione dall'orma terribile / saprà un giorno respingere lontano / da questa terra nostra te, *veggente dallo sguardo sicuro, oggi, e domani* / *cieco nel buio*

(*Edipo re*, trad. Lombardo Radice)

Massime sapienziali, aforismi, proverbi puntano volentieri sull'efficacia del contrasto:

Chi ama la sua vita la perde e chi odia la sua vita in questo mondo, la serberà a vita eterna.

(*Giov.*, 12, 25)

Il ricorso all'antitesi nella ricerca degli effetti oratorii dovette preoccupare i sostenitori della moderazione. Fontanier metteva in guardia contro l'uso smodato di tale figura, di cui avrebbero abusato, a suo parere, Seneca, Plinio il Giovane, i Padri della Chiesa e in particolare sant'Agostino. Si tratti o no di abusi, è certo che possiamo trovare, negli autori nominati, esemplari eccellenti del parlare per contrapposizioni.

> *l'onore e l'indecenza stretti in un solo patto*
> */ fondarono l'ossimoro permanente.*
>
> (Montale)

[9] L'**ossìmoro** o **ossimòro** (gr. *oxýmōron* "acuta follia", da *oxýs* "acuto" e *mōrós* "folle"; lat. *oxymorum, oxymora verba*) è un'unione paradossale di due termini antitetici, una sorta di corto circuito semantico, che si forma in quanto uno dei due componenti esprime una predicazione contraria o contraddittoria rispetto al senso dell'altro, mentre costituisce con questo una funzione sintattica; una delle seguenti:

(a) soggetto / predicato:

La loro vita è morte d'immortali / *E d'immortali vita, il morire*
(Eraclito, trad. Ceronetti, CT 36)

Dio *ragione che sragiona*
(Giudici, *Aspirazioni*, 18)

(b) nome / attributo o altra specificazione:

concordia discors ("concordia discorde")
convergenze parallele

la "nuova retorica", con i suoi presupposti e finalità che la legano al clima "neoilluministico" ed alle *disperate speranze* degli anni Cinquanta
(Vasoli, NRP 31)

una voce monotona, aspra, irta, iterativa, che via via verrà misurandosi con l'altra che tu hai scelto, *insensato senso.*
(Manganelli, RV 144)

Ceterum in claustris [...], quid facit illa ridicula monstruositas, mira quaedam *deformis formositas* ac *formosa deformitas*?
(san Bernardo, in *Patrologiae cursus completus, series latina*: 182, 915)

[...] cosa significano quelle ridicole mostruosità, quelle *deformi formosità* e *formose difformità*?[94]
(Eco, NR 88)

La loro vita è *morte d'immortali*...
(Eraclito, cit.)

Chi potrà vedere *l'ordine senza ordine* del corpo di essa degna sposa? [...] Tutte le parole tua sono un manifestarti *un principio senza principio*...

(Maria Maddalena de' Pazzi, PE 117 e 158)

(c) verbo / avverbio o altro modificatore:

festina lente ("affrettati lentamente", cioè "fa' presto, ma con ponderatezza, senza affanno")
mi avvicino guardingo e *ferisco / senza ferire spio senza spiare / guado senza guadare*

(Zanzotto, *Id.* 32, 14-17)

Ancora due ossimori, innestati all'interno dei due membri di un *anthitheton*:

Nell'inferno c'è *morte senza morte* / in paradiso *vita senza vita*
(Beltrami, *Senza ali non si vola*, 35-36)

Si noterà che l'ossimoro si avvale di procedimenti della *traductio*, quando è formato dalla ripetizione di un lessema la cui seconda forma contraddice la prima mediante una negazione (per es. *senza*), e in particolare sfrutta i meccanismi della paronimia e della figura etimologica (cfr. 2.17:[8] e [10]) in formazioni come *formosa deformitas, deformis formositas, insensato senso, ragione / sragiona, concordia discors, disperate speranze.*

Nella tradizione retorica francese (si veda lo schema delle "figure di espressione" di Fontanier, riportato qui in fig. 7), la combinazione di "idee e parole ordinariamente opposte e tra loro contraddittorie", compiuta in modo che apparentemente escludendosi esse arrivino invece a produrre "il senso più vero, perché più profondo e incisivo" (FD 137), è denominata **paradossismo**; ed è, evidentemente, lo stesso che l'ossimoro. (Sul paradossismo come variante dell'ossimoro si rimanda a Ossola 1977.) Perelman e Olbrechts-Tyteca ne trattano fra gli argomenti basati sulla "dissociazione delle nozioni", collegando il paradossismo alla tautologia apparente (per es., "gli affari sono affari") in cui consistono la diafora e l'antanaclasi (cfr. qui 2.17:[12] e [13]). Ogni espressione paradossale richiede, per essere compresa, "uno sforzo di dissociazione" (TA 464).

L'ossimoro o paradossismo è, ed esige, un gioco d'intelligenza. Lo sanno bene i maestri della propaganda, nelle loro arrampicate sulle pareti impervie dell'originalità. Come in ogni gioco d'intelligenza, l'ingrediente principale è la sorpresa. Tra i possibili effetti, l'inquietudine per l'inconsueto; e la meraviglia: sempre che a proporre il funambolismo espressivo sia l'eccellente, e non il goffo.

[10] Un tipo di antitesi che sviluppa regressivamente i membri contrapposti ('antitesi regressiva') è la **reversio** "inversione" ("fare dietro-front": *reversio*, in latino, è il "ritorno senza avere raggiunta la meta", mentre *reditus* è il ritorno dopo avere raggiunta la meta), o **regressio** "regressione" (gr. *epánodos* "ritorno").

Essa consiste nel ripercorrere a ritroso la successione concettuale di cui consta il primo membro, o specificando punto per punto ciò che si è formulato complessivamente, o invertendo i ruoli semantici e sintattici dei termini che danno le informazioni principali. In questo secondo caso la *reversio* è assimilata all'antimetabole (vedi qui di seguito [11]). Un esempio del primo caso (da una registrazione di parlato colloquiale):

> Ha detto a tutti che si divertiva: come facesse a divertirsi resta un mistero, quello che è certo è che l'ha detto.

Gli esempi di *reversio* come antimetabole hanno un trattamento preferenziale nella manualistica, a cominciare dal motto che si trova in *Rhet. Her.*, IV, 28, 39:

> *Esse oportet, ut vivas, non vivere, ut edas* ("devi mangiare per vivere, non vivere per mangiare")

come campione di *commutatio* (antimetabole), riformulato in seguito da Quintiliano e passato subito in proverbio. Tra gli esempi allineati da Fontanier (FD 381-382) troviamo una massima di Bourdaloue, da noi tradotta come segue:

> Non dobbiamo giudicare norme e doveri secondo i costumi e gli usi; ma dobbiamo giudicare usi e costumi secondo i doveri e le norme. Perciò è la legge divina che deve essere la norma costante dei tempi, non è la varietà dei tempi che deve diventare norma e legge divina.

Fra gli esempi moderni, un pensiero di Frederic Prokosch:

> Per essere veritieri, bisogna sempre mentire un poco, così come per mentire bisogna essere un poco veritieri.
>
> (cit. in exergo da Corti, VNE)

dove l'antitesi regressiva è impostata come una **comparazione** (2.18:[22]), altro possibile schema della *reversio* (cfr. Lausberg 1973²:393-394).

245

[11] L'antitesi come disposizione speculare di costituenti di segmenti testuali si attua nel **chiàsmo** o chiasma (gr. *chiasmós*, da *chiázō* "dispongo in forma di X", cioè della lettera greca resa nell'alfabeto latino da *ch*): incrocio di membri corrispondenti e contigui, dove due o più termini collocati in successione seguono in uno dei membri l'ordine inverso a quello dell'altro. Si vedano i seguenti esempi (già citati: l'1 e il 6 rispettivamente in 2.17:[2] e [23]; il 2, il 3 e il 4 al n. [8] e il 5 al n. [9] in 2.18):

1. Questa voce *sentiva gemere* in una capra solitaria / in una capra dal viso semita / *sentiva querelarsi* ogni altro male...
2. Pace *non trovo* et *non ò da far* guerra
3. *presume di rifar* tutto, perché nulla *sa fare*
4. La loro vita è *morte d'immortali* / E *d'immortali vita*, il morire
5. morte *d'immortali* / e *d'immortali* vita
6. Le donne, *i cavallier, l'arme,* gli amori[95]

Il chiasmo, opposto come schema alla collocazione in parallelo, consta di varie specie, classificabili a partire dall'ampiezza dei membri: **chiasmo piccolo**, ove la corrispondenza riguarda parole e sintagmi (fra gli esempi dati, 5 e 6); **chiasmo grande**, con incrocio di intere frasi (esempi 1-4). Le suddivisioni ulteriori danno:
(a) il **chiasmo semplice**: elementi con identiche funzioni sintattiche (o appartenenti alle stesse classi grammaticali di parole) sono collocati in posizione speculare. Si vedano gli esempi 1, 2, 3, 5; a cui si aggiunga (e si noti l'anadiplosi *libere / libero*):

L'arte e la scienza *sono libere* e *libero ne è* l'insegnamento
(*Costituzione della Repubblica Italiana*, art. 33)

(b) il **chiasmo complicato** o **antimetabole** o **antimetatesi** (*commutatio, permutatio*), definito come permutazione nell'ordine delle parole, tale da produrre un capovolgimento del senso. L' "incrocio" può essere:
(b₁) *semantico*: con parallelismo sintattico (e delle classi di parole) e specularità delle corrispondenze di significato:

chi ha pane	non ha denti	e	chi ha denti	non ha pane
(protasi)	(apodosi)	–	(protasi)	(apodosi)
più vita	ai nostri anni,	non	più anni	alla nostra vita
(oggetto diretto)	(dativo)	–	(oggetto diretto)	(dativo)
lingua	libera	e	libertà	linguistica (Terracini)
(sostantivo)	(aggettivo)	–	(sostantivo)	(aggettivo)
la vita	goccia	a pioggia,	piove	a doccia (Sanguineti)
–	(predicato)	(complemento)	(predicato)	(complemento)

(b$_2$) *sintattico*: con specularità delle funzioni sintattiche e parallelismo delle corrispondenze di significato.

La loro vita	è morte d'immortali	e	d'immortali vita	il morire
(soggetto)	(predicato)	×	(predicato)	(soggetto)
Se è caldo	raffreddalo	e	riscaldalo	se è freddo
(protasi)	(apodosi)	×	(apodosi)	(protasi)
(aggettivo)	(verbo)	×	(verbo)	(aggettivo)

Nell'ambito del **luogo comune** (*locus communis*), che è materia dell'*inventio*, si collocano la sentenza e l'epifonema.

[12] Lausberg (1969:219-220) definisce la **sentenza** (gr. *gnomē*, lat. *sententia*) un "*locus communis* formulato in una frase che si presenta con la pretesa di valere come norma riconosciuta della conoscenza del mondo e rilevante per la condotta di vita o come norma per la vita stessa".

Sentenza può essere considerato un termine generico per più varietà specifiche: la **massima**, da cui ci si aspetta che abbia una validità generale (non per nulla si chiamano 'massime' i principi giuridici); il **motto**, o **detto**, da qualificare secondo le diverse specie: arguto, proverbiale, memorabile ecc. Qualsiasi (bella) frase può diventare un motto da citare all'occorrenza o da mettere in exergo, cioè in capo a un libro o a un capitolo. Il detto o motto proverbiale, cioè il proverbio o adagio,[96] ha le virtù e i vizi della saggezza popolare: nel gran deposito della paremia confluiscono infatti autorevoli massime sapienziali, stereotipi e banalità che si contraddicono a vicenda, testimonianze di superstizioni e di pregiudizi sedimentati nelle varie tradizioni culturali.

L'uso retorico della sentenza come condensazione 'a effetto' di un *topos* spazia dalla forma assertiva

> *Timeo Danaos et dona ferentis*
> ("Temo i Greci, anche quando offrono doni")
>
> (*Eneide*, II, 49)
>
> *Omnia praeclara rara* ("Tutto ciò che è eccellente è raro")

all'interrogazione retorica:

> Quale amore più grande che dare la vita per i propri amici?

all'esclamazione:

> Oh, Austerità, quanti peccati si commisero in tuo nome!
>
> (Morante, PCBA 8)

all'esortazione:

> *Láthe biōsas* ("vivi in disparte, nascosto")
> A nemico che fugge, ponti d'oro.

Una sentenza dotata di capacità definitoria è l'**aforisma** (o **aforismo**), che concentra in una sola proposizione o in una composizione brevissima giudizi e riflessioni morali, resoconti di esperienze, asserzioni riguardanti un sapere specifico (filosofico, politico, medico ecc.). Esempi di vari tipi: gli aforismi medici di Ippocrate e della Scuola salernitana, gli aforismi sull'arte della guerra di R. Montecuccoli, i *Pensieri* di Marco Aurelio, l'*Oracolo manuale* di B. Gracián, le *Massime* di La Rochefoucauld e di Goethe, e le opere filosofiche in forma aforistica di F. Bacone, di Schopenhauer, di Nietzsche, di Wittgenstein, di Adorno.

Da Karl Kraus, grande produttore di massime, citiamo il seguente aforisma sull'aforisma:

> L'aforisma non coincide mai con la verità; o è una mezza verità o una verità e mezzo.
>
> (Kraus, DC 165)

L'uso dialettico di una sentenza ne fa la premessa maggiore di un sillogismo, specie se questo riguarda comportamenti o atteggiamenti. L'entimema (cfr. 1.5), che non esplicita la premessa maggiore, contiene spesso una sentenza nascosta nell'argomentazione.[97]

[13] L'**epifonèma** (gr. *epiphōnēma* "voce aggiunta") è una sentenza posta a conclusione di un discorso. Esempi:

> Montale e Ungaretti: (li cito in ordine alfabetico). *Ciascuno dei due ha attinto dalla profondità del suo spirito quella nota che ci accompagna e consola nell'ora disperata.*
>
> (Gadda, TeO 150)
>
> Non importa tanto [...] che un'idea sia vera o falsa [...], quanto che essa spinga ad un fecondo lavoro. *Nella scienza come in tutti i campi dello sviluppo culturale il lavoro è l'unico infallibile indice di salute e la sola garanzia di successo, nella vita del singolo come in quella della comunità.*
>
> (Planck, CMF 290)

Fontanier trovava troppo restrittiva la concezione dell'epifonema come 'chiusa' e proponeva di vedere la medesima figura anche all'inizio e nel cuore di un ragionamento, purché si abbia a che fare con "una riflessione vivace e breve, o un tratto di spirito, di immaginazione o di sentimento, in occasione di un racconto o di un particolare qualsiasi, da cui però si distacchi nettamente per la sua generalità o per l'oggetto su cui verte" (FD 386). Come i seguenti versi (il terzo e il quarto in una composizione poetica di nove):

> Sognai anch'io di essere un giorno mestre / de gay saber; e fu speranza vana. /
> *Un lauro risecchito non dà foglie / neppure per l'arrosto*
> (Montale, *A Leone Traverso*, II, 4-5)

Concettualmente opposte alle figure dell'antitesi, ma talora coniugate con queste nella prassi enunciativa, sono le figure della somiglianza: la similitudine o paragone e l'esempio.

[14] La **similitudine** (gr. *parabolḗ* "paragone, confronto"; lat. *similitudo*) è modernamente considerata una delle due specie del **paragone** (l'altra è la comparazione). Consiste nel confrontare l'uno con l'altro esseri animati e inanimati, atteggiamenti, azioni, processi, avvenimenti e via discorrendo, in uno dei quali si colgono caratteri, aspetti ecc. somiglianti e 'paragonabili' a quelli dell'altro. Il confronto può avvenire all'interno di una stessa classe (di individui, eventi ecc.), oppure fra appartenenti a classi diverse (un uomo paragonato a un animale di altra specie e viceversa, a una forza della natura ecc.). Ciò che secondo alcuni distinguerebbe la similitudine dalla comparazione è la non-reversibilità del confronto, i cui termini non potrebbero essere intercambiati (cfr. Bertinetto 1979).

La similitudine è pratica retorico-stilistica antica: dalla Bibbia all'epopea classica, medievale e moderna (dal Rinascimento in poi), alla lirica e alla narrativa, le similitudini traboccano. Qualche esempio famoso, ad apertura di libro:

> La nostra vita passa *come l'ombra di una nube* / e si dissolve *come nebbia* / inseguita dai raggi del sole
> (*Sapienza*, 2, 4)
> *Come d'autunno si levan le foglie* / *l'una appresso de l'altra, fin che 'l ramo* / *vede a la terra tutte le sue spoglie,* // *similemente il mal seme d'Adamo* / *gittansi di quel lito ad una ad una,* / *per cenni come augel per suo richiamo*
> (*Inf.*, III, 112-117)

ispirato, com'è noto, al passo virgiliano:

> *Quam multa in silvis autumni frigore primo / Lapsa cadunt folia, aut ad terram gurgite ab alto / Quam multa glomerantur aves, ubi frigidus annus / Trans pontum fugat et terris immittit apricis*
>
> (*Eneide*, VI, 305-312)[98]

Il paragone può essere costruito sostituendo al connettivo *come* il suo correlativo (*così*):

> *Così la neve al sol si disigilla, / così al vento ne le foglie levi / si perdea la sentenza di Sibilla.*
>
> (*Par.*, XXXIII, 64-66)

oppure impostando il confronto nei termini predicativi caratteristici del genere 'parabola':

> Le parole dei molti poeti *sono come gli asciugamani dei molti coscritti, in camerata, che il tuo di oggi è il mio di domani e viceversa.*
>
> (Gadda, TeO 194)

Varia per estensione, la similitudine nella sua forma esemplare si presenta come sviluppo di un nucleo descrittivo o narrativo: campioni tipici, le parabole evangeliche ("il regno dei cieli è simile a..."; per le strutture retoriche della parabola si rinvia a Delorme 1987). Nella sua forma più contratta il paragone consta del solo nucleo (narrativo o descrittivo):

> Una vaga disseminazione di virgole e di punti e virgole, buttati a caso, qua e là, dove vanno vanno, *come capperi nella salsa tartara.*
>
> (Gadda, TeO 194)

Genette (1976:26-29) ha distinto, come "figure di analogia", due tipi di paragone (motivato e immotivato), comprendenti ciascuno due varianti (senza il 1° o il 2° termine): cfr. qui 1.11:(iii).

L'altra specie del paragone è la **comparazione**, la cui proprietà consiste nell'essere un paragone reversibile: i due termini della comparazione possono scambiarsi il ruolo (il primo può diventare il secondo e viceversa): cambiando il parametro (il misurato diventa unità di misura), si produce un enunciato non solo accettabile, ma anche equivalente al primo nel significato:

> Mario è alto come Piergiacomo / Piergiacomo è alto come Mario

La grammatica tradizionale distingue tre gradi di comparazione:

di uguaglianza (come nei due esempi ora citati), di maggioranza e di minoranza. Negli ultimi due la reversibilità obbliga a passare dall'uno all'altro, se si vuole significare la stessa cosa:

È più buona che bella / È meno bella che buona
Paolo è più alto di Mario / Mario è meno alto di Paolo.

Se si applica a un paragone non reversibile la trasformazione consentita in una comparazione coi termini intercambiabili, si ottiene almeno un raddoppio del carico figurale: "Questo rimorso pesa come un macigno / Questo macigno pesa come un rimorso": nel secondo enunciato c'è una specie di 'metafora di ritorno' (perché "il rimorso" diventi secondo termine di paragone, ossia ciò a cui si commisura il senso del predicato *pesare*, bisogna che sia già stato 'caricato' preventivamente, e metaforicamente, del significato di "cosa pesante"); vi si potrebbe scorgere una specie di metalessi; altre volte si tratterebbe di un'iperbole.

Un esempio poetico, ove la possibilità di 'rivoltare' il paragone dipende da (e provoca) un cambiamento del punto di vista:

Il pleure dans mon coeur / comme il pleut sur la ville
(Verlaine, *Romances sans paroles*)

Coi comparativi di maggioranza e di minoranza, il cui secondo termine sia usato con valore metaforico o iperbolico, un eventuale scambio dei termini provocherebbe alterazioni solo stilistiche e non figurali. Esempi di comparazioni metaforiche e iperboliche:

Biondello, piccoletto della persona, leggiadro molto e *più pulito che una mosca.*
(*Decameron*, IX, [8])
Il vetro più trasparente è *meno trasparente delle tue intenzioni.*

[15] L'**esempio** (gr. *parádeigma* "modello"; lat. *exemplum*) è il racconto di un episodio citato a conferma di ciò di cui si sta trattando. Per l'esempio come prova nelle argomentazioni, cfr. qui 1.5 e 2.6:[2].

Come elemento dell'*ornatus*, l'esempio appare in forme e dimensioni svariate, dall'antonomasia (2.16:[6]) all'allusione (cfr., più avanti, [23]), all'allegoria [24]. Uno sfruttamento sistematico degli *exempla* mostrano le raccolte di fatti memorabili, cardini dell'agiografia (religiosa e laica) e della catechesi, in ogni epoca e civiltà.

Nell'ambito delle immagini visive agiscono come *exempla* i simboli degli emblemi e delle imprese.

B) *Figure di pensiero per soppressione*

La soppressione, nell'ambito delle idee, produce la concisione (*brevitas*) o **brachilogia**, che è il 'parlare in breve', usando solamente le parole necessarie, come afferma la *Rhetorica ad Herennium*. Si tratta perciò di figure 'in togliere', secondo il modello lausberghiano che estende la *brevitas* alla preterizione (in quanto rinuncia dichiarata a soffermarsi su argomenti che si indicano appena) e alla reticenza (che è il tacere all'improvviso cose di cui si era preso a parlare).

Comunemente la concisione è considerata una caratteristica del modo di esprimersi e perciò dello stile. Potrebbe sembrare addirittura controintuitivo definirla come una figura di pensiero, quale è stata invece per i retori antichi ed è tuttora nella tassonomia lausberghiana. Ove le figure della soppressione linguistica, in primo luogo l'ellissi, sono considerate come "mezzi espressivi" della *brevitas* concettuale che si manifesta sotto le specie elencate in fig. 10.

[16] **Laconismo** o laconicità (gr. *lakōnismós*; lat. *laconica brevitas*) è il modo di parlare proprio degli spartani, caratterizzato dalla riduzione del discorso all'essenziale. Com'è noto, gli spartani praticavano esclusivamente l'arte militare e gli esercizi ginnici a questa connessi. Era esclusa la conversazione come intrattenimento, racconto, affabulazione; erano ignote la discussione filosofica e la dialettica forense: parlar laconico significava, prevalentemente, dare ordini. La concisione si identificava perciò con la *imperatoria brevitas* ("espressione concisa di comando"), tipica del liguaggio militare, ma trasferita, per estensione, anche agli altri tipi di discorso, in particolare a motti, aforismi, sentenze (ai generi testuali del *sermo brevis*), apprezzata per il nerbo e l'efficacia incisiva.

Il parlare e lo scrivere conciso hanno ascendenze illustri: dai generi dell'oratoria greca (cfr. 1, 4 e 6) alla prosa di Cesare e di Tacito, modelli insuperati di *brevitas*.

[17] La **percursio** (gr. *epitrochasmós* "congerie di espressioni brevi e concitate", da *epitrocháō* "corro sopra"; *diéxodos* "narrazione" e "uscita") è un racconto che 'corre' veloce: una **scorsa**, appunto, su argomenti di cui si dichiara che meriterebbero una trattazione più riposata, ma che per varie ragioni vengono solo indicati o trattati per sommi capi. Ne risulta un sommario, una rassegna rapida ed essenziale di fatti e avvenimenti vissuti o narrati. Se si tratta di un resoconto di parole, questo viene fatto nelle forme più contratte e riassuntive del discorso indiretto.

Fra gli esempi letterari, citiamo l'*Antefatto*, al capitolo I (*Il sorriso dell'ignoto marinaio*) del libro dello stesso titolo, di Vincenzo Consolo.

[18] La **preterizione** (gr. *paráleipsis*, da *paraléipō* "tralascio, ometto"; lat. *praeteritio* "il passare oltre") consiste nel dichiarare che si tralascerà di parlare di un dato argomento, che intanto viene nominato e brevemente indicato nei tratti essenziali. Esempio canonico:

> *Cesare taccio* che per ogni piaggia / fece l'erbe sanguigne / di lor vene, ove 'l nostro ferro mise.
>
> (Petrarca, CXXVIII, 49-51)

Nel discorso comune, le molte formule rituali di preterizione ("non starò a raccontare...", "meglio non parlare di...", "per non dire..." ecc.) hanno talora una funzione enfatica: accentuano, invece di nascondere. Talora servono ad abbreviare un racconto: "Ma a che dilungarmi?...". Nella prosa saggistica e manualistica sono comuni i passaggi del tipo: "non è qui il caso di...", a giustificazione della rinuncia a trattare argomenti di cui si dà tuttavia notizia o che si nominano appena.

Un recente esemplare poetico di preterizione combinata con una litote (2.16:[8]):

> (e *non ti nascondo* / quelle infinite complicazioni simboliche *che non ti rivelo*)
>
> (Sanguineti, Codicillo, 9, 2-3)

[19] La **reticenza** o **aposiopèsi** (gr. *aposiópēsis*, da *aposiōpáō* "mi interrompo, taccio"; lat. *reticentia, obticentia*, "il tacere" e perciò "il silenzio"; *interruptio* "interruzione") consiste nell'interrompere improvvisamente un discorso quando già un tema è stato annunciato o avviato. L'aposiopesi si attua nelle forme (stilisticamente le più brusche e radicali) dell'ellissi (2:17:[21]). L'effetto retorico è dato dal lasciare a mezzo l'espressione di un pensiero, facendone tuttavia intendere perfettamente gli impliciti sviluppi e le prevedibili conseguenze. Nella tradizione letteraria si annoverano esempi celebrati: il virgiliano "*Quos ego...*", fortemente ellittico nell'espressione della minaccia,[99] il dantesco "quel giorno più non vi leggemmo avante", il manzoniano "La sventurata rispose".

È la retorica del silenzio; di un implicito che ha forza tale da far intendere assai più di quanto non si dica. Formalmente, l'aposiopesi può essere marcata dai puntini di sospensione:

Alla sera del giorno dopo arriva da noi un nostro vicino di casa, Vignale. Nel cortile mi chiama così con una mano, mi fa: "Guarda che abbiamo trovato Giursin 'd Vignà, morto là vicino alla pianca" [...]. Ho preso un lenzuolo per coprire quella povera creatura lì, 'sto morto [...]. Non era passata mezz'ora, sempre 'sto Vignale arriva di nuovo di corsa, e mi dice: "*Dammi pure due altre lenzuola...*". Allora abbiamo capito tutto. Abbiamo fatto preparare le casse.

(Revelli, AF 388)

Per una corretta spiegazione pragmatica della reticenza, che "si affida totalmente all'interpretazione del destinatario, chiamato a un'ampia mossa cooperativa", si rinvia alla voce redatta da Claudia Caffi in Beccaria, a cura di, 1994. Un'esauriente interpretazione 'testuale' di questa figura del silenzio si trova in Prandi 1990.

C) *Figure di pensiero per mutamenti d'ordine*

Tra le figure di pensiero classificabili secondo la categoria dell'*ordine*, basterà accennare qui alle tre, numerate come [20], [21] e [22], che corrispondono, rispettivamente, ai moduli dell'inversione, dell'inserimento, del prolungamento o aggiunta.

[20] L'**hysteron proteron** (trascrizione latina dell'espressione greca: *hýsteron* "ciò che viene dopo", *próteron* "per primo"; termini greci sinonimi: *hysterología, prōthýsteron*) consiste nel dire per prima la cosa che è accaduta per ultima. Si sovverte l'ordine cronologico per dare la priorità all'informazione più importante; al risultato, che colpisce l'attenzione più che non la via per la quale è stato ottenuto; al traguardo, che interessa più delle tappe intermedie.

Questa figura è, nell'ambito concettuale, ciò che è l'anastrofe sul piano dell'espressione. L'esempio che ricorre nei trattati di retorica è il virgiliano:

moriamur et in media arma ruamus!
("moriamo e precipitiamoci nella mischia!")

(*Eneide*, II, 253)

Come osserva Lausberg (1969:230), il racconto posticipato dell'evento anteriore assume la forma di una "epifrasi di pensiero, con funzione di commento esplicativo".

La comunicazione quotidiana potrebbe esibire campioni inosservati, pur nella loro frequenza, di *hysteron proteron*:

Usciamo, muoviti!

Mi ha strappato di mano la borsa, si è avvicinato di colpo e non l'ho nemmeno visto arrivare...

Le tecniche giornalistiche seguono la logica dell'*hysteron protero-ron* nel dare notizie, nel collocarle sulla pagina, nel costruire titoli, ogni volta che l'*ultimo* in ordine di tempo (la notizia dell'ultima ora, gli sviluppi più recenti di un avvenimento, i risultati di competizioni politiche, di gare sportive ecc.) è più importante di ciò che lo ha determinato e preceduto. Lo stesso schema di pensiero si ritrova nei racconti che 'cominciano dalla fine' degli episodi narrati, usando, come fa il cinema, la tecnica del *flash back*.

[21] La **parentesi** (gr. *parénthesis* da *parentíthemi* "interpongo"; *parémptōsis* da *parempíptō* "inserisco"; lat. *interpositio*; *interclusio* da *intercludo* "chiudo dentro") è l'inserzione di un segmento di discorso entro un enunciato. Il segmento inserito può avere ampiezza e costituzione sintattica variabili: da una o più parole a serie di frasi. Nell'orale gli incisi di qualsiasi specie sono segnalati da cambiamenti nell'intonazione (di solito, da un abbassamento del tono di voce); nello scritto, da parentesi tonde, lineette, virgole (v. pure quanto si dirà in 3.2:B$_2$).

Il seguente esempio contiene tre incisi tra virgole; gli ultimi due, innestati l'uno nell'altro, sono a loro volta inseriti entro una parentesi esplicativa:

> L'Elettrotecnica, *nei limiti di questa trattazione*, si prefigge lo scopo di illustrare i fondamenti concettuali della produzione, della trasformazione, del trasporto, della distribuzione e dell'utilizzazione del **lavoro elettrico** (o, *come meno correttamente, ma più comunemente, si dice*, dell'**energia elettrica**).
>
> (Civalleri, LE 1)

La morfologia delle parentetiche è varia e a tutt'oggi mal definita.[100] I retori antichi considerarono la parentesi come il corrispettivo, sul piano del contenuto, di ciò che è l'iperbato (2.17:[25]) sul piano dell'espressione. Un certo avvenire potrebbe avere uno studio delle parentesi come fattori di polifonia testuale.

Diamo, tra gli innumerevoli usi in ogni tipo di testo e in ogni genere di scrittura, un solo riscontro poetico:

> Chissà che di lì traguardando non si allacci nome a cosa / ...(*la poesia sul posto di vacanza*). / Invece torna a tentarmi in tanti anni quella voce / (*era un disco*) di là, dall'altra riva. [...] / Al buio tra canneti e foglie dell'altra riva / facevano discorsi: sulla – *è appena un esempio* – / retroattività dell'errore. Ma uno di sinistra / di autentica sinistra (*mi sorprendevo a domandarmi*) / come ci sta come ci vive al mare? / Sebbene fossero (non tutti) più forti rematori nuotatori di me.
>
> (Sereni, *Un posto di vacanza*, I, 26-29; 32-37)

[22] La **subnexio** (da *subnecto* "soggiungo") o **prosapòdosi** (gr. *prosapódosis* da *prosapodídōmi* "aggiungo, determino") è l'annessione di una o più idee a un tema già sviluppato. Può consistere nello svolgimento di un'antitesi, attuato nella forma della **comparatio** (in gr. *sýncrisis*): opposizione di due concetti messi a confronto, esemplificabile col seguente passo:

> ma un grosso rischio c'è, quello di farne fotografie per uno di quegli album che *parlano così profondamente a chi, foto dopo foto, li ha messi insieme e annoiano altrettanto profondamente l'estraneo a cui si offre di guardarli.*
>
> (Corti, VNE 8)

Può pure presentarsi come **eziologia** (gr. *aitiología*; lat. *aetiologia*), cioè come *subnexio* causale, che consiste nell'esplicitare le cause di ciò che si sta asserendo. La tradizione retorica ne ha distinto diversi tipi: il tipo *posterius* (la dichiarazione della causa è posposta a quella dell'effetto), il tipo *statim* (o della causa dichiarata *mentre* se ne spiegano le conseguenze), il tipo a domanda e risposta ecc. Quintiliano ne mise in dubbio il valore di figura, accentuandone, giustamente, il carattere di meccanismo discorsivo esprimente una gerarchia di pensieri:

> Ma che figura è la "ragione fatta seguire all'argomento", cui Rutilio dà il nome di *aitiología*? Forse... si potrebbe dubitare se sia una figura la spiegazione fatta seguire metodicamente di volta in volta: Rutilio stesso, ponendola in primo luogo, le dà il nome di *prosapódosis*: ed io consiglio di rispettarla senz'altro meglio che sia possibile, allorquando gli argomenti sono parecchi...
>
> (*Inst. orat.*, IX, 3, 93-94)

D) *Figure di pensiero per sostituzione*

Per sistemare le figure della sostituzione Lausberg si avvale di precisi riferimenti a ciò che oggi si direbbe costituire il con-testo e il co-testo.[101] Criteri co-testuali servono a distinguere il primo e il terzo raggruppamento (vedi fig. 10): figure riconoscibili in relazione al contenuto (a quelle da noi elencate bisognerebbe aggiungere l'enfasi, la perifrasi e l'iperbole "di pensiero" e l'ironia, di cui torna a trattare Lausberg dopo averle precedentemente descritte come tropi) e in relazione alla struttura grammaticale degli enunciati (interrogazioni, esclamazioni ecc.). Criteri con-testuali presiedono alla suddivisione della **aversio**, cioè dei vari modi in cui il discorso può "distaccarsi" dalla triade classica dei fattori della comunicazione: chi parla, la materia del discorso, i destinatari di questo.

Della sistemazione lausberghiana coglieremo qui soltanto gli elementi che servono a integrare il catalogo delle figure, alcune delle quali hanno già trovato posto nella nostra rassegna. All'enfasi e all'ironia (2.16:[7]) e [4]) ci riconducono l'allusione, la dissimulazione e la simulazione; alle parti del discorso trattate nell'*inventio*, la digressione, e via dicendo.

[23] L'**allusione** (gr. *synémphasis*, da *synempháinō* "significo, richiamo insieme"; *hypónoia* "supposizione, insinuazione, significato simbolico"; lat. *significatio, suspicio et figura*, traduzioni dei termini greci) viene generalmente definita come accenno velato o insinuante a qualcuno o a qualcosa che non si voglia nominare esplicitamente. Il nome moderno di questa figura (in italiano come in francese, spagnolo, inglese) risulta da un'estensione del senso di *allusio* "discorso scherzoso" (termine attestato nel III-IV sec. e derivante dal lat. classico *alludere* "scherzare"), che adombra solo uno, e nemmeno il principale, fra gli intenti dell'alludere. Per gli antichi l'allusione rientrava nell'enfasi (cfr. 2.16:[7]) in quanto pregnanza di significato e mezzo per dare a intendere più di quanto si dica (cfr. Lausberg 1969:119). L'archetipo di ciò che poi si è inteso per 'allusione' compare nei cinque tipi della *significatio* descritti nella *Rhetorica ad Herennium* come espedienti "per provocare più congetture" (*augendae suspicionis causa*): *exsuperatio*, l'esagerazione che induce al ripensamento; *ambiguum*, l'ambiguità; *consequentia*, il trarre le conseguenze; *abscisio* o *praecisio*, la reticenza che tronca il discorso (cfr. 2:18 [19]); *similitudo*, l'analogia che fa indovinare a che cosa si alluda. Nella varietà dei suoi aspetti il parlare allusivo è un 'dare a intendere' appellandosi a conoscenze effettive o presunte del destinatario, alla sua cultura, all'enciclopedia in genere. Si instaura con chi ascolta o legge una sorta di complicità, oppure una sfida a smascherare il non-detto, sulla traccia dei riferimenti indiretti all'oggetto del discorso che puntano su tratti capaci di caratterizzarlo.

L'allusione ha una fenomenologia altrettanto varia quanto è quella delle situazioni che la provocano, dei tipi di discorso e di testo che si prestano ad accoglierla, e delle entità a cui si applica. È condizione favorevole alla satira, alla malignità, al sarcasmo e all'ironia. C'è l'allusione-indovinello, che si serve di perifrasi, di definizioni, di *exempla*, di sentenze, e può essere congiunta alla **citazione**:[102]

> se del suo viver Atropo presso è a troncar lo stame e già per lui si piega sul remo il nocchier brun colà donde si niega che più ritorni alcun. È il più caro dei miei Giuseppi che sforna a sé medesimo settenari pietosi, tra la vasta e rispettata giusepperia sette-ottocentesca.
>
> (Gadda, TeO 40-41)

257

L'uomo cosiddetto medio costituisce, in realtà, un caso talvolta singolare quanto alle attitudini creatrici dell'espressione [...] Era un curato medio, un povero curato senza difesa all'istante, quello che ebbe il solo torto d'aver paura di due sgherri armati di trombone e decisi ad usarne all'istante: e andava dicendo loro: "...fanno i loro pasticci fra loro, e poi... e poi vengono da noi, come s'andrebbe a un banco a riscotere; e noi... noi siamo i servitori del comune".

(Gadda, TeO 95)

E l'allusione come parlar coperto, oscurità voluta. Quando è legata alla situazione del momento, può diventare indecifrabile a distanza di tempo. Si pensi al lavoro di ricostruzione storico-filologica che certe allusioni, disseminate in testi più e meno antichi, richiedono per essere interpretate (esempi celebri nella *Divina Commedia*).

Pur non essendo affatto appannaggio esclusivo della letteratura, l'allusione è immagine della letterarietà, in quanto comprende la densità semantica, la vaghezza, la polisemia, l'apertura a interpretazioni svariate, il poter contare sull'implicito, che sono prerogative del testo letterario. È allusivo il riuso di *tópoi* o di modi espressivi della tradizione poetica: come "deformazione", o come salto dal-l'uno all'altro livello di stile:

il gran lampadario vetusto che pende a mezzo il salone / e *immilla* nel quarzo le buone cose di pessimo gusto

(Gozzano, *L'amica di nonna Speranza*, 11-12)

I modi allusivi trionfano nella pubblicità, con o senza il supporto di immagini evocatrici:

Spremute di agrumi. *La buona azione quotidiana.*

Abbondano anche come arguzie e ammiccamenti nei titoli giornalistici, ove spesso l'allusione è legata a una citazione:

Oh Valentino vestito di nuovo
(occhiello: "Stili / La svolta del re dell'alta moda")

(*Panorama*, 21/2/1988)

Perelman e Olbrechts-Tyteca (cfr. 2.19) hanno notato, giustamente, che l'allusione è una delle figure che

non si riconoscono mai se non nel contesto, perché la loro struttura non è né grammaticale, né semantica, ma si fonda su un rapporto con qualche cosa che non è oggetto immediato del discorso. [...] L'allusione avrà quasi sempre valore argomentativo, perché essa è essenzialmente elemento di accordo e di comunione.

(TA 179)

Una forma di citazione è l'uso di proverbi (e di "modi di dire" congelati in stereotipi) in qualsiasi tipo di discorso:

> non lui solo [M. Moretti] ma anche il suo panegirista sono insieme di là dal limite decisivo dove si schiudono le uova della senilità: dirò con linguaggio morettiano "due vecchini, sì, due vecchini". Questa *coda di paglia* mi avvantaggia per poter *parlare di corda in casa dell'impiccato*.
>
> (Contini, UEE 124)

> *Se è la fantasia che offre corrispondenze al*
> *ricordo, è il pensiero che gli dedica allego-*
> *rie. Il ricordo collega le une alle altre.*
> *(Walter Benjamin)*

[24] L'**allegoria** (in greco *allēgoría*, da *állēi* "altrimenti" e *agoréuō* "parlo") fu detta dai latini (che mutuarono dal greco anche il termine *allegoria*) *inversio* "scambio". Che consiste, come spiega Quintiliano, nell'indicare "una cosa con le parole e un'altra con le idee sottintese" (*aliud verbis, aliud sensu*); a volte, nel far intendere addirittura il contrario di ciò che vien detto, e allora abbiamo a che fare con l'ironia (v. qui 2.16:[4]). L'allegoria risulterebbe per lo più "da una serie ininterrotta di metafore" (*continuatis translationibus: Inst. orat.*, VIII, 6, 44); dunque una "metafora prolungata" (*continua metaphora: ivi*, IX, 2, 46). Quintiliano la illustra con i versi oraziani *O navis, referent in mare te novi / fluctus: o quid agis? fortiter occupa / portum*:

> "O nave, ti rigetteranno in mare nuovi / flutti: o che fai? saldamente tieniti / stretta al porto" [...] dove il poeta intende la nave per la repubblica, i flutti e le procelle per le guerre civili, il porto per la pace e per la concordia.
>
> (*Inst. orat.*, VIII, 6, 44)

Ma un'allegoria può anche non contenere alcuna metafora, essere composta di parole usate tutte in senso proprio, e tuttavia raffigurare (simboleggiare) qualcos'altro: come quando Virgilio parla di Menalca, nelle *Bucoliche*;

> effettivamente, in questo luogo tutte le altre cose, tranne il nome [del personaggio], sono espresse con termini propri, però si deve intendere che si tratti non del pastore Menalca, ma di Virgilio.
>
> (*Inst. orat.*, VIII, 6, 47)

Come si sarà intuito, gli antichi non distinsero fra simbolo e allegoria; e fra quest'ultima e la metafora la differenza fu solo quantitativa. Come per la metafora, anche per l'allegoria le definizioni furono tautologiche, non specifiche e non applicabili esclusivamente al fatto designato. Non poteva essere altrimenti, dato che la specie veniva definita allo stesso modo del genere. Già i grammatici medievali se n'erano accorti, come è stato dimostrato di recente:

> la definizione, che di fatto esplicitava l'etimologia del nome, era avvertita indicare genericamente tutte le forme dei tropi (o tutte le *decem exornationes*) [...]: *Allegoria est tropus, quo aliud significatur quam dicitur, quamvis ad alios tropos haec diffinitio pertinere videtur. Nam metaphora et catachrisis, metalempsis quoque atque metonimia et ceteri tropi aliud significant quam dicitur.*
>
> (Alessio 1987:27)[103]

Nei commenti medievali alla *Rhetorica ad Herennium* si stabilizzano alcune distinzioni: la metafora è per la parola singola (per la *dictio*) quello che l'allegoria è per la frase (per l'*oratio* o *sermo complexus*); la prima agisce sul piano dei *verba*, la seconda sul piano delle *res*. Secondo la dottrina sistemata nel *Candelabrum* di Bene da Firenze:

> la metafora è una parola usata al posto di un'altra per rendere un referente con significato diverso. L'allegoria, invece [...], *tangit solam rem*; in essa, vale a dire, la stessa parola serve, a diversi livelli di senso, ad esprimere un diverso contenuto, rende, cioè, due referenti diversi, ma disposti in modo tale che il significato del primo diventi il significante del secondo.
>
> (Alessio 1987:35)

Le definizioni manualistiche riguardano prevalentemente l'allegoresi come produzione, e perciò l'allegoria come costruzione narrativa (nella letteratura come nelle arti figurative). L'allegoresi come interpretazione ha dato luogo sia all'esegesi di raffigurazioni intenzionalmente allegoriche, sia all'attribuzione di valore allegorico a testi e a episodi storici e mitologici.

L'interpretazione allegorica dei poeti è pratica antichissima. I greci, nelle età classica ed ellenistica, leggevano allegoricamente Omero (per es., Diomede che ferisce in battaglia Afrodite, madre del troiano Enea, simboleggia la supremazia della civiltà greca sulla mollezza degli orientali). I filosofi antichi, particolarmente gli stoici, affidarono all'allegoresi il compito di interpretare la religione in termini naturalistici. Presente nell'esegesi della Torah ebraica, l'allegoria fu adibita, nel I secolo d.C., da Filone di Alessandria, a una lettura neoplatonica della Bibbia: gli alberi del paradiso terrestre sono "vegetazioni cresciute dall'anima"; nei cinque animali enumerati in *Genesi* (15, 9) sono simboleggiate: nella vacca, la natura corporea; nella capra, la vita sensitiva; nell'ariete, il Verbo, i cui due aspetti, la ragione sensibile e la ragione incorporea, sono raffigurati rispettivamente nella colomba e nella tortora. Tra i poeti classici, Virgilio e Ovidio furono, com'è noto, oggetto dell'allegoresi cristiana medievale.

Dall'*allegoria in verbis*, riscontrabile nel significato dei testi, fu distinta, nel Medioevo, l'*allegoria in factis*: fatti, entità, persone interpretati come *figura* di altri fatti, entità, persone. Adamo "figura" di Cristo, Gerusalemme del Regno di Dio, l'Antica della Nuova Alleanza.

> Da questo punto di vista l'episodio biblico della Torre di Babele è un'*allegoria in factis*, in quanto prefigurazione di un grande fatto del Nuovo Testamento, la discesa dello Spirito Santo.
>
> (Corti 1978:246)

Spetta ad Auerbach (1963 [1938]) il merito di avere riconosciuto la diffusione di questo modello ermeneutico "figurale" o "tipologico" (dal termine greco *týpos*, a cui corrisponde il latino *figura*) in tutta la tradizione biblico-cristiana, e di averne dimostrato l'importanza per la comprensione del pensiero e delle opere medievali. Secondo una fortunata esegesi della *Vita nuova* di Dante, Beatrice è figura (*týpos*) di Cristo (che è l'*antitýpos*, il personaggio da scoprire 'in controluce'). A differenza dell'allegoresi "astratta", o d'invenzione, eredità pagana,

> l'interpretazione figurale stabilisce fra due fatti e persone un nesso in cui uno di essi non significa soltanto se stesso, ma significa anche l'altro, mentre l'altro comprende e adempie il primo. I due poli della figura sono separati nel tempo, ma si trovano entrambi nel tempo, come fatti o figure reali.
>
> (Auerbach 1963 [1938]:204)

È lo schema di lettura privilegiato nell'ermeneutica dei Padri della Chiesa, da Origene ad Agostino. L'*allegoria in factis* interpretata dal metodo figurale ci mostra la storia come scritta dalla mano di Dio. Dio e non l'uomo, dunque, è l'autore delle allegorie *in factis*; all'uomo tocca riconoscere il senso vero, nascosto "sotto il velame" della figura.

Le Sacre Scritture (ma poi anche le opere allegoriche medievali, di cui la *Divina commedia* è la punta più alta) sono interpretabili nei quattro sensi stabiliti già da Rabano Mauro, nella prima metà del IX secolo: *letterale, allegorico, morale, anagogico*. Il terzo modo di interpretare i testi sacri è anche detto *tropologico* (per *tropologia* si intende qui l'insegnamento morale, che concerne la vita e la condotta degli individui). Nell'esempio tratto dal *Salmo 113* (*In exitu Israel de Aegypto*) e spiegato nell'*Epistola XIII* a Cangrande della Scala (l'attribuzione di quest'epistola a Dante è controversa), il significato letterale è l'uscita degli ebrei dall'Egitto al tempo di Mosè; il senso allegorico è la nostra redenzione per opera di Cristo; quello morale è il passaggio dell'anima dalle tenebre del peccato alla luce della grazia; e, secondo il senso anagogico, l'anima purificata si libera dalla schiavitù della condizione terrena per raggiungere la libertà della vita eterna. In un distico mnemotecnico attribuito ad Agostino di Dacia, i quattro livelli interpretativi sono così sintetizzati:

> *Littera gesta docet, quid credas allegoria*
> *moralis quid agas, quo tendas anagogia.*

La distinzione tra allegoria e simbolo è moderna. A partire dall'età dell'Illuminismo, all'allegoria fu contrapposto il simbolo, immagine "naturale", che rivela una realtà nella sua vivezza e ne rende immediatamente percepibile un senso altro da quello che si era supposto, mentre l'allegoria è una concettualizzazione convenzionale e arbitraria. L'opposizione prese corpo in alcune delle *Maximen und Reflexionen* di Goethe.

Nell'estetica romantica *simbolo* è l'opera d'arte, totalità inscindibile di espressione e contenuto. Si rinvia a Todorov 1984 [1977] e a Eco 1984:199-254 (cfr. inoltre Mancini 1976 e Barberi Squarotti 1982) per le indispensabili informazioni storico-critiche sulla categoria del simbolico e per una trattazione adeguata dei problemi annessi. Accenniamo appena ad alcune differenze salienti tra simbolo, metafora, allegoria:

> Una metafora non può essere interpretata letteralmente [...] Essa non dice mai qualcosa che il destinatario potrebbe tranquillamente accettare come letteralmente vero [...] (una donna non è un cigno, un guerriero non è un leone). Occorre interpretare la metafora come figura. Non così accade col modo simbolico. Anche il destinatario ottuso che non lo coglie come tale può decidere che, preso in senso letterale, ciò che vien detto non blocca la coerenza semantica.
>
> (Eco 1984-249)

E l'allegoria? L'allegoria condivide col simbolo la possibilità di essere intesa 'letteralmente': chi legge una narrazione o guarda una pittura o una scultura allegoriche, può benissimo arrestarsi al loro senso letterale (al primo dei quattro sensi che costituivano, nel loro complesso, l'*allegoria*, secondo la dottrina medievale, anche se come "allegorico" si designava esplicitamente il secondo):

Dante potrebbe benissimo voler dire davvero che stava viaggiando per una foresta e che vi ha incontrato tre fiere; o che ha visto una processione con ventiquattro vegliardi.

(ivi, 251)

Ma, a differenza del simbolo, "l'allegoria è sistematica e si realizza su una vasta porzione testuale" (ivi). È interpretabile in base a codici già noti; di qui l'impegno filologico di ricostruire le reti allegoriche di età passate, sulla base delle conoscenze che si dicono intertestuali; di qui l'impossibilità di decifrare le allegorie di cui ci è ignoto l'alfabeto delle corrispondenze convenzionali.

> Nulla vieta, e spesso probabilmente accade, che ciò che era nato come allegoria (nelle intenzioni di un remotissimo autore) funzioni per destinatari estranei alla sua cultura come strategia simbolica. O che, senza generare sospetti, scivoli nella pura letteralità.

(ivi, 251-252)

Il che ci conduce alle strategie semiotiche di lettura del testo letterario: alla "semantica a molti gradini" di cui parla Lotman, alla pluralità dei livelli interpretativi illustrata da Maria Corti (cfr. Corti 1976).

Una specie dell'allegoria è l'**enigma**, dove l'idea fondamentale è imbozzolata nell'oscurità di nessi che ostacolano il più possibile il ritrovamento della chiave risolutiva. L'enigma ha antichissime tradizioni sacrali e mitologiche (profezie, enigma della Sfinge ecc.).

Usi dell'allegoria si hanno nelle parabole, negli exempla (cfr. qui 2.18:[14]) e [15]) e, tipicamente, nella prosopopea.

[25] La **prosopopea** o **personificazione** (gr. prosōpopoiía, da prosōpopoiéō "personifico", composto di: prósōpon "volto" e poiéō "faccio"; tradotto in lat. con fictio personae, in francese con il calco personnification, da cui l'italiano personificazione) consiste nel raffigurare come persone esseri inanimati o entità astratte. Nei modelli classici è stata collegata all'allegoria ed estesa a comprendere anche le "umanizzazioni", popolari e colte, di animali nelle fiabe, nella favolistica, nella satira, nell'aneddotica e nella narrativa in genere: antiche (Esopo, Fedro, la Batracomiomachia), medievali (Roman de la rose) e successive (La Fontaine, Lewis Carroll, Collodi, Orwell...). Anche fuori di tali generi, la personificazione come espediente oratorio e letterario si ritrova nella poesia e nella prosa di tutti i tempi.

Un solo esempio contemporaneo:

> Che la Gloria sia una signora infida inquietante, piena di vapori e di contraddizioni, è risaputo da secoli. È anche risaputo com'essa non sempre rispetti le convenienze. Talvolta non si vergogna di corteggiare chi non si cura di lei [...] Talvolta, secondo il costume delle civette, finge di abbandonarsi, e poi subito si ritrae con uno sbadiglio.

(Morante, PCBA 3)

263

In questo caso, come in altri innumerevoli, l'oggetto della personificazione diventa il tema di allegorie narrative, insaporite da argute allusioni.

[26] La **dissimulazione** (lat. *dissimulatio*) e la **simulazione** (lat. *simulatio*), considerate, tradizionalmente, come atteggiamenti tra loro contrari e complementari, sono state contrapposte in definizioni famose (cfr. il commento di Nigro a Accetto, DO):

> La dissimulazion è una industria di non far veder le cose come sono. Si simula quello che non è, si dissimula quello ch'è. Disse Virgilio di Enea: *Spem vultu simulat, premit altum corde dolorem*. ["in volto simula speranza, soffoca in cuore il profondo dolore"]. Questo verso contiene la simulazion de la speranza e la dissimulazione del dolore.
>
> (Accetto, DO 50-51)

Il comportamento di chi 'dissimula' è stato distinto da quello di chi 'nasconde' e da quello di chi 'maschera':

> On *cache* par un profond secret ce qu'on ne veut pas manifester. On *dissimule* par une conduite réservée ce qu'on ne veut pas faire apercevoir. On *déguise* par des apparences contraires ce qu'on veut dérober à la pénétration d'autrui. Il y a du soin et de l'attention à *cacher*; de l'art et de l'habilité à *dissimuler*; du travail et de la ruse à *déguiser*.[104]
>
> (Girard, SF I:177)

"Arte" e "abilità": tanto basta a fare della dissimulazione una 'figura'; le sue forme saranno il parlar coperto, in cifra, il sostituire con un'espressione neutrale (con una perifrasi eufemistica, cfr. 2.16:[5]) una più colorita, forse, ma urtante, disdicevole, pericolosa. Saranno i prodotti linguistici della cautela, dello smorzare un pensiero dietro la patina dell'innocuo. Oppure si tratterà di quel "gentil modo di facezie di cui discorreva Baldesar Castiglione (*Il Cortegiano*, 1528), "che consiste in una certa dissimulazione, quando si dice una cosa e tacitamente se ne intende un'altra [...], quando con un parlar severo e grave giocando si dice piacevolmente quello che non s'ha in animo". E la "*urbana dissimulatio*" (Cicerone, *De Oratore*, II, LXVII, 269), la garbata ironia arguta che caratterizza certe manifestazioni dell'asteismo (cfr. 2.16).

Gli antichi distinsero tre modi di attuazione in cui il dissimulare e il simulare si implicano a vicenda:
1) l'ironia socratica (gr. *eirōnéia*, "arte dell'interrogare che nasconde la propria opinione", da *éiromai* "interrogo, domando":[105] si finge

(simula) incertezza per dissimulare una convinzione, usando la forma interrogativa al posto dell'assertiva (cfr., più avanti, [33]);
2) l'enfasi, la litote e la perifrasi dissimulanti, adoperate come schermo o paravento alle proprie idee;
3) la tendenza a sminuire la propria importanza (*tópos* della simulazione di modestia, cfr. 2.6). Dipende da tale atteggiamento l'uso delle formule di cortesia, il convenzionale presentarsi in second'ordine, da parte del soggetto (*tu* e *io*; ma *noi* e *loro*, dato che la prima plurale non è una moltiplicazione dell'*io*, ma un *io* + *altri*, eccettuato il caso del plurale di maestà o di modestia), e l'uso del plurale di modestia o dell'impersonale come occultamento della persona di chi parla o scrive (e si aggiungano formule quali "chi scrive qui" con la conseguente esposizione in terza persona delle idee del soggetto).

La *simulatio*, nella pratica oratoria, si presentava come finta condivisione delle tesi avversarie, sotto forma di affermazioni o di esortazioni. "L'ironia da simulazione", spiega Lausberg (1969:241), "può venir considerata come *sermocinatio* nella maschera dell'avversario".

[27] La **sermocinatio** (con le sue varianti: il dialogismo, la *percontatio* e la *subiectio*) è stata interpretata come "distacco" (*aversio*) del discorso dal locutore, il quale "introduce a parlare" un altro, cioè ne riporta le parole in forma diretta. È la **mímēsis** o *imitatio*, che quando arriva a riprodurre anche l'atteggiamento, il tono di voce, i tic linguistici ecc. della persona di cui si riportano le parole, viene classificata come **etopea** (cfr. 2.18:[2]): sfruttamento retorico di un atto linguistico altrui perfettamente simulato.[106]

Di *sermocinatio* si parlò essenzialmente con riferimento all'oratoria (l'oratore, nel suo discorso, "mette in bocca" all'avversario determinate parole, anziché riferirne le tesi nella forma grammaticale del discorso indiretto); la *mímēsis* fu opposta alla *diēgēsis*, a cominciare da Platone, con riferimento a generi e forme della poesia greca (cfr. 2.5).[107]

Il **dialogismo** è la "finzione di un dialogo", in un discorso a domanda e risposta; ma può anche presentarsi come monologo in cui siano intercalate interrogazioni "deliberative", che il parlante rivolge a sé stesso ("che fare?").

Un esempio del primo tipo, dal giornalismo di terza pagina:

È parola delle più zampillanti, *Medioevo*, ma di che si parla quando la si usa? Vieni qui, bambino, guarda questo *Grammofono a tromba* del 1919; tu come lo chiami? – Medioevo. – Bene. Questo tubetto di dentifricio è dell'anno scorso. Che cos'è per te? – Medioevo. – Adesso apro questo libro, intitolato *La Divina Commedia...* [...] Che cos'è per te questo *Paradiso?* – / – Medioevo – / E per tuo padre? – Lo stesso: Medioevo! – / Quello che io non so, e che domando a Lei, padre di questo formidabile aggregato molecolare, è che cosa sia [...] questo medioevo che suo figlio nomina masticando ottuso disgusto [...] – / – Non so [...] forse mia moglie, insegnante di lettere... – / Aiuto, no, non voglio il consulto con la moglie insegnante...

(Ceronetti, CSP: col. 3)

Dialogismo e *sermocinatio* sono, nella terminologia di Perelman / Olbrechts-Tyteca, *pseudo-discorso diretto*; questo può essere usato con scopi svariati, che però "hanno sempre qualche cosa in comune con l'ipotesi":

> lo pseudo-discorso diretto farà conoscere le intenzioni che si attribuiscono a qualcuno o quella che si ritiene essere l'opinione altrui su queste intenzioni.
>
> (TA 186)

Nella trattatistica classica e medievale troviamo ulteriormente analizzata la *sermocinatio* (si noti l'insistenza tipologica sugli elementi che 'drammatizzano' il discorso): il rivolgere domande al pubblico e il dare istantaneamente risposte che suonino, di preferenza, come obiezioni, è la *percontatio* o *exquisitio* (gr. *exetasmós*); *subiectio* o *hypophorá* è l'aggiunta della risposta.

[28] La **digressione** o **disgressione** rappresenta "il distacco (*aversio*) dall'oggetto del discorso" (Lausberg 1969:242): si abbandona momentaneamente l'argomento che si sta trattando, per sviluppare temi concomitanti, per inserire spiegazioni, per narrare episodi atti a chiarire particolari dell'argomento principale ecc. Gli scopi sono multiformi e legati, com'è ovvio, alle singole occasioni del comunicare.

Ha scritto Calvino:

> La rapidità dello stile e del pensiero vuol dire soprattutto agilità, mobilità, disinvoltura; tutte qualità che s'accordano con una scrittura pronta alle divagazioni, a saltare da un argomento all'altro, a perdere il filo cento volte e a ritrovarlo dopo cento giravolte. [...] La divagazione o digressione è una strategia per rinviare la conclusione, una moltiplicazione del tempo all'interno dell'opera, una fuga perpetua...
>
> (Calvino, LA 45-46)

La natura della digressione è manifesta nella ricca nomenclatura latina di questo "schema di pensiero", a cui si è già accennato a proposito delle partizioni del discorso, nell'*inventio* (cfr. 2.5 e lo specchietto di riferimento in 2.3): *digressio / ̣igressus / egressio / egressus / excursus* sono sinonimi che ricalcano il greco *parékbasis* "deviazione", "uscire dal cammino": base di tutti questi termini è il verbo (in greco *báinō*, in latino *gradior*) che significa "camminare", nei composti che significano "passare al di là, trasgredire ecc.".

La metafora del cammino, del procedere (andare avanti, tornare indietro, uscir di strada cioè 'deviare', 'trasgredire', arrivare ecc.) è molto produttiva per "discorrere del discorso"; e anche *discorrere* coi suoi derivati, e anche *excursus* e *percursio* (cfr. 2.18:[17]) esprimono movimento nello spazio ("il correre qua e là", "l'attraversare di corsa" ecc.). Su questo tema ("il discorrere è come il correre": il programma stilistico di Galileo) Calvino ha scritto pagine memorabili, nella 'Lezione' che si intitola "Rapidità". (Calvino, LA 31-53)

La *digressio*, nelle forme dell'oratoria politica, giudiziaria, encomiastica ecc. e nella predicazione (oratoria sacra), può presentarsi negli schemi della *expolitio* (2.18:[1]), dell'*exemplum* (tipo narrativo; cfr. 2.18:[15]), delle varie specie di *evidentia* o ipotiposi (tipo descrittivo; cfr. 2.18:[2]), dell'entimema (tipo argomentativo; cfr. 1.5 e 2.18:[3]), della similitudine (2.18:[14]).

Le rimanenti figure comprese sotto la rubrica del "distacco dall'oggetto del discorso" nascono dall'attenzione a modalità dell'atto comunicativo:

[29] la schiettezza senza riguardi per la suscettibilità dell'uditorio: **licenza** (in lat. *licentia, oratio libera*; in gr. *parrhēsía*).

Nata nel clima della democrazia ateniese, significò sia la coraggiosa libertà espressiva che nulla nasconde sia la sfrenatezza incontrollata del parlare (cfr. Scarpat 1964). Fu prerogativa del privato cittadino nelle assemblee, dell'oratore e del filosofo (modelli di *parrhesia* i Cinici). Nella tradizione latina veterocristiana la nozione si identificò con quelle di *constantia* e di *fiducia*, legate all'ideale stoico (senechiano) del saggio (cfr. Gramaglia 1996).

[30] L'ammissione delle buone ragioni dell'avversario (o dell'interlocutore in genere), contrappesata, però, da obiezioni riguardo all'importanza delle medesime, da rilievi riguardo al maggior peso di circostanze, opinioni, fatti, prove in favore della tesi di chi parla ("lui ha ragione, però..." / "ammettiamo pure che le cose stiano così e così, ma bisogna tenere presente che..."): ed è la **concessio** ("concessione") o *synchóresis* ("convergenza, consenso");

[31] l'esitazione di fronte a questioni difficili, che induce a interrogare il pubblico, nell'atto di chiedergli aiuto per fronteggiare le difficoltà argomentative: *dubitatio*. Se gli interrogativi vengono rivolti (in modo fittizio) all'avversario ("che faresti tu al mio posto?") o al giudice, si ha la *communicatio* o *anacenosi* (in greco *koinōnía* o *anakoinóōsis* "comunanza, coinvolgimento").

[32] Il "distacco" dagli ascoltatori nella forma dell'**apostrofe** (gr. *apostrophē*; lat. *aversio*) è la "svolta improvvisa" del discorso, nell'atto in cui chi parla si rivolge direttamente e vivacemente a una persona diversa dal destinatario naturale o convenzionale del discorso stesso. Questa concezione dell'apostrofe prevede la situazione tipica dell'oratore che parla davanti a un giudice in un processo o davanti a un'assemblea: l'attacco ciceroniano della prima catilinaria era un caso esemplare di apostrofe (cfr. 2.4). L'uso di tale figura mirava a suscitare il *páthos*, era l'espediente più immediato per provocare la partecipazione emotiva (*movēre*) dell'uditorio o del lettore, chiamando direttamente in causa uno dei partecipanti della situazione di discorso. Essenziali all'apostrofe sono il vocativo, e in molti casi l'imperativo cioè gli elementi di cui, in termini attuali, si suol dire che attuano le funzione "conativa" del linguaggio,[108] perché orientano il discorso sulla "seconda persona", che viene così introdotta direttamente nell'enunciazione.

> *Godi, Fiorenza*, poi che se' sì grande / che per mare e per terra batti l'ali / e per lo 'nferno tuo nome si spande!
>
> (*Inf.*, XXVI, 1-3)

Tenendo presente la notissima distinzione di Benveniste (1971:269-282) si dirà che, attraverso l'apostrofe, elementi del "piano del discorso" si inseriscono sul "piano della storia" (o del "racconto"); che negli enunciati si manifestano le marche dell'enunciazione (cioè dell'*atto* del dire, *hic et nunc*).

In testi di qualsiasi genere l'*apostrofe*, per il suo carattere costituzionale di 'deviazione', può presentarsi nella forma parentetica di un'**allocuzione**:

> Ricordati, *lettor*, se mai ne l'alpe / ti colse nebbia...
>
> (*Purg.*, XVII, 1-2)

Varianti dell'apostrofe sono l'**invocazione**:

Ancor ti priego, regina, che puoi / ciò che tu vuoli, che conservi sani, / dopo tanto veder, li affetti suoi.

(*Par.*, XXXIII, 34-36)

l'esecrazione:

O Simon mago, o miseri seguaci / che le cose di Dio, che di bontate / deon essere spose, e voi rapaci / per oro e per argento avolterate...

(*Inf.*, XIX, 1-3)

la maledizione, ecc.: tipi che i retori hanno minuziosamente distinto, includendovi l'*obsecratio* (o *obtestatio*): il "chiamare il Cielo a testimonio", nelle forme dell'attestazione o del giuramento ("*per quanto ho di più caro* affermo / giuro..."); e l'esclamazione, quando la persona del verbo è la seconda:

O luce etterna che sola in te sidi, / sola t'intendi, e da te intellecta / e intendente te ami e arridi!

(*Par.*, XXXIII, 124-126)

L'analisi delle forme dell'allocuzione all'assente, personaggio o dedicatario di una composizione[109] ("*Silvia*, rimembri ancora..."), è importante per lo studio della prospettiva del discorso, poetico e prosastico.

Riguardo alla sostituzione (*immutatio*) nella struttura sintattica registreremo, qui, solo l'interrogazione e l'esclamazione. Può sorprendere che tali argomenti abbiano posto tra le "figure di pensiero"; non sorprende più, se si vede in ciò l'intuizione, benché vaga, che la retorica classica ebbe della *forza illocutiva*, come si dice oggi, degli enunciati. Intendendo le domande, retoriche e "ironiche" (nel senso in cui viene intesa l'*eirōnéia* socratica: cfr. 2.18:[26]), come "trasformazioni" di enunciati assertivi e perciò equivalenti a questi nella loro forza di atti linguistici indiretti (faccio una domanda per affermare o negare qualcosa), l'attenzione verte non sulla forma sintattica, ma sul senso e sul valore dell'enunciato (l'inevitabilità di una conclusione, per esempio). I tipi principali di *immutatio syntactica* ("sostituzione sintattica") sono i seguenti:

[33] la **domanda retorica** (in gr. *erṓtēsis*, *erṓtēma*, da *éiromai* "domando"; in lat. *interrogatio* e *interrogatum*: la "domanda", sia come atto sia come effetto del domandare) può far parte della *percontatio* (2.18:[27]) e ha questo di particolare, che non è una richiesta di in-

formazioni, poiché non attende altra risposta se non l'ovvia conferma di ciò intorno a cui si fa mostra di interrogarsi ("E tutto questo non è supremamente noioso? [ma certo che lo è]").

Né si dica che la fantasia dell'abbigliamento offende il decoro della virilità. Prendano esempio, i signori, dagli alberi del frutteto: *non si adornano essi di fiori, in primavera, come le futili piante del giardino?* E prendano esempio dal leone. *È forse il suo mantello meno fastoso di quello della leonessa?*

(Morante, PCBA 8-9)

dove si noti pure la tecnica dell'*exemplum* (2.18:[15]).

Analogo è il meccanismo delle interrogazioni socratiche:

"Dimmi, la virtù è una cosa bella e tu te ne proclami maestro proprio perché è una cosa bella?" "È bellissima, rispose, a meno che io non sia pazzo" [...] "Chi sono quelli che combattono audacemente a cavallo? I cavalieri o gli inesperti nel cavalcare?" "I cavalieri"

(Platone, *Protagora* 349e-350)

[34] per l'**esclamazione**, intesa come "trasformazione" della forma sintattica e dell'intonazione di un corrispondente enunciato assertivo, valgono le osservazioni fatte sulla forza illocutiva come pertinente al senso delle espressioni linguistiche. Dal punto di vista delle funzioni del linguaggio si dirà che le esclamazioni attuano la funzione "emotiva" (centrata sul soggetto della comunicazione):

Ma il giorno che ci apersero i cancelli, che potemmo toccarle con le mani quelle rose stupende, che potemmo finalmente inebriarci del loro destino di fiori, *oh*, fu quello il tempo in cui tutte le nostre inquietudini segrete disparvero, perché finalmente eravamo vicini a Dio, e la nostra sofferenza era arrivata fino al fiore, e era diventata fiore essa stessa. *Dio!*, mi parve di essere un'ape [...] E per ore, inginocchiata a terra stetti a bere di quella sostanza vitale, [...] senza dire a nessuno che avevo incontrato un nuovo tipo di morte. / *Divine, lussureggianti rose!*

(Merini, AV 92)

Sul rapporto fra esclamazione e interiezione (per es., *oh*), basti qui rimandare a Poggi 1981.

2.19 LA FUNZIONE ARGOMENTATIVA DELLE FIGURE

Se si trascura la funzione argomentativa delle figure, il loro studio apparirà ben presto come un vano passatempo, come la ricerca di nomi strani per giri di frase ricercati

(TA 177)

Si è già accennato (cfr. 2.9) al posto che le figure retoriche hanno nel sistema perelmaniano: esse vengono prese in considerazione se e in quanto il loro uso si spieghi "con i bisogni dell'argomentazione". Due sono le condizioni indispensabili al sussistere di una figura:

> una struttura distinguibile, indipendente dal contenuto [...] e un uso che si allontani dal modo normale di esprimersi, e attiri così l'attenzione.

(TA 177)

Il problema di che cosa si richieda a una struttura linguistica per essere considerata una figura retorica viene affrontato discutendo un criterio a cui si è già avuto occasione di accennare (in 2.15), cioè il criterio dell'*insolito* (affine, si aggiunga, a quello di *straniamento*, adottato da Lausberg):

> La frase esclamativa, quella dubitativa, sono strutture; esse non diventano figure se non al di fuori del loro uso normale, cioè fuori della sorpresa e dell'esitazione veritiere.

(TA 178)

Questo significa correlare l'uso retorico alla "finzione", allo sfruttamento di situazioni immaginarie. Saranno il contesto del discorso e l'effetto prodotto da quest'ultimo sull'uditorio a far decidere se una figura abbia o no efficacia argomentativa: ce l'ha, se la prospettiva nuova indotta dalla figura fa sì che l'ascoltatore la consideri 'normale' in rapporto alla situazione che essa suggerisce. Se non raggiunge il suo effetto argomentativo la figura "decade" alla funzione di ornamento, di *figura di stile*. È inevitabile che si scorga solo l'aspetto stilistico di una figura se questa viene "staccata dal contesto, messa quasi in un erbario" (TA 180). Con ciò viene riaffermata l'impostazione pragmatica della teoria dell'argomentazione, in linea con il grande modello aristotelico. La centralità della nozione greca di *prépon* (in lat. *aptum*) (cfr. 2.11) suggerisce che la "normalità" di una data espressione è relativa al contesto linguistico e alla situazione in cui il discorso viene prodotto.

Coerentemente con tali premesse Perelman e Olbrechts-Tyteca non danno una classificazione delle figure; ne serbano i nomi, per "una più facile intesa con il lettore", ma respingono le tassonomie classiche, come inutili per chi voglia mettere in luce il contributo degli schemi retorici all'argomentazione. Essi ritengono, e giustamente, che la divisione tra figure di pensiero e di parole

> sconosciuta ad Aristotele, ma che sembra obbligatoria dopo il II secolo a.C., abbia contribuito a rendere oscura tutta la concezione delle figure retoriche.

(TA 181)

Queste vengono esaminate all'interno delle varie sezioni del trattato, ove uno stesso schema retorico può comparire più volte, a diverso titolo e secondo la funzione di cui si carica nelle singole tecniche argomentative. Già si è accennato (cfr. 2.9) all'importanza attribuita in TA alla "presentazione dei dati": in tale operazione l'effetto delle figure può essere "quello di imporre o di suggerire una scelta, di accrescere la presenza o di attuare la comunione con l'uditorio" (TA 182).

271

Elenchiamo qui le principali figure raggruppate secondo le tre funzioni ora indicate (si omettono le esemplificazioni e le spiegazioni, che del resto sono già state anticipate in qualche caso, nella precedente rassegna delle figure; e si danno i rinvii relativi).

Figure della scelta sono: l'interpretazione partigiana di un fatto, il punto di vista personale riguardo a questo; la definizione retorica (2.18:[5]), la perifrasi, la sineddoche, la metonimia e l'antonomasia (2.16:[5], [2], [1] e [6]); la **prolessi** o **anticipazione** (*praesumptio*): figura della scelta quando "mira a suggerire che è il caso di sostituire una qualifica a un'altra che avrebbe potuto sollevare delle obiezioni"; l'esempio è di Quintiliano: *Senonché questo era meno un castigo che un mezzo di prevenire il crimine*. Si aggiungono forme come l'esitazione e la correzione (2.18:[6] e [7]).

Figure della presenza (rendono attuale alla coscienza l'oggetto del discorso): onomatopea (2.12:A₁), figure della ripetizione (2.17:[1]-[13]) e dell'accumulazione, in particolare la congerie come cumulo di sinonimi e le varie forme della sinonimia (2.17:[4]-[20]; cfr. pure 2.15); l'*interpretatio* (2.18:[1]); lo pseudo-discorso diretto (*sermocinatio* e dialogismo: 2.18:[27]).

Figure di comunione ("per mezzo di procedimenti letterari ci si sforza di creare o di confermare la comunione con l'uditorio"): allusione e citazione (2.18:[23]); apostrofe, interrogazione retorica (ivi:[32], [33]) e altri schemi grammaticali (cfr. 2.12:B₁).

2.20 LA *COMPOSITIO*

> Io so bene che c'è chi non vuol sentire parlare affatto di cure relative alla composizione e sostiene che uno stile incolto e improvvisato sia ora più naturale, ora anche più virile. Ma se costoro dicono esser naturale soltanto ciò che è venuto originariamente fuori dalla natura e nelle forme che precedettero la cultura, ne deriva che tutta la retorica viene completamente svuotata e distrutta.
>
> (Quintiliano)

Questa parte dell'*ornatus* (cfr. fig. 1), a cui Cicerone aveva dedicato una cura particolare sia nel teorizzarla sia nel praticarla (tanto da poter essere assunto a modello di stile), fu chiamata anche *structura*. "Composizione", dunque, come arte di collocare con armonia ed eleganza le frasi nei periodi, i membri nelle frasi, le parole in sequenze (cfr. Scaglione 1972). È un lavoro ben codificato di "costruzione", di "strutturazione" nel senso proprio di sistemazione organica, di coordinamento delle unità che costituiscono insiemi, in modo che questi risultino come totalità internamente organizzate e vicendevolmente disposte secondo equilibri perfetti:

si smembri e si confonda l'ordine di un luogo qualsiasi, che era sembrato efficace o melodioso o elegante: scomparirà d'incanto ogni forza [*vis*], ogni soa-
vità [*iocunditas*], ogni bellezza [*decor*].

(*Inst. orat.*, IX, 4, 14)

I fenomeni della *compositio* furono trattati sui due livelli, sintattico e fonetico.

A) Nella sintassi, furono distinti tre gradi di elaborazione: l'*oratio soluta*, la più libera da vincoli formali; l'*oratio perpetua*, dall'andamento
lineare; la *periodus*, svolgentesi come un circuito regolato.

1) L'*oratio soluta* (in gr. *dialelyménē léxis* "discorso sciolto, slegato")
è sia il parlato colloquiale, sia lo scritto che ne riproduce le movenze. Ha le caratteristiche oggi descritte per gli "stili negligenti",
per i "registri" con grado basso o nullo di formalità, dove la disposizione delle parti non è preordinata, né sottoposta a regole precise.
Quando in tale specie di discorso si alternano parti monologiche e
dialogiche, l'*oratio* è detta *concisa* ("spezzettata").

2) L'*oratio perpetua* (in gr. *eiroménē léxis* "discorso continuato")
consiste nel porre gli enunciati, non importa se lunghi o brevi, in
successione lineare (contrapposta allo svolgersi ciclico della struttura detta *períodos*). I collegamenti sono prevalentemente, ma non
sempre, paratattici; l'epifrasi (2.18:[4]) volentieri prolunga l'ultimo
membro di una sequenza in un discorso linearmente connesso o
"protratto" (un esempio del quale potrebbe essere il presente paragrafo 2). Begli esemplari di paratassi in un'*oratio perpetua* offre la
prosa di Manganelli nel volume (RV) qui già più volte citato. Altrettanto si intenda per il passo di Eco (NR 503) che illustra un polisindeto seguito da asindeto in 2.17:[5].

3) Il latino *periodus*, femminile come il greco *períodos*, designa

un giro o uno sviluppo circolare o una concatenazione o un ciclo compiuto di
parole.

(*Inst. orat.*, IX, 4, 22)

Divenuto, in italiano, di genere maschile, *periodo* denota, nella
grammatica tradizionale, un blocco interconnesso di frasi; tale può
essere anche il senso della *períodos* retoricamente definita, ma le
analisi, grammaticale e retorica, non coincidono.

La *períodos* analizzata secondo la teoria della *compositio* si svolge
essenzialmente in due tempi: nel primo (*prótasis*) si dispongono le

273

idee in costruzioni sintattiche "sospese" (*pendens oratio*), che trovano appoggio e completamento nel secondo tempo (*apódosis*), concluso dalla *sententiae clausula* ("chiusa del pensiero"). Protasi e apodosi possono essere legate da relazioni diverse (implicative o condizionali: *se... allora*; causali: *poiché... [perciò]*; correttive ecc.: *non solo... ma anche*; avversative: *ma / bensì / però*; temporali, consecutive ecc.; e ancora, di anticipazione e ripresa anaforica: *ciò che [avevo detto ecc.], questo [ripeto ecc.]...*), nelle forme della subordinazione o della coordinazione sintattica. Non è necessario che la *períodos* contenga più frasi: in un "giro" costituito da una sola frase potranno essere le inversioni (anastrofe e iperbato: cfr. 2.17:[24] e [25]) oppure le inserzioni parentetiche (2.18:[21]) a provocare la scansione "ciclica". Un esempio di espressione concessiva innestata parenteticamente che produce il movimento periodico di sospensione / soluzione:

> I capaci e i meritevoli, *anche se privi di mezzi*, hanno diritto di raggiungere i gradi più alti degli studi.
>
> (*Costituzione della Repubblica Italiana*, art. 34, 3)

La *períodos* fu suddivisa in *cola* e in *commi*.

Per **colon** o "membro" (gr. *kôlon*, lat. *membrum*) si intese una sequenza di più di tre parole, capace di costituire una protasi o un'apodosi.

Il **comma** (gr. *kómma*, lat. *articulus* "piccolo arto", *caesum / incisum* "ritaglio", *particula* "particella"; si noti la persistenza, sia pure con estensione di senso, di *comma* e *articolo* nella nomenclatura legale) fu definito una sequenza più breve del *colon* e un costituente di questo. Oltre che parte di un *colon* (e perciò privo di autonomia sintattica) il comma poteva essere un'unità sintatticamente autosufficiente: espressione *olofrastica* (per es., *Avanti!*; *Addio!*; *Via di qua!*) o frase indipendente costituita da una, due o tre parole.

Secondo il numero dei *cola* un periodo (d'ora in poi useremo il termine italiano, dato che l'analisi classica può essere applicata a ciò che comunemente si intende con *periodo*) poteva essere bimembre, trimembre, quadrimembre o plurimembre.

Nel periodo bimembre (*díkōlos períodos*) il primo *colon* costituisce la protasi, il secondo l'apodosi:

> Dato un sistema materiale costituito da N masse m_1, m_2, ..., m_n concentrate nei punti P_1, P_2, ..., P_n ‖ si dice baricentro di tale sistema il centro dei vettori paralleli applicati nei punti P_n e di modulo eguale alle masse m_n.
>
> (Nocilla, MR 177)

Nel periodo trimembre (*tríkōlos períodos*; da non confondere col *tríkōlon schêma*: cfr. 2.17:[28]) la protasi comprende i primi due *cola*, l'apodosi il terzo:

> Se uno dei coniugi, nonostante l'opposizione dell'altro, amministra i beni di questo | o comunque compie atti relativi a detti beni || risponde dei danni e della mancata percezione dei frutti.
>
> (Codice civile, I, 217, 4)

Il periodo quadrimembre si presenta bilanciato dalla connessione di una protasi e di una apodosi in ciascuno dei due *cola*. Come esempio si ripropone qui (secondo l'analisi di Lausberg 1969:250, ma in traduzione italiana) l'intero periodo di Cicerone analizzato da Quintiliano come modello di isocolo, omeoteleuto e omeottoto coincidenti (cfr. 2.17:[30]):

> *Se* [parte di inquadramento sintattico della grande PROTASI] / *quanto può in campagna e in luoghi deserti l'audacia sfrontata* [protasi minore] / *altrettanto nel foro e nei tribunali valesse l'impudenza* [apodosi minore] [PROTASI] // *non meno ora nella causa Aulo Cecina cederebbe all'impudenza di Sesto Ebuzio,* [protasi minore] / *di quanto allora non abbia ceduto nell'usare violenza all'audacia sfrontata* [apodosi minore] [APODOSI]

4) I periodi plurimembri possono essere protratti alla fine da epifrasi, oppure sbilanciati da aumenti nel numero dei *cola* in ciascuna delle due parti. L'effetto, come dice Lausberg (1969:251), è "una pienezza ridondante". La prosa letterariamente sostenuta offre, nella lingua italiana, in ogni secolo della sua storia, esempi mirabili di questo tipo di periodo. Che qui esemplificheremo con due passi di scrittura saggistica (indicando con le maiuscole P e A rispettivamente la protasi e l'apodosi maggiori, e con le corrispondenti lettere minuscole le minori inserite nell'una o nell'altra delle parti maggiori; le barre oblique separano i *cola*, il corsivo connette elementi di un colon disgiunti da inserzioni di altri membri; s'intende che le parentesi segnano, di per sé, limiti fra membri):

> *semplicemente,* / per evitare d'esser trascinato nel vortice delle intuizioni o delle suggestioni incontrollabili [P] / (e che siano proprio gli elementi 'musicali' di un testo a suggerirle di più, [p] / lo mostrano tantissimi svaghi e fumismi critici nel settore) [a] // *mi sono attenuto* ad una lettura il più possibile tecnica [A] / agli accertamenti ed alle deduzioni che non travalicassero la lettera del testo, i fatti linguisticamente accertabili. [epifrasi]
>
> (Beccaria, AS 9)
>
> *Per questo* / quale che sia l'ambito di ciascuna indagine [P] // *esso presuppone* sempre quella "dialettica della durata", di cui parla Braudel, [A] // *un processo che,* / per essere appunto dialettico, / della dialettica autentica che è la storia,

[P] // *può essere esplorato* solo dialetticamente, [A] / riscoprendo le connessioni e i rapporti / che colleghino l'una con l'altra esperienze in apparenza assai diverse.

(Curi, PeU 11)

Si notino, nel secondo esempio, le riprese anaforiche e la tecnica iterativa in genere, che, per citare ancora Lausberg (1969:251), "nei periodi lunghi [...] serve di preferenza da perno sostenitore o organizzatore della memoria". Ma tale passo potrebbe anche essere considerato come composto di due periodi bimembri giustapposti, con l'apodosi del secondo periodo prolungata in due *cola*.

B) Per quanto riguarda la fonetica, la *compositio* cura l'armonia dei suoni e del ritmo.

Nel primo ambito si collocano i fenomeni dell'**allitterazione**, presi in esame dai retori antichi solo come deviazioni illecite (come "errori"): le ripetizioni della stessa consonante o della stessa sillaba all'inizio di parole contigue furono denominate rispettivamente, in latino, coi grecismi *homoeoprophoron* e *dysprophoron*, e censurate come fattori di cacofonia. Quintiliano citava, tra l'altro, un verso del poeta latino Ennio (*o Tite, tute, Tati, tibi tanta, tyranne, tulisti*); e Marziano Capella enumerava con altrettante denominazioni gli abusi delle iniziali ripetute: *mytacismus* (per la *m-*), *lambdacismus* (per la *l-*), *iotacismus* (*i-*), *polỳsigma* (*s-*). In poesia, però, l'iterazione dei suoni, giustificata da una sapiente (purché moderata) ricerca di effetti musicali, imitativi ecc., era ammessa come "licenza" (cfr. 2.11). Il termine *allitteratio* fu coniato dall'umanista e poeta Giovanni Pontano e applicato anche agli inizi vocalici di parola.

Come ci ricorda l'autore di uno degli studi più esaustivi sull'argomento, l'allitterazione, al pari di ogni altra figura del discorso,

è prima di tutto [...] una struttura della lingua comune, e solo secondariamente è una struttura della lingua letteraria, soprattutto della lingua letteraria metricamente organizzata.

(Valesio 1967:16)

Allitterazioni della lingua comune sono (per limitarci a pochissimi esempi): l'ormai internazionale *mass-media*; e *mass-man*, probabile calco dal tedesco *Masse Mensch* (titolo di un celebre dramma di Ernst Toller); *bas-bleu*, "calco semantico sull'inglese *bluestocking* 'calza turchina' (designazione metaforica di un tipo di intellettuale mondanamente aggressiva e petulante) mantiene la metafora inglese come tale, ma, trasformandola grazie all'allitterazione di /b/, la differenzia, ravvivandola stilisticamente" (Valesio 1967:57); *peine*

perdu "fatica sprecata"; *(in) parole povere*; *far fuoco e fiamme*; *(un)
fuggi fuggi* (epanalessi allitterante); *tagliar la testa al toro*; *di buzzo
buono*; e il ritornello della canzonetta popolare:

> *m*a come *balli bene bella bimba* / *bella bimba, bella bimba* / *m*a come *balli bene
> bella bimba* / *bella bimba, balli ben!*

L'allitterazione, come la **rima**, è (e produce) *omofonia*:

> entrambe realizzano lo stesso tipo di rispondenze: la rima tra verso e verso,
> l'allitterazione tra parola e parola; l'una creando una omofonia esterna, l'altra
> una omofonia interna.
>
> (Beccaria, 1975:103)

Il parallelo fra i due espedienti fonici mostra una maggiore estensione dell'uno rispetto all'altro:

> la rima è un tratto non distintivo del linguaggio poetico; essa non è una co-
> stante di tutta la poesia, mentre l'allitterazione è stata utilizzata in tutte le epo-
> che (dalla poesia quantitativa di Plauto alla poesia finnica, ed è elemento non
> ignoto alla poesia greca).
>
> (*ivi*)

L'uso dell'allitterazione è sistematico nelle lingue che non cono-
scono la rima; e quelle in cui questa è stata adibita per secoli come
ingrediente della versificazione hanno potuto abbandonarla, ma
non hanno potuto rinunciare all'uso di forme allitteranti: poiché
esse attuano sul piano fonico-timbrico la "coazione a ripetere", tipica del linguaggio poetico e realizzata, sul piano morfosintattico,
dall'anafora (cfr. quanto detto in 2.17[7]).

Ancora nell'ambito delle corrispondenze sonore è speculare al-
l'allitterazione l'omeoteleuto (cfr. 2.17:[29]). Valesio (1967:43-55)
ha esaminato i rapporti fra l'allitterazione e le figure "confinanti":
l'anafora, la *derivatio* (o figura etimologica) e la paronomasia
(2.17:[5], [10], [8]); e ha assegnato all'allitterazione un posto se-
condario rispetto a queste:

> tutte e tre le figure mostrano, oltre i loro rispettivi tratti pertinenti, il feno-
> meno dell'allitterazione, senza per questo perdere la loro individualità, men-
> tre, quando l'allitterazione è complicata dalla presenza di una di queste tre fi-
> gure, essa passa nettamente in secondo piano.
>
> (*ivi*, 46)

Un'esemplificazione di forme allitteranti nella tradizione poetica
italiana non può essere che casuale, data la diffusione capillare del

fenomeno; né è questa la sede per tentare un sia pur sommario ed ellittico resoconto delle interpretazioni che ne sono state date caso per caso, affondando nell'inconscio dei poeti (e degli scrittori) e nella componente musicale della scrittura letteraria. Tra le allitterazioni dantesche (studiate da Beccaria 1975) si cita qui soltanto una terzina con almeno otto occorrenze allitterative:

> i corpi suoi non uscir, *come credi,* / Gentili, ma Cristiani, in *ferma fede* / quel 't passuri e quel d'i *passi piedi*
>
> (*Par.*, XX, 103-105)

Un gioco intrecciato di allitterazioni, omeoteleuti, rime interne, paronomasie, figure etimologiche, anafore ecc. (e si aggiungano anagrammi e metaplasmi a iosa) è, da capo a fondo, la raccolta poetica di Sanguineti, *Bisbidis.* Un solo esempio, ad apertura di libro:

> se ti prendo, con i miei pampani di ruggine, mia fuliggine,
> [che ti aspiro, ti respiro,
> con le tue nebbie e trebbie, che ti timbro con tutti i miei
> [timpani, con le mie dita
> che ti amano, che ti arano, con la mia matita che ti colora,
> [ti perfora, che ti adora,
> mia vita, mio avaro amore amaro.
>
> (Sanguineti, *L'ultima passeggiata,* 1:5-8)

Altro elemento essenziale della *compositio* era il ritmo, poetico e prosastico (gr. *aritbmós / rbytmós*; lat. *numerus*). Nelle lingue classiche consisteva nella successione regolata delle sillabe lunghe e delle brevi.

Si rimanda ai manuali di metrica,[110] dedicati a ciascuna delle lingue classiche e delle lingue moderne, per la poesia; e in generale agli studi di prosodia per quanto attiene all'accento, al tono, all'intonazione e alla quantità delle sillabe nelle varie lingue.

Si accenna soltanto, qui, a un elemento importante di quel tipo di prosa che era la *períodos,* sottoposta a leggi ben precise, tendenti a farla gareggiare, nel ritmo, con la poesia, mentre la differenziavano radicalmente da questa. L'andamento ciclico dato dalla concatenazione di protasi e apodosi (cfr. il punto 3 del presente paragrafo 2.19) scaricava sulla conclusione dell'apodosi (*sententiae clausula*) la tensione accumulata nelle parti precedenti: le finali o **clausole** del periodo, e anche dei *cola,* erano dunque oggetto di una precisa normativa, che distingueva una grande varietà di tipi.

Perduta nella tarda latinità la percezione della quantità delle sillabe, al regime delle clausole antiche subentrò, a partire dal III secolo, il *cursus*, cadenza o clausola ritmica "che chiude armoniosamente i periodi e membri di periodo, e che comprende almeno due parole, ognuna fornita di un accento proprio" (Schiaffini 1975:115). L'ultima unità lessicale del *cursus* deve essere di tre o quattro sillabe: eventuali monosillabi che la precedano vengono considerati come incorporati ad essa.[111]

I tipi del *cursus* medievale sono i quattro seguenti:

a) il *planus*, formato da un polisillabo seguito da un trisillabo, entrambi piani (cioè accentati sulla penultima sillaba): schema / ...x́x / xx́x; es.: *siàmo suggètti*;

b) il *velox* (ritenuto il migliore per la fine di periodo); era costituito da un polisillabo sdrucciolo (cioè accentato sulla terzultima sillaba) seguito da un quadrisillabo piano: schema / ...x́xx / xxx́x/; es.: *accólgono volentièri*;

c) il *tardus* o *ecclesiasticus*; constava di un polisillabo piano seguito da un quadrisillabo sdrucciolo: schema / ...x́x / xx́xx/; es.: *pàrte dell'ànima*;

d) il *trispondaicus*, formato da un polisillabo seguito da un quadrisillabo, entrambi piani: schema / ...xx́x / xxx́x; es.: *nóme definìto*.

Il *cursus*, che dura in vita, con maggiore o minore intensità, dal secolo III d.C. al XIV, era adottato allo scopo di ornare la prosa che aspirasse a sollevarsi sull'uso comune, a mostrarsi in pubblico con segni di distinzione. Si diffuse quindi largamente nei cenobi e nelle scuole, nella Curia del pontefice e nell'aula dell'imperatore, tra monaci, notai, cancellieri, maestri, in Italia e fuori d'Italia. Ma il campo suo proprio fu la lettera, [...] genere di prosa artistica che nella cultura medievale aveva così grande importanza.

(Schiaffini 1975:116)

2.21 GLI STILI O *GENERA ELOCUTIONIS*

Secondo le dottrine classiche la virtù dell'*aptum* (cfr. 2.11) comporta che l'espressione sia *appropriata* agli scopi del parlare (raggruppati nelle tre classi: *docere, movere, delectare*) e all'argomento (comprensivo dei personaggi, nelle opere letterarie). Furono distinti tre *genera elocutionis* (generi, o tipi, dell'espressione, o stili):

1) *genus subtile* (*humile / summissum / tenue / gracile*);
2) *genus medium* (*mediocre / modicum / moderatum* ...);
3) *genus grande* (*sublime / robustum*; con le due varianti: *amplum* "elevato e senza interruzione" e *vehemens* "costretto e veemente": in greco, rispettivamente *megaloprepés* e *deinón*).

Scopi prevalenti dello "stile umile": insegnare (*docere*) e dimostrare (*probare*). Le virtù che gli si addicono sono la *puritas* (cfr. 2.12) e la *perspicuitas* (cfr. 2.13). Modelli: per la prosa, lo stile di Cesare e lo stile epistolare; per la poesia, quello delle egloghe di Virgilio.

Scopo dello "stile medio": *delectare*, cioè procurar piacere, svago ecc., all'ascoltatore/lettore. Nell'oratoria questo fine si raggiunge mediante un atteggiamento moderato (ciò di cui è formato l'*éthos*; cfr. 1.5). Modello per la poesia, lo stile della lirica descrittiva (attribuito, nel Medioevo, alle *Georgiche* di Virgilio).

Scopo dello "stile sublime" (o alto): commuovere (*movere*), cioè colpire, suscitare forti passioni; mezzo ed effetto, il *páthos*. Nella poesia questo genere corrisponde alla tragedia e all'epica, di cui il Medioevo si rappresentò come modello l'*Eneide*.

Varianti degli stili in rapporto all'*ornatus* sono le "qualità" di quest'ultimo (cfr. 2.14), analizzate nel modo che riassumeremo, seguendo le indicazioni di Lausberg (1969:96-99; 1973²:277-279).

Variante dello stile sublime è l'"ornato vigoroso"; quest'espressione sintetizza gli attributi del discorso (*sermo robustus, fortis, validus, solidus*), dell'ornato stesso (*ornatus virilis, fortis, sanctus*) e del relativo stile (*nervosum dicendi genus*). Allo stile medio appartiene l'ornato attenuato, che possiede le caratteristiche della piacevolezza (*iucunditas*), del garbo (*gratia*), della dolcezza (*suavitas, dulcedo*).

Allo stile umile appartengono il modo di esprimersi accuratamente preciso (*accuratum dicendi genus*) e quel tipo di eleganza che si ottiene con la semplicità priva di ornamenti, frutto della purezza e della chiarezza nell'esprimersi; mentre l'eleganza più raffinata (*exculta elegantia*) è prerogativa dello stile medio. Alla *concinnitas*, "armonia semplice ed elegante dello stile", si arriva con una *compositio* (cfr. 2.20) curata particolarmente negli aspetti fonico-ritmici.

La ricercatezza fine, il nitore (*nitor; nitidum genus*), è ugualmente lontana dalla volgarità e dai preziosismi di una vuota affettazione (*vanitas*).

L'ornato "spiritoso", variante dello stile medio, può combinarsi con lo stile arguto o acuto (*acutum dicendi genus*): lo stile delle 'acutezze' (si veda Battistini 1992) e delle 'argutezze', che hanno avuto nel barocco la loro florida stagione; la sfida all'intelligenza, la provocazione al gioco e al piacere intellettuali, che instaurano una specie di complicità tra l'autore e chi ascolta o legge, stimolato a una cooperazione interpretativa oltre la forma apparente del dire. Manifestazioni dell'*acutum dicendi genus* sono il paradosso, l'ironia, l'enfasi; e anche certe litoti o iperboli 'difficili', certe perifrasi argute; gli ossimori per la loro costituzionale paradossalità, gli zeugmi noti come sillessi, le tecniche del chiasmo.

Agli stili medio e sublime compete il modo ricco e abbondante (*copiosum dicendi genus*), che predilige le perifrasi e le figure dell'amplificazione.

Qualità sovrana dell'*ornatus* poetico per i generi epico, drammatico e lirico è la *maiestas* o *dignitas*.

Nel Medioevo si impose un'ulteriore distinzione, che attraversa quelle finora indicate: la distinzione tra *ornatus facilis*, meno ricercato, più alla mano, e *ornatus difficilis*, più impegnativo e ricco di espedienti concettuali e formali. Furono sistemate inoltre le corrispondenze fra stili e condizione sociale dei personaggi. La *rota Virgilii* prendeva come modelli di riferimento per i tre generi, come aveva suggerito Elio Donato, le *Bucoliche*, le *Georgiche* e l'*Eneide*. Le corrispondenze con gli stili, umile, medio, sublime (o grave) venivano estese, dalle classi sociali (pastore, contadino, guerriero o dominatore) ai nomi tipici dei personaggi (Titiro/Melibeo, Trittolemo/Celio, Ettore/Aiace), agli animali (pecora, bue, cavallo) agli strumenti (bastone, aratro, spada) ai luoghi (pascoli, campo, città/accampamento) alle piante (faggio, melo, lauro/cedro):

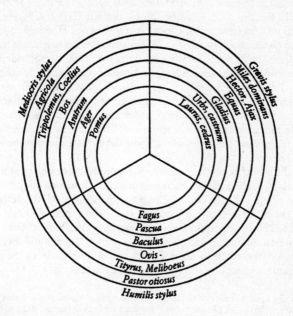

Come ha osservato Segre (1985:311)

> è uno schema che, anche se in modo sommario, quasi simbolico, enfatizza la connessione tra generi, tipi umani, onomastica, ambientazione, stile; che mostra [...] l'inscindibilità dell'*elocutio* dall'assieme della tematica, i nessi verticali tra forme e sostanze: l'esistenza insomma di un policodice (sistema di vari codici) dei generi.

Il gusto classicistico ha perpetuato, o ha fatto riaffiorare, il parallelo di generi e modi di espressione, codificando in questi termini la congruenza dei sistemi linguistico-stilistici con i temi, i contenuti e le situazioni tipiche. Tanto più spicca, come ha insegnato Auerbach, lo "scandalo" del *sermo humilis* nelle Sacre Scritture, ove la modestia del linguaggio trasmette contenuti sublimi (si vedano le indicazioni già date qui, in 1.10).

Le teorie dei *genera elocutionis* appartengono alla storia dello stile. Difficile ignorarle, se si vuol capire la formazione degli autori in rapporto alle convenzioni culturali entro le quali essi hanno operato.

2.22 LA *MEMORIA* E LA *PRONUNTIATIO*

La prima trattazione sistematica della *memoria* come parte della retorica si trova nella *Rhetorica ad Herennium* (III, 16-24). Ne trattarono poi, fra i maggiori, Cicerone (*De Oratore*, II, 86-88) e Quintiliano (*Institutio oratoria*, XI, 2); Agostino dedicò splendide pagine (*Confessiones*, X, 8-20) alla facoltà della memoria, comprendendovi il "ricordo della dimenticanza". Nel Medioevo Alberto Magno (*De bono*, IV, 2) e Tommaso d'Aquino (*In Aristotelis libros de sensu et sensato, de memoria et reminiscentia commentarium*) formulano regole di mnemonica cercando di conciliare la psicologia aristotelica con la mnemotecnica di Cicerone e della *Rhetorica ad Herennium*. Queste, in varia misura, sono le fonti dei trattati di *ars memorativa* nel Trecento.

Si distinguono, comunemente, due generi di memoria: naturale e artificiale. Un'eccellente memoria naturale funziona di per sé in modo simile a quello della memoria artificiale, "prodotto della teoria", che rafforza la prima "con una tecnica sistematica" (*Rhet. Her.*, III, 16, 29). Innanzitutto stabilisce "punti di riferimento" (una casa, un intercolunnio, un arco, un angolo ecc.) e "immagini" (persone, animali e oggetti collocati in luoghi ben determinati). La memoria si organizza come una sorta di scrittura mentale:

> perché i punti di riferimento sono del tutto simili a una tavoletta di cera o alla carta, le immagini alle lettere, la disposizione e la collocazione delle immagini alla scrittura, la dizione alla lettura.
>
> (*Rhet. Her.*, III, 17, 30)

Le immagini possono venire cancellate, quando non si usano; non così i punti di riferimento, che devono essere molti e bene ordinati, "e studiati molto bene" perché "possano rimanerci per sempre nella mente". È il principio basilare della *memoria locale*. Le immagini con cui si possa evocare il ricordo di cose ed eventi anche complicati devono avere *somiglianze* con gli oggetti e colpire l'immaginazione. Vengono così inscenate specie di rappresentazioni simboliche: per ricordare le circostanze di una morte per veleno, della quale si accusa l'erede della vittima, si immaginerà, al capezzale di questa, l'accusato con una coppa nella destra, le tavolette nella sinistra e all'anulare testicoli di montone: in questo modo potremo fissare il ricordo dei testimoni, dell'eredità e della morte per veleno.

(*ivi*, 20, 33)

Quintiliano sembra meno convinto dell'utilità delle mnemotecniche, benché si diffonda nella descrizione dell'"edificio" in cui "custodire" le diverse immagini da ripescare al momento opportuno. Ma osserva:

se però mi si chiedesse in che cosa consista essenzialmente l'arte della memoria, non potrei dire altro se non che essa è *continuo, faticoso esercizio*.

(*Inst. orat.*, XI, 2, 40)

L'idea dei luoghi come carta su cui dipingere le immagini persiste fino a tutto il XIV secolo:

in quel singolare prodotto di cultura che fu la medievale *ars praedicandi* le esigenze della persuasione retorica, della costruzione di immagini capaci di dar luogo ad emozioni ben controllabili si connettevano [...] con i precetti relativi all'ordine e al metodo concepiti come strumenti per imprimere nella memoria i contenuti e la forma dell'orazione.

(Rossi 1960:19)

Paolo Rossi ha scritto un'opera fondamentale sulle mnemotecniche. Facendone la storia, egli analizza la *logica combinatoria* che a quelle si connette, da Lullo a Leibniz. L'*ars memorativa*, nella forma in cui fu teorizzata e praticata, con straordinario successo, dal giurista Pietro da Ravenna, sul finire del XV secolo, si diffuse in Inghilterra, Francia e Germania nel secolo seguente e si innestò sulla tradizione di logica combinatoria che risaliva al teologo catalano Raimondo Lullo (1235-1315). L'arte mnemonica di derivazione classica, da tecnica utile a predicatori, giuristi, politici e letterati diventa, nel XVI e XVII secolo, veicolo

di un complesso simbolismo che serve da velo ad una sapienza riposta attingibile solo attraverso l'ambiguità degli emblemi e l'allusività delle immagini, dei sigilli e delle imprese.

(Rossi 1960:82)

Giordano Bruno, negli scritti che commentano e "riformano" la combinatoria di Lullo, riprende motivi dell'arte mnemonica degli antichi per fondare una *logica memorativa*, ove gli strumenti della mnemotecnica si identificano con l'apparato delle relazioni che compongono un sistema logico. Nelle enciclopedie (nei "teatri del mondo" tardo-cinquecenteschi) gli elementi della memoria artificiale erano deviati a "decifrare la scrittura dell'universo" (Rossi 1960:125), al servizio della magia e non più dell'arte oratoria.

Si è già accennato [1.11:(ii)] alla separazione, per opera di Ramo, tra la dialettica (a cui erano ascritte l'*inventio* e la *dispositio*) e la retorica (a cui spettavano l'*elocutio* e la *pronuntiatio*). La *memoria*, secondo Ramo, doveva essere scissa dalla retorica, per diventare elemento costitutivo della dialettica, cioè della nuova logica in cui doveva annullarsi la distinzione artistotelica fra dimostrazioni scientifiche e argomentazioni basate sull'opinabile.

Bacone e Cartesio, profondamente interessati all'*ars memorativa*, si oppongono risolutamente alla commistione di questa con le pratiche magico-occultistiche del lullismo cinquecentesco. La condanna dell'uso fuorviante che era stato fatto delle tecniche, ridotte a ostentazioni vacue di destrezza funambolistica, non esclude affatto l'utilità di coltivare la memoria: Bacone e Cartesio includono, nella loro logica:

> una dottrina degli aiuti della memoria [...], strumento indispensabile alla formulazione e al "funzionamento" di una nuova logica o di un nuovo metodo.
>
> (Rossi 1960, 177)

Le regole della mnemotecnica "classica" confluirono nei progetti secenteschi di unificazione delle scienze: strumento principale, un'*ars combinandi* assimilata a un calcolo matematico.

Per quanto riguarda l'aspetto pratico, la pedagogia spicciola della memoria si mantenne sostanzialmente sulle posizioni ciceroniane e quintilianee. Senza un esercizio costante (la "memoria artificiale" non era che un mezzo, sia pure elaboratissimo e, per molti, inutilmente macchinoso) non sarebbe mai stato possibile acquisire la *firma facilitas*, la salda e sicura facilità di parola. La capacità di ritenere è premessa indispensabile alla capacità di improvvisare, oltre che naturale 'fissatore' delle conoscenze ("non fa scienza, sanza lo ritenere, avere inteso").[112]

Pronuntiatio è termine latino corrispondente al greco *hypókrisis* "recitazione, arte declamatoria" (l'etimologia è la stessa di *ipocrita*: chi mente sotto apparenza di veridicità 'recita una parte', applica alla vita una sorta di finzione scenica). Alla stessa famiglia di 'azione' drammatica, e perciò del nome di chi la sostiene – l'attore, appunto – appartiene la parola *actio*, che con la recitazione e la modulazione della voce comprende anche il gesto, il movimento. L'oratore deve saper pronunziare il discorso e 'porgere' come un vero attore.

Le scuole di eloquenza, oltre che all'interpretazione dei poeti e alle esercitazioni scritte, si dedicarono fin dalle origini a prove di memoria e di dizione. L'aneddotica antica conserva il ricordo di grandi autodidatti, che corressero difetti nativi di pronuncia e impedimenti dovuti a un fisico sgraziato, controllando gli uni e gli altri con assidui esercizi e accorgimenti escogitati di volta in volta. Cicerone (*Brutus*, 141-142) ricorda il "porgere" di un grande oratore romano quale fu Antonio (avo del triumviro). Era un modo di gestire, di muoversi, di dare fascino alla sua voce roca (per altri sarebbe stata una disgrazia, asserisce Cicerone), che dava ragione a Demostene, per il quale la prima dote dell'oratore, e la seconda, e la terza, era l'*actio*.[113]

Oggi questa è materia delle scuole di recitazione, e degli insegnamenti (privati) a cui ricorrono molti personaggi 'pubblici' per cui il parlare in pubblico è condizione di successo o di fallimento; o anche, semplicemente, di 'immagine'. I moderni mezzi di trasmissione dell'immagine, e non più soltanto della voce, hanno indotto a riconsiderare la funzione comunicativa del gesto, della postura, della mimica: tutte cose ben note agli psicologi e agli specialisti di cinesica, e oggi entrate a far parte degli 'elementi pertinenti' negli studi pragmatici della comunicazione.

3.
LE NUOVE RETORICHE

3.0 Generalità

Il panorama degli studi di retorica, dagli anni Cinquanta in poi, presenta una prima grande biforcazione: fra teorie dell'argomentazione e teorie delle figure.

Accanto e in alternativa a questa, un'altra più recente divaricazione: fra retorica della finzione letteraria e "retorica del quotidiano".

A ben guardare, le divisioni di campo risalgono a molto lontano, se già nel Medioevo le pertinenze giuridiche dominanti nella retorica antica e le applicazioni linguistico-letterarie occupavano due tronconi ben separati. A complicare l'identità della disciplina si aggiungevano sia la perenne unione-competizione con la dialettica, sia la vocazione da parte della retorica come scienza generale del discorso a porre le sue ipoteche sulla grammatica, sia gli interscambi con la poetica.

Si noterà poi che certe scissioni corrispondono a specializzazioni consolidatesi, col tempo, in ambiti originariamente unitari. Per es., le tecniche del *parlar bene in pubblico* appartengono da secoli a una specialità (codificata in generi ben definiti), cioè all'*arte oratoria*, che pure rappresenta il persistere dell'aspetto originario della retorica (e degli scopi per cui essa nacque e si affermò, come attività pratica e come riflessione su questa attività); mentre le tecniche del *parlare* (e dello scrivere) *bene*, strumentali, in origine, all'arte oratoria, sono sembrate, col tempo, inclusive di questa, e sono divenute oggetto di teorie generali della comunicazione orale e scritta, letteraria e non-letteraria.

Le dimensioni di questo manuale precludono la possibilità di dare una panoramica soddisfacente degli attuali studi di retorica, né sarebbe desiderabile una rassegna cursoria, inevitabilmente incompleta. Meglio allora optare per la parzialità di una visione episodica, centrata su frammenti di una realtà che, vista da vicino, sembra variegata e dispersiva, appena si cerchi di dare corpo alle biforcazioni a cui si è soliti riferirsi quando si esamina la situazione della (rinata) disciplina dagli anni Cinquanta in poi.[1]

Per quanto riguarda la retorica come teoria generale dell'argomentazione, la nostra rassegna si è limitata fin qui al modello perelmaniano, col quale era facile stabilire raffronti trattando delle tradizionali partizioni (*inventio, dispositio, elocutio*). Daremo ora (in 3.1) qualche sommaria notizia su altri modelli di forte impatto in analisi della comunicazione che vertono sulle procedure argomentative del discorso.

Ne privilegeremo gli aspetti 'tecnici', il modo di funzionare, rinunciando a descriverne le basi teoriche e le implicazioni filosofiche. È un'ottica riduttiva, ma è la stessa da cui è stata trattata l'intera materia del presente manuale.

Sul versante della retorica come scienza del linguaggio e teoria della letteratura, alcune opposizioni fondamentali segnarono la storia della disciplina nell'antichità e nel Medioevo: rispetto alla poetica, la retorica fu l'arte del discorso prosastico; rispetto al parlare ordinario "non ornato", essa governò e insegnò il "parlare ornato" come veicolo di persuasione; rispetto all'ermeneutica, scienza dell'interpretazione, la retorica fu teoria della produzione del testo.

Per la poetica e la semiotica odierne la retorica comprende: 1) le regole della costruzione del discorso, su un piano superiore, e non omologabile, a quello della frase; 2) lo studio dei "significati traslati", compito della "retorica delle figure"; 3) la "poetica del testo, settore della poetica che studia i rapporti intratestuali e il funzionamento sociale dei testi come formazioni semiotiche unitarie" (Lotman 1980). Questi tre aspetti, variamente sviluppati, si trovano alla base degli studi neoretorici di cui ci occuperemo nei paragrafi 3.2-6.

3.1 MODELLI DI ARGOMENTAZIONE: QUALCHE CASO ESEMPLARE

Il modello di argomentazione proposto da Toulmin nel 1958 ha avuto una fortuna notevole, a dispetto delle critiche a cui sono state sottoposte le sue premesse filosofiche.[2] Hanno avuto fortuna gli schemi apprestati dall'autore per l'analisi di discorsi volti a 'giustificare' opinioni e asserzioni su temi disparati, in privato e in pubblico, nelle occasioni del vivere quotidiano, nelle discussioni politiche, nelle attività propagandistiche, nella ricerca scientifica e via elencando.

Per analizzare la "microstruttura" delle argomentazioni, si domanda Toulmin, serve il classico schema sillogistico 'premessa minore, premessa maggiore, *dunque* conclusione', oppure "queste categorie sono fuorvianti nel loro piccolo numero?" (UA 89-90). Il paragone con la complessità dei ragionamenti in base ai quali si discutono e si dirimono questioni legali lo induce a ritenere che l'analisi delle argomentazioni razionali in genere richieda un apparato di categorie "non meno raffinato di quello richiesto dal diritto" se si vuole "comprendere correttamente la natura del *processo logico*" (UA 90).

La forma minimale di un ragionamento consta di un'asserzione "sostenuta adducendo altri fatti che hanno peso su di essa". Abbiamo dunque una tesi o opinione o conclusione, cioè una 'pretesa' [*claim*] (C), e i dati (D) a cui ci appoggiamo presentandoli come argomenti atti a sostenerla e che sono tali perché giustificati, 'garantiti', da proposizioni generali (normalmente lasciate implicite): le "garanzie" [*warrants*] (W).

Ecco lo schema originale (UA 93):

O, per fare un esempio:

I dati sono espliciti, le garanzie implicite e hanno validità generale; il rapporto tra gli uni e le altre è lo stesso che si stabilisce tra questioni di fatto e questioni di diritto.

Ai tre elementi indispensabili all'argomentazione se ne aggiungono altri tre, la cui presenza è facoltativa, così denominati da Toulmin: i qualificatori modali (Q), indicanti la forza ('si può presumere che...', 'forse...', 'a quanto pare...' ecc.) che la garanzia conferisce alla conclusione; "le condizioni di eccezione e di ricusazione" ('a meno che...') o riserva [*rebuttal*] (R); il sostegno o fondamento delle garanzie [*backing*] (B), fonte autorevole (ad es., un articolo di legge) o origine delle informazioni. Lo schema dell'argomentazione risulta così ampliato (UA 98):

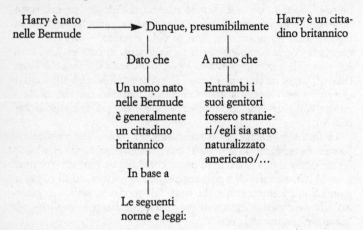

Questo modello serve a descrivere il *prodotto* di un'argomentazione (monologica); non dice nulla riguardo ai passi che si compiono per costruirla, né tanto meno riguardo alle possibili reazioni dell'interlocutore, sia questi antagonista o collaboratore, in un'interazione argomentativa (dialogica). Alle categorie impiegate si può rimproverare inoltre una certa vaghezza, e non sempre è possibile distinguerle nelle diverse forme in cui un ragionamento può presentarsi: ad es., ci sono casi in cui (D) e (W) sembrano intercambiabili. Oggetto di polemiche, da un lato, e di favorevole interesse dall'altro, è ancora l'idea che i criteri valutativi di un'argomentazione non siano universali o assoluti (ma Toulmin mostra di non distinguere "tra argomentazione logica [valida] e argomentazione apodittica [corretta]": cfr. Marconi 1993:24), e siano invece "dipendenti dal campo": variino secondo il contesto in cui si argomenta. Il che è pacifico per le garanzie (dette anche 'regole generali': cfr. Lo Cascio 1991), che sono culturalmente e storicamente determinate e perciò variabili; come si è visto per i *topoi* o luoghi quali basi argomentative.

Le categorie toulminiane sono utilizzate, con opportuni adattamenti (e con l'aggiunta di una, fra le secondarie o facoltative, detta 'rinforzo': "ciò nonostante", "e si tenga presente che...") nel modello di **grammatica argomentativa testuale** di Lo Cascio 1991, che si rifà, per la ricostruzione delle strategie messe in atto nell'argomentare, alla pragmadialettica di van Eemeren e Grootendorst (v. poco più avanti) e, per la descrizione delle strutture, a nozioni della grammatica generativa e della linguistica testuale. Gli atti argomentativi sono tipologicamente caratterizzati (orali / scritti; colloquiali / formali; volti a dimostrare / volti a persuadere ecc.), sottoposti all'esame delle condizioni pragmatiche di impiego e di buona riuscita (poiché non si danno atti comunicativi 'reali' fuori situazione), e analizzati nella varietà dei possibili "profili", che sono i diversi modi di organizzare linguisticamente un'argomentazione.

La loro struttura è definita attraverso 'regole di formazione' che manifestano la gerarchia delle categorie funzionali e le eventuali espansioni di queste secondo il principio della 'ricorsività'[3] (per es., un "argomento" o dato può espandersi in subargomentazioni espansibili a loro volta, producendo strutture complesse). Gerarchia ed espansioni costituiscono l'asse 'verticale', mentre l'ordine lineare dei componenti linguistici appartiene alla direzione 'orizzontale' della catena argomentativa. Sono impostate orizzontalmente le argomentazioni *semplici* e quelle *multiple* (caratterizzate, queste, dall'addizione dei componenti); in verticale si dispongono invece le argomentazioni *a grappolo*, con la possibilità di collegare a distanza gli elementi del discorso percorrendo la scala dei livelli rappresentati dalle categorie. Il sistema delle regole è formalizzato, con un apprezzabile sforzo di coerenza interna; le configurazioni ad albero rendono esplicita l'architettura degli enunciati. Ma il modello non pretende di essere esaustivo. La sua principale novità consiste nella ricerca di 'generare' i profili argomentativi, con le restrizioni sintattiche e semantiche a cui sono sottoposti, le condizioni e le norme violando le quali si dà luogo a strutture scorrette.

Dal punto di vista pratico, gli schemi di Lo Cascio si lasciano applicare fruttuosamente (l'autore stesso ne ha dato esempi in varie occasioni) alla scoperta dell'organizzazione testuale: compito importante dell'analisi retorica.

Alla **pragmadialettica** degli olandesi Frans van Eemeren e Rob Grootendorst fanno capo le ricerche di un gruppo di studiosi di Amsterdam impegnati in un vasto programma di analisi del discorso argomentativo.

Basi di riferimento le teorie degli atti linguistici di John L. Austin e di John R. Searle, la 'logica del discorso ordinario' di Paul Grice, la 'logica del dialogo' di Paul Lorenzen, la 'dialettica formale' di Else Barth e Erick Krabbe (cfr., per gli ultimi due riferimenti, FAT 246-273).

Per van Eemeren e Grootendorst l'argomentazione "è un fenomeno della comunicazione verbale da studiare come uno specifico modo di discorso caratterizzato dall'uso del linguaggio per risolvere una differenza di opinioni" (FAT 275) per mezzo di una "discussione critica" fra (almeno) due interlocutori: da studiare, essi precisano, fondandosi non soltanto sull'idealizzazione dei dati (tipica della moderna logica formale) né soltanto sull'osservazione empirica (praticata dalla linguistica descrittiva), ma integrando metodicamente le due dimensioni. Da tale integrazione nascerebbe "una speciale branca della linguistica pragmatica": la pragmadialettica, appunto, ove le fasi del dialogo argomentativo (le cui regole sono modellizzate dalla dialettica) sono viste come 'mosse' corrispondenti ad altrettanti 'atti linguistici'.

Accenneremo appena alle premesse "metateoriche" della pragmadialettica: 1) tutto ciò che è sotteso all'argomentare (opinioni, credenze, inferenze, interpretazioni ecc.) viene manifestato ("esternato") in un particolare discorso, e di questo si deve dar conto, non solo di procedure astratte del ragionamento; 2) l'argomentazione è un'attività inerentemente dialogica e perciò va collocata "nel contesto sociale" di un'interazione comunicativa, e non analizzata come il prodotto di un'attività individuale; 3) la prospettiva di lavoro deve essere "funzionale", deve concentrarsi sui modi in cui la lingua è usata per raggiungere determinati scopi, quindi anche sulle *fallacie*[4] delle argomentazioni pratiche; 4) la teoria deve constare di un modello ideale delle procedure dialettiche valide per valutare un discorso argomentativo: per stabilire se questo "così come viene condotto può servire a risolvere una differenza di opinioni" (FAT 278).

Il modello comprende dieci principi fondamentali: i "Dieci comandamenti della discussione critica" (cfr. van Eemeren/Grootendorst 1992). La violazione di ciascuna di queste regole produce altrettante fallacie. Si ha così una tipologia delle fallacie (cfr. FAT 298-306) che presenta molti vantaggi rispetto alle altre, perché "dà un assetto ad una varietà di mosse 'fuorilegge' non contemplate nei manuali [...] e ne spiega i motivi di illegittimità"; inoltre "rende conto in modo più soddisfacente di certe sovrapposizioni e confusioni esistenti tra fallacie diverse" (Cattani 1995:98).

L'importanza della pragmadialettica si misura dalla sua capacità di dare un modello sia della produzione sia dell'analisi degli atti argomentativi. Si misura specialmente nelle applicazioni in ambiti diversi, dalla stilistica allo studio delle argomentazioni giuridiche, alla didattica della composizione e dell'interpretazione di testi.[5]

3.2 La retorica generale del Gruppo di Liegi

La neoretorica elaborata dai sei studiosi (J. Dubois, F. Edeline, J.M. Klinkenberg, Ph. Minguet, F. Pire, H. Trinon), raccolti sotto la denominazione di Gruppo μ (μ è l'iniziale greca di *metaphorá*), appartiene, per dichiarazione esplicita degli autori, alla teoria letteraria. La retorica non è più "arma della dialettica", come nel periodo classico, ma "strumento della poetica" (RG 14); con la quale tuttavia non si confonde, perché funziona in *tutti* i tipi di discorso. I procedimenti stilistici che normalmente si chiamano *figure* si incontrano in abbondanza nel discorso argomentativo (oggetto della teoria perelmaniana) e non soltanto in questo: come insegnava già nel Settecento il citatissimo Du Marsais ("si fanno più figure in un giorno di mercato in piazza che in molti giorni di assemblee accademiche") protestando contro la definizione quintilianea delle figure come "deviazioni dal parlar semplice e schietto".[6] In quanto studio dei meccanismi che trasformano aspetti qualsiasi del linguaggio (forme, relazioni sintattiche, effetti di senso), la neoretorica si propone di rimediare alle carenze della stilistica, di quella, almeno, che appare votata per tradizione all'analisi degli "scarti", delle deviazioni dall'uso "normale".

(i) *La "teoria delle figure del discorso"*

L'oggetto di tale studio corrisponde, più o meno, a quello della classica *elocutio* (cfr. qui 2.9-20). Ma l'intento principale non sta nel proporre una tassonomia alternativa a una pletorica e incoerente: sta nel cercar di fissare "strutture stabili che definiscano certi usi linguistici" (RG XXV).

Dalla linguistica come "scienza del codice" la retorica si differenzierebbe in quanto "scienza del discorso". Gli studiosi del Gruppo μ si rifanno alla teoria linguistica elaborata da Jakobson intorno agli anni Sessanta sul modello della teoria dell'informazione: la lingua è un codice (in quanto sistema di corrispondenze tra l'insieme dei significati e l'insieme dei significanti; dei due insiemi correlati, il primo è "mentale", non percepibile materialmente, il secondo è percepibile per mezzo dell'udito, se si tratta dei suoni della lingua parlata, e per mezzo della vista se si tratta dei grafemi della lingua scritta; il parlante (l'*emittente*) comunica (trasmette) al destinatario (o *ricevente*) un *messaggio* composto e organizzato secondo le regole di tale *codice* comune (la lingua, appunto) su un dato argomento (*referente* o *contesto*), attraverso un *canale* (il mezzo fisico attraverso il quale avviene il passaggio dell'informazione). Delle ben note sei funzioni del linguaggio, orientate ciascuna su uno dei fattori della comunicazione ora elencati, la funzione *poetica*, centrata sul messaggio (caratteristica certo, ma non esclusiva della poesia, perché si ritrova ovunque il messaggio sia autoriflessivo), viene assimilata alla funzione *retorica*. Il messaggio, si sostiene in RG, è qualcosa di più e di diverso dagli altri fattori della comunicazione: è il prodotto di tali fattori; così la funzione che gli corrisponde "è anch'essa trascendente rispetto alle altre funzioni del linguaggio" (RG 33). Quando interviene, la funzione retorica modifica il processo linguistico. Essa può agire sul codice e dare luogo a ciò che la retorica classica aveva analizzato e che la neoretorica si propone di sistemare rigorosamente:

> le procedure con cui il linguaggio figurato trasforma le convenzioni linguistiche nel loro triplo aspetto, morfologico, sintattico e semantico.
>
> (RG 33)

Ma può anche modificare la relazione tra il messaggio e il contenuto comunicato, senza alterare le convenzioni del codice (ciò che avviene con gli usi tropici), sdoppiare le figure dell'emittente e del ricevente (quando sono all'opera messaggi ambivalenti).

Da Jakobson è ripreso, naturalmente, anche il principio che egli riconobbe come fondamentale in tutti i procedimenti poetici: il trasferimento dell'equivalenza dall'asse delle scelte a quello della combinazione degli elementi linguistici nella catena del discorso: equivalenze (di suoni, di forme, di significati) di cui sono manifestazioni tipiche il parallelismo delle unità a ogni livello (fonico, ritmico, sintattico ecc.), attuato attraverso la ripetizione (cfr. qui 2.17:a_1).

L'ancoraggio teorico degli autori di RG permette loro di affermare che "la letteratura è in primo luogo un uso specifico del linguaggio" (RG 17), e di proporre un trattamento unificato dei fatti linguistici, letterari e non letterari. La letteratura è "trasformazione" del linguaggio; tale definizione

> rende conto contemporaneamente dell'impostazione moderna per la quale l'arte è creazione, e dell'osservazione antica secondo cui l'uomo non crea dal nulla: la creazione poetica è una elaborazione formale della materia linguistica.
>
> (RG 26)[7]

L'edizione originale di *Rhétorique générale* è del 1970; la prefazione all'edizione italiana, del 1976, tiene conto di successivi sviluppi della linguistica, in particolare della pragmatica e della linguistica testuale, con cui la neoretorica scopre di avere forti affinità. È in tale quadro che si colloca l'affermazione, già riportata, secondo la quale l'essere "scienza del discorso" differenzia la retorica dalla linguistica, "scienza del codice". Ma la contrapposizione è mal posta: perché una semiotica dei codici (a cui, pure, gli autori di RG si rifanno nella seconda parte del trattato, impostando una retorica di unità a livelli superiori rispetto alle unità linguistiche: "figure degli interlocutori", "della narrazione" letteraria, cinematografica, teatrale ecc.) comprende anche una linguistica e una semiotica del discorso.

L'affinità della retorica con la linguistica testuale sta essenzialmente nell'andare "al di là della frase": è per questo che le odierne analisi del discorso, di marca "linguistico-testuale" o pragmatica, sembrano le eredi legittime di territori anticamente occupati dalla retorica dell'*elocutio*.

Di quest'ultima il Gruppo μ rifiuta le distorsioni e le incoerenze, non rifiuta il compito di classificare e di analizzare, come non lascia cadere la *quadripartita ratio* delle categorie del mutamento.

Se la retorica è studio delle "tecniche di trasformazione" del discorso, oggetto della sua analisi saranno le **metabole**. *Metabolé* è voce greca che significa "mutamento", passata attraverso il latino alle lingue moderne, a designare "ogni specie di cambiamento di un aspetto qualsiasi del linguaggio" (RG 34). Le metabole "del codice" (cioè quelle che si esercitano su unità linguistiche), oggetto delle tassonomie classiche, occupano la prima parte, la più ampia e analitica, di RG. Esse si suddividono in metaplasmi, metatassi, metasememi e metalogismi (cfr. fig. 2).

Le prime tre classi comprendono le metabole "grammaticali"; i metalogismi riguardano il contenuto concettuale: sono metabole "logiche". Le unità delle prime tre specie appartengono a distinti livelli di articolazione della lingua: i metaplasmi alla morfologia (o meglio al livello fono-morfologico), le metatassi alla sintassi, i metasememi alla semantica; le unità della quarta specie appartengono alla logica. Metaplasmi e metatassi sono figure dell'espressione; metasememi e metalogismi, del contenuto.

Naturalmente, le segmentazioni dei livelli e le interrelazioni tra unità e loro elementi costitutivi (cfr. RG 43-49) sono molto più fini di quanto non appaia da questo nostro schematico resoconto (è banale osservare che un sommario non può e non deve funzionare come un surrogato del testo riassunto). Le indicazioni elementari che qui si danno dovrebbero tuttavia bastare allo scopo, manualistico, di fornire un orientamento essenziale su una classificazione che, oltre tutto, ci consentirà sia di recuperare informazioni già abbozzate nel capitolo 2, sia di arricchire di nuovi apporti l'analisi delle figure retoriche.

Se le metabole sono 'cambiamenti', 'alterazioni' ecc. del codice, bisogna precisare in rapporto a che cosa si può giudicare che esse siano tali; bisogna definire il grado zero, cioè la 'norma' a cui commisurare gli scarti. Il *grado zero assoluto* sarebbe "un discorso ridotto ai suoi *semi essenziali*" (cioè a quelle unità di significato che "non si possono sopprimere senza togliere al discorso ogni significazione", RG 51). Ma poiché in tutti i discorsi i semi essenziali compaiono rivestiti sempre di informazioni supplementari, "laterali", gli studiosi del Gruppo μ propongono un "grado zero pratico", formato dagli enunciati "che contengono tutti i semi essenziali, più un numero di semi laterali ridotto al minimo in funzione delle possibilità del lessico" (*ivi*). L'esempio di grado zero pratico, che essi danno riprendendolo da Jean Paulhan, è l'enunciato *Eccoti*, che si può ravvisare sotto una ricca serie di varianti; ne trascriviamo qui solo alcune:

> Ah, sei tu dunque! / Guarda, eccolo! / Non c'è dubbio, è lui. / Bene, arrivi! / Che? Tu qui? / È a quest'ora che ti si vede? / Ah, ah, il fenomeno si mostra! / Tu, non è possibile / ecc.

Lo scarto sarà allora "un'alterazione riconosciuta del grado zero" (RG 60), diretta a produrre effetti *retorici*, cioè quegli effetti che si ottengono mettendo in atto la funzione poetica del linguaggio; sedi privilegiate, la poesia, lo humour, il gergo.

La dialettica di produzione e ricezione è vista come creazione di scarti da parte dell'autore di un testo e come "riduzione" dei medesimi da parte dell'ascoltatore / lettore. La *riduzione* di uno scarto è intesa (RG 55-56) allo stesso modo della "autocorrezione degli errori" consentita dal tasso di ridondanza di un codice (è evidente la dipendenza di RG dalla teoria dell'informazione a cui si era attenuto anche Jakobson):

> Tutta una parte della retorica si situa nella zona di ridondanza del linguaggio che essa riduce singolarmente assegnandovi del resto un limite invalicabile oltre il quale c'è la dispersione del messaggio (ermetismo).
>
> (RG 56)

Il doppio movimento di creazione e di riduzione degli scarti implica l'esistenza di **marche**, di segnali del valore figurato: alterazioni positive o negative del "livello normale di ridondanza", di cui ogni parlante di una lingua possiede una conoscenza implicita.

Invariante di una figura è il rapporto sistematico che un enunciato figurato mantiene col suo grado zero; è il veicolo della riduzione di uno scarto:

> Lo scarto creato da un autore è percepito dal lettore grazie a una MARCA, e quindi ridotto mediante la presenza di un'INVARIANTE. L'insieme di queste operazioni, relative al destinatore e al destinatario, produce un effetto estetico specifico che può essere chiamato ETHOS e che è il vero oggetto della comunicazione artistica.
>
> (RG 65)

Per descrivere una metabole occorre dunque analizzare i meccanismi dello scarto, le marche, l'invariante e l'effetto che la figura produce sul lettore interprete.

Le procedure che danno origine alle metabole possono essere o sostanziali o relazionali: le prime modificano la sostanza delle unità su cui agiscono; le seconde cambiano i rapporti di posizione tra le unità stesse.

Operazioni sostanziali sono: la *soppressione* (che può essere parziale o totale), l'*aggiunzione* (semplice o ripetitiva), e la procedura composta dell'una e dell'altra, cioè la *soppressione-aggiunzione* (che può essere parziale, completa o negativa). Relazionali sono le procedure della *permutazione* (generica o per inversione). Come già notato, tali operazioni corrispondono alle categorie classiche del mutamento; di queste manca l'*immutatio* (la "sostituzione"), risultato delle operazioni prioritarie di aggiunzione e soppressione.

A) *I metaplasmi*

Figure del piano dell'espressione, i metaplasmi "modificano l'aspetto sonoro o grafico delle parole e delle unità di ordine inferiore alla parola" (RG 48): sillabe, fonemi e grafemi. Per elementari chiarimenti ed esempi si rimanda alle informazioni già date (in 2.12:A$_1$).

B) *Le metatassi*

Sono figure dell'espressione, che modificano la struttura della frase. Esse appartengono, naturalmente, alla sintassi. Il modello di descrizione dei fatti sintattici adottato dal Gruppo μ è quello della linguistica distribuzionale.[8]

Il problema di definire il "grado zero" in relazione al quale misurare gli scarti retorici è complicato dalla vaghezza delle nozioni di *frase*, nell'ambito della grammatica strutturale descrittiva, e di *norma*. Operativamente, gli autori di RG si contentano di ricondurre il grado zero sintattico "alla descrizione di ciò che si chiama *frase minima completa*", risultante dalla presenza di due gruppi, uno nominale e uno verbale, con le funzioni rispettivamente di soggetto e predicato (quest'ultimo comprende anche l'oggetto diretto e indiretto), e composti ciascuno dal minimo degli elementi necessari alla manifestazione di un determinato contenuto. Il minimo coincide col massimo, se gli elementi necessari si considerano sufficienti; e qui sta la misura per stabilire che cosa sia da considerare aggiunzione.

Le fini osservazioni analitiche (in RG 98-106) miranti a individuare con precisione gli elementi "suscettibili di alterazioni retoriche" non eliminano le difficoltà e le incertezze, che sono insite nel modello grammaticale preso a fondamento. Come dire che le sorti di una retorica che si appoggi a una teoria linguistica dipendono dal funzionamento di quest'ultima.

Sull'ordine delle parole, aspetto importantissimo nella sintassi, si esercitano le procedure della permutazione. Che è il procedimento *sintagmatico* per eccellenza, cioè quello che riguarda la *combinazione* degli elementi linguistici nella "catena" parlata. Già si è accennato (in 2.17:[24], a proposito dell'anastrofe) ai problemi che si incontrano nell'assegnare valore di figura allo spostamento di parole. Si parla di 'spostamento' in relazione a un ordine: normale o abituale? Qual è l'ordine 'non-marcato', percepito come tale nelle concrete attuazioni discorsive? Certamente la 'norma' è stabilita sulla base di un modello:

> ci troviamo in quella zona fluttuante della lingua in cui si esercita la libertà di ogni parlante e in cui, in un certo senso, ogni realizzazione rappresenta uno scarto rispetto a un modello più schematico o più astratto.
>
> (RG 103)

Esistono scarti prevedibili, regolati da convenzioni e organizzati in sistemi. Esempio tipico, la metrica, "sotto-codice imposto al codice dell'espressione normale", censito in RG come metatassi per aggiunzione.

B₁) *Metatassi per soppressione*

Rispetto alla norma costituita dalla frase minimale e dai sintagmi di estensione minima, ogni mutamento 'in togliere' può costituire una figura.

La soppressione "parziale" si osserva nel tipo di **crasi** equivalente, sul piano della sintassi, a quello che dà luogo a metaplasmi: per es., *lav-a-matic*, per "lavaggio automatico"; oppure *prova finestra*, per "prova consistente nell'osservare un panno, un indumento ecc. controluce, per controllarne la pulizia". La soppressione può colpire una relativa appositiva (*indagine pilota, donna poliziotto*) e in questo caso si ha (nei termini di RG) una "sostituzione di classe": il secondo nome funziona da aggettivo [9] Oppure si sopprime una preposizione (*scuola guida, fine settimana, sala macchine*). Si può far rientrare tra i fenomeni della crasi anche la giustapposizione di due nomi, il primo dei quali è il modificatore e il secondo è l'elemento modificato, secondo una costruzione mutuata dall'inglese ed estranea al sistema dell'italiano (cfr. Berruto 1987:82, da cui si cita l'esempio seguente):

> sono gli enigmatici frammenti del *Vasco-pensiero*
>
> (*Stampa sera*, 13/4/87:7)

La soppressione "totale" dà luogo alle tre classiche figure della soppressione: ellissi, zeugma e asindeto (cfr. 2.17:[21], [22] e [23]). A queste RG aggiunge l'**enjambement**, come soppressione della pausa alla fine di un verso, quando fra l'ultima parola di questo e la prima del successivo c'è un legame sintattico che non tollera interruzioni:

> Il mio sogno non è nell'*autunno / fumicoso*, avvicinato, *rinvenibile / solo nei calendari* o nelle *fiere / del Barbanera*, non nelle sue *nere / fulminee sere*, nelle *processioni / vendemmiali...*
>
> (Montale, *Le stagioni*, 26-31)

Per lo sfruttamento e gli effetti molteplici dell'*enjambement* (che provoca una "rottura della linea d'intonazione linguistica consueta") si rimanda a Beccaria 1975.

B₂) *Metatassi per aggiunzione*

Le aggiunte alla frase minima completa, che proprio perché completa può essere considerata unità massima, sono percepite come 'scarti' retorici, quando per mezzo di esse si dà rilievo, allungandoli, a elementi secondari; quando si aumenta la distanza fra elementi principali interponendone altri; quando si attira l'attenzione sul messaggio modificandone la struttura normale con accorgimenti amplificativi.

L'aggiunzione "semplice" comprende la **parentesi** (cfr. 2.18:[21]), forma digressiva per natura. La sua morfologia complessa e, come già si è detto, mal definita, fa sì che gli enunciati parentetici, o incidentali, non sembrino al proprio posto né nelle tassonomie classiche ove sono collocati tra le figure di pensiero dovute a spostamenti nell'ordine della parole, né in una classificazione come questa, che pure dà conto correttamente del carattere aggiuntivo, proprio di molte parentesi, e in primo luogo di quelle che hanno funzione esplicativa (come quasi tutte le parentetiche impiegate nel presente manuale).

Un esempio di attributo aggiunto incidentalmente si trova poche righe avanti nel nostro discorso: è l'aggettivo *breve* apposto a *saggio*. Non rientrerebbe che per uno solo dei suoi aspetti, in tale classificazione, l'uso della parentesi detta **endolessematica** ("all'interno di una parola") esteso al di fuori delle sue sedi originarie, che sono i vocabolari (ove si isolano, in parentesi quadre, lettere o sillabe che si possono tralasciare) o le edizioni filologiche di testi (ove si mettono, generalmente, in parentesi quadre o uncinate le integrazioni dell'editore al testo). L'introduzione di parentesi endolessematiche (quasi sempre tonde) del tipo vocabolaristico nella letteratura, nella saggistica, nella scrittura giornalistica ecc., da parte degli autori dei testi, è lo sfruttamento retorico di una convenzione scritturale: è una figura, una metabole sintattica. Il primo dei seguenti esempi è il titolo di un (breve) saggio linguistico (Marello 1977), che cita, tra l'altro, il passo di Péguy, studiato da Spitzer e qui riprodotto come secondo esempio:

(Situ)azione delle parentesi

une sorte de certaine malpropreté d'écriture qui dé(ha)bilite un homme pour les hommes et pour les oeuvres de l'écriture.

Nel suo commento, Spitzer accenna a una 'sottrazione': "si potrebbe scrivere benissimo 'qui débilite, qui déhabilite', siccome l'occhio del lettore dovrà poi sottrarre le lettere comprese nelle parentesi". Volendo, si potrebbe vedere in tali casi una sorta di caleidoscopico movimento, dal togliere all'aggiungere (le parti di parola tra parentesi), secondo che si consideri come forma base la più lunga o la più breve: esempio di una sorta di spostamento in miniatura del punto di vista.

Alle figure dell'aggiunzione censite nei modelli classici (l'enumerazione e l'amplificazione) RG associa la **concatenazione**, corrispondente all'*oratio perpetua* analizzata dagli antichi come procedimento della *compositio* (cfr. 2.20:A), e il **pleonasmo**,[10] aggiunta di parole espletive a una data espressione (sintagma o frase) che, dal punto di vista sintattico, non richiederebbe di essere completata:

La Gina non *lo* sapeva, *lei*, di dover andarsene (= La Gina non sapeva di dover andarsene).

I pleonasmi qui indicati sono ridondanze stilistiche retoricamente marcate: il 'soprappiù' sintattico non si elimina se non a prezzo di un cambio del registro; eventualmente anche del piano enunciativo, o della 'voce' (passaggio dal probabile stile indiretto libero dell'enunciato che contiene i pleonasmi al discorso-resoconto che non reca traccia della 'voce' e del punto di vista della persona di cui si tratta).

Una tipologia del pleonasmo distinguerebbe le infrazioni grammaticali ingiustificate ("i soldi *che* non *li* ho presi non posso restituirli") dalle forme che deviano rispetto alla struttura di frase considerata come regolare, ma sono compatibili, e si spiegano, con categorie pragmatiche come *tema* dell'enunciato, elemento *dato* ecc., e con procedure dell'enfasi intonativa sintatticamente pertinenti, come il *focus* ("*A me*, questo non *me* l'ha mai detto nessuno"); sono richieste da quella che in stilistica si chiama (o si chiamava) la *mise en relief*:

Un'idea, per quanto involuta e complicata, che gli sorgesse dai più reconditi strati del pensabile, egli *la* costringeva a svolgersi e risvolgersi nella mente sua, per un'elaborazione lunghissima.

(Ascoli, L 52)

"Ritenete che l'uso del dialetto giovi all'arte (sic) [...] e alla elevazione del gusto?" *Me* lo hanno domandato *a me*.

(Gadda, TeO 75)

Al grande astigiano gli fu giocoforza tegumentar la capa vita natural durante d'una racconciabile parrucca, del colore appunto degli ex-capelli.

(*ivi* 71)

Io *il mare l'*ho sempre immaginato come un cielo sereno visto dietro dell'acqua.

(Pavese FA 75)

Se *a me mi* cambia l'editore, *a me* non *me* ne importa nulla.

(da un'intervista televisiva a I. Montanelli, nella trasmissione "Il caso" del 26/4/88)

L'aggiunzione "ripetitiva" comprende, con alcune delle classiche figure della ripetizione (le riprese anaforiche, il polisindeto e la paratassi), la **simmetria**, che realizza il parallelismo nella struttura frasale, aggiungendo perciò "una struttura a quella normale della frase ordinaria" (RG 106). La simmetria di cui qui si tratta è la costruzione del periodo con membri di uguale ampiezza, che i modelli classici analizzarono all'interno della *compositio* (cfr. 2.20:A).

B₃) *Metatassi per soppressione-aggiunzione*

Risultato della doppia operazione è il subentrare di un elemento di una classe a un elemento di un'altra classe (per es. un verbo coniugato in un tempo diverso da quello richiesto dalla frase in cui si trova) oppure la violazione della concordanza, quando le marche grammaticali regolari (morfemi di numero, genere, persona ecc.) cedono il posto ad altre, incongruenti.

La soppressione-aggiunzione "parziale" dà luogo alla sillessi e all'anacoluto.

La **sillessi** o sillepsi, cioè "ogni infrazione retorica alle regole di concordanza [...] di genere, numero, persona o tempo", comprende un insieme di fatti qui già censiti come figure grammaticali o come zeugmi. A questi si aggiungono l'uso della terza persona per designare chi parla (come nei classici *Commentari* di Giulio Cesare) o la persona a cui ci si rivolge ("Il signore è servito"); della seconda persona singolare e plurale con valore impersonale ("di qui *puoi* vedere tutta la città" = "si può..."):

ed a quel suon *diresti* / che il cor si riconforta

(Leopardi, *Il sabato del villaggio*, 22-23)

Anche l'uso dei tempi verbali nel discorso indiretto libero è visto in RG come una sillessi, per il coesistere di marche delle forme diretta e indiretta.

È una sillessi la "rottura di costruzione" (RG 120) detta **anacoluto**. Come suggerisce l'etimologia del termine (dal greco *anakólouthos* "senza seguito", passato a significare, già in greco, "anomalo, irregolare"), l'anacoluto è una 'mancanza di sostegno' all'elemento col quale si incomincia una frase, che viene lasciato senza l'appoggio di una funzione sintattica congruente; rispetto ai successivi, rimane "sospeso" e nello stesso tempo viene messo in evidenza.

La moderna linguistica testuale spiega tale 'irregolarità' come un "cambiamento di progetto", intervenuto nella messa in opera del discorso. Tradizionalmente, si è osservato che nelle costruzioni anacolutiche è il cosiddetto soggetto logico quello che viene messo al primo posto. Esempi letterari:

> Lei sa che *noi altre monache*, ci piace di sentir le storie per minuto.
>
> > (*I promessi sposi*, IX, 28)
>
> *Noi* il vallone ci portava dentro una vigna quasi piana.
>
> > (Pavese, FA 75)
>
> *Ed io*, quando sento far questo discorso, mi viene sempre in mente quella vecchia storiellina [...] di quei due emigranti...
>
> > (Calamandrei, DGC - Disco Cetra)

L'anacoluto è frequente nello stile colloquiale, nel parlato anche non colloquiale (come risulta dal passo citato di Calamandrei), in motti e proverbi:

> "Chi si fa pecora il lupo se lo mangia"

e nel cosiddetto italiano popolare:

> Lì ci siamo fatti prendere e ci hanno messi in una caserma, mangiare si stava neanche male.
>
> > (Fontana/Pieretti, LGG 215)

Può essere frutto di una voluta (perfino elaborata) ricerca di scioltezza espressiva, oltre che dell'imitazione-rappresentazione letteraria del parlato; rottura consapevolmente perseguita delle regolarità sintattiche, naturale 'messa a fuoco' del tema dell'enunciato, ma anche risultato e indizio di povertà (*inopia*, come si diceva in latino), cioè dell'incapacità di padroneggiare le strutture linguistiche e discorsive.

La nozione di anacoluto, estensibile a varie anomalie sintattiche, è di per sé grammaticalmente incerta e criticabile:

l'irregolarità, la deviazione rispetto a una norm : codificata spesso ha valore solo relativo, per una data fase storica e per un dato livello di lingua. Oggi risulterebbe "anacolutico" un fenomeno come la paraipotassi, che era invece "normale" nell'italiano dei primi secoli; e ancora, un costrutto fondato sul *che* polivalente (ad es.: "mangia che ti fa bene"), improprio nel registro elevato, sarebbe però adeguato nel registro informale e nell'uso letterario che ricerchi la mimèsi dell'oralità.

(Serianni 1988:451)[11]

La soppressione-aggiunzione "completa" costituisce, secondo RG, un trasferimento (*transfert*) di classe, definibile come "metafora sintattica", in quanto sostituzione basata sulla somiglianza. La "somiglianza" è categoriale: un nome viene coordinato a (o sostituito da) forme che possono essere usate con valore nominale (infiniti e aggettivi), un avverbio a un nome ecc.:

> Ignoravano il mio *piangere* blasfemo, il mio sacrilego *impulso* a sfondare la lastra di cristallo per toccarla.
>
> (Consolo, R 16)
>
> Tutti i nostri *ieri*
>
> (Ginzburg)
>
> Uomini e *no*
>
> (Vittorini)

Lo scarto estremo è quello che si verifica quando sono i due costituenti base dell'enunciato (il nome e il verbo, nella relazione soggetto / predicato, ivi compresa la relazione verbo / oggetto) a essere trattati come "sintatticamente somiglianti" e perciò permutabili, col rischio di vanificare la comunicazione. Quando lo schema è accettabile, vi si riconosce, di solito, un'ellissi del verbo:

> Nessuno fiatava, tutti *una paura matta*

o una qualche espressione olofrastica (equivalente a frase):

> Era dunque propenso a credere che gli altri due: *sì*.
>
> (Queneau)

L'ultimo esempio (in RG 122) mostra che certe prove letterarie ricalcano i "trasferimenti" del parlato:

> invece di trovare subito la parola o l'espressione che ci serve, spesso 'saltiamo' bruscamente da una classe all'altra per trovarne i sostituti che indipendentemente dalla coerenza grammaticale trasmettano grosso modo il senso voluto. In questo caso, contrariamente a certe figure poetiche, la priorità è data all'adeguamento del significato piuttosto che a quello del significante.
>
> (RG 122)

Nella stessa categoria è censito il chiasmo (cfr. qui 2.18:[11]) come inversione simmetrica nell'ordine prevedibile di un enunciato.

B₄) *Metatassi dovute a permutazione*

Oltre all'iperbato e all'anastrofe (cfr. qui 2.17:[25] e [24]), il procedimento della permutazione dà luogo alla **tmesi**, intesa in senso più ampio di quello consueto alla retorica classica (cfr. qui 2.12:A₁), in modo da comprendere "tutti i casi in cui due morfemi o sintagmi che l'uso grammaticale unisce strettamente si trovano separati da altri elementi intercalati" (RG 125). Tmesi dunque come "taglio" (tale è infatti il significato del vocabolo greco *tmêsis*) non solo nel corpo di una parola, ma anche nella successione delle parole in una frase, per effetto di un'interposizione (e la tmesi diventa la forma generale dell'iperbato). Un esempio celebrato, che par fatto apposta per illustrare questa concezione della tmesi, ce lo dà l'Ariosto, quando tronca sulle labbra di Brandimarte morente il nome dell'amata:

> – Orlando, fa che ti raccordi / di me ne l'orazion tue grate a Dio; / né men ti raccomando la mia Fiordi...– / ma dir non poté:– ... ligi–, e qui finio.
> (*Orlando furioso*, XLII, 14, 1-4)

Si ricorda che le interposizioni di elementi nel corso di un enunciato sono trattate, nel classico modello di Lausberg, come condizioni per il sussistere dell'epifrasi (cfr. 2.17:[26]).

Conclude la trattazione delle metabole sintattiche in RG un'analisi esemplificativa condotta su titoli di giornali; scelta felice, perché le metatassi, in questo settore dell'uso linguistico (cioè nello stile giornalistico) e specialmente nella forma testuale del titolo, sono abbondantemente rappresentate e messe davvero (come si legge in RG 136) "alla portata di tutte le borse".

C) *I metasememi*

Le metabole semantiche sono il *clou* della teoria retorica del Gruppo μ.

Il neologismo *metasemema*, coniato per simmetria terminologica con gli altri neologismi che designano le varie specie delle metabole, è il corrispondente del termine classico *tropo*. Come le tradizionali tropologie, anche lo studio dei metasememi verte su fatti di significazione. Un metasemema è "una figura che mette un semema *al posto di* un altro (RG 48; corsivo nostro): il meccanismo produttivo è dunque, sempre (come si asseriva per i tropi), la sostituzione.

Diamo qualche chiarimento preliminare. Il quadro teorico in cui si situa la teoria di RG è la semantica strutturale, secondo i modelli di Greimas e di Pottier. La nozione di *semema* è compresa nell'apparato teorico dell'analisi semica: che studia la composizione semantica delle parole scomponendole in "tratti semantici" o *semi*, unità minime di significazione (da intendersi come entità astratte, che non hanno realizzazione autonoma). Tale analisi modella le sue procedure su quelle della fonologia. Un semema è un insieme di tratti semantici, realizzato sul piano lessicale come lessema. Ad esempio, secondo una nota analisi di Pottier, il significato del lessema *sedia*, scomponibile nei tratti semantici "con spalliera", "su piedi", "per una sola persona", "per sedersi", si opporrebbe al significato di *poltrona* per la presenza, nel semema di quest'ultimo, del sema "con braccioli" in aggiunta ai semi che costituiscono il semema di *sedia*.

Questa parte di RG è la più famosa e la più discussa: perché è stata la più scopertamente innovativa, oltre allo studio semiotico riservato all'*éthos*. Le rimanenti sezioni del trattato (quelle dedicate ai metaplasmi, alle metatassi e ai metalogismi) riformulano, alla luce della linguistica strutturale, le classiche partizioni del materiale discorsivo; le semplificano, le uniformano, correggendo abitudini classificatorie ormai consolidate: e per questo si prestano a integrare, in una certa misura, le analisi classiche. Lo studio semantico della metafora, considerata come il prodotto di due sineddochi, e l'assimilazione della metonimia alla metafora nascono invece da una pretesa di rifondazione, attuata con una ingegnosità e con una complicazione dell'apparato descrittivo superiori agli effetti che ne scaturiscono, e che, tutto sommato, non compensano il lavoro interpretativo richiesto al lettore.

Il meccanismo della sostituzione, si osserva in RG, agisce in qualsiasi metabole. Tipici i casi dei metaplasmi a sostituzione completa e della sinonimia (si ricordi che *metabole* era una delle denominazioni antiche della sinonimia). Nell'applicare la nozione generalizzata di *immutatio* i modelli classici non mettevano la commutazione del senso e la commutazione dell'espressione in rapporto coi due distinti momenti della produzione e della ricezione: ciò che fa il produttore del messaggio tropico quando, partendo dal significato "vascello", del lessema *vascello*, poniamo, sostituisce quest'ultimo col lessema *vela*, dopo averne messo in relazione il significato con quello di *vascello*; e ciò che fa il ricevente quando, nel percepire *inizialmente* l'alterazione del significante, (*vela* usato al posto di *vascello*), passa al significato "vascello" attraverso il semema "vela" (cfr. RG 139-141). Nell'analisi delle procedure attraverso le quali il produttore arriva alla parola *vela* partendo dal suo significato consisterà l'interpretazione della sineddoche.

La differenza tra un metaplasmo a sostituzione completa (per es., l'arcaismo *magione* al posto di *casa*) e un metasemema (*vela* col significato di "vascello") viene così spiegata: nel metaplasmo "non vi è che commutazione di forma", perché la denotazione dei due termini rimane la stessa. Nel metasemema, al contrario, il cambiamento di forma si accompagna al cambiamento di senso, che è l'essenziale del procedimento: si "sostituisce il CONTENUTO di una parola con un altro", o meglio, *lo si modifica, lasciando una porzione del significato iniziale.*

I due tipi fondamentali di scomposizione semantica sono indicati con lettere greche, rispettivamente Π (*pi greco*) e Σ (*sigma*). Il modulo Π indica il rapporto di "prodotto logico" in cui si trovano le parti di una scomposizione come la seguente:

albero = rami *e* foglie *e* tronco *e* radici...

La congiunzione fra gli elementi è *e*; la proposizione (*x è un albero*) è equivalente alle seguenti congiunte: (*x ha rami*) *e* (*x ha foglie*) *e* (*x ha tronco*) *e* (*x ha radici*)...; *x ha* ciascuna delle parti, nessuna di queste *è x*. In tale scomposizione i semi dell'insieme sono distribuiti in modo diseguale fra le parti: per es., il sema "eretto" si trova nel tronco, non nelle radici.

Il modulo Σ indica il rapporto di disgiunzione (o somma) di tipo esclusivo che sussiste fra sottoclassi all'interno di una stessa classe; questa costituisce il genere, quelle le specie, che si escludono reciprocamente. Per es., la nozione di 'albero' è una classe comprendente le sottoclassi 'pioppo', 'faggio', 'quercia'...; qualsiasi individuo della classe 'albero' appartiene a una, e a una sola, delle sottoclassi possibili. La relazione tra queste, cioè tra le specie, e il genere non è distributiva, è attributiva:

albero = *o* pioppo, *o* faggio, *o* quercia, *o*...

Ogni specie possiede tutti i semi del genere più alcuni semi specifici (permanenza dei semi "da monte verso valle", RG 159).

Uno stesso termine può essere scomposto secondo il modulo Π o secondo il modulo Σ. Tutti i metasememi derivano da spostamenti negli insiemi scomposti sia secondo il modulo Π sia secondo il modulo Σ.

Nei termini del modello semantico di Eco (cfr. Eco 1984:55-140), le due classi di proprietà (Π e Σ) sarebbero oggetto, la prima, di una descrizione semantica in forma di *enciclopedia*; la seconda, di una descrizione semantica in forma di *dizionario* (sono, rispettivamente, le proprietà "semiologiche" e "semantiche" di Greimas 1966).

La serie Π, esocentrica, contiene proprietà empiriche; la serie Σ, endocentrica (dove i tratti delle specie includono quelli del genere) comprende le proprietà "concettuali". Parallela a questa è la distinzione fra CONCRETO ("gli oggetti della nostra percezione") e ASTRATTO ("i concetti con cui intendiamo analizzare questi oggetti", RG 153). Un simile recupero di vecchie categorie nozionali, che presta "alle cose e ai concetti lo statuto di realtà ontologiche" (Briosi 1985:132), non si concilia certo con gli sviluppi recenti della semiotica, che han ben mostrato l'"intercambiabilità" di concetto e referente nell'universo organizzato da un sistema di segni. "Donnola" è un nome concreto, "bianco" è un nome (aggettivo) astratto, dicono i Liegesi, proprio come ci insegnavano a scuola. Ma non occorre insister molto per mostrar che la donnola, in quanto contenuto esperienziale ritagliato *per differenza* dal codice nel magma della "materia del contenuto" del mondo, non differisce affatto dal bianco(re) ritagliato dal sistema semiotico vigente dei colori.

(Briosi 1985:132)

Se si procede a una "soppressione parziale" di semi, si ottiene una **sineddoche** (o un'antonomasia) **generalizzante** (sigla Sg): il tutto per la parte, il più per il meno, il genere per la specie; è la sineddoche *a maiore ad minus* della retorica classica. La maggior parte delle Sg si prestano alla scomposizione semantica del tipo Σ: per es., dicendo *bipedi* per "uomini" (cfr. 2.16:[2]), si sopprimono le serie dei tratti specifici di "essere umano", per lasciare i semi sovraordinati di "animale", "con due piedi".

Più rare, secondo gli studiosi del Gruppo μ, sarebbero le Sg del tipo Π; l'esempio che essi danno è, davvero, poco convincente (per una disamina critica si rimanda a Ruwet 1986): "L'*uomo* prese una sigaretta e l'accese", per "*una mano* prese...".

Applicando l'operazione dell'"aggiunzione semplice" si ottiene la **sineddoche** (e l'antonomasia) **particolarizzante** (sigla Sp). Esempio di Sp del tipo Π è la classica *vela* per "vascello". Meno frequenti le Sp del tipo Σ: "scrivere *pugnale* là dove *arma* sarebbe bastato, è una figura?" si chiedono gli autori (RG 157). Una risposta pertinente è stata data da Ruwet:[12]

Un autore che scrive: "Brutus plongea son *poignard* dans le coeur de César" o "Brutus plongea son *arme* dans le coeur de César" usa i termini nel loro senso letterale. Se tuttavia, in tutti i casi in cui a parità del resto la scelta del termine più generale o più particolare è indifferente, tende a preferire il termine particolare al termine generale, o viceversa, ne risulterà una differenza stilistica che, in quanto tale, merita di essere sottolineata e studiata. Si potrà dunque parlare di uno stile "generalizzante" o "particolarizzante" ed è del resto ciò che hanno fatto spesso gli studiosi di stilistica.

(Ruwet 1986:216)

Nella definizione generale del metasemema, come già si è ricordato, i teorici di RG avevano corretto la nozione di sostituzione con quella di "modificazione del contenuto semantico" di una parola. Quando tale modificazione è il risultato di una soppressione-aggiunzione di semi, si sarebbe in presenza di una metafora. Nel modello di RG la soppressione di semi dà una sineddoche generalizzante, e l'addizione una sineddoche particolarizzante: perciò "la metafora è il prodotto di due sineddochi" (RG 161). Il procedimento metaforico viene descritto come intersezione (I) di semi (modulo Σ) o di parti (modulo Π) comuni al termine di partenza (D) e al termine di arrivo (A). La regola:

$$D \rightarrow (I) \rightarrow A$$

prescrive che l'elemento intermedio (I), che non compare nel discorso, sia sineddoche del termine D e che A sia, a sua volta, sineddoche di (I).

Capaci di produrre metafore sarebbero solo due combinazioni, cioè solo due dei doppi percorsi sineddochici previsti. Nel modo Σ, si genera una metafora come *la giovinetta dei boschi* per "la betulla" mediante il passaggio da una sineddoche generalizzante (il genere "entità flessibile" per "betulla") a una particolarizzante (*giovinetta* come specificazione dell'essere flessibile). Nel modo Π una metafora come *una danza di nero* per "una vedova" viene generata passando da una Sp a una Sg (*veli neri* come parte dell'abbigliamento di una vedova – *danza* come sovraordinato all'elemento "veli").

Accenneremo qui soltanto ad alcune delle contestazioni a cui è stato sottoposto questo tentativo, certamente artificioso, di derivare il meccanismo metaforico dall'azione combinata di due sineddochi. Eco (1984:159-161), rileva, tra l'altro, che il primo esempio è scorretto: che una betulla sia flessibile è proprietà Π, altrimenti bisognerebbe considerare la betulla come classe rispetto a tutte le cose flessibili (se così fosse, aggiungiamo, lo schema dovrebbe essere quello della metonimia, quale è proposto da RG: l'insieme degli esseri flessibili (I) ingloberebbe "betulla" e "giovinetta"); e che per spiegare l'esempio di metafora possibile nel modulo Π dovrebbero essere messe in gioco altre proprietà di cui RG non tiene conto.

Ruwet ritiene che la scomposizione in tratti di "betulla" e "giovinetta" sia viziata dall'aver confuso, sotto lo stesso nome di *semi*, componenti della configurazione semantica di tali parole ed elementi dell'enciclopedia; sull'osservazione conclusiva è difficile non trovarsi d'accordo:

> se la metafora della betulla può sembrare appropriata, ciò può dipendere [non dal cliché "la corporatura flessibile delle giovinette", ma] da tutt'altre ragioni (l'analogia tra il candore della pelle di certe *jeunes filles* e il candore della corteccia della betulla; la delicatezza e la bellezza del fogliame delle betulle, ecc.); non vi è neppure ragione di pensare che un unico "sema" comune sia alla base d'una metafora – in generale le metafore, soprattutto quelle riuscite, *evocano tutto un fascio di associazioni, di analogie, più o meno forti, o più o meno evidenti.*
> (Ruwet 1986:198-199; corsivo nostro)

Ancora meno convincente è il rapporto che il Gruppo μ stabilisce tra metafora e metonimia. In quest'ultima il termine intermedio (I) ingloberebbe D e A (mentre nella metafora esso rappresenterebbe l'intersezione dei due campi semici e perciò ne è inglobato). Nella frase "Prendete il vostro Cesare", detta da un professore riferendosi al *De bello Gallico*, il termine intermedio sarà costituito dalla vita di Cesare e dalla "totalità spazio-temporale" (del tipo Π) in cui si svolse; il *De bello Gallico* e il suo autore saranno inglobati, e contigui l'uno all'altro, in questo insieme. Ma tale spiegazione, che vorrebbe negare la somiglianza (intuitivamente evidente) tra sineddoche e metonimia, finisce per avallare interpretazioni dell'una nei termini dell'altra, come è stato osservato:

> che cosa ci impedisce di applicare lo schema della metonimia alla metafora fanciulla / betulla considerando come "totalità spaziotemporale I" il mondo degli esseri flessibili? O, ancora, di considerare il "Cesare" una sineddoche in cui al *De bello Gallico* si sostituisce il suo sema "autore Cesare"?
>
> (Briosi 1985:134)

D) *I metalogismi*

Occupano il dominio delle figure di pensiero, che "modificano il valore logico della frase e per conseguenza non sono più condizionate da restrizioni linguistiche" (RG 49). Il grado zero di queste metabole si trova nell'ordine "logico" di presentazione dei fatti o nella progressione "logica" del ragionamento (si osserverà, a tale proposito, che il funzionamento del modello retorico dipende da ciò che si intende per ordine e progressione logici).

Le stesse operazioni metalinguistiche di cui si vale la logica per stabilire se una proposizione è vera o falsa servono alla retorica per determinare la "falsità obbligata" del metalogismo (RG 201-202): si pensi all'iperbole. La presenza di sensi metaforici nell'iperbole mostra pure che metasememi e metalogismi possono convivere in una stessa espressione. Il metasemema ignora, o trasgredisce, la logica; il metalogismo "nega la verità-corrispondenza cara a certi logici" (RG 202); per questo alla retorica interessa ciò che il logico condanna.

Le figure censite (cfr. fig. 2) sono oggetto di analisi assai fini, alternative, e non di rado con successo, alle descrizioni classiche. Accenneremo qui soltanto al **paradosso**, esemplificato sull'enunciato famoso apposto al quadro di Magritte che rappresenta una pipa: "questa non è una pipa". È un paradosso che "cancella" la realtà:

> tuttavia, se il "questo" è comunque qualcosa, attribuendogli un nome si aggiunge all'universo, sia pure mentalmente, un oggetto qualsiasi. Si può ritenere la parola di Magritte come una verità del senso comune artistico. È vero che "questa non è una pipa", dato che è la rappresentazione di una pipa. Ma a questo modo, il preteso paradosso resta comunque un metalogismo, qualunque sia il nome che gli si dà. Che vi si veda una professione di fede nell'irrealtà dell'arte o nella surrealtà degli oggetti quotidiani, resta pur sempre il fatto che una "realtà" è contestata.
>
> (RG 220-221)

309

Nel contraddire una descrizione fedele della realtà il metalogismo si misura con questa; negandola, ne presuppone l'esistenza.

(ii) *Lo studio dell'éthos e il progetto di una retorica delle istanze e delle funzioni narrative*

L'*éthos*, in RG, corrisponde, all'incirca, a ciò che Aristotele chiama *páthos*. È la reazione emotiva che un messaggio provoca nel ricevente. La "risposta" di quest'ultimo agli "stimoli" che il testo gli dà *è* la valutazione del testo stesso. I lineamenti delle analisi prospettate in RG 223-240 e sviluppate in un successivo lavoro[13] ci condurrebbero a territori battuti con ben maggiori forze e, attualmente, con altri mezzi: all'estetica, all'ermeneutica e alla semiotica letteraria.

Su problemi di grammatica narrativa, non soltanto da oggi di pertinenza della semiotica dei testi, verte l'ambizioso progetto di "retorica generale" estesa alle istanze narrative (figure degli interlocutori e dialettica destinatore / destinatario) e alle figure della narrazione; queste ultime stabilite sulle partizioni, di stampo hjelmsleviano (cfr. Hjelmslev 1968 [1961]), di "sostanze dell'espressione", "forme dell'espressione" e "forme del contenuto". Progetto di un allargamento del dominio della retorica all'intero campo della letterarietà.[14]

3.3 ALTRE DEMARCAZIONI DEL CAMPO RETORICO

L'orientamento sull'ascoltatore / lettore, che nella teoria del Gruppo μ si configura come studio dell'*éthos* e delle "figure degli interlocutori" (RG 223-262), caratterizza gli odierni studi neoretorici, qualificandoli rispetto alla retorica classica. Questa si era sviluppata come scienza della produzione del discorso; oggi si tende ad accentuare le tematiche della ricezione-interpretazione.

Per quanto riguarda la natura dei modelli, le dottrine tradizionali erano normative: mentre elaboravano le tecniche del discorso persuasivo, *prescrivevano* paradigmi e regole del "parlare bene", cioè in modo corretto, chiaro, elegante, appropriato alla situazione, e *censuravano* gli errori, cioè le trasgressioni delle norme codificate per lo più secondo gli usi e gli esempi degli autori canonici. Oggi, chi propone sistemazioni dei fatti retorici ambisce, per lo più, a dare criteri espliciti di riconoscimento dei medesimi e a descriverli secondo modelli semplici e coerenti che consentano di *spiegare* il maggior numero possibile di fatti.

Vanno poi tenuti nel debito conto gli indirizzi applicativi: come nota uno studioso impegnato in ricerche retorico-stilistiche (Plett 1985:59), una moderna retorica "scientifica" mira a essere valutata non solo per i suoi principi teorici, ma specialmente per la sua applicabilità pratica. Donde il calcolo realistico che la induce a non ritenersi vincolata alla tradizione, ma a non rifiutarne quegli acquisti che si prestino a essere rielaborati perché forniti di valore euristico. Nello studio appena citato, Plett ha ridistribuito le figure, oggetto della classica *elocutio*, in un modello bipartito di "stilistica retorica" (*rhetorical stylistics*) che comprende gli aspetti della *competence*, riguardanti la struttura discorsiva, e quelli della *performance*, riguardanti gli effetti della comunicazione retorica.

Si noti che la "competenza stilistica" è parte, nell'ipotesi di Plett, della "competenza retorica", suddivisa nelle cinque tradizionali sezioni, ribattezzate come "competenze": argomentativa (l'*inventio*), strutturale (la *dispositio*), stilistica (l'*elocutio*, appunto), mnemonica (la *memoria*), "mediale", cioè la capacità di servirsi efficacemente dei mezzi di comunicazione (l'*actio/pronuntiatio*).

L'unità strutturale minima in un modello di competenza (retorico-)stilistica è una figura. Due sono i criteri in base ai quali questa viene classificata: il primo, semiotico, segue la nota tripartizione (dovuta a Ch. Morris) di sintattica (relazione: segno-segno), semantica (relazione: segno-"realtà"), pragmatica (relazione: segno-utenti). Il secondo criterio è la "deviazione", da stabilirsi all'interno di ciascuna delle tre categorie semiotiche. Vi saranno dunque tre classi di figure:
1) (semio-)sintattiche: presuppongono un modello "primario" di grammatica del testo, rispetto alla quale l'ambito in cui esse sono sistemate costituisce una "grammatica secondaria"; questa ha come oggetto di descrizione la "retoricità" dei segni linguistici. Le deviazioni consistono in "alterazioni della sequenza o della combinazione abituale" dei segni;
2) (semio-)semantiche: sullo sfondo, una teoria della referenza, o, come pare, un modello, non ben precisato, della "realtà";
3) pragmatiche: richiedono un modello della comunicazione, in rapporto al quale stabilire gli scarti; esempi attuali, le tassonomie degli atti linguistici.

La classificazione delle figure semio-sintattiche è impostata su operazioni e livelli linguistici.

Le operazioni sono di due tipi: le une infrangono, le altre rinforzano la norma primaria. Le prime danno luogo alle *licenze* di classica memoria (ano-

malie, metabole, forme non grammaticali) e sono le quattro ben note operazioni di aggiunzione (o addizione), sottrazione, sostituzione e permutazione.
Le seconde producono le equivalenze e le isotopie; si manifestano principalmente attraverso le procedure della ripetizione, e secondariamente attraverso
la similarità, la frequenza, la distribuzione.

I livelli linguistici considerati sono i seguenti: fonologico, morfologico, sintattico, testologico (o testuale), semantico, grafemico.

Mediante una matrice costruita combinando operazioni e livelli, Plett ritiene di poter "generare" tutte le principali figure. L'inflazione nomenclatoria
che, come si sa, ha afflitto le classificazioni tradizionali, dovrebbe essere combattuta creando "un po' di termini base che mettano in evidenza il carattere
fondamentale delle operazioni linguistiche e del rispettivo livello di lingua"
(Plett 1985:63): saranno perciò denominate *metabole* "le unità linguistiche generate da operazioni che infrangono regole" e *isotopi* quelle generate dal rinforzo delle regole.

Il seguente schema presenta le categorie fondamentali del modello costruito per le figure semiosintattiche:

I. operazioni linguistiche	che infrangono regole	che rinforzano regole
II. livelli linguistici	metabole	isotopi
1. fonologico	metafonemi	isofonemi
2. morfologico	metamorfemi	isomorfemi
3. sintattico	metatassemi	isotassemi
4. testologico	metatestemi	isotestemi
5. semantico	metasememi	isosememi
6. grafemico	metagrafemi	isografemi

Figura 11 - Tavola delle categorie semiosintattiche di Plett

Si ricordi che il settore delle metabole va suddiviso nei quattro settori corrispondenti alle quattro operazioni già elencate (addizione, sottrazione ecc.),
mentre il settore degli isotopi è occupato dalla sola equivalenza.

L'elenco dei metafonemi contiene i tradizionali metaplasmi (cfr. 2.12:A_1);
gli isofonemi comprendono forme svariate di allitterazione, le rime, l'assonanza, denominate solo parzialmente secondo la terminologia tradizionale: si
preferisce definirle "in termini di operazioni linguistiche e di livelli, piuttosto
che cercare nuove nomenclature" (Plett 1985:70).

Tra le figure morfologiche sono censite come omofonie le forme della paronomasia, e come omografie la rima per l'occhio. Tra le figure sintattiche sono
metatassemi le figure dell'addizione, come la parentesi; della sottrazione,

come l'ellissi; della sostituzione, come la "conversione funzionale"; della permutazione, come l'anastrofe. Gli isotassemi coincidono con il parallelismo. Le figure testologiche (o testuali) oltrepassano i confini della linguistica per entrare nell'ambito della logica; nell'ordine delle quattro operazioni ora ricordate, avremo la digressione, l'omissione di parti di testo, l'allegoria e il sovvertimento della cronologia narrativa. Caso estremo di isotestema è la replica integrale di un intero testo.

Per le figure semantiche e grafemiche (queste ultime identificabili con i metaplasmi del piano grafico, secondo il Gruppo μ) Plett si permette di rompere la simmetria del suo modello per asserire che esse hanno la particolarità di appartenere a più di un livello linguistico. Per esempio, le figure semantiche si troverebbero sui piani morfologico, sintattico e testologico: come dire che il significato è pertinente a tali livelli linguistici (e questo è semplicemente ovvio), o, viceversa, che per lo studio di tropi e di sinonimi (tali sono infatti i meta- e gli iso-sememi) non si propone nulla di diverso dalle analisi grammaticali a cui ricorreva la tradizione retorica.

I tropi ritornano come figure della seconda dimensione semiotica, la semantica morrisiana; la giustificazione è analoga a quelle che i classici manuali di retorica adducono per spiegare il ricorrere delle stesse figure in 'sfere' diverse. Dalla dimensione pragmatica sarebbe lecito aspettarsi qualcosa di più (anche perché sono richiamate le teorie degli atti linguistici e alcune loro importanti applicazioni); ma altro non ci viene detto se non che alla classe delle figure pragmatiche appartengono la domanda retorica, la *confessio*, la *concessio*, la *permissio*, la *subiectio* e via enumerando le antiche figure di pensiero.

Il modello della "esecuzione" retorica mette in relazione il contesto con gli scopi della comunicazione, indicando soltanto le premesse per uno studio dei fatti in questione.

L'indugio su questa proposta classificatoria è sembrato opportuno per mostrare la persistenza dell'antico in ricerche a cui si devono prove consistenti nell'analisi dei testi; e per far intuire come siamo ancora lontani dal disporre di classificazioni soddisfacenti.

La necessità di correlare livelli di analisi linguistica e deviazioni dall'uso "neutro" della lingua è stata, del resto, ben presente ai linguisti che si sono occupati di strutture retoriche e di fatti di stile. Si rimanda a uno studio qui già citato (Valesio 1967), ove le figure, divise nei due classici raggruppamenti, di parola (*léxeōs schémata*) e di pensiero (*dianóias schémata*), vengono caratterizzate, le prime come funzionanti "essenzialmente ai livelli morfologico e fonematico della struttura linguistica", le seconde "ai livelli sintattico e semantico" (Valesio 1967:39). Entrambi i tipi contrastano sia col loro contesto (piano sintagmatico), sia con "tutte le strutture non trasformate" di valore "neutro" (piano paradigmatico).

Moderna inquilina nell'antico palazzo dell'*elocutio* (e precisamente nell'ala che fu 'ristrutturata' – per usare una parola oggi di moda – dal Medioevo in poi) può accadere alla retorica di essere inglobata nella stilistica: nel settore riservato all'universo composito del 'linguaggio figurato'. Generalmente la figura vi è concepita come 'un soprappiù di senso', e i tentativi di dare ordinamenti operativamente utili non sono pochi.

C'è chi ha distinto (Molinié 1986) le figure in "macrostrutturali" (non definibili a priori per mezzo di tratti grammaticali che le differenzino come figure dalle costruzioni simili non figurate: si pensi all'allocuzione e all'interrogativa retorica) e "microstrutturali" (che si autosegnalano mediante caratteri formali, specifici di ognuna; il carattere figurale è condizione necessaria per renderle semanticamente accettabili: o sono avvertite come figure, o sono controsensi; esempi palmari, la metafora e l'iperbole). I due tipi possono "sostenersi" a vicenda.

3.4 VALORE FIGURALE E INTERPRETAZIONE DEGLI ENUNCIATI FIGURATI

Si accennerà qui a un importante progetto di "retorica cognitiva" (Sperber 1975; d'ora in poi, per comodità di citazione: RC): importante perché vi troviamo impostato con chiarezza e coerenza il problema chiave di ogni teoria delle figure: a quali condizioni un enunciato assume un valore figurato? A cui Sperber collega un altro quesito: in che modo viene interpretato un enunciato provvisto di valore figurale?

Per rispondere a tali domande Sperber passa in rassegna "alcune proprietà generali della rappresentazione semantica delle frasi e della rappresentazione concettuale degli enunciati", perché qui si trovano i fondamenti di una retorica delle figure, e non soltanto nella linguistica. La distinzione tra *frase* e *enunciato* è chiarita preliminarmente. La *frase* (il cui studio spetta alla linguistica) è un oggetto astratto, una potenzialità, a cui vengono assegnate una rappresentazione *fonetica* e una rappresentazione *semantica*. L'*enunciato* (oggetto della retorica) è "una realizzazione fisica e approssimativa di tale potenzialità" ed è costituito dalla coppia: rappresentazione *fonetica* e rappresentazione *concettuale*. Che la retorica come "studio del discorso" non sia solo uno sviluppo della linguistica, "studio della *langue*", deriva dal fatto che nella produzione e nell'interpretazione del discorso intervengono almeno tre "dispositivi": la grammatica (conoscenza della lingua), l'enciclopedia (conoscenza del mondo) e il "simbolismo" (conoscenza dell'enciclopedia; in altri termini: una semiotica).

Considerata una frase della lingua francese:

J'ai acheté le journal

la cui rappresentazione fonetica può essere la seguente:

(a) [žeaštelžurnal]

la grammatica, cioè la conoscenza della lingua francese, le associa la rappresentazione semantica costituita dai tre sensi possibili:

1. "Ho comprato una copia del giornale"
2. "Ho comprato l'impresa che pubblica il giornale"
3. "Ho corrotto a mio favore la redazione del giornale"

Ma se la frase in questione viene prodotta, poniamo, da un tale che si rivolge a sua moglie mentre lei sta uscendo per fare la spesa (se cioè si tratta di un *enunciato in situazione*), sarà interpretata solo nel senso 1., e secondariamente le verrà associato il sottinteso:

4. "Non è il caso che compri tu il giornale".

Il "dispositivo linguistico" per la descrizione della frase comprenderà dunque: (a) + (1, 2, 3); il "dispositivo retorico" applicato all'enunciato assocerà ad (a) il solo senso 1, selezionato in base alla conoscenza del mondo, aggiungendovi il sottinteso 4 (l'unione di 1 e 4 è la "rappresentazione concettuale"). Ma in molti casi

> la rappresentazione concettuale di un enunciato sotto forma di un insieme di proposizioni – senso e sottintesi – non esaurisce il suo oggetto, lascia un residuo [...]. L'enunciato suggerisce o evoca qualcosa di più, che non può essere dedotto logicamente. In tal caso intervengono non solo la grammatica e l'enciclopedia, ma anche il simbolismo: si ha a che fare con un *enunciato figurato*
>
> (RC 390)

Il ragionamento che Sperber sviluppa è predittivo: formula una serie di condizioni sulla base delle quali viene definito il valore figurale e viene previsto, e descritto, il modo in cui la figura sarà interpretata. Il rischio, che egli ha ben presente, è che la "retorica cognitiva", appunto per il suo carattere aprioristico, sia invalidata dai fatti; ma è un rischio che vale la pena di correre, se non si vuole rimanere fermi alla "teoria dello scarto" (della deviazione):

> Il discorso figurato devia... da che cosa, appunto? Dal discorso grammaticalmente corretto? Le figure abbondano negli enunciati più indiscutibilmente grammaticali. Dal discorso ordinario? Questo è pieno di figure. Allora da quel

315

"grado zero" che [...] non si definisce se non – tautologicamente – come assenza di valore figurato.

(RC 415)

Lo scarto, se c'è, è tra diversi livelli di rappresentazione concettuale, secondo Sperber, e non tra tipi di discorso: perché

la figura non è *nel* testo, non è soltanto una funzione del testo: è *nella rappresentazione concettuale* di questo: è una funzione sia del testo, sia delle conoscenze condivise.

(*ivi*)

Il che significherebbe che "non vi sono che figure di pensiero": le particolarità fonologiche, sintattiche, semantiche funzionano come "focalizzatori supplementari" del meccanismo per mezzo del quale si interpretano come tali le figure.

Le condizioni che un enunciato deve soddisfare per essere riconosciuto come figurato sono formulate a partire dalle condizioni che rendono possibile la riuscita degli atti comunicativi, anche di quelli lacunosi (è visibile, e dichiarata da Sperber, l'influenza delle teorie di Grice[15] per la determinazione del sottinteso, di Searle per le regole che spiegano gli atti linguistici, e di Ducrot per il passaggio dagli enunciati all'enunciazione). Quando le conoscenze condivise dal parlante e dall'interprete non permettono di dare a un enunciato una rappresentazione concettuale conforme alle condizioni riconosciute come necessarie per la riuscita della comunicazione, e tale deficienza non è imputabile né a incompetenza né a cattiva volontà del locutore, allora l'enunciato assume valore di figura. In tal caso viene messa a fuoco la "condizione non soddisfatta", che è responsabile del valore figurale: "l'evocazione mira a ristabilire tale condizione per poter correggere la rappresentazione concettuale di partenza" (RC 405). In questo consiste l'interpretazione simbolica, che si estende dall'enunciato all'enunciazione, e induce a ripercorrere il cammino che ha portato a considerare inutile la prima rappresentazione concettuale. Questa doppia capacità evocativa caratterizzerebbe le figure. Come nota Sperber:

l'enunciato [leggi: il tema] "catastrofe o passione" può essere evocatore senza che lo sia la sua enunciazione. Viceversa, quando si usano gerghi professionali o sociali, l'enunciazione può essere evocatrice senza che lo sia l'enunciato. Solo con le figure la duplice evocazione è di regola.

(RC 405)

3.5 LA RETORICA DEL QUOTIDIÁNO

Il modello cognitivo di Sperber conserva il suo interesse, anche dopo i fisiologici progressi degli studi nei campi a cui il progetto si richiama, perché è un caso esemplare di proposte non tassonomiche (non rivolte a sistemare in nuove griglie e caselle il materiale sminuzzato nelle classificazioni tradizionali) e non mirate all'analisi di testi scritti. È un'occasione per affermare i diritti di quella che è stata suggestivamente denominata "retorica del quotidiano" (Ravazzoli 1981): l'insieme dei *fatti* discorsivi che sono oggetto di una neoretorica collegata

> all'analisi conversazionale da un lato e ai vari filoni pragma-linguistici dall'altro, con particolare attenzione alla linguistica testuale e alla teoria degli atti linguistici nelle loro assunzioni più generali, [...] in atteggiamento cooperativo verso la semiotica letteraria (fortemente indebitata con la linguistica) e verso le semiotiche non linguistiche, tra cui i vari studi di matrice sociologica, psicologica e psichiatrica sull'interazione umana.
>
> (Ravazzoli 1981:156-157)

Di questa neoretorica non più "ristretta" alla connivenza con la stilistica letteraria e con la poetica (e talvolta ridotta a collidere con queste di fronte allo pseudoproblema di stabilire quale ambito possa / debba includere l'altro), ma "allargata" all'intero campo dei fatti discorsivi, si tratterà allora di definire i rapporti con le discipline che si occupano degli stessi fatti; perché, acquistando in generalità, non debba vedere dimenticati o confusi o perduti i suoi tratti specifici (le sue pertinenze): non debba assistere al suo annullamento come disciplina. Per questo importa prestare attenzione ai programmi elaborati entro e per le ricerche retoriche. Di uno, in particolare (è il saggio già citato, Ravazzoli 1981, d'ora in poi NR), sembra utile dare conto: la sua, almeno apparente, semplicità induce a ritenerlo praticabile; e a presentarlo come un esempio di "proposte di metodo" che hanno buone probabilità di essere confermate dall'analisi dei fatti empirici.

L'attività retorica, per quanto riguarda gli aspetti linguistici delle sue produzioni, si svolge secondo due linee fondamentali, indicate l'una come "asse amplificante", l'altra come "asse attenuativo".

> Il primo include tutte le procedure retoriche aventi come funzione un generale *incremento di informazione linguistica*; il secondo quelle che tendono viceversa a una qualche *riduzione d'informazione linguistica*
>
> (NR 157)

317

Distinta dall'informazione linguistica è l'*informazione retorica*, che riguarda la dimensione comunicativa, sui due piani: "comunicazione lessicalizzata" (espressa coi soli mezzi verbali) e "comunicazione pragmatica" (che comprende, oltre al contesto linguistico, quello extralinguistico analizzabile nei suoi elementi referenziali, situazionali, psicologici, sociali, semiotici a vari livelli di complessità). La prima è la più stabilmente codificata (gli estremi della convenzionalità sono rappresentati da catacresi, forme idiomatiche e desemantizzate, stereotipi ecc.), "meno legata ai contesti d'uso"; la seconda ha regole "più fluide", dipendente com'è "per sua natura dai singoli eventi comunicativi" (NR 157).

La matrice che combina i due assi, amplificante e attenuativo, e i due tipi di comunicazione, lessicalizzata e pragmatica, è costruita per assegnare ai fatti comunicativi (di cui vedremo subito come si distribuiscano sotto i due poli ideali dell'attività retorica) la presenza (segno +) o l'assenza (segno –) di valore sia lessicale sia pragmatico. Sull'asse amplificante si dispongono dunque "le varie figure retoriche fondate sul meccanismo analogico-sostitutivo" (i tropi veri e propri di Fontanier – cfr. qui fig. 5 – e, fra i tropi impropriamente detti – fig. 7 –, quelli "per finzione", con l'aggiunta dell'iperbole); sull'asse attenuativo, le "figure della negazione, della reticenza, della (pseudo)contraddizione" (i metalogismi del Gruppo μ; tra le figure "d'espressione" descritte da Fontanier, la litote, la reticenza, l'allusione, l'eufemismo, la preterizione, l'ironia, con l'aggiunta del cosiddetto disfemismo: *understatement* e *overstatement*).

Un esempio di interazione comunicativa, costituito da una domanda retorica che si vale di una metafora ("Perché piangi sempre sul latte versato?") e da una risposta consistente in un "silenzio ingrugnato", mostra, sulla matrice, i seguenti valori (nel settore di sinistra delle caselle A e B annotiamo i valori assegnati alla domanda; nel settore di destra quelli assegnati alla risposta):

	A		B	
	asse amplificante		asse attenuativo	
comunicazione lessicalizzata	+	–	–	–
comunicazione pragmatica	+	–	–	+

Una terza distinzione, questa volta di livello, incrocia le due precedenti: la distinzione tra "figure oggetto" (pertinenti all'ambito della frase) e "metafigure" (pertinenti all'"unità linguistico-pragmatica dell'enunciato"). I criteri che Ravazzoli adopera per definirle sono vicini a quelli che sono serviti a Sperber per opporre l'uno all'altro i due tipi di rappresentazione, "semantica" e "concettuale", in relazione rispettivamente alla frase e all'enunciato (intesi in NR in modo analogo a quello in cui sono definiti in RC). "Figura oggetto" è

> una figura [...], nel senso vulgato del termine, o una procedura linguistica composta [...] retoricamente attivata tramite la sua pura lessicalizzazione e grammaticalizzazione linguistica;

una "metafigura" si avrebbe invece

> quando [...] il significato lessicale e grammaticale non è più sufficiente per valutarne l'importo retorico (o addirittura non pertinente, come nel caso-limite citato sopra del silenzio)
>
> (NR 160)

L'innovazione nomenclatoria non è delle più trasparenti, né la misura del (breve) saggio consentia all'autrice di sviluppare casistiche minuziose, per verificare, ad esempio, se tutto il materiale discorsivo retoricamente connotato potesse disporsi senza sforzi e residui lungo i due assi, amplificante e attenuativo. Rimane poi impregiudicata la nozione di figura retorica (il "senso vulgato del termine" non è di quelli che possano essere messi fuori discussione) e parlare di procedure linguistiche composte lascia un margine troppo ampio all'indeterminatezza. Tali riserve, che si avanzano per dovere di informazione, non intaccano l'eleganza delle analisi (cfr. NR 161-164), a cui converrà rimandare, specialmente per la scomposizione del meccanismo parodico operante in un testo giornalistico (una pagina di *Time*) di rara densità figurale.

3.6 LA RETORICA DEL SILENZIO

Il titolo di questo paragrafo è certamente riduttivo nei confronti del sistema di cui si vuol dare qui una rapida notizia: la "retorica come teoria" elaborata da Valesio (1980 e 1986; si cita dall'edizione italiana, con la sigla AS). È una teoria filosofica, non un'ennesima sistemazione (tassonomica) del materiale discorsivo.

Qual è l'oggetto di tale scienza? Quale la sua essenza e quale la sua soglia ultima?

L'oggetto della teoria retorica è coestensivo col discorso umano; perciò "nulla è al riparo dalla rettorica – nemmeno [...] i suoi stessi procedimenti" (AS 34). Con un'innovazione terminologica (innovazione rispetto all'uso odierno, ma non rispetto al lessico italiano nella sua dimensione diacronica: per Carducci e ancora per Croce il nome della disciplina era *rettorica*; e un precedente illustre si ritrova nell'opera di Michelstaedter, *La persuasione e la rettorica*), Valesio traduce il binomio, da lui stesso proposto per l'inglese, *rhetoric / rhetorics* con *retorica* (anche come aggettivo) / *rettorica*: indicanti, il primo termine la prassi, il secondo la disciplina che la studia. La natura e l'estensione del suo oggetto fanno sì che la *rettorica* debba essere costruita "su una visione criticamente contemporanea dell'umana società, della psiche umana, del linguaggio umano" (AS 34); ma senza farsi tributaria della sociologia, della psicologia e della linguistica. Tali discipline servono a capire la retorica, ma è a quest'ultima che bisogna ricorrere "per avere una visione critica ed analitica di tali scienze" (*ivi*): di tutti i sistemi di idee, compresi quelli che costituiscono la *rettorica*.

L'essenza della retorica, la sua "ontologia regionale", la sua specificità, è così definita:

> Ogni discorso considerato nel suo aspetto funzionale è fondato su di un insieme relativamente limitato di meccanismi – la cui struttura resta essenzialmente la stessa da testo a testo, da lingua a lingua, da periodo storico a periodo storico – un insieme che riduce ogni scelta referenziale a una scelta formale.
>
> (Valesio, AS 43)

Il linguaggio letterario è il luogo deputato per osservare in atto e nella loro forma esemplare le funzioni che regolano l'attività discorsiva. Tale è la scelta operativa di Valesio, motivata dal fatto che il discorso letterario è in grado di esibire con più evidenza il carattere non lineare, la tortuosità e la densità della comunicazione. Si rimanda alle scaltrite analisi di testi in vari generi della prosa e della poesia per l'esplicitazione dei dispositivi, che incanalano e modellano l'attività di parola, coincidenti in parte con le classiche figure.

La millenaria controparte della retorica, la dialettica, è quella che ne manifesta più genuinamente il carattere. Su basi radicalmente estranee a quelle della teoria di Perelman, si arriva ugualmente a riconoscere nella dialettica la sede della retorica. Non nell'ideologia, "retorica degradata", non più capace di mostrare le strategie che regolano i discorsi.

Il dominio sterminato dei fatti retorici ha non un limite, ma una sfida, nel silenzio. Che non è affatto assenza di comunicazione, come ben sanno etnologi e linguisti; è momento di riflessione sulle possibilità del linguaggio. La retorica "non-verbale" (non manifestata in parole) provoca la *rettorica* a teorizzare l'alternativa, insita in qualunque atto comunicativo, tra il dire e il non dire e a rifondare l'analisi letteraria come "auscultazione di complessi testuali". Un progetto di ermeneutica del linguaggio poetico: se vogliamo, di mitologia della primigenia condizione del comunicare.[16]

3.7 Congedo

> *"Fate cuore, amico, veggo terra".*
> (Giacomo Leopardi)

> *Il problema di ogni scienza è quello di far combaciare i Mari del Sud, il loro blu immenso e frastagliato, con l'azzurra carta geografica dei Mari del Sud.*
> (Claudio Magris)

Un manuale di proporzioni modeste non può contenere tutte le teorie. Se è informativo e documentario per scelta programmatica, vuol dire che chi lo compone si è votato a un continuo esercizio di umiltà: a essere solo eccezionalmente 'propositivo', a stare per lo più nelle immediate retrovie. Compila cataloghi, consapevole della loro utilità, come si appresta il materiale per una ricerca. È un materiale analizzato tenendo conto di punti di vista diversi, risultanza di un eclettismo adottato a ragion veduta.

Si sarà notato che gli esempi moderni producono talvolta una sfasatura rispetto alle categorie elaborate dagli antichi, perché provengono da 'generi' sconosciuti agli antichi; viceversa, non è sempre stato possibile far combaciare gli schemi descrittivi classici coi testi odierni: come già si è detto, la retorica è una mappa *anche* di regioni scomparse o dai confini mutati. L'insieme dei fatti discorsivi, come i panorami terrestri e marini rispetto alle carte che li disegnano, è tanto più complesso e ricco degli schemi descrittivi. Questo ogni lettore lo sa, e non si è insistito nel rilevarlo di volta in volta. Come ha detto Wittgenstein:

Lascia al lettore ciò di cui è capace anche lui.

Qualche volta si è ecceduto nella direzione opposta, nel non dare per scontate nozioni che probabilmente lo erano; e si è spostato in basso il limite delle competenze prevedibili: palmare il caso delle citazioni latine, che sono state tradotte quasi sempre.

Un manuale non è impostato come un dizionario enciclopedico della materia, ma deve poter essere consultato anche come prontuario terminologico. A questo serve l'indice delle figure che affianca l'indice analitico dei temi, ove uno stesso termine può rimandare a elaborazioni teoriche divergenti. Sarà facile constatare la preminenza della nomenclatura classica, nello sperpero delle varianti, nominalistiche e nozionali. Elencarla è stato come redigere un memorandum del peso che ha avuto e ha la tradizione; *peso* nelle due agglomerazioni di sensi: "autorevolezza, importanza, valore", da un lato; "gravame, impaccio, oppressione", dall'altro. Ultimo e meccanico espediente per richiamare alla memoria, se ancora fosse necessario, la parte che spetta alla retorica classica nelle odierne conoscenze, e insieme le sue debolezze, le ragioni e i pretesti dei più e dei meno proficui dissensi.

NOTE

NOTE AL CAPITOLO 1

[1] Qualche rimando bibliografico essenziale. Una documentata "difesa della retorica", nella descrizione del suo sviluppo storico nei vari paesi del mondo e dei rapporti con le altre arti e discipline, in Vickers 1994 [1989]. Utili trattazioni generali: il pionieristico Florescu 1971, Barilli 1979 (integrato da Barilli 1969-84), Hernández/García 1994. Per le età greca e romana, oltre al più recente Kennedy 1994, sono fondamentali Norden 1986 [1915], Kennedy 1974[6], Kennedy 1972 e Leeman 1974 [1963]; fra gli strumenti più maneggevoli si segnalano Barthes 1972, Plebe 1988, Pennacini 1974 e 1989. Sull'eredità della tradizione classica Kennedy 1980. Per il Medioevo abbonda di notizie Murphy 1983 [1974]; ma si vedano prima Curtius 1992 [1948], Faral 1962[2], Zumthor 1973 [1963]. Per l'Umanesimo e il Rinascimento si rimanda a Garin/Rossi 1953, Vasoli 1968, Garin 1976, Fumaroli 1980, Grassi 1980. Sui periodi successivi si rinvia alle notizie storiche e bibliografiche contenute nelle già citate trattazioni generali (oltre che alle opere contrassegnate da asterisco nei nostri RIMANDI BIBLIOGRAFICI). Di speciale importanza Battistini/Raimondi 1984 e 1990, ampia panoramica delle retoriche e poetiche dominanti in Italia dal Medioevo a oggi. Una *summa* storico-descrittiva finora ineguagliata è il monumentale *Historisches Wörterbuch der Rhetorik* (HWR) progettato in 8 voll. a scadenza biennale (a tutto il 1996 sono apparsi i primi tre: lettere A-Hör.).

[2] *Brutus*, XII, 46.

[3] **Eristica**, dal greco *erizō* "disputo, contendo": arte di ridurre l'avversario in una disputa a contraddirsi, e arte di rilevare le debolezze interne di un'argomentazione, al fine non di contribuire alla ricerca del vero, ma di mettere in difficoltà l'avversario. L'eristica, considerata non come sterile artificio dialettico, ma come stimolo alla chiarificazione del linguaggio, è servita, storicamente, nelle dispute scientifiche (per esempio, nelle discussioni dei logici e dei matematici sulle nozioni di "infinito" e di "insieme") a mettere in evidenza oscurità e confusioni.

[4] *Encomio di Elena*, trad. Rostagni 1955.

[5] Cfr. Plebe 1988:32-33.

[6] Toccò, paradossalmente, a un allievo di Platone, Teodette di Faselide (metà del IV secolo a.C.), che conosciamo attraverso testimonianze indirette, comporre la prima trattazione sistematica dell'arte retorica: precedente ai trattati di Anassimene di Lampsaco e di Aristotele.

[7] Ricoeur 1981:9. Sulla retorica di Aristotele basti rimandare qui a Viano 1967 e all'ormai fondamentale Garver 1994.

[8] Ma cfr. gli opportuni approfondimenti teorici e critici di Parodi Scotti 1996, oltre a Wisse 1989.

[9] Sulla nozione di *pithanón* e sulle dottrine della Nuova Accademia, anche in relazione alle interpretazioni ciceroniane, si veda Nonvel Pieri 1978.

[10] È la "discesa agli inferi" di Ulisse, in *Odissea*, XI.

[11] Il "linguaggio dell'ineffabilità" nel Medioevo è tema di un acuto studio: Colombo 1987.

[12] Per la *Rhetorica ad Herennium* sono fondamentali l'introduzione e il commento di Calboli

(cfr. l'edizione critica dell'opera), a cui si rimanda anche per la rassegna analitica delle figure.
[13] *et exercens intentionem eorum qui non sunt leves corde* (*Confessiones*, 6, 5).
[14] La precettistica dell'espressione letteraria contava, fra le opere classiche, l'*Ars poetica* di Orazio (scritta fra il 23 e il 13 a.C.)
[15] Varrone Reatino (116-27 a.C.), erudito romano, amico di Cicerone. L'opera di cui si parla qui è andata perduta.
[16] La grammatica negli elenchi medievali viene sempre per prima, mentre la retorica precede talvolta la dialettica. La sequenza di *trivium-quadrivium*, comunque, rimane costante anche quando le rispettive componenti cambiano posizione (nota 9, in Murphy 1983:52).
[17] Retore latino del III secolo.
[18] Operanti fra il III e il IV secolo.
[19] Ermogene di Tarso (160-225 ca.), retore e sofista greco, i cui scritti formano, complessivamente, un corso completo di retorica, non originale, ma sistematico e scolasticamente chiaro.
[20] "al servizio della logica, maestra della retorica, interprete della teologia, refrigerio della medicina e glorioso fondamento di tutto il quadrivio".
[21] Cfr. la prefazione di Genette (trad. it. "Il Verri" 1970:111-121) all'edizione 1977 di Fontanier [1827-30]. Una rassegna della trattatistica retorica dovrebbe comprendere anche Peacham 1577 e Campbell 1963 [1776].
[22] Si vedano le osservazioni sul sistema di Fontanier e i relativi schemi in 2.16.
[23] Analoghe critiche alla logica formale venivano mosse, indipendentemente da Perelman e proprio negli stessi anni, dal filosofo angloamericano Stephen Toulmin (di cui si parlerà ancora in 3.1). Conviene rifarsi a Marconi 1993, che mostra in che senso e entro quali confini si debbano accettare le idee sia di Perelman sia di Toulmin riguardo alla "varietà dell'argomentazione", e le conseguenti riserve sulla limitatezza della logica; e perché si debba invece respingere la pretesa che le tecniche dimostrative della logica formale non siano applicabili "alle analisi delle inferenze o delle argomentazioni *in carne ed ossa*".
[24] Ma la "teoria dell'argomentazione", obietta giustamente Marconi (1993:17-18), non si occupa dei fattori psico-sociologici che sono importanti "per una descrizione della persuasione come processo concreto e storico, che coinvolge persone in carne ed ossa": le forme argomentative, "la cui efficacia [...] è relativa all'uditorio e al suo rapporto con l'oratore [...] vengono presentate e studiate di per sé". Né, d'altra parte, Perelman e Olbrechts-Tyteca hanno mai precisato le differenze fra il loro punto di vista e quello della psicologia sociale.

NOTE AL CAPITOLO 2

[1] La definizione che ritorna con varianti minime di forma nella maggior parte dei trattati in latino è quella di *Rhet. Her.*, I, 2, 3: *Inventio est excogitatio rerum verarum aut veri similium, quae causam probabilem reddant* (cit. qui al precedente paragrafo nella traduzione di Calboli).
[2] Marziano Capella distingue: *narratio, digressio, propositio, partitio*; Giulio Vittore: *narratio, egressus, partitio* (cfr. Lausberg 1973[2]: 148-149).
[3] Perelman ne tratta a proposito dell'ordine da dare al discorso ai fini del "condizionamento dell'uditorio" (cfr. qui 2.8).
[4] *Inst. orat.*, IV, 1, 1.
[5] "Moltissimi hanno diviso le cause in cinque generi: onesto [*honestum*], umile [*humile*], dubbio o incerto [*dubium vel anceps*], meraviglioso [*admirabile*], oscuro [*obscurum*] cioè *éndoxon, ádoxon, amphídoxon, parádoxon, dysparakolútheton*: ai quali sembra giusto aggiungere il turpe [*genus turpe*], che alcuni comprendono nell'umile e altri nel meraviglioso. Meraviglioso poi chiamano il genere di cause che è fuori dalla comune aspettativa" (*Inst. orat.*, IV, 1, 40-41).
[6] Cfr. Lausberg 1973[2], 152-160, e per una trattazione di esordio, narrazione, epilogo Calboli Montefusco 1988.
[7] Le strutture degli esordi sono oggetto della riflessione di Caprettini, in Caprettini e Eugeni, a cura di, 1988, ove si studiano elementi "paratestuali" (v. nota seguente), *tópoi* degli inizi, effetti sulla lettura e sul lavoro interpretativo, nella fiaba, nel romanzo e nella novella, nel film e nel telefilm.
[8] Sul *paratesto* si rimanda a Genette 1987 e a *Poétique* 69 (1987).

[9] Questa è una traduzione della definizione quintilianea: *Narratio est rei factae aut ut factae utilis ad persuadendum expositio, [...] oratio docens auditorem quid in controversia sit* (*Inst. orat.*, IV, 2, 31). La definizione si rifà a quella ciceroniana (*De inv.*, I, 19, 27): *narratio est rerum gestarum aut ut gestarum expositio*.

[10] "L'esposizione sarà intellegibile e molto chiara [*aperta ac dilucida*], se sarà resa, in primo luogo, con parole indovinate ed espressive e che non siano certo volgari, ma nemmeno ricercate ed estranee al linguaggio comune; e inoltre, appropriate alle cose, alle circostanze, ai luoghi, alle cause e rivolte, con la pronunzia stessa, a far sì che il giudice intenda con la maggiore facilità possibile quanto sarà detto" (*Inst. orat.*, IV, 2, 36). Perché la narrazione sia chiara, aveva ammonito Cicerone (*De Inv.*, I, 20, 29), occorre evitare di parlare in modo confuso, disordinato e contorto (*ne quid perturbate, ne quid contorte dicatur*).

[11] Cfr., per un'esatta e particolareggiata documentazione, Lausberg 1973²: 163-190.

[12] Il trattato di Albertano ebbe un successo enorme: volgarizzato in più lingue, improntò opere morali fra cui il *Tresor* di Brunetto Latini (cfr. Casagrande/Vecchio 1987:96).

[13] Si rinvia a Mortara Garavelli 1988: esposizione riassuntiva dei problemi della tipologia dei testi, per quanto riguarda la lingua italiana.

[14] Si rimanda, per tutte, al compendio storico-critico di Segre 1985.

[15] Sono di interesse più immediato per i nostri temi Eco 1975 e, particolarmente, Manetti 1987.

[16] Sull'*exemplum* dal Medioevo al Rinascimento è importante Delcorno 1989. Aspetti semiotici, filosofici, linguistici, argomentativi dell'esemplificazione in Caffi/Hölker 1995.

[17] Giorgio Colli, nella traduzione dei *Topici* per l'edizione Laterza.

[18] La fonte principale è Quintiliano. Per una descrizione completa cfr. Lausberg 1973²: 201-220 e 224-227.

[19] Cfr. qui, in 1.6, la rassegna degli *status causae* ermagorei.

[20] Sulla *chria* come "riscrittura" si veda Corno (in stampa). Una trattazione completa delle varie forme e degli usi della crìa nella cultura europea, in HWR, II: 190-197.

[21] L'argomento è sviluppato dal fondatore della moderna topologia letteraria, E.R. Curtius (cfr. Curtius 1992 [1948]). Si veda pure Arbusow 1963²:91-121.

[22] Su tema/motivo si rimanda ad Avalle 1977 e a Segre 1985: 331-359.

[23] Sulla distinzione tra incompatibilità logica e incompatibilità retorica si veda Plebe/Emanuele 1988: 106-114.

[24] Per l'analogia nella scienza si rimanda a Hesse 1980 e Black 1983. Si segnala Corti 1987 per lo studio di modelli culturali applicati, "per via analogica [...] a una realtà letteraria" (*ivi*, 12). In ambito filosofico rimane basilare Melandri 1968 (cfr. più avanti la n. 58).

[25] Per un inserimento del problema nell'ambito della comunicazione letteraria si rimanda a Corti 1976 e 1978: 126-128, ove è trattata la nozione di struttura narrativa "coniugata secondo i modi della possibilità" nel modello prosastico del Novissimi tracciato da Sanguineti: una struttura *aperta*, spiega la Corti, "costruibile per contiguità di segmenti tematici possibili", esclusa una qualsiasi chiusura formale. Sulla stilistica degli inizi e delle fini si veda Coletti 1980.

[26] Per una storia della *dispositio* si veda ora HWR, II: 831-866.

[27] Nell'introduzione a Fontanier (1977:13), Genette riconosce nella "divisione" delle figure a opera del retore francese "uno dei capolavori dell'intelligenza tassonomica [...]. Se vi è un titolo al quale Fontanier può legittimamente pretendere, è proprio quello di *Linneo della retorica*" (trad. it. di Alessandro Serra, "Il Verri" 35/36 [1970]:118).

[28] "Nel caso della retorica in generale, e dei tropi in particolare, il compito precipuo di una teoria predittiva dovrebbe essere quello di rispondere alla seguente domanda: in quali condizioni una data espressione linguistica assume un valore figurato? [...] Una simile teoria dovrebbe formulare un insieme di restrizioni determinanti che, in questa o quella condizione, questa o quella espressione può, non può, o deve, assumere un valore figurato" (Ruwet 1986: 195-196).

[29] Cfr. Battistini-Raimondi 1984 e 1990 per una rassegna critica delle retoriche e poetiche nella letteratura italiana; Corti 1976 per i problemi della comunicazione letteraria e per i generi; Segre 1985:257-261 per generi letterari e tipologia dei testi, e 280-305 per una trattazione generale della poetica.

[30] Su questo tema basta qui rimandare a Segre 1985:307-330.

NOTE

[31] Contini 1970:539.

[32] Fino ad anni non lontani i dizionari di neologismi erano, puristicamente, liste di proscrizione delle parole nuove (forestierismi compresi) giudicate inaccettabili. Oggi, almeno in Italia, chi li compila si propone non di reprimere, ma di documentare gli usi effettivi della lingua (cfr. ad es. Cortelazzo/Cardinale 1989 e Mini 1994).

[33] Va aggiunto, benché parlato fuori dal territorio nazionale, l'italiano regionale ticinese. Sulle varietà dell'italiano si veda l'agguerrito studio di Berruto 1987. I temi a cui il presente paragrafo accenna trovano posto elegantemente in Beccaria 1992 [1988].

[34] Per i fatti lessicali qui elencati si veda Marello 1996.

[35] La censurava perfino Daniello Bartoli (Il torto e il diritto del Non si può, 1655), scrittore più tollerante dei grammatici in fatto di norme linguistiche: la giudicava una "maniera d'innesto grammaticale che non tiene"; quelli del Novellino, di Boccaccio (forte e vituperosamente), di Passavanti (prima e principalmente) erano per lui "esempi da non prendere esempio" (si noti, di passata, la diafora: esempi... esempio; cfr. qui 2.17:[12]).

[36] Una raccolta di onomanzie in Dorna 1978. Anagrammi e altri giochi di parole stanno ottenendo anche successo giornalistico, per opera, specialmente, di Giampaolo Dossena (si veda Dossena 1994), Stefano Bartezzaghi (cfr. la bella raccolta Bartezzaghi 1992), Gianni Mura. Si segnalano le manipolazioni linguistiche di Zamponi 1986. Interessa per l'abile ricorso alle categorie della neoretorica l'analisi che Manetti e Violi (1977) hanno compiuto sulle crittografie mnemoniche, così classificate: crittogrammi sinonimici; a meccanismo tropico (sineddochi, antonomasie, metafore, litoti ecc.); inferenziali polilessematici; inferenziali monolessematici. Godibilissima la sez. V ("Giochi di parole") di Eco 1992. L'anagramma come artificio poetico è trattato nel fondamentale Pozzi 1984a.

[37] Si vedano le teorie e le analisi di Agosti 1972; per l'attenzione al gioco degli elementi minimi (fonemi e sillabe), Beccaria 1975 e Orelli 1978. Si consultino pure le voci: dialefe, dieresi, cesura, ritmo, redatte da G.L. Beccaria per l'Enciclopedia Dantesca; e, nella stessa sede, le voci assonanza e rima, di I. Baldelli.

[38] L'esempio è tratto da Anceschi 1970. È un caso di concordanza 'a senso', particolarmente attiva quando il soggetto grammaticale è un gruppo nominale equivalente a un quantificatore: la maggior parte = "molti"; "un numero limitato" = "pochi"; cfr. pure la nota 49.

[39] Sono oggetto di studio della pragmatica linguistica, per cui si rimanda a Levinson 1985.

[40] Sulle relazioni semantiche fondamentali si rimanda a Lyons 1977.

[41] D'ora in poi si daranno, per le singole figure, le corrispondenti denominazioni greche e latine. Si forniranno indicazioni etimologiche solo quando queste serviranno a chiarire il significato dei termini generalmente indicato accanto al nome greco, di cui il nome latino è quasi sempre un calco.

[42] Per sineddoche e metonimia si veda, più avanti, 2.16:[2] e [1].

[43] Un'altra opposizione: colletti bianchi / colletti rosa (le donne che appartengono ai 'quadri intermedi' delle aziende).

[44] Su 'punto di vista' e polifonia si rimanda alle notizie, anche bibliografiche, contenute in Segre 1985; e inoltre a Mortara Garavelli 1985.

[45] La struttura semantica dei tropi, caratterizzata da una 'conflittualità concettuale' che ne fa dei creatori privilegiati di significati complessi è tema dell'importante studio linguistico-filosofico di Prandi 1992.

[46] Rhet. Her., IV, XXXI, 42.

[47] Si veda la spiegazione delle catacresi il collo della bottiglia, le gambe del tavolo, in Eco 1984:155-157, cit. anche più avanti (2.16:[3]).

[48] Cfr. Migliorini 1927.

[49] Si noti anche la "figura grammaticale" (concordanza del singolare col plurale): la più parte... viaggiano... sono amanti ecc.

[50] La patria di... Capponi è una perifrasi per "Firenze".

[51] Scritta di propaganda per la limitazione del traffico automobilistico nei centri cittadini. La pubblicità, avremo ancora occasione di notarlo, è un campo fertilissimo, dove gli artifici del discorso crescono rigogliosi. Basti qui rimandare a Cardona 1974 e Appiano 1986, e particolarmente alle analisi orientate dalla ricognizione di figure retoriche.

[52] Assassino: dal termine arabo che significa "bevitore di hascisc", nome della setta orientale guidata dal Vecchio della Montagna (XII secolo); gli affiliati compivano omicidi rituali sotto

l'effetto dello stupefacente (doppio passaggio metonimico: causa-effetto e specie-genere). *Attico*, come termine dell'edilizia è sineddoche generalizzante. *Atlante*: dalla raffigurazione del titano Atlante stampata sulla copertina di una raccolta di carte geografiche (1595) di Mercatore (metonimia del simbolo). *Biro*, dal nome dell'ungherese Lazló Biró, inventore della penna a sfera; *cardano*, dal nome del matematico G. Cardano (XVI secolo), che descrisse il comportamento del giunto di trasmissione tra due elementi in moto rotatorio (ma ne era stato inventore Leonardo); *mansarda*, da Mansart, cognome dell'architetto francese (XVII secolo) che diede dignità architettonica allo sfruttamento, già in atto nel Medioevo, dell'abitabilità del sottotetto: tre termini derivanti da metonimie (dell'autore per l'opera). Metonimia del possessore per la cosa posseduta è *pantalone* (dal nome della maschera veneziana). *Stile*, dal nome del bastoncino appuntito (*stilus*) che serviva per scrivere incidendo le tavolette di cera (con la parte superiore, piatta, dello stilo si cancellava), è metonimia dello strumento.

[53] Esempio di anafora come ripresa (sostitutiva) di un nome (*sesterzio*) mediante un sovraordinato (*moneta*): "sono stati trovati dei sesterzi nei fondali marini; ma le monete erano irrimediabilmente erose dall'acqua".

[54] L'esempio è tratto dalla traduzione italiana di Bertrand, GN 73.

[55] Le definizioni e la relativa casistica classica dei tipi di metafora e di catacresi sono documentate con la consueta esemplare esattezza in Lausberg 1973[2]:285-291.

[56] Il 'controsenso' è tema di una raffinata indagine logico-semantica sull'articolazione interna dei significati complessi: Prandi 1987.

[57] I due esempi seguenti, rispettivamente da V. Hugo e da B. Péret, si danno nella traduzione italiana di Bertinetto, in Henry 1975:103 e 113.

[58] Un utile profilo storico critico della metaforologia si trova in Conte 1981. Per la concezione di metafora relata a quella di modello si veda Borutti 1985, particolarmente per quanto riguarda il fondamentale lavoro di Hesse 1980 e gli studi di Black. L'analogia è il tema portante del poderoso sistema di Melandri 1968, che analizza pure le diverse teorie dei tropi e le inquadra in un'originale tipologia.

[59] Almansi 1984:123. A questo lavoro, e specialmente a Mizzau 1984, si rinvia *anche* per le indicazioni bibliografiche. Per l'esemplificazione si consulti pure Morier 1981[3].

[60] Su censura verbale ed eufemismo cfr. Galli de' Paratesi 1964.

[61] Da un'intervista del GR1 delle otto, il 13/5/88.

[62] Così sarà per *mal di testa* al posto di *cefalea*, e per molte espressioni perifrastiche della nomenclatura botanica popolare e dei gerghi tecnici.

[63] È noto che l'uso di perifrasi sostitutive di espressioni rifiutate dalle codificazioni dei vari generi ha caratterizzato la lingua poetica italiana dal Petrarca al Novecento.

[64] Si rimanda nuovamente a Migliorini 1927. Per una trattazione storica dell'antonomasia si veda Battistini 1978. Una recente "moda grafica" segnalata da Berruto (1987:95-96) è l'estensione delle maiuscole che sembrano suggerire un'antonomasia. I nomi comuni marcati come nomi propri diventano "una sorta di esemplare archetipico o di quintessenza del significato che veicolano; un esempio giornalistico: *Dopo il lunedì di Fanfani l'Usurpatore, questo sembra il martedì dello Sfascio Finale, della Confusione Massima e Devastante*".

[65] La litote e l'antifrasi come forme apotropaiche sono diffuse nel sardo e nell'italiano regionale sardo, come ha mostrato Lavinio 1990.

[66] L'espressione è di Estève, cit. in TA 309.

[67] Caffi 1990 tratta la mitigazione (attenuazione) e il rafforzamento come aspetti complementari della "modulazione", che è il "variare in entrambi i sensi di una forza illocutoria", e dà una convincente caratterizzazione semantico-pragmatica della litote nelle mosse argomentative e nell'interazione dialogica.

[68] Ravazzoli (1978:69-70), notando come il "potenziale retorico" di questa figura si attui "nell'apparente contraddizione tra eccesso semantico e verosimiglianza", commenta: "Se infatti l'iperbole si limitasse a esagerare in più o in meno la realtà (o meglio, la visione di essa, nella duplice direzione, amplificante o attenuativa), non si avrebbe che dispersione o totale oscurità informativa nei confronti dell'interlocutore, sicché l'esagerazione perderebbe ogni efficacia comunicativa prima che suasoria".

[69] Si confronti il termine *superlativo* con la denominazione latina dell'iperbole (*superlatio*).

[70] La parentela fra iperbole, metafora e paragone è stata dimostrata da Ravazzoli (1978) sulla base di una concezione generativa che postula una configurazione astratta comune alle tre fi-

gure e spiega la specificità dell'iperbole facendo agire un dispositivo di quantificazione.

[71] Morier 1981: 447-449 alla voce (francese) *epizeuxe* richiama le ripetizioni consecutive, in direzione ascendente o discendente, di note musicali. Sulle figure retoriche nel linguaggio della musica cfr. Civra 1991.

[72] In linguistica si chiama *geminazione* il "rafforzamento di un'articolazione consonantica, il quale ne prolunga la durata di circa la metà e ne aumenta l'intensità. Tale fenomeno viene talvolta chiamato *raddoppiamento*, benché non vi sia un'effettiva ripetizione della consonante" (Dubois *et al.*, 1979:132).

[73] *Astratto… distratto*: accostamento paronomastico (cfr. 2.17:[8]).

[74] È interposto anche l'inciso *almeno*, oltre al sintagma *di San Marco*.

[75] *Inst. orat.*, IX, 3, 55.

[76] Efficacemente evocata da Manganelli (RV 74-75).

[77] Si noti anche l'anadiplosi: *alla morte*, ma *a una morte…*

[78] Il procedimento di cui si occupa la retorica delle figure può rientrare nel tipo di relazione testuale a cui si è accennato in 2.13 solo quando gli elementi ripetuti siano forme nominali (con cui si possa "fare riferimento").

[79] Il passo esibisce un parallelismo a più livelli (sintattico, lessicale, ritmico, tematico), com'è nella miglior tradizione dello stile biblico.

[80] In *Pasque*, Milano, Mondadori, 1973:89.

[81] Per una definizione e un'analisi accurata della paronomasia, con riferimento alla poesia e alle poetiche medievali, si rinvia a Brugnolo 1977.

[82] Cit. e commentato in Devoto/Altieri Biagi 1968:144-145.

[83] Cfr. Conte 1973.

[84] Cit. e commentato da De Mauro (1979, I:116).

[85] Costumi e malcostumi linguistici attuali (l'uso dell'aggettivo non è che *una* delle manifestazioni) sono esaminati con atteggiamento non repressivo ma "realistico", e riccamente documentati, in Beccaria 1992 [1988].

[86] Da un articolo di G. Giudici, "L'Antidizionario", *L'Espresso*, 25/1/81:43 e 47.

[87] Si tenga però presente che "se le ellissi non sono geneticamente diverse, cioè tutte riconducibili a 'mancanze' rispetto a un modello, richiedono però modelli di natura e misura differenti e forme di confronto con tali modelli che non devono necessariamente sfociare nell'equivalenza funzionale fra forma ellittica e forma completa" (Marello, 1988). Per la distinzione fra *co-testo* e *con-testo* si veda, più avanti, la nota 101.

[88] Da un'intervista del TG1 delle 13,30, l'8/2/88.

[89] I passi latini citati da Lausberg (ad es., "fluctibus oppressos Troas *caelique ruina*", *Eneide* I, 129) confermano tale ipotesi.

[90] La definizione di questa figura è antichissima: risale a Gorgia (cfr. 1.2), la cui prosa ritmica era caratterizzata dall'ordinata ricorrenza di membri simili nella conformazione sintattica e nel ritmo.

[91] Si segnala Ossola 1988 [1985], ove il comporre per *tableaux* è messo in relazione col metodo di "composizione visiva del luogo", raccomandato da Ignazio di Loyola. Su questo tema si legga la quarta delle *Lezioni americane* di Calvino (cit. con la sigla LA); "Visibilità", in particolare alle pp. 81-87.

[92] Il passo è tratto da un articolo sull'opera di Gianna Manzini.

[93] Nella recente produzione vocabolaristica su sinonimi e contrari si segnala Pittano 1987.

[94] Il doppio ossimoro segue il procedimento chiastico della *reversio* (2.18:[10]).

[95] Il secondo verso dell'*Orlando furioso* intreccia col primo un altro chiasmo: *l'arme*, **gli amori** / Le cortesie, *l'audaci imprese*.

[96] La parola *adagio* deriva dal verbo latino *aio* "dico". Sulla retorica del proverbio (epifonema proverbiale, struttura del discorso, tipi, modalità enunciative ecc.) è interessante RSH 1976, con saggi di vari autori e una bibliografia ragionata.

[97] Lausberg (1969:221) osserva che questa riguarda specialmente i dialoghi drammatici e sottolinea l'interesse che avrebbe "una raccolta di sentenze nascoste, per esempio in Racine [...] per l'integrazione di Racine nel mondo sociale descritto dai moralisti del XVII secolo". Una trattazione sistematica dell'aforismo in HWR, I: 773-790. Una raccolta di testi nati come aforismi di autori italiani in Ruozzi 1994 e 1996.

[98] "Qui tutta una folla dispersa si precipitava alle rive, / [...] quante nelle selve al primo

freddo d'autunno / cadono scosse le foglie, o quanti dall'alto mare / uccelli s'addensano in terra, se la fredda stagione / li mette in fuga oltremare e li spinge nelle regioni assolate", trad. Luca Canali, in *Eneide*, a cura di M. Geymonat, Bologna, Zanichelli, 1987.

[99] *Eneide*, I, 133-135: "Osate sconvolgere, o venti / senza mio cenno, il cielo e la terra, e sollevare alti marosi? Voi / *che io...!*", trad. Luca Canali, *ivi.*

[100] Una ricognizione stilistica sui vari tipi di incisi e di enunciati parentetici, in Mortara 1956.

[101] *Co-testo* è l'insieme degli elementi linguistici interni al testo; *con-testo* è l'insieme delle condizioni pragmatiche esterne e pertinenti al testo (secondo una recente innovazione terminologica ormai diffusa nella linguistica testuale e in ampi settori della pragmatica e della semiotica).

[102] Sull'allusione e la citazione come procedimenti letterari, oltre a Conte 1974, si legga Jacomuzzi 1984, che si segnala sia per l'impostazione del problema, sia per le informazioni storico-bibliografiche. D'obbligo il riferimento a Compagnon 1979.

[103] "L'allegoria è un tropo con cui si significa una cosa diversa da quella che si dice, senonché questa definizione appare riferibile ad altri tropi. Perché la metafora e la catacresi e anche la metalessi e la metonimia e tutti i tropi, insomma, significano altro da quello che vien detto."

[104] "Si *nasconde* con un profondo segreto ciò che non si vuole manifestare. Si *dissimula* con una condotta riservata ciò che non si vuole far scorgere. Si *maschera* con apparenze contrarie ciò che si vuol sottrarre all'intuizione altrui. Ci vuole cura e attenzione per *nascondere*; arte e abilità per *dissimulare*; impegno e astuzia per *mascherare*."

[105] Cfr. Lausberg 1969:237-240. L'apparente simmetria tra *simulare* e *dissimulare* è messa in discussione da Conte (1978), che esamina il comportamento linguistico dei due verbi.

[106] Per altri la *sermocinatio* è un aspetto della *prosopopea* (2.18:[25]) e corrisponderebbe ai *diálogoi* o *colloquia personarum* (simulazione di discorsi dei personaggi).

[107] Se il discorso si allargasse alle poetiche, e alle pratiche letterarie, si aprirebbe qui il campo della *fictio* come creazione e come finzione: in sostanza, tutto ciò che distingue la realtà dalla sua rappresentazione. Si rinvia all'importante saggio di Segre, *Finzione*, in Segre 1985:214-233.

[108] È una delle sei funzioni teorizzate da Jakobson (1966:185-193); avremo ancora occasione di ricordarle in 3.2:(i).

[109] Si veda Nencioni 1983:161-175.

[110] In particolare a Menichetti 1993 e a Beltrami 1991.

[111] Per una trattazione completa del *cursus* si rinvia a Mengaldo 1970. Su rima e ritmo è proficua la consultazione dell'*Enciclopedica Dantesca* (cfr., rispettivamente, Baldelli 1973 e Beccaria 1973).

[112] Sulle mnemotecniche, oltre a Rossi 1960, è fondamentale Yates 1984³ [1966]. I grandi "teatri pansofici" tra Cinque e Seicento (si veda almeno Bolzoni 1984, su Guido Camillo, letterato, oratore e alchimista del XVI secolo, intento a progettare una "macchina" della memoria che trasformasse in un sistema di immagini gli artifici retorici e la sapienza universale) ci sembrano oggi prefigurare modelli di intelligenza artificiale. Sulle combinatorie dell'*ars memorativa* quali produttrici di relazioni intertestuali nel sec. XVI si veda Bolzoni 1995.

[113] Per un'ampia trattazione dell'*actio* dall'antichità a oggi si veda HWR, I: 43-74.

NOTE AL CAPITOLO 3

[1] Aggiornate rassegne critiche sui vari settori in *Rhetorik*, 7 (1988), 8 (1989) e nei successivi fascicoli. Altre importanti riviste: *Argumentation*; *Rhetorica*; *Philosophy and Rhetoric*; *Quarterly Journal of Speech*; *Speech Monograph*.

[2] Cfr. qui la nota 23 al cap. 1. Per un'opportuna discussione rinvio a FAT 129-160.

[3] È ricorsiva un'operazione (linguistica) che può essere applicata più di una volta al risultato della sua applicazione.

[4] Sull'analisi delle fallacie (o paralogismi) condotta dalla logica formale basti qui rimandare a FAT 213-245. Un agile abbordabilissimo esame si trova in Cattani 1995, da cui (p. 31) si cita: "La differenza tra paradosso e fallacia si può esprimere in questi termini: fallace è un ra-

gionamento che sembra valido ma in realtà non lo è; paradossale è una conclusione che sembra assurda ma può essere vera".

[5] Su altri importanti sviluppi della retorica come teoria dell'argomentazione si rimanda a FAT, in particolare alla trattazione degli approcci filosofici; tra questi, alla problematologia di Michel Meyer (FAT 343-344) (si raccomanda pure Meyer 1993).

[6] *Inst. orat.*, IX, 3, 3.

[7] D'accordo con Cohen (1974), essi insistono risolutamente sul carattere "non addizionale" del discorso poetico; che si distingue dal discorso non-poetico non perché gli sovrapponga, gli aggiunga, "abbellimenti", ma perché lo "distorce".

[8] La linguistica distribuzionale classifica i costituenti della frase in base alla loro *distribuzione* (cioè alla possibilità che essi hanno di occupare un dato posto nella struttura frasale), ritenendo pertinenti solo i *tratti distintivi* formali (oltre alla posizione, la combinazione con altri costituenti, le marche di persona, numero, caso ecc.). Non usa criteri nozionali, fondati su categorie extralinguistiche (quali sono quelle adoperate dalla grammatica tradizionale, detta appunto 'nozionale', per definire, ad es., il soggetto come "il termine che designa l'essere o l'oggetto che compie o subisce l'azione" ecc.) per classificare i costituenti grammaticali della frase.

[9] Gli esempi sono presi da Berruto 1987:81.

[10] In gr. *pleonasmós*, da *pleonázō* "sovrabbondo". Per il pleonasmo potrebbero valere osservazioni fatte a proposito dell'ellissi, che in un certo senso ne è l'inverso. L'uno e l'altro sono quel che sono rispetto a un modello di sintassi 'regolare'. Le scarne annotazioni di RG 114 non danno conto del legame di questa figura sintattica con la 'messa a fuoco' del tema di un enunciato.

[11] *Paraipotassi* è termine introdotto da Luigi Sorrento (nel 1950) per designare un collegamento tra frasi, che si riscontra nell'italiano antico (e raramente in testi moderni), e si ha quando una subordinata, che precede la reggente, viene coordinata a questa mediante la congiunzione *e*. Esempi: "s'io dissi falso, *e* tu falsasti il conio": *Inf.*, XXX, 115; "quando accostata vi si sarà, *e* voi allora senza alcuna paura scendete giù dello avello": *Decameron*, VIII, 9, 82; "se la tua Dea è morta, *e* tu tagliati il ventre" (Panzini).

[12] Nell'articolo polemico (Ruwet 1986 [1975]:195-219) a cui gli studiosi di Liegi rispondono vivacemente nella prefazione all'edizione italiana di RG.

[13] *Rhétorique de la poésie*, Paris, Seuil, 1979.

[14] In seguito il Gruppo di Liegi ha elaborato una consistente applicazione dei modelli retorici alla comunicazione visiva nel vol. *Traité du signe visuel. Pour une rhétorique de l'image*, Paris, Seuil, 1992.

[15] Si rimanda, in particolare, alla nozione di *implicatura conversazionale* derivata dal principio generale di cooperazione, a cui già si è accennato qui in 2.5. L'elenco delle "massime", come afferma lo stesso Grice, non è esaustivo, né tutte le massime hanno uguale peso. Esse rendono però possibile descrivere i tipi di significato che il parlante esprime quando "si burla" delle massime, e dice una cosa per darne a intendere un'altra. Il senso che egli comunica oltre a quello letterale è un'implicatura conversazionale. Ad esempio, alla richiesta di aiuto "Sono rimasto senza benzina" l'eventuale risposta "C'è un garage dietro l'angolo" violerebbe la massima della pertinenza se i due interlocutori non sapessero che l'espressione *dietro l'angolo* indica una distanza modesta, che resta inteso che il garage dev'essere aperto, che vi si può far benzina ecc. Una riformulazione della teoria di Grice secondo il principio generale della pertinenza (o rilevanza: i parlanti prestano attenzione solo alle informazioni che ritengono rilevanti in un dato contesto) si trova in Sperber e Wilson 1986, ove sono pure trattati, alla luce dello stesso principio, fatti stilistici e retorici.

[16] La retorica come "principio di conoscenza, razionalità flessibile e inventiva che opera nei testi letterari e filosofico-scientifici" è il tema delle originali proposte di Bottiroli 1993.

RIFERIMENTI BIBLIOGRAFICI

1) OPERE CITATE O TENUTE PRESENTI NEL CORSO DELL'ESPOSIZIONE

I titoli contrassegnati con un asterisco non sono stati citati esplicitamente nel testo o nelle note. Delle opere straniere si registra qui soltanto la traduzione italiana, quando ne esiste una, e si riporta in parentesi la data dell'edizione originale.

Trascriviamo preliminarmente, per comodità di consultazione, le sigle e le abbreviazioni dei titoli usate nel manuale per indicare alcune opere che nei presenti riferimenti bibliografici compaiono elencate col sistema 'autore-data' (o col solo nome dell'autore):

FAT: v. van Eemeren/Grootendorst/Snoeck Henkemans 1996

FD: v. Fontanier 1977 [1827-30]

Inst. orat.: v. Quintiliano

NR: v. Ravazzoli 1981

RC: v. Sperber 1975

Ret./Poet./Top.: v. Aristotele

RG: v. Gruppo µ 1976 [1970]

Rhet. Her.: v. Cornificio

TA: v. Perelman e Olbrechts-Tyteca 1966 [1958]

UA: v. Toulmin 1975 [1958]

AUTORI VARI
1970   *Le istituzioni e la retorica*, Il Verri, 35/36
1975   *Attualità della retorica. Atti del I Convegno italo-tedesco (Bressanone, 1973)*, Padova, Liviana
1979   [1975] *Lingua discorso società*, tr. it., Parma, Pratiche
1987   *Studi di retorica oggi in Italia*, Bologna, Pitagora

AGOSTI, STEFANO
1972   *Il testo poetico. Teoria e pratica d'analisi*, Milano, Rizzoli

RIFERIMENTI BIBLIOGRAFICI

ALBANO LEONI, FEDERICO, e PIGLIASCO, M. ROSARIA, a cura di
1979   *Retorica e scienze del linguaggio. Atti del X Congresso internazionale di studi della Società di Linguistica Italiana (Pisa 1976)*, Roma, Bulzoni

ALESSIO, GIAN CARLO
1987   "L'allegoria nei trattati di grammatica e di retorica", in Picone, a cura di, 1987:21-42

ALMANSI, GUIDO
1984   *Amica ironia*, Milano, Garzanti

ANCESCHI, LUCIANO
1970   "Delle istituzioni letterarie", in AA.VV. 1970:17-26

APPIANO, AVE
1986   *Pubblicità e comunicazione visuale*, Torino, Il Segnalibro

ARBUSOW, LEONID
1963[2]   *Colores rhetorici*, Göttingen, Vandenhoeck & Ruprecht

ARISTOTELE
      Opere, vol. II: *Topici, Confutazioni sofistiche* (tr. it. di Giorgio Colli); vol. X: *Retorica, Poetica* (tr. it. di Armando Plebe e Manara Valgimigli), Bari, Laterza, 1973 [abbr. *Top.*, *Ret.*, *Poet.*]

AUERBACH, ERICH
1963   [1938] "Figura", tr. it. in *Studi su Dante*, Milano, Feltrinelli
1983[2]   [1958] *Lingua letteraria e pubblico nella tarda antichità latina e nel Medioevo*, tr. it., Milano, Feltrinelli[i]

AVALLE, D'ARCO SILVIO
1977   "Da santa Uliva a Justine", introduzione a Veselovskij-Sade, *La fanciulla perseguitata*, Milano, Bompiani

BALDELLI, IGNAZIO
1973   "Rima", in *Enc. Dant.*, vol. IV: 930-949

BÀRBERI SQUAROTTI, GIORGIO
1982   "Qualche dubbio sulla metafora", *Ipotesi 80*, 3/4:3-26

BARILLI, RENATO
1979   *Retorica*, Milano, ISEDI
1969-84   *Poetica e retorica*, Milano, Mursia

BARTEZZAGHI, STEFANO
1992   *Accavallavacca. Inventario di parole da gioco*, Milano, Bompiani

BARTHES, ROLAND
1972   *La retorica antica*, Milano, Bompiani

BATTISTINI, ANDREA
1978   "Antonomasia e universale fantastico", in Ritter Santini e Raimondi, a cura di, 1978:105-121
1981   "I manuali di retorica dei Gesuiti", in Brizzi, Gian Paolo, a cura di, *La "Ratio studiorum". Modelli culturali e pratiche educative dei Gesuiti in Italia tra Cinque e Seicento*, Roma, Bulzoni: 77-120
1992   "Acutezza", in HWR, I: coll. 88-100

BATTISTINI, ANDREA, e RAIMONDI, EZIO
1984 e 1990 *Le figure della retorica. Una storia letteraria italiana*, Torino, Einaudi

BECCARIA, GIAN LUIGI
1973 "Ritmo", in *Enc. Dant.*, vol. IV: 985-992
1975 *L'autonomia del significante. Figure del ritmo e della sintassi. Dante, Pascoli, D'Annunzio*, Torino, Einaudi
1992 [1988] *Italiano. Antico e Nuovo*, Milano, Garzanti

BECCARIA, GIAN LUIGI, a cura di
1994 *Dizionario di linguistica e di filologia, metrica, retorica*, Torino, Einaudi

BELTRAMI, PIETRO G.
1991 *La metrica italiana*, Bologna, Il Mulino

BENVENISTE, ÉMILE
1971 [1966] *Problemi di linguistica generale*, tr. it., Milano, Il Saggiatore

BERGMANN, MERRIE
1979 "Metaphor and Formal Semantic Theory", *Poetics*, 8, 1/2:213-230

BERRUTO, GAETANO
1987 *Sociolinguistica dell'italiano contemporaneo*, Firenze, La Nuova Italia

BERTINETTO, PIER MARCO
1977 "On the Inadequateness of a Purely Linguistic Approach to the Study of Metaphor", *Italian Linguistics*, 4:7-85
1979 *"Come vi pare*. Le ambiguità di *come* e i rapporti tra paragone e metafora", in Albano Leoni e Pigliasco, a cura di, 1979:131-170

BLACK, MAX
1983 [1962-77] *Modelli, archetipi, metafore*, tr. it., Parma, Pratiche

BLOOM, HAROLD
1987 "Postfazione" a Pseudo Longino, *Il Sublime*, tr. it., Palermo, Aesthetica: 143-151

BOLZONI, LINA
1984 *Il teatro della memoria*, Padova, Liviana
1995 *La stanza della memoria. Modelli letterari e iconografici nell'età della stampa*, Torino, Einaudi

BORUTTI, SILVANA
1985 "Le virtù ermeneutiche dei modelli", in *Materiali filosofici*, 15:62-88

BOTTIROLI, GIOVANNI
1993 *Retorica. L'intelligenza figurale nell'arte e nella filosofia*, Torino, Bollati Boringhieri

BREMOND, CLAUDE, *et al.*
1982 *L'"exemplum". Typologie des sources du Moyen Âge occidental*, 40

BRIOSI, SANDRO
1985 *Il senso della metafora*, Napoli, Liguori

BROOKE-ROSE, CHRISTINE
1970² *A Grammar of Metaphor*, London, Secker & Warburg

BRUGNOLO, FURIO
1977 "Il canzoniere di Nicolò de' Rossi. II. Lingua, tecnica e cultura poetica", in *Medioevo e Umanesimo*, 30:350-360

BÜHLER, KARL
1983 [1965] *Teoria del linguaggio*, tr. it., Roma, Armando

CACCIARI, CRISTINA, a cura di
1991 *Teorie della metafora. L'acquisizione, la comprensione e l'uso del linguaggio figurato*, Milano, Cortina

CAFFI, C.
1990 "Modulazione, mitigazione, litote", in Conte/Giacalone Ramat/Ramat, a cura di, 1990:169-199

CAFFI, CLAUDIA/HÖLKER, KLAUS, eds.
1995 "Examples", *Versus* 70/71:1-175

CALBOLI MONTEFUSCO, LUCIA
1988 Exordium, Narratio, Epilogus. *Studi sulla teoria retorica greca e romana delle parti del discorso*, Bologna, CLUEB

CAMPBELL, GEORGE
1963 [1776] *The Philosophy of Rhetoric*, Carbondale, Southern Illinois U.P.

CANEPARI, LUCIANO
1979 *Introduzione alla fonetica*, Torino, Einaudi

CAPRETTINI, GIAN PAOLO, e EUGENI, RUGGERO, a cura di
1988 *Il linguaggio degli inizi. Letteratura Cinema Folklore*, Torino, Il Segnalibro

CARDONA, GIORGIO RAIMONDO
1974 *La lingua della pubblicità*, Ravenna, Longo
1976 *Introduzione all'etnolinguistica*, Bologna, Il Mulino

*CARRILHO, MANUEL MARIA
1992 *Rhétoriques de la modernité*, Paris, P.U.F.

CASAGRANDE, CARLA, e VECCHIO, SILVANA
1987 *I peccati della lingua. Disciplina ed etica della parola nella cultura medievale*, Roma, Istituto della Enciclopedia Italiana

CATTANI, ADELINO
1995 *Discorsi ingannevoli. Argomenti per difendersi, attaccare, divertirsi*, Padova, GB

CICERONE, MARCO TULLIO
Opere retoriche, a cura di G. Norcio, Torino, UTET, 1976

CIVRA, FERRUCCIO
1991 *Musica poetica. Introduzione alla retorica musicale*, Torino, UTET Libreria

COHEN, JEAN
1974 [1966] *Struttura del linguaggio poetico*, tr. it., Bologna, Il Mulino

COLETTI, VITTORIO
1980 "Dall'inizio alla fine: percorso didattico attraverso il romanzo", *Otto-Novecento*, IV: 175-196, ora in Caprettini e Eugeni, a cura di, 1988:129-160

COLOMBO, MANUELA
1987   *Dai mistici a Dante: il linguaggio dell'ineffabilità*, Firenze, La Nuova Italia

COMPAGNON, ANTOINE
1979   *La seconde main ou le travail de la citation*, Paris, Seuil

CONTE, G. BIAGIO
1974   *Memoria dei poeti e sistema letterario*, Torino, Einaudi

CONTE, GIUSEPPE, a cura di
1981   *Metafora*, Milano, Feltrinelli

CONTE, MARIA-ELISABETH
1973   "L'aggettivo in italiano. Problemi sintattici", in M. Gnerre *et al.*, a cura di, *Storia linguistica dell'Italia nel Novecento*, Roma, Bulzoni, 1973:75-91
1978   "Simulare", in Ritter Santini e Raimondi, a cura di, 1978:87-104

CONTE, M.-ELISABETH / GIACALONE RAMAT, ANNA / RAMAT, PAOLO, a cura di
1990   *Dimensioni della linguistica*, Milano, Angeli

CONTINI, GIANFRANCO
1970   *Varianti e altra linguistica. Una raccolta di saggi (1938-1968)*, Torino, Einaudi

CORNIFICIO
       Rhetorica ad C. Herennium [abbr. *Rhet. Her.*], introduzione, testo critico, commento a cura di Gualtiero Calboli, Bologna, Pàtron, 1969

CORNO, DARIO
(in stampa) "*Chria*, l'arte di riscrivere", in Id., *Il testo che si scrive*, Torino, Paravia

CORTELAZZO, MANLIO, e CARDINALE, UGO
1989   *Dizionario di parole nuove (1964-1987)*, Torino, Loescher

CORTI, MARIA
1973   "Il genere *disputatio* e la transcodificazione indolore di Bonvesin da la Riva", *Strumenti Critici*, 21/22:157-185; ora in Corti 1978:257-288
1976   *Principi della comunicazione letteraria*, Milano, Bompiani
1978   *Il viaggio testuale. Le ideologie e le strutture semiotiche*, Torino, Einaudi
1987   "Il modello analogico nel pensiero medievale e dantesco", in Picone, a cura di, 1987:11-20
1997   *Per una enciclopedia della comunicazione letteraria*, Milano, Bompiani

CURTIUS, ERNST ROBERT
1992   [1948] *Letteratura europea e Medio Evo latino*, tr. it., Firenze, La Nuova Italia

DELCORNO, CARLO
1989   *Exemplum e letteratura. Dal Medioevo al Rinascimento*, Bologna, Il Mulino

DELORME, JEAN, ed.
1987   *Parole - Figure - Parabole. Recherches autour du discours parabolique*, Lyon, P.U.L.

DE MAURO, TULLIO
1979² *Storia linguistica dell'Italia unita*, voll. 2, Bari, Laterza

DEVOTO, GIACOMO, e ALTIERI BIAGI, MARIA LUISA
1968   *La lingua italiana. Storia e problemi attuali*, Torino, ERI

DIJK, TEUN A. van, ed.
1985   *Discourse and Literature*, Amsterdam, Benjamins

DORNA, SANDRO
1978   *Anagramma è gioco tosto*, Padova, Mastrogiacomo

DOSSENA, GIAMPAOLO
1994   *Dizionario dei giochi con le parole*, Milano, Garzanti/Vallardi

DUBOIS, JEAN, *et al.*
1979   [1973] *Dizionario di linguistica*, tr. it., Bologna, Zanichelli

ECO, UMBERTO
1968   *La struttura assente*, Milano, Bompiani
1971   *Cent'anni dopo. Almanacco Bompiani 1972*, Milano, Bompiani, 1971:5-11
1975   *Trattato di semiotica generale*, Milano, Bompiani
1976   "Una cascata di diamanti", *Corriere della sera*, 15/7/1976:3
1983   "Introduzione" a Raymond Queneau, *Esercizi di stile*, tr. it., Torino, Einaudi
1984   *Semiotica e filosofia del linguaggio*, Torino, Einaudi
1987   *Arte e bellezza nell'estetica medievale*, Milano, Bompiani
1992   *Il secondo diario minimo*, Milano, Bompiani

EEMEREN, FRANS H. VAN / GROOTENDORST, ROB
1992   *Argumentation, communication, and fallacies. A pragma-dialectical perspective*, Hillsdale, NJ, Lawrence Erlbaum Associates

EEMEREN, FRANS H. VAN / GROOTENDORST, ROB / SNOECK HENKEMANS, FRANCISCA, eds.
1996   *Fundamentals of Argumentation Theory. A Handbook of Historical Backgrounds and Contemporary Developments*, Mahwah, NJ, Lawrence Erlbaum Associates

Enc. Dant.
1970-78   *Enciclopedia Dantesca*, voll. 6, Roma, Istituto dell'Enciclopedia Italiana

*ENKVIST, NILS ERIK
1985   "Text and Discourse Linguistics, Rhetoric, and Stylistics", in van Dijk, ed., 1985:11-38

FACCHINI TOSI, CLAUDIA
1983   *La ripetizione lessicale nei poeti latini. Vent'anni di studi (1960-1980)*, Bologna, Pàtron

FARAL, EDMOND, ed.
1962²   *Les arts poétiques du XIIe et du XIIIe siècle*, Paris, Champion

FLORESCU, VASILE
1971   [1960] *La retorica nel suo sviluppo storico*, tr. it., Bologna, Il Mulino

FOLENA, GIANFRANCO
1975   "Parole introduttive: vecchia e nuova retorica", in AA.VV. 1975:1-11
1988   "Premessa" a Peron, a cura di, 1995:3-12

FONTANIER, PIERRE
1977   [1827-30] *Les figures du discours* [sigla FD], Paris, Flammarion

FRÉDÉRIC, MADELEINE
1985   *La répétition. Étude linguistique et rhétorique*, Tübingen, Niemeyer

FREUD, SIGMUND
1975 [1905] *Il motto di spirito e la sua relazione con l'inconscio*, tr. it., Torino, Boringhieri

FUMAROLI, MARC
1980 *L'Age de l'éloquence. Rhétorique et "res litteraria" de la Renaissance au seuil de l'époque classique*, Genève, Droz

GALLI DE' PARATESI, NORA
1964 *Semantica dell'eufemismo. L'eufemismo e la repressione verbale con esempi tratti dall'italiano contemporaneo*, Torino, Giappichelli (ried. *Le brutte parole. Semantica dell'eufemismo*, Milano, Mondadori, 1969)

*GARCÍA BERRIO, ANTONIO/HERNÁNDEZ, T.
1988 *La Poética: Tradición y Modernidad*, Madrid, Síntesis

GARIN, EUGENIO
1970 "A proposito della *Nouvelle Rhétorique*: caratteri e compiti della filosofia", in AA.VV. 1970:96-110
1976 *L'educazione in Europa, 1400-1600. Problemi e programmi*, Bari, Laterza

GARIN, EUGENIO, e ROSSI, PAOLO, a cura di
1953 *Testi umanistici sulla retorica*, Milano-Napoli, Ricciardi

GARVER, EUGENE
1994 *Aristotle's Rhetoric: An Art of Character*, Chicago, University of Chicago Press

GENETTE, GÉRARD
1969 [1966] *Figure. Retorica e strutturalismo*, tr. it., Torino, Einaudi
1976 [1972] "La retorica ristretta", in Id., *Figure III. Discorso del racconto*, tr. it., Torino, Einaudi:17-40
1987 *Seuils*, Paris, Seuil

GIANFORMAGGIO, LETIZIA
1981 "La nuova retorica di Perelman", in Pontecorvo, a cura di, 1981:110-186

GOLDIN, DANIELA, a cura di
*1977 *Retorica e politica. Atti del II Convegno italo-tedesco (Bressanone, 1974)*, premessa di G. Folena, Padova, Liviana
*1979 *Retorica e poetica. Atti del III Convegno italo-tedesco (Bressanone, 1975)*, premessa di G. Folena, Padova, Liviana
*1980 *Simbolo, metafora, allegoria. Atti del IV Convegno italo-tedesco (Bressanone, 1976)*, premessa di G. Folena, Padova, Liviana

GRACIÁN, BALTASAR
1986 [1648] *L'Acutezza e l'Arte dell'Ingegno*, trad. it., Palermo, Aesthetica

GRAMAGLIA, PIER ANGELO
1996 *La parrhēsía neotestamentaria*, in G. Galli, a cura di, *Interpretazione e sincerità*, Pisa, Giardini: 45-89

GRASSI, ERNESTO
1980 *Rhetoric as Philosophy. The Humanist Tradition*, The Pennsylvania State University Press

*GRAY, BENNISON
1977 *The Grammatical Foundations of Rhetoric. Discourse Analysis*, The Hague, Mouton

GREIMAS, ALGIRDAS JULIEN
1968 [1966] *Semantica strutturale. Ricerca di metodo*, tr. it., Milano, Rizzoli

GRICE, H. PAUL
1978 [1967] "Logica e conversazione", tr. it., in M. Sbisà, a cura di, *Gli atti linguistici*, Milano, Feltrinelli: 199-219

GRUPPO μ
1976 [1970] *Retorica generale. Le figure della comunicazione* [sigla RG], tr. it., Milano, Bompiani

HENRY, ALBERT
1975 [1971] *Metonimia e metafora*, Torino, Einaudi

HERNÁNDEZ, JOSÉ ANTONIO / GARCÍA, MARÍA DEL CARMEN
1994 *Historia breve de la retórica*, Madrid, Síntesis

HESSE, MARIE B.
1980 [1966] *Modelli e analogie nella scienza*, tr. it., Milano, Feltrinelli

HJELMSLEV, LOUIS
1968 [1961] *I fondamenti della teoria del linguaggio*, introduzione e traduzione di Giulio C. Lepschy, Torino, Einaudi

HWR
  Historisches Wörterbuch der Rhetorik, hrsg. von Gert Ueding, Tübingen, Niemeyer (I, 1992; II, 1994; III, 1996...)

*IJSSELING, S. / VERVAECKE, G., eds.
1994 *Renaissances of Rhetoric*, Leuven, Leuven University Press

JACOMUZZI, ANGELO
1984 "La citazione come procedimento letterario. Appunti e considerazioni", in AA.VV., *L'arte dell'interpretare. Studi critici offerti a Giovanni Getto*, Cuneo, L'Arciere, 1984:3-15

JAKOBSON, ROMAN
1966 [1963] *Saggi di linguistica generale*, tr. it., Milano, Feltrinelli

JANKÉLÉVITCH, VLADIMIR
1987 [1964] *L'ironia*, a cura di Fernanda Canepa, Genova, Il Melangolo

KENNEDY, GEORGE
1972 *The Art of Rhetoric in the Roman World*, Princeton, NJ, Princeton University Press
1974[6] *The Art of Persuasion in Greece*, Princeton, NJ, Princeton University Press
1980 *Classical Rhetoric and Its Christian and Secular Tradition from Ancient to Modern Times*, London, Croom Helm
1994 *A New History of Classical Rhetoric*, Princeton, NJ, Princeton University Press

LAKOFF, GEORGE, & JOHNSON, MARK
1982 [1980] *Metafora e vita quotidiana*, tr. it., Editori Europei Associati

LANHAM, RICHARD A.
1969 *A Handlist of Rhetorical Terms*, Berkeley, Los Angeles, London, University of California Press

LAUSBERG, HEINRICH
1969 [1949] *Elementi di retorica*, tr. it., Bologna, Il Mulino

1973² *Handbuch der literarischen Rhetorik. Eine Grundlegung der Literaturwissenschaft*, voll. 2, München, Hueber

LAVINIO, CRISTINA
1990 "Retorica e italiano regionale: il caso dell'antifrasi nell'italiano regionale sardo", in M. Cortelazzo e A. Mioni, a cura di, *L'italiano regionale*, Roma, Bulzoni: 311-326

LEEMAN, ANTON D.
1974 [1963] *Orationis ratio. Teoria e pratica stilistica degli oratori, storici e filosofi latini*, tr. it., Bologna, Il Mulino

LE GOFF, JACQUES
1988 [1985] *L'immaginario medievale*, tr. it., Bari, Laterza

LEPSCHY, ANNA LAURA
1983 "Appunti su antitesi e anafora nella *Gerusalemme liberata*", in AA.VV., *Umanesimo e Rinascimento a Firenze e a Venezia. Miscellanea di studi in onore di Vittore Branca*, Firenze, Olschki, vol. III, 2:797-808

LEPSCHY, ANNA LAURA, e LEPSCHY, GIULIO
1993 *La lingua italiana. Storia Varietà dell'uso Grammatica*, Milano, Bompiani

LEPSCHY, GIULIO
1981 "Enantiosemy and Irony in Italian Lexis", *The Italianist*, 1:82-88, tr. it. "Enantiosemia e ironia nel lessico italiano", in Id., *Nuovi saggi di linguistica italiana*, Bologna, Il Mulino, 1989:153-160

LEVINSON, STEPHEN C.
1985 [1983] *La pragmatica*, tr. it., Bologna, Il Mulino

LO CASCIO, VINCENZO
1991 *Grammatica dell'argomentare. Strategie e strutture*, Firenze, La Nuova Italia

LOTMAN, JURIJ M.
1980 "Retorica", in *Enciclopedia*, vol. XI, Torino, Einaudi

LURÀ, FRANCO
1988 *Il dialetto del Mendrisiotto*, Mendrisio-Chiasso, Unione di Banche Svizzere

LYONS, JOHN
1977 *Semantics*, voll. 2, Cambridge, Cambridge U.P.

MACK, PETER, a cura di
1994 *Renaissance Rhetoric*, New York, St. Martin's Press

MANACORDA, MARIO ALIGHIERO
1980 *Il linguaggio televisivo ovvero la folle anadiplosi*, Roma, Armando

MANCINI, MARIO
1976 "Allegoria", in Enciclopedia Feltrinelli Fischer, 36:11-31

MANETTI, GIOVANNI
1987 *Le teorie del segno nell'antichità classica*, Milano, Bompiani

MANETTI, GIOVANNI, e VIOLI, PATRIZIA
1977 *Grammatica dell'arguzia*, Versus, 18

MARCONI, DIEGO
1993 "Retorica e logica (Esiste una 'logica dell'argomentazione'?)", in A. Pennacini, a cura di, *Retorica e comunicazione*, Alessandria, Ed. dell'Orso: 13-25

MARELLO, CARLA
1977 "(Situ)azione delle parentesi", *Carte segrete*, XI, 37/38: 23-38
1984 "Ellissi", in L. Coveri *et al.*, a cura di, *Linguistica testuale. Atti del XV Congresso internazionale di studi della Società di Linguistica Italiana (Genova, 1981)*, Roma, Bulzoni: 255-270
1988 "Come tradurre l'ellissi (facendo interpretazione simultanea)", in V. Bonini e M. Mazzoleni, a cura di, *Linguistica e traduzione*, Milano, S.S.I.T.: 177-224
1996 *Le parole dell'italiano. Lessico e dizionari*, Bologna, Zanichelli

MARROU, HENRY IRÉNÉE
1950 [1948] *Storia dell'educazione nell'antichità*, Roma, Studium

McLUHAN, MARSHALL
1986 [1964] *Gli strumenti del comunicare*, tr. it., Milano, Garzanti

MELANDRI, ENZO
1968 *La linea e il circolo. Studio logico-filosofico sull'analogia*, Bologna, Il Mulino

MENEGHETTI, MARIA LUISA
1986 "Queneau e Carpentier", *Alfabeta*, 83:5-6

MENGALDO, PIER VINCENZO
1970 "Cursus", in *Enc. Dant.*, vol. II:290-295

MENICHETTI, ALDO
1993 *Metrica italiana. Fondamenti metrici, prosodia, rima*, Padova, Antenore

MEYER, MICHEL
1982 *Logique, langage et argumentation*, Paris, Hachette
1993 *Questions de rhétorique. Langage, raison et séduction*, Paris, Librairie Générale Française

MICHELSTAEDTER, CARLO
1986² *La persuasione e la rettorica*, Milano, Adelphi

MIGLIORINI, BRUNO
1927 *Dal nome proprio al nome comune*, Firenze, Olschki

MINI, GUIDO
1994 *Parole senza frontiere. Dizionario delle parole straniere in uso nella lingua italiana*, Bologna, Zanichelli

MIZZAU, MARINA
1984 *L'ironia. La contraddizione consentita*, Milano, Feltrinelli

MOLINIÉ, GEORGES
1986 *Éléments de stylistique française*, Paris, P.U.F.

MORIER, HENRI
1981³ *Dictionnaire de poétique et de rhétorique*, Paris, P.U.F.

MORTARA, BICE
1956 *Studi sintattico-stilistici sulle proposizioni incidentali*, Torino, Pubblicazioni della Facoltà di Lettere e Filosofia

MORTARA GARAVELLI, BICE
1985 *La parola d'altri. Prospettive di analisi del discorso riportato*, Palermo, Sellerio

1988 "Textsorten", in G. Holtus, M. Metzeltin e Ch. Schmitt, hrsg., *Lexikon der Romanistischen Linguistik*, 4, Tübingen, Niemeyer:157-168

MUECKE, D.C.
1980² *The Compass of Irony*, London-New York, Methuen

MURPHY, JAMES J.
1983 [1974] *La retorica nel Medioevo. Una storia delle teorie retoriche da S. Agostino al Rinascimento*, tr. it., Napoli, Liguori

NEIJT, ANNA
1979 *Gapping*, Dordrecht, Foris

NENCIONI, GIOVANNI
1983 *Tra grammatica e retorica. Da Dante a Pirandello*, Torino, Einaudi

NONVEL PIERI, STEFANIA
1978 *Carneade*, Padova, Liviana

NORDEN, EDUARD
1986 [1915] *La prosa d'arte antica dal VI secolo a.C. all'età della Rinascenza*, a cura di Benedetta Heinemann Campana, con una nota di aggiornamento di Gualtiero Calboli, Roma, Salerno

OLBRECHTS-TYTECA, LUCIE
1977 [1974] *Il comico del discorso. Un contributo alla teoria generale del comico e del riso*, tr. it., Milano, Feltrinelli

ORELLI, GIORGIO
1978 *Accertamenti verbali*, Milano, Bompiani

ORVIETO, PAOLO
1981 "La retorica antica dalle origini al Rinascimento e la sua attualità", in Pontecorvo, a cura di, 1981:50-108

OSSOLA, CARLO
1977 "Apoteosi ed ossimoro", in *Rivista di Storia e Letteratura Religiosa*, XIII, 1:47-103
1988 [1985] "Composizione di luogo", in Id., *Figurato e rimosso. Icone e interni del testo*, Bologna, Il Mulino: 119-142

PARODI SCOTTI, FRANCA
1996 *Ethos e consenso nella teoria e nella pratica dell'oratoria greca e latina*, Bologna, Pitagora

PAULHAN, JEAN
1949 "Les figures ou la rhétorique décryptée", *Cahier du Sud*, XXXVI, 295:361-395

PEACHAM, HENRY
1577 *The Garden of Eloquence*, rist. anastatica a cura di W. G. Crane, New York 1977

PENNACINI, ADRIANO
1974 *La funzione dell'arcaismo e del neologismo nelle teorie della prosa da Cornificio a Frontone*, Torino, Giappichelli
1989 "L'arte della parola", in G. Cavallo *et al.*, dir., *Lo spazio letterario di Roma antica*, II, Roma, Salerno: 215-267

*PERA, MARCELLO
1991   Scienza e retorica, Roma-Bari, Laterza

PERELMAN, CHAÏM
1981   [1977] Il dominio retorico, tr. it., Torino, Einaudi

PERELMAN, CHAÏM, e OLBRECHTS-TYTECA, LUCIE
1966   [1958] Trattato dell'argomentazione. La nuova retorica (sigla TA), tr. it., Torino, Einaudi

PERON, GIANFELICE, a cura di
1995   Strategie del testo. Preliminari, partizioni, pause. Atti del XVI e del XVII Convegno Interuniversitario (Bressanone 1988 e 1989), Padova, Esedra

PICONE, MICHELANGELO, a cura di
1987   Dante e le forme dell'allegoresi, Ravenna, Longo

PITTANO, GIUSEPPE
1987   Sinonimi e contrari. Dizionario fraseologico delle parole equivalenti, analoghe e contrarie, Bologna, Zanichelli

PLATONE
       Opere, voll. 2, Bari, Laterza, 1966

PLEBE, ARMANDO
1988   Breve storia della retorica antica, Bari, Laterza

PLEBE, ARMANDO / EMANUELE, PIETRO
1988   Manuale di retorica, Roma-Bari, Laterza

PLETT, HEINRICH F.
1985   "Rhetoric", in van Dijk, ed., 1985:59-84

PLETT, HEINRICH F., ed.
1993   Renaissance-Rhetorik, Renaissance Rhetoric, Berlin-New York, W. de Gruyter

Poétique 69
1987   Paratextes (Poétique 69)

POGGI, ISABELLA
1981   Le interiezioni. Studio del linguaggio e analisi della mente, Torino, Boringhieri

PONTECORVO, CLOTILDE, a cura di
1981   Discorso e retorica, Torino, Loescher

POZZI, GIOVANNI
1981   La parola dipinta, Milano, Adelphi
1984   "Temi, tópoi, stereotipi", in Asor Rosa, a cura di, Letteratura italiana, vol. III: Le forme del testo, I: Teoria e poesia, Torino, Einaudi:391-436
1984a Poesia per gioco. Prontuario di figure artificiose, Bologna, Il Mulino

PRANDI, MICHELE
1987   Sémantique du contresens, Paris, Les éditions de Minuit
1990   "Una figura testuale del silenzio: la reticenza", in Conte/Giacalone Ramat/Ramat, a cura di, 1990:217-239
1992   Grammaire philosophique des tropes. Mise en forme et intérpretation discursive des conflits conceptuels, Paris, Minuit

PRETI, GIULIO
1968   *Retorica e logica. Le due culture*, Torino, Einaudi

QUINTILIANO, MARCO FABIO
        L'istituzione oratoria [abbr. *Inst. orat.*], a cura di R. Faranda e P. Pecchiura, voll. 2, Torino, UTET, 1979²

RAIMONDI, EZIO
*1970   *Metafora e storia*, Torino, Einaudi
*1982   *Letteratura barocca. Studi sul Seicento italiano*, Firenze, Olschki
*1983   "Retorica e linguaggio letterario", *Intersezioni*, III, 3:489-503

RAMAT, PAOLO
1982   "Per una tipologia del 'gapping' ", in D. Calleri e C. Marello, a cura di, *Linguistica contrastiva. Atti del XIII Congresso internazionale di studi della Società di Linguistica Italiana (Asti 1979)*, Roma, Bulzoni, 1982:37-48

RAVAZZOLI, FLAVIA
1978   "I meccanismi linguistici dell'iperbole", in Ritter Santini e Raimondi, a cura di, 1978:69-86
1981   "Appunti di nuova retorica, tra semantica e pragmatica" [sigla NR], *Strumenti Critici*, 44:154-170; ora in Ravazzoli 1991: 21-36
1991   *Il testo perpetuo. Studi sui moventi retorici del linguaggio*, Milano, Bompiani

REBOUL, OLIVIER
1984   *La rhétorique*, Paris, P.U.F.

Rhetorik 7/8
1988-1989   *Rhetorik heute*, I/II, Tübingen, Niemeyer

RICHARDS, IVOR ARMSTRONG
1967   [1936] *La filosofia della retorica*, tr. it., Milano, Feltrinelli

RICOEUR, PAUL
1981   [1975] *La metafora viva. Dalla retorica alla poetica: per un linguaggio di rivelazione*, tr. it., Milano, Jaca Book

*RISPOLI, GIOIA M.
1992   *L'ironia della voce. Per una pragmatica dei testi letterari nella Grecia antica*, Napoli, D'Auria

RITTER SANTINI, LEA
1969   "Introduzione" all'edizione italiana di Lausberg [1949]: V-XXIX

RITTER SANTINI, LEA, e RAIMONDI, EZIO, a cura di
1978   *Retorica e critica letteraria*, Bologna, Il Mulino

ROSSI, PAOLO
1960   *Clavis universalis. Arti mnemoniche e logica combinatoria da Lullo a Leibniz*, Milano-Napoli, Ricciardi (nuova ediz. Bologna, Il Mulino, 1983)

ROSTAGNI, AUGUSTO
1955   "Un nuovo capitolo nella storia della retorica antica", in *Scritti minori. I. Aesthetica*, Torino, Bottega d'Erasmo:1-57

RSH
1976   *Rhétorique du proverbe, Revue des sciences humaines*, 163

RUOZZI, GINO, a cura di
1994   *Scrittori italiani di aforismi*, vol. I, Milano, Mondadori
1996   *Scrittori italiani di aforismi*, vol. II, Il Novecento, Milano, Mondadori

RUWET, NICOLAS
1979   [1975] "Parallelismi e deviazioni in poesia", in AA.VV. 1979 [1975]: 147-204
1986   [1975] "Sineddochi e metonimie", in *Linguistica e poetica*, tr. it., Bologna, Il Mulino: 195-219

SCAGLIONE, ALDO
1972   *The Classical Theory of Composition*, Chapel Hill, University of Carolina Press

SCARPAT, GIUSEPPE
1964   *Parrhesia. Storia del termine e delle sue traduzioni in latino*, Brescia, La Scuola

SCHIAFFINI, ALFREDO
1975   *Italiano antico e moderno*, a cura di Tullio De Mauro e Paolo Mazzantini, Milano-Napoli

SEGRE, CESARE
*1974   *Lingua, stile e società. Studi sulla storia della prosa italiana*, Milano, Feltrinelli
1985   *Avviamento all'analisi del testo letterario*, Torino, Einaudi
1993   "I sonetti dell'aura", in Id., *Notizie dalla crisi*, Torino, Einaudi: 43-65

SENGER, JULES
1961³   *L'art oratoire*, Paris, P.U.F.

SERIANNI, LUCA
1988   *Grammatica italiana. Italiano comune e lingua letteraria. Suoni Forme Costrutti*, con la collaborazione di Alberto Castelvecchi, Torino, UTET

*SERPIERI, ALESSANDRO
1986   *Retorica e immaginario*, Parma, Pratiche

SPERBER, DAN
1975   "Rudiments de rhétorique cognitive" [sigla RC], *Poétique*, 23:389-415

SPERBER, DAN/WILSON, DEIRDRE
1978   "Les ironies comme mentions", *Poétique*, 36:399-412
1986   *Relevance. Communication and Cognition*, Cambridge, Mass., Harvard U.P.

STAROBINSKI, JEAN
1982   [1971] *Le parole sotto le parole. Gli anagrammi di Ferdinand de Saussure*, tr. it., Genova, Il Melangolo

*STRUBEL, ARMAND
1975   "*Allegoria in factis* e *Allegoria in verbis*", *Poétique*, 23:342-357

TAMBA-MECZ, IRENE
1981   *Le sens figuré. Vers une théorie de l'énonciation figurative*, Paris, P.U.F.

TATEO, FRANCESCO
1970   "Dittologia", in *Enc. Dant.*, vol. II:521-522

*Terracini, Benvenuto
1966 *Analisi stilistica. Teoria, storia, problemi*, Milano, Feltrinelli

Todorov, Tzvetan
1984 [1977] *Teorie del simbolo*, tr. it., Milano, Garzanti

Toulmin, Stephen E.
1975 [1958] *Gli usi dell'argomentazione*, tr. it., Torino, Rosenberg & Sellier

*Ueding, Gert
1976 *Einführung in die Rhetorik. Geschichte, Technik, Methode*, Stuttgart, Metzler

Ullmann, Stephen
1959[2] *Précis de Sémantique française*, Bern, Franke
1966 [1961] *La semantica. Introduzione alla scienza del significato*, tr. it., Bologna, Il Mulino

Valesio, Paolo
1967 *Strutture dell'allitterazione. Grammatica, retorica e folklore verbale*, Bologna, Zanichelli
1986 [1980] *Ascoltare il silenzio: la retorica come teoria*, tr. it., Bologna, Il Mulino

Vasoli, Cesare
1968 *La dialettica e la retorica dell'Umanesimo. "Invenzione" e "metodo" nella cultura del XV e XVI secolo*, Milano, Feltrinelli
1975 "La *nouvelle rhétorique* di Perelman", in AA.VV. 1975:14-36

Viano, Carlo
1967 "Aristotele e la redenzione della retorica", *Rivista di filosofia*, 4:371-425

Vickers, Brian
1994 [1989] *Storia della retorica*, trad. it., Bologna, Il Mulino

Vico, Giovan Battista
1989 *Institutiones oratoriae*, Testo critico Versione e Commento di Giuliano Crifò, Napoli, Istituto Suor Orsola Benincasa

Viehweg, Theodor
1962 [1953] *Topica e giurisprudenza*, tr. it., Milano, Giuffré

Wandruszka, Mario
1975 "*Repetitio* e *variatio*", in AA.VV. 1975:101-111

*Weinberg, Bernard, a cura di
1970 *Trattati di poetica e retorica del Cinquecento*, voll. 4, Bari, Laterza

Weinrich, Harald
1976 *Metafora e menzogna: la serenità dell'arte*, tr. it., Bologna, Il Mulino

*White, Hayden
1978 [1973] *Retorica e storia*, tr. it., Napoli, Guida

Wisse, Jakob
1989 *Ethos and Pathos from Aristotle to Cicero*, Amsterdam

Yates, Frances A.
1984[3] [1966] *L'arte della memoria*, tr. it., Torino, Einaudi

ZAMPONI, ERSILIA
1986   *I draghi locopei. Imparare l'italiano con i giochi di parole*, Torino, Einaudi

ZUMTHOR, PAUL
1973   [1963] *Lingua e tecniche poetiche nell'età romanica (secoli XI-XIII)*, tr. it., Bologna, Il Mulino

2) TESTI DA CUI SONO STATI TRATTI GLI ESEMPI

Si elencano qui solamente gli scritti citati in forma abbreviata nelle esemplificazioni (i numeri accanto alle sigle dei titoli, per le opere in prosa, indicano le pagine; accanto ai titoli o agli *incipit* di componimenti poetici, indicano i versi).

Accetto, DO: Torquato Accetto, *Della dissimulazione onesta*, a cura di Salvatore S. Nigro, presentazione di Giorgio Manganelli, Genova, Costa & Nolan, 1983

Antolisei, MDP: Francesco Antolisei, *Manuale di diritto penale*, a cura di Luigi Conti, Milano, Giuffré, 1977[7]

Ascoli, Pr: Graziadio Isaia Ascoli, "Proemio" all' *Archivio Glottologico Italiano* [1873], in Id., *Scritti sulla questione della lingua*, a cura di Corrado Grassi, Torino, Einaudi, 1975[2]

Auerbach, LLP: Auerbach 1983[2] [1958]

Bartoli, RS: *La ricreazione del Savio*, a cura di Bice Mortara Garavelli, Parma, Fondazione Bembo / Guanda Editore, 1992

Baudelaire: Charles Baudelaire, *Oeuvres complètes*, 2 voll., Paris, Pléiade, 1975-76

Beccaria, AS: Beccaria 1975

Belli: Giuseppe Gioachino Belli, *Tutti i sonetti romaneschi*, voll. 5, Roma, Newton Compton, 1975

Beltrami: Pietro Beltrami, *Canto secondo*, mimeo

Bertrand, GN: Aloisius Bertrand, *Gaspard de la Nuit. Fantasie alla maniera di Rembrandt e di Callot*, a cura di Michele Leone Barbella, prefazione di Lionello Sozzi, Napoli, Guida, 1986

Bottani / Sartori: Ercole Bottani e Rinaldo Sartori, *Elettrotecnica*, I, Milano, Tamburini, 1973

Calamandrei, DSC: Piero Calamandrei, *Discorso sulla Costituzione* (1955), "Collana letteraria documento", Disco Cetra

Calvino, LA: *Lezioni americane. Sei proposte per il prossimo millennio*, Milano, Garzanti, 1988

Calvino, UPS: Italo Calvino, *Una pietra sopra. Discorsi di letteratura e società*, Torino, Einaudi, 1980

Carrà, MF: Carlo Carrà, in *Manifesti del Futurismo*

Ceronetti, CSP: Guido Ceronetti, "Che sarà del Paradiso?", *La Stampa*, 22 marzo 1987:3

Ceronetti, CT: *Come un talismano. Libro di traduzioni*, Milano, Adelphi, 1986

Civalleri, LE: Pier Paolo Civalleri, *Lezioni di elettrotecnica*, Torino, Levrotto & Bella, 1982

Consolo, R: Vincenzo Consolo, *Retablo*, Palermo, Sellerio, 1987

Consolo, SIM: *Il sorriso dell'ignoto marinaio*, introduzione di Cesare Segre, Milano, Oscar Mondadori, 1987

Contini, AE: Gianfranco Contini, *Altri esercizi (1968-1971)*, Torino, Einaudi, 1972

Contini, UEE: *Ultimi esercizi ed elzeviri (1968-1987)*, Torino, Einaudi, 1988

Corti, VNE: Maria Corti, *Voci dal Nord Est. Taccuino americano*, Milano, Bompiani, 1986

Croce, EMC: Benedetto Croce, "Epigrafe per i morti di Caiazzo (Caserta)"

Curi, PeU: Fausto Curi, *Parodia e utopia*, Napoli, Liguori, 1987

D'Annunzio: Gabriele D'Annunzio, *Versi d'amore e di gloria*, a cura di Annamaria Andreoli e Niva Lorenzini, introduzione di Luciano Anceschi, Milano, Mondadori, 1982-84

Eco, NR: Umberto Eco, *Il nome della rosa*, Milano, Bompiani, 1980

Eneide: *Eneide con episodi significativi di Iliade e Odissea*, a cura di Mario Geymonat, Bologna, Zanichelli, 1987

Flaiano, OSP: Ennio Flaiano, *Opere. Scritti postumi*, a cura di Maria Corti e Anna Longoni, Milano, Bompiani, 1988

Flaiano, *Op.*, *Opere. 1947-1972*, a cura di Maria Corti e Anna Longoni, Milano, Bompiani, 1990

Fontana/Pieretti, LGG: Sandro Fontana e Maurizio Pieretti, a cura di, *La Grande Guerra. Operai e contadini lombardi nel primo conflitto mondiale*, Milano, Silvana, 1980

Gadda, BCC: Carlo Emilio Gadda, *Le bizze del capitano in congedo e altri racconti*, a cura di Dante Isella, Milano, Adelphi, 1981

Gadda, TeO: *Il tempo e le opere. Saggi, note e divagazioni*, a cura di Dante Isella, Milano, Adelphi, 1982

Giobbe: *Il libro di Giobbe*, a cura di Guido Ceronetti, Milano, Adelphi, 1981[2]

Giov. / Geremia / Sapienza: *La Bibbia concordata*, Milano, Mondadori, 1968

Girard, SF: Girard, Beauzée, Roubaud, *Synonymes français*, Metz, Devilly, 1819

Giudici: Giovanni Giudici, *Lume dei tuoi misteri*, Milano, Mondadori, 1984

Giusti: Giuseppe Giusti, *Opere*, a cura di N. Sabbatucci, Torino, UTET, 1976

Iacopone da Todi, *Laudi Trattato e detti*, a cura di Franca Ageno, Firenze, Le Monnier, 1953

Inf. / Purg. / Par.: Dante Alighieri, *La Divina Commedia*, Testo critico stabilito da Giorgio Petrocchi, con una sua nota introduttiva sul testo della *Commedia*, Torino, Einaudi, 1975

Kraus, DC: Karl Kraus, *Detti e contraddetti*, a cura di Roberto Calasso, Milano, Adelphi, 1972

Leopardi, P: Giacomo Leopardi, *Pensieri*, a cura di Cesare Galimberti, Milano, Adelphi, 1982

Livi, SV: Grazia Livi, "Il salto di una virtuosa", *Il Nuovo Raccoglitore*, V, 98 (1987)

Manganelli, RV: Giorgio Manganelli, *Rumori o voci*, Milano, Rizzoli, 1987

Manzoni: Alessandro Manzoni, *Tutte le opere*, a cura di Alberto Chiari e Fausto Ghisalberti, Milano, Mondadori, 1954-74

Maraini, BBA: Dacia Maraini, *La bionda, la bruna e l'asino*, Milano, Rizzoli, 1987

Maria Maddalena de' Pazzi, PE: Maria Maddalena de' Pazzi, *Le parole dell'estasi*, a cura di Giovanni Pozzi, Milano, Adelphi, 1984

Melotti, Fausto, *Linee*, Milano, Adelphi, 1981

Meneghello, LNM: Luigi Meneghello, *Libera nos a malo*, introduzione di Domenico Porzio, Milano, Oscar Mondadori, 1986

Merini, AV: *L'altra verità. Diario di una diversa*, prefazione di Giorgio Manganelli, Milano, Scheiwiller, 1986

Montaigne: Michel de Montaigne, *Les Essais*, Pierre Villey ed., Lausanne, La Guilde du Livre, 1965

Montale: Eugenio Montale, *L'opera in versi*, edizione critica a cura di Rosanna Bettarini e Gianfranco Contini, Torino, Einaudi, 1980[2]

Morante, PCBA: Elsa Morante, *Pro o contro la bomba atomica e altri scritti*, prefazione di Cesare Garboli, Milano, Adelphi, 1987

Nigra: Costantino Nigra, *Canti popolari del Piemonte*, Torino, Einaudi, 1974

Nocilla, MR: Silvio Nocilla, *Meccanica razionale*, I, Torino, Levrotto e Bella, 1978

Orlando furioso: Ludovico Ariosto, *Orlando furioso*, a cura di Cesare Segre, Milano, Mondadori, 1976

Ortese, *L'I.*: Anna Maria Ortese, *L'Iguana*, Milano, Adelphi, 1986

Pascoli: Giovanni Pascoli, *Myricae*, a cura di Giuseppe Nava, Firenze, Sansoni, 1974

Pasolini, OI: Pier Paolo Pasolini, *L'odore dell'India*, Milano, Longanesi, 1964

Pavese, DL: Cesare Pavese, *Dialoghi con Leucò*, Milano, Mondadori, 1966

Pavese, FA: *Feria d'agosto*, Milano, Mondadori, 1959

Petrarca: Francesco Petrarca, *Canzoniere*, testo critico e introduzione di Gianfranco Contini, annotazioni di Daniele Ponchiroli, Torino, Einaudi, 1966[2]
Trionfi, a cura di Ferdinando Neri, Torino, UTET, 1960[2]

Planck, CMF: Max Planck, *La conoscenza del mondo fisico*, Torino, Einaudi, 1943

Platone, *Protagora*: Platone, *Protagora, Menone, Fedone*, a cura di Giuseppe Cambiano, Milano, Mondadori, 1983

I promessi sposi: Manzoni

Queneau, ES: Raymond Queneau, *Esercizi di stile*, traduzione di Umberto Eco - testo originale a fronte, Torino, Einaudi, 1983

Revelli, AF: Nuto Revelli, *L'anello forte. La donna: storie di vita contadina*, Torino, Einaudi, 1985

Revelli, MV: *Il mondo dei vinti. Testimonianze di vita contadina*, voll. 2, Torino, Einaudi, 1977

Russell, RDP: Bertrand Russell, *Russell in due parole*, Milano, Longanesi

Saba: Umberto Saba, *Tutte le poesie*, a cura di Arrigo Stara, introduzione di Mario Lavagetto, Milano, Mondadori, 1988

Sanguineti: Edoardo Sanguineti, *Bisbidis*, Milano, Feltrinelli, 1987

Sciama, *Rel. gen.*: Dennis W. Sciama, *La relatività generale. Fondamenti fisici della teoria* [1969], tr. it., Bologna, Zanichelli, 1972

Scuola di Barbiana, *Lettera a una professoressa*, Firenze, Libreria Editrice Fiorentina, 1967

Segre, DM: Cesare Segre, "Divagazioni su mimesi e menzogna", in Ritter Santini e Raimondi, a cura di, 1978: 179-185

Sereni: Vittorio Sereni, *Tutte le poesie*, a cura di Maria Teresa Sereni, prefazione di Dante Isella, Milano, Mondadori, 1986

Terracini, VLLV: Benvenuto Terracini, "Vita del linguaggio e linguaggio della vita", in *I segni la storia*, a cura e con introduzione di Gian Luigi Beccaria, Napoli, Guida, 1976:105-120

Tesauro: Emanuele Tesauro, *Il cannocchiale aristotelico, o sia Idea dell'arguta e ingegnosa elocuzione che serve a tutta l'arte oratoria, lapidaria e simbolica esaminata co' principi del divino Aristotele*, quinta impressione, Torino, Zavatta, 1670

Pietro della Valle: *Viaggi di Pietro della Valle il Pellegrino, descritti da lui medesimo in lettere famigliari all'erudito suo amico Mario Schipano*, voll. 3, Torino, Gancia, 1843

Vasoli, NRP: Vasoli 1975

Zanzotto, *Id.*: Andrea Zanzotto, *Idioma*, Milano, Mondadori, 1986

Zarri, PG: Adriana Zarri, *Il pozzo di Giacobbe. Geografia della preghiera da tutte le fedi*, Brescia, Camunia, 1985

ELENCO DELLE FIGURE DEL DISCORSO

METAPLASMI - FIGURE GRAMMATICALI - TROPI
FIGURE DI PAROLA E DI PENSIERO

Per una stessa figura si possono trovare elencate più denominazioni. I numeri in corsivo rimandano alle pagine ove le singole figure sono definite ed esemplificate.

INDICE DEGLI ARGOMENTI

357

INDICE DEI NOMI

ANNOTAZIONI

Saggi Tascabili Bompiani
Periodico quindicinale anno XIII numero 94
Registr. Tribunale di Milano n.491 del 3/7/1991
Direttore responsabile: Francesco Grassi
Finito di stampare nel dicembre 2000 presso
il Nuovo Istituto Italiano d'Arti Grafiche - Bergamo
Printed in Italy